ÉTUDES DE PHILOSOPHIE MÉDIÉVALE

Collection fondée par Étienne Gilson

Dirigée par

Marta Cristiani
Ruedi Imbach
Jean Jolivet
Alain de Libera

MEDIEVALIA ET ARABICA

DU MÊME AUTEUR
À LA MÊME LIBRAIRIE

Godescalc d'Orbais et la Trinité. La méthode de la théologie à l'époque carolingienne, 1958.
Arts du langage et théologie chez Abélard, 1969, 1982, 2000.
Aspects de la pensée médiévale. Abélard, doctrines du langage, 1987.
Philosophie arabe et latine, 1995.
Perspectives médiévales et arabes, 2006.
Philosophie médiévale arabe et latine, 2009.

Traduction
ABÉLARD, *Du bien suprême*, nouvelle traduction annotée, 2001.

ÉTUDES DE PHILOSOPHIE MÉDIÉVALE

C

MEDIEVALIA ET ARABICA

par

Jean JOLIVET

Ouvrage publié avec le concours du
Centre national du livre

PARIS
LIBRAIRIE PHILOSOPHIQUE J. VRIN
6 place de la Sorbonne, V[e]

2013

Imprimé en France

ISSN 0249-7980
ISBN 978-2-7116-2391-4

www.vrin.fr

Pour Annie,

Dernières javelles.

AVANT-PROPOS

Voici donc un nouveau recueil d'articles, le quatrième depuis l'an mil neuf cent quatre-vingt-sept, tous quatre pris en charge par les éditions Vrin. Je n'en proposerai maintenant aucun autre, le fonds en est épuisé, je ne réserve à l'outre-tombe nul ouvrage d'aucune sorte qui tout simplement y attendrait son tour. Je n'ai rien à dire ni même à suggérer à propos de ces recueils précédents, pas davantage ne jetterai-je un regard rétrospectif sur le reste de ma bibliographie. Toutefois, avant de présenter ce recueil j'aimerais évoquer en peu de mots et de façon toute personnelle les riches fonds dont nous autres, laborieux historiens, travaillons à extraire propos et implications – voire, toute référence gardée, à y constater des manques ou des faiblesses. Ce sera donc ici un léger propos avant la séance, j'y dirai de façon toute subjective l'expérience d'un lecteur accoutumé et son rapport avec les textes. À leur propos, je ne produirai pas l'impossible : en quelques formules générales évoquer des contenus théoriques, des techniques argumentatives, qui se sont développés en des conditions politiques, religieuses, culturelles, évidemment très diverses. Je ne décrirai pas non plus les méthodes et les ruses par lesquelles nous prétendons dégager des textes, au-delà ou en dessous des intentions qui s'y expriment, des implications informulées. Je voudrais seulement désigner le sentiment spécial que j'éprouve devant ces textes qu'a conservés un respect séculaire, et dont il me faudra pratiquer la lecture et l'analyse pour y discerner aussi ce qu'ils taisent, notamment ce qui échappe à leurs auteurs – ainsi, cette place qu'eux-mêmes occupent dans l'histoire sans en avoir perçu le sens futur. Choses attendant le travail qui démêlera le réseau des vocabulaires, des images, des références explicites ou tues, des argumentations, des réfutations. Toutes ces forêts de sens où l'on cherchera des pistes incluses dans des forêts de phrases et de mots, peuplant tous ces volumes alignés du haut en bas des murs austères. Souvent donc, avant que je les aborde et maintenant même que j'y pense, me reviennent, détachés de leur contexte, trois vers de Mallarmé :

> Notre si vieil ébat triomphal du grimoire,
> Hiéroglyphe dont s'exalte le millier
> À propager de l'aile un frisson familier

trois vers et non pas quatre, la strophe se terminant par un geste de refus :

> Enfouissez-le moi plutôt dans une armoire ;

car ce cher Stéphane visait ainsi les partitions d'une musique qu'il n'aimait pas, l'estimant désuète ; alors qu'à moi ces trois vers font revenir la *Patrologia latina*, tous ces volumes alignés sur les rayons, – lourds de ces avalanches de caractères menus dévalant sur leurs doubles colonnes ; et que, loin de vouloir enfouir ce contenu dans quelque armoire que ce soit, je me propose de l'étaler sous le regard de l'intellect, hors des armoires…

Mais n'oublions pas le lecteur éventuel. Encore un volume ? dira-t-il ; ajoutera-t-il, ou non, à enfouir dans une armoire ? Quoi qu'il en soit, la table des matières lui sera probablement sans grande surprise. La première partie, *Rétrospection*, rassemble quatre articles qui esquissent ensemble un tableau séculaire du médiévisme philosophique en France, avec un détour par la littérature ; le quatrième est un témoignage de respect et d'affection envers le père Marie-Dominique Chenu, je tiens à le marquer ici. La deuxième partie s'intitule platement *Mediaevalia* ; six des huit articles qu'elle comporte concernent, sans surprise, le douzième siècle, les deux premiers remontent plus haut. Le titre de la troisième, *Encore Abélard*, pourrait être le soupir qui échappe à un lecteur lassé, c'est ici une indication purement factuelle ; tout aussi transparent est le titre de la quatrième ; le contenu de la cinquième en est voisin, mais son titre, *De l'arabe au latin, et les suites*, évoque un épisode capital dans l'histoire de la philosophie occidentale, et au-delà même du Moyen Âge, jusques et y compris à la période classique ; il suffit pour le voir d'ouvrir des yeux non prévenus. Je ne reprendrai pas ici une querelle élevée il y a deux ans autour d'une publication misérable : je préfère noter simplement qu'on met ici en lumière une longue continuité philosophique, longtemps inaperçue, et dans son déroulement même.

J'en ai fini. Adieu lecteurs, adieu collègues.

Jean Jolivet
Le 18 décembre 2010

Première partie

RÉTROSPECTION

Chapitre premier

LA SCOLASTIQUE ET SES ENTOURS VUS PAR QUELQUES AUTEURS FRANÇAIS DU XIXe SIÈCLE *

A-t-on jamais cru vraiment qu'écrire l'histoire ne fût rien d'autre que transposer dans des mots des choses qui se sont passées ? Il est clair que cela est illusoire s'il s'agit de ces relations infiniment complexes dans lesquelles l'historien découpe ce qu'il appellera des faits. S'il s'agit d'histoire des doctrines, il semble que cela ne soit pas absolument impossible puisque l'objet examiné offre lui-même au premier regard un certain nombre de concepts élaborés dans des ouvrages dont chacun a son titre, son texte et souvent sa préface ; que les milieux, les institutions, les hommes qui ont concouru à l'élaboration de ces doctrines se définissent d'eux-mêmes à travers les écoles dont ils se réclament, avec leurs programmes et les polémiques soutenues ; il n'y aurait alors pour l'historien qu'à résumer et synthétiser. Mais la moindre expérience de ce projet montre qu'on ne peut le tenter sans substituer à l'objet réel présumé un objet que l'on construit ; que l'histoire des doctrines suppose de la part de l'historien autant d'actes d'autorité que l'histoire des faits en suppose de la part du sien. Pourquoi rappeler ici ce que chacun sait ? Simplement parce que cela même peut être l'objet d'une enquête historique : on peut faire l'histoire de l'historiographie, analyser ou tout au moins décrire les concepts qu'elle se donne, saisir l'apparition et l'allure de ces concepts au cours du temps. On se propose ici de décrire quelques variations sur le concept de « scolastique » au cours du xixe siècle français. C'est précisément en ce siècle et dès ses premières décennies que l'histoire des doctrines médiévales se constitua un domaine théorique et institutionnel propre. L'idée de « scolastique » y prit des aspects rationnels ou fantasmatiques qui ne sont pas indignes d'intérêt pour un historien des doctrines médiévales [1].

* « La scolastique et ses entours vus par quelques auteurs français du xixe siècle », initialement publié dans *Chemins de la pensée médiévale*. Études offertes à Zénon Kaluza, éditées par Paul J.J.M. Bakker, avec la collaboration de Emmanuel Faye et Christophe Grellard, Turnhout, Brepols, 2002, p. 727-754.

1. À un volume offert à Zénon Kaluza il m'eût été agréable de contribuer par une étude portant sur quelque thème, quelque auteur, quelque courant doctrinal qui relevât de la dernière phase des spéculations médiévales, objet de sa prédilection. Mais peu familier, je l'avoue, de cette période, je me replie sur un essai historiographique : évitant ainsi de lui faire un présent trop disproportionné à son savoir et aussi, pourquoi pas, au milieu d'autres éminents spécialistes de m'en montrer trop inégal – « anser inter olores », comme n'aurait pas manqué de dire l'un ou l'autre des auteurs que je vais présenter.

Nous allons ainsi feuilleter quelques ouvrages écrits par des philosophes, des historiens, des poètes même, y cherchant comment ils présentent et jugent « la scolastique ». On sait que l'entité, le complexe théorique et institutionnel désigné par ce nom avait été largement et durement condamné au long de trois siècles : ceux de l'humanisme et de la Réforme, du classicisme cartésien, des Lumières. Au tome III de sa grande *Historia critica philosophiae,* J.J. Brucker dénonce

> l'étude absurde de la philosophie péripatético-sarrasine... qui fut introduite dans la théologie [1].

Bien que les travaux des Mauristes en particulier aient frayé la voie, et davantage, à l'étude des auteurs médiévaux, les milieux ecclésiastiques eux-mêmes avaient pris leurs distances, à en juger par l'enseignement que le jeune Ernest Renan avait reçu au séminaire – nous reviendrons sur ce point. Qu'en était-il donc après la Révolution, sous les régimes politiques qui furent successivement ceux de la France au cours du XIXe siècle ?

Commençant donc par les philosophes et historiens de la philosophie, nous rencontrons d'abord la figure singulière de Victor Cousin, né la même année que la Première République (1792), mort, la même année que Baudelaire (1867), sous le Second Empire en sa période « libérale ». Personnage en vue sous la Restauration – il enseigna à la Sorbonne, à l'École Normale ; écarté pour son libéralisme – « interruption commandée par le triste régime universitaire d'alors et par le triomphe de la Congrégation » (Sainte-Beuve) ; remonté à la surface sous la Monarchie de Juillet où il fut, notamment, ministre de l'Instruction Publique. Esprit curieux de beaucoup de choses, mobile, ouvert de façon plus ou moins perspicace aux spéculations des philosophes allemands mais théoricien de l'« éclectisme », qui n'est pas un grand moment dans l'histoire de la philosophie. Il fut un écrivain prolixe, au classicisme volontiers oratoire ; le *Larousse du XIXe siècle* (qui ne dit rien de son rôle dans l'histoire du médiévisme philosophique) est pour lui sans indulgence : « si la langue de Monsieur Cousin était excellente, ses idées étaient un peu celles d'autrui ». Tout récemment, J. Lefranc, dans une notice qu'il lui consacre, prend modérément sa défense :

> Les critiques de Renouvier et surtout de Taine n'ont laissé de lui que l'image, en très grande partie injuste, d'un orateur creux et d'un administrateur tyrannique [2].

1. J.J. Brucker, *Historia critica philosophiae a mundi incunabulis ad nostram usque aetatem deducta,* 3, Leipzig 1743. Pour l'ouvrage de Brucker, voir F. Bottin, M. Longo et G. Piaia (ed.), *Dall'età cartesiana a Brucker,* Storia delle storie generali della filosofia, 2, Brescia 1979, 527-635 (chapitre 8, rédigé par M. Longo), en particulier 564-603 ; et W. Schmidt-Biggemann et T. Stammen (ed.), *Jacob Brucker (1696-1770), Philosoph und Historiker der europäischen Aufklärung,* Berlin 1998 (Colloquia Augustana, 7).

2. J. Lefranc, « Cousin, Victor », dans J.-F. Mattéi (éd.), *Encyclopédie philosophique universelle,* 3 : *Les œuvres philosophiques,* 2, Paris, 1992, 1692[a]-1693[b], particulièrement 1692[a]. Sur sa biographie, sa

Quoi qu'il en soit des épithètes, ce n'est à aucun de ces titres qu'il nous retiendra mais, de façon moins discutable, comme celui qui a introduit l'histoire de la philosophie médiévale dans l'Université française : après les trois siècles qu'on a dits elle n'y avait pas de place.

Ici encore il faut distinguer, dans l'œuvre de Cousin, entre son travail d'érudit et ses considérations historiques. Le premier consiste essentiellement en ses *Ouvrages inédits d'Abélard,* les *Petri Abaelardi Opera* n'étant guère son œuvre que par délégation [1]. Les *Ouvrages inédits,* dont l'introduction est reprise intégralement dans la *Philosophie scolastique* [2], contiennent notamment le *Sic et non,* la *Dialectica,* et des fragments de *Gloses* mineures [3]. Ici et dans d'autres publications dont la datation est « un cauchemar pour les médiévistes », selon l'expression de John Marenbon [4], Cousin donne également des « fragments » d'autres auteurs médiévaux – Raban Maur, Guillaume de Champeaux, Adam du Petit Pont, Guillaume de Conches (ces attributions ne sont pas toutes certaines). Bref, et même s'il a fait des erreurs ou méconnu l'importance historique de tel ou tel texte, Victor Cousin a fait à propos d'Abélard un travail novateur et, pour l'époque, solide et bien informé ; un travail qui ouvrait des voies.

Mais, on l'a dit, notre objet principal est de présenter des interprétations ou visions globales du Moyen Âge philosophique qui ont été proposées en France au XIXe siècle. Sur ce point, Cousin est en deçà de son œuvre d'éditeur. En 1818, dans son *Cours de philosophie,* il ne voit que

> deux époques vraiment distinctes dans l'histoire de la philosophie comme dans celle du monde : l'époque antique et l'époque moderne [5].

Après que le génie grec se fut « éteint peu à peu dans la nuit du Moyen Âge », et après « l'enfantement du XVIIe siècle » que furent le XVe et le XVIe, « la seconde époque commence à Descartes » [6]. En 1828, il a dépassé ce lieu

personnalité intellectuelle et son œuvre, voir J. Marenbon, « Victor Cousin », dans H. Damico (ed.), *Medieval Scholarship. Biographical Studies on the Formation of a Disciplin,* 3 : *Philosophy and the Arts,* New York, London, 2000, (Garland reference library of the humanities, 2110), 13-22.

1. V. Cousin, *Ouvrages inédits d'Abélard pour servir à l'histoire de la philosophie scolastique en France,* (Collection de documents inédits sur l'histoire de France, 2e série : Histoire des lettres et des sciences) Paris, 1836 ; *Ibid., Petri Abaelardi Opera,* 2 vols, Paris, 1849 et 1859, repr. Hildesheim, 1970.

2. V. Cousin, *Fragments philosophiques pour faire suite aux cours de l'histoire de la philosophie,* 2 : *Philosophie scolastique,* Paris, 1847⁴.

3. La première édition complète de ces *gloses,* par M. Dal Pra, date de 1954 ([Pierre Abélard], *Scritti filosofici, editio super Porphyrium, Glossae in categorias, Super Aristotelem De interpretatione, De divisionibus, Super Topica glossae,* M. Dal Pra (ed.), Roma, Milano 1954 [Nuova biblioteca filosofica, serie II, 3]) ; et c'est en 1956 que L.-M. de Rijk a publié la *Dialectica* ([Pierre Abélard], *Dialectica,* ed. L.-M. de Rijk, Assen 1956, 1970² [Wijsgerige teksten en studies, 1]).

4. J. Marenbon, « Victor Cousin », *op. cit.*, 14. V. Cousin avait l'habitude de redonner à plusieurs reprises les mêmes textes.

5. Cité par Ét. Gilson, *Le philosophe et la théologie,* Paris, Fayard, 1960, Vrin, 2005, p. 79.

6. *Cf.* Ét. Gilson, *Le philosophe et la théologie, op. cit.*, p. 79.

commun (qui aura la vie dure puisqu'on le retrouve chez Hamelin) : la « Deuxième leçon » de son *Cours d'été,* prononcée le 24 avril, présente le Moyen Âge comme une sorte de chaos, mais gros de germes féconds :

> Le Moyen Âge est dans l'humanité, Messieurs, comme la Grèce et l'Orient. Tous les élémens [1] humains y coexistaient, mais mal distincts, et confondus dans l'élément dominant du Moyen Âge [2],

c'est-à-dire le christianisme. C'est alors que commencèrent, furent formés, l'industrie, l'état, l'art, et

> aussi la philosophie ; je veux dire cette philosophie très célèbre, quoique bien mal connue, qu'on appelle la scolastique [3].

Cependant elle n'était pas autonome : son « unité », son « caractère fondamental »,

> est dans ceci qu'elle s'exerçait dans un cercle qu'elle n'avait pas tracé elle-même, mais qui lui était imposé par une autre autorité que la sienne,

à savoir, par « l'organisation et la domination progressive de l'Église » [4]. Or cette situation subordonnée ne pouvait pas durer :

> L'esprit humain avec toute son énergie était dans le Moyen Âge ; et quoiqu'il fût alors sous la forme religieuse la plus parfaite, il ne pouvait pas en vertu de sa nature ne pas chercher à se rendre compte de cette forme. De là, peu à peu un enseignement religieux plus méthodique et plus régulier dans les cloîtres ; puis les universités et la scolastique [5].

Or, tout comme le Moyen Âge dont elle est un aspect, cette scolastique contient une immense diversité encore enveloppée :

> Les systèmes les plus divers sont dans la scolastique, Messieurs, avec une apparence de hardiesse extrême... De plus, Messieurs, il y a beaucoup de vérités dans la scolastique... il est probable qu'aujourd'hui si on regardait du côté de la scolastique, on serait si fort étonné de la comprendre et de la trouver très ingénieuse, qu'on passerait à l'admiration [6].

Mais d'autre part elle

1. *Sic.* Pour ce type de pluriels c'était, pour quelques années encore, l'orthographe normale ; quant à la graphie « scolastique », elle n'est pas retenue par Littré dans son *Dictionnaire de la langue française* quelques décennies plus tard.

2. V. Cousin, *Cours de philosophie. Introduction à l'histoire de la philosophie,* 2e leçon, (Corpus des œuvres de philosophie en langue française), éd. P. Vermeren, Paris, 1991, 57.

3. V. Cousin, *Cours de philosophie, op. cit.*, 2e leçon, 57.

4. *Ibid.*, 57-58.

5. *Ibid.*, 58. On notera la saveur hégélienne de cette interprétation historique.

6. *Ibid.*, 58.

> est si peu le dernier mot de la philosophie, qu'à parler généralement et rigoureusement, ce n'est pas même, selon moi, de la philosophie [1].

On aura remarqué ce balancement entre le pour et le contre. Cousin est en quelque sorte partagé entre l'intérêt que suscite en lui son sujet, si nouveau en son siècle [2], et sa conception de la philosophie où l'on reconnaîtra, plus ou moins bien accordés, des éléments classiques et peut-être hégéliens. Il distinguera dans l'histoire de la scolastique un conflit apparu précocement, mais resté constant, entre le réalisme et le nominalisme, les catégories philosophiques générales étant incarnées dans des écoles et des ordres ; un idéalisme des dominicains en opposition avec un empirisme des franciscains, puis un scepticisme résultant de ces conflits et sur lequel se clôt toute la période [3]. L'interprétation cousinienne de la philosophie médiévale est, on le voit, grevée d'un double défaut qui lui est congénital : une connaissance insuffisante du détail de la période associée à un esprit de système qui lui fait peindre un décor de théâtre là où l'on préférerait des tableaux limités et précis – à l'image de son travail sur Abélard.

Xavier Rousselot, né en 1805, suit pour une part Cousin dans son interprétation de la philosophie médiévale ; comme historien, il est plus complet et plus profond (ce qui ne veut pas dire nécessairement plus exact) : en témoignent les trois tomes de ses *Études sur la philosophie dans le Moyen Âge* [4]. Dans les toutes premières pages du premier, il récuse l'opinion longtemps admise selon laquelle

> sous le rapport philosophique le Moyen Âge n'avait pas existé… Il sera évident pour tous que, du IXe au XVe siècle, la philosophie n'avait pu disparaître entièrement, et faire exception, tout exprès, pour justifier les ennemis de la scolastique [5].

En fait, dit-il plus loin,

> la philosophie, au Moyen Âge, est une mine féconde à exploiter, et, pour en faire un tableau qui ne laissât rien à regretter, au lieu de quelques volumes, il en faudrait dix. Je me suis donc attaché à faire voir que l'élément philosophique

1. V. Cousin, *Cours de philosophie, op. cit.*, 59.

2. Il faut pourtant relever que, dès le début du siècle, J.M. Degérando (1772-1842) avait attiré l'attention sur l'intérêt que présentaient les doctrines médiévales, affirmant même que « la scolastique » avait « rendu l'indépendance aux esprits, ouvert des routes nouvelles et préparé une salutaire réforme des méthodes ». Voir J. Jolivet, « Les études de philosophie médiévale en France de Victor Cousin à Étienne Gilson », dans *Gli studi di filosofia medievale fra Otto e Novecento : contributo a un bilancio storiografico.* Atti del convegno internazionale, Roma, 21-23 settembre 1989, Roma 1991 (Storia e letteratura, 179), R. Imbach et A. Maierù (ed.), 1-20, particulièrement 6 (citant F. Picavet, *Esquisse d'une histoire générale et comparée des philosophies médiévales,* Paris, 1905, 249).

3. J. Marenbon, « Victor Cousin », *op. cit.*,17.

4. X. Rousselot, *Études sur la philosophie dans le Moyen Âge,* Paris, 1840-1842.

5. *Ibid.*, 1, ii.

> s'est développé, au Moyen Âge, avec son véritable caractère, et qu'il s'est montré alors sous les formes qu'il avait déjà prises auparavant; en un mot, je n'ai eu pour but que de montrer la philosophie entrant, au sortir de la Grèce, sur un sol où l'attendaient de nouvelles destinées [1].

Pour Rousselot, il s'agit en somme de reconnaître dans le Moyen Âge un avatar d'un « élément » – la philosophie, qui est « non seulement le reflet du présent, mais de la pensée humaine tout entière », et qui au Moyen Âge

> échappe au joug de l'autorité, mais pour tomber dans les entraves plus despotiques du présent [2].

Cet adversaire de la philosophie est la théologie sous la forme spécifique de la scolastique. D'emblée, Rousselot s'était défendu d'en avoir fait son sujet:

> Ce n'est pas l'histoire de la scolastique que je vais présenter, mais bien celle de la philosophie à une époque de la vie de l'humanité [3].

Or cette histoire est orientée: « Occam », ayant « détruit sans détour la doctrine des entités » – ce sont les universaux –, fut

> le précurseur de la révolution philosophique qui se préparait. Ainsi marchait la philosophie, et la scolastique, s'affaiblissant de jour en jour, disparaissait de la scène [4].

Cette manière d'épopée idéale se développe, selon Rousselot, en quatre « époques ». La première va de Jean Scot Érigène à Lanfranc; la deuxième met au grand jour le combat entre le nominalisme et le réalisme, elle va de Roscelin à Hugues de Saint-Victor; la troisième, « l'âge viril de l'enseignement religieux, et aussi celui de l'érudition philosophique » [5], va d'Abélard à Roger Bacon; la quatrième, de Guillaume d'Ockham à Jean Gerson, voit le triomphe du nominalisme en philosophie. Attardons-nous un peu sur elle. Elle constitue « la revue critique des précédentes ». Elle s'ouvre, donc, avec « Guillaume Occam »; celui-ci rend « un véritable service à la cause du progrès » quand il « donne une solution au problème des universaux » et, « renversant le réalisme, ramène les esprits à la raison » [6]. En suite de la critique de l'universel, Dieu est ramené à l'être, « notion commune de tout ce qui est »; l'existence de l'âme devient douteuse, il n'y a plus d'unité continue de la substance, plus de réalité objective dans la relation, les abstractions, les idées; la critique se dirige contre

1. X. Rousselot, *Études*, *op. cit.*, 1, iii.

2. *Ibid.*, 1, 6.

3. *Ibid.*, 1, 1.

4. *Ibid.*, 1, 22-23. Pour le rôle de Rousselot dans l'historiographie du nominalisme, voir W.J. Courtenay, « In Search of Nominalism: Two Centuries of Historical Debate », dans *Gli studi di filosofia medievale fra Otto e Novecento*, *op. cit.*, 233-251, particulièrement 235.

5. *Ibid.*, 1, 18.

6. *Ibid.*, 3, 206.

« la théorie des degrés métaphysiques » soutenue par les disciples de Duns Scot[1]; toutefois, Ockham a la sagesse de ne pas aller jusqu'au scepticisme[2]. Ici pointe à l'horizon la Réforme :

> Luther n'était pas un scolastique à la manière de ceux qu'il venait attaquer ; il l'était avant tout comme Guillaume d'Occam ou Gabriel Biel... Il suit de là que la réforme, préparée en certains points par les nominaux, fut enfin produite et formulée par un nominaliste[3].

Toute cette histoire se clôt par un chapitre[4] entièrement consacré à Gerson qui, selon Rousselot, a voulu concilier le réalisme et le nominalisme, la métaphysique et la logique.

> Par sa bouche c'est la scolastique qui fait un retour sur elle-même, qui s'interroge et se juge en se demandant, au terme de sa course, pourquoi les paroles de ses grands docteurs ne sont pas entièrement pour elle des paroles de vérité. La réponse est en Gerson, et voilà pourquoi il est vraiment celui qui ferme la période philosophique du Moyen Âge... Par lui la scolastique devient sage, mais après coup, selon l'usage humain[5].

Cet apaisement du conflit initial se fait dans « le mysticisme » :

> Jusqu'à Gerson, on avait fait du mysticisme par inspiration seulement, et pour soi ; il le fait pour tout le monde et y met de la réflexion ; enfin... son ouvrage est un traité méthodique, un résumé, comme si toute la philosophie, à cette époque, devait se replier sur elle-même avant de prendre un élan nouveau[6].

Ainsi ces deux premiers historiens de la philosophie médiévale en France présentent un trait commun et quelques différences. Le trait commun est ce que l'on pourrait appeler un « progressisme » qui reste au plan des idées. Pour l'un comme pour l'autre, une énergie spirituelle transhistorique travaille la substance spirituelle du Moyen Âge : pour Cousin c'est « l'esprit humain », pour Rousselot c'est « la philosophie ». Mais Cousin voit dans la scolastique la forme qu'a prise l'esprit humain quand il s'est trouvé enserré dans le « cercle » que lui avait imposé l'Église : d'où les caractères positifs qu'il reconnaît à cette méthode institutionnalisée que, au contraire, Rousselot condamne. Selon ce dernier, il y a une opposition, et même un combat, entre la philosophie et la scolastique ; cela s'achève par le triomphe du nominalisme, lequel prépare la réforme religieuse puisque les théologiens dont Luther fut le disciple étaient des nominalistes. Gerson fait l'avant-dernier pas, avec la synthèse qu'il opère entre, en somme, une scolastique critique et la religiosité sous sa forme mystique.

1. X. Rousselot, *Études, op. cit.*,3, 273-274.
2. *Ibid.*, 3, 278 *sq.*
3. *Ibid.*, 3, 310-311.
4. *Ibid.*, 3, 315-357 (chapitre 23).
5. *Ibid.*, 3, 333 et 337.
6. *Ibid.*, 3, 344-345.

Les débuts du médiévisme philosophique français seraient donc cohérents avec l'esprit de « juste milieu » qui fut celui de la Monarchie de Juillet, héritier modéré de la I re République et des Lumières ; inspirés aussi, à leur façon, d'une philosophie allemande de l'histoire soigneusement désamorcée.

Ce dernier point se confirme pour nous quand nous lisons ces lignes du *Scot Érigène* de Saint-René Taillandier, « Thèse pour le doctorat présentée à la Faculté des Lettres de Paris » publiée en 1843 :

> L'originalité de la philosophie de Hegel ne serait-elle pas, en grande partie, d'avoir transporté dans la science ces puissantes aspirations d'amour qu'on admire chez ces savants théologiens ?... Ces sublimes et sereines régions où cesse toute lutte, toute contradiction, où toutes choses sont pacifiées, où la philosophie et la religion, où la raison et la foi s'accordent merveilleusement et ne sont qu'une même chose. Voilà le principe de Scot Érigène proclamé de nouveau et pour la première fois depuis la scolastique [1].

Ainsi pour cet hégélien de droite français [2], et avant même les alternances entre « mystiques et scolastiques, ces deux familles d'esprits qui se partagent tour à tour la philosophie du Moyen Âge » [3], dès son début donc, la spéculation médiévale réalise pour un temps et un lieu ce qui, selon Cousin et Rousselot, n'apparaît qu'à son terme :

> Chose remarquable : non seulement Scot Érigène est le père de la philosophie scolastique, mais il semble qu'il en renferme en lui tous les développements [4].

On ne cherchera pas à reconstruire à partir de ces quelques indications ce qui pourrait être une « phénoménologie de l'esprit » très modérée. On se bornera à rappeler, en ce cas particulier, l'influence qu'a exercée la philosophie allemande sur la française, dès la première moitié du XIXe siècle : Saint-René Taillandier, né en 1817, est de la même génération que Félix Ravaisson (1813-1900) et Ernest Renan (1823-1890).

En 1850, quelques années après la thèse de Saint-René Taillandier, paraît un ouvrage en deux volumes intitulé *De la philosophie scolastique ;* c'est un « Mémoire couronné par l'Académie des Sciences Morales et Politiques ». Son auteur, Jean-Barthélemy Hauréau, était né en 1812 ; sa carrière fut au moins aussi agitée que celle de Victor Cousin, tout en se déroulant à un niveau

1. R.G.E. Taillandier, dit Saint-René Taillandier, *Scot Érigène et la philosophie scolastique*, Strasbourg, Paris, 1843, 266.

2. On aura sans doute remarqué que sa « phénoménologie de l'esprit » personnelle tourne court, s'arrête à une fusion irénique entre la philosophie et la religion et ne franchit pas la dernière étape, celle où la philosophie règne seule.

3. Saint-René Taillandier, *Scot Érigène, op. cit.*, 277. Ou encore, 201 : « Deux familles de penseurs qui se confondent parfois, et parfois se séparent très nettement du douzième au quatorzième siècle ».

4. *Ibid.*, 200.

institutionnel moins élevé [1]. Républicain sous la Restauration, il est sous la Monarchie de Juillet bibliothécaire de la ville du Mans – mais destitué de ce poste en 1845 « sur la demande des cléricaux et des conservateurs » dit le *Larousse du XIXe siècle* [2]. Sous la IIe République, il est élu député de la Sarthe ; il refuse de prêter serment au prince-président après le coup d'état du 2 décembre 1851. Aussitôt après la proclamation de la République en 1870, il devient directeur de l'Imprimerie nationale ; destitué par la Commune il reprend ses fonctions « après la répression du mouvement communaliste » (toujours selon les termes du *Larousse*). En 1872-1880, il publie une reprise plus ample de son mémoire de 1850 devenu ainsi une *Histoire de la philosophie scolastique* en trois volumes [3].

Les travaux de Hauréau, sa façon de caractériser le sujet de son étude, gardent l'empreinte des thèses avancées par Cousin. Ainsi, l'idée selon laquelle le contenu de la scolastique est homogène à celui de la philosophie antique :

> Les systèmes scolastiques sont les systèmes de tous les temps, de tous les lieux. Ce qui appartient en propre à la philosophie scolastique, ce sont ses allures, ses formes, son langage, ses procédés, mais, en fait, nos docteurs du Moyen Âge n'ont pas introduit une seule doctrine que l'antiquité n'ait connue [4],

il n'est en effet que deux écoles philosophiques, celles de Platon et d'Aristote. On en retrouve la substance dans la question des universaux, débattue entre les réalistes et les nominalistes et qui est « le problème scolastique » [5]; mais les systèmes principaux professés dans l'école de Paris sont le réalisme, le nominalisme, le conceptualisme [6]. Dans son mouvement historique, la scolastique est en fait une entreprise de libération – et de citer Barthélemy Saint-Hilaire :

> La scolastique est, dans son résultat général, la première insurrection de l'esprit moderne contre l'autorité [7].

Cette interprétation de l'histoire n'est donc pas particulière à Hauréau. En revanche, sa connaissance des auteurs est plus vaste que celle qu'en avaient ses prédécesseurs [8] : comme « derniers scolastiques », successeurs de Guillaume

1. J.-B. Hauréau, *De la philosophie scolastique* (Mémoire couronné par l'Académie des Sciences Morales et Politiques), 2 vols, Paris, 1850.

2. « Victor Cousin », dans *Grand dictionnaire universel du XIXe siècle*, Paris, éd. P. Larousse, 1869, 5, 403^b-405^a.

3. J.-B. Hauréau, *Histoire de la philosophie scolastique*, 3 vols, Paris, 1872-1880.

4. J.-B. Hauréau, *De la philosophie scolastique*, *op. cit.*, 2, 499.

5. *Ibid.*, 1, 31-46.

6. *Ibid.*, 2, 511.

7. *Ibid.*, 2, 523.

8. Même si plus tard François Picavet (qui est en dehors du cadre que nous nous sommes fixé) remarque que J.-B. Hauréau « ne tient pas toujours un compte suffisant des méthodes de la philologie moderne ».

d'Ockham, il cite et présente, au tome III de son *Histoire*, « Armand de Beauvoir ou de Bellevue, provençal », Gratiadei d'Ascoli, Pierre de la Palu, Robert Holcot, Albert de Saxe, Thomas de Strasbourg, Grégoire de Rimini, Jean Baconthorpe, Antoine Andrée, « Adam Goddam, Voddam ou plutôt de Wodheam », Jean Buridan, Henri Totting de Oyta, Henri de Langenstein, Marsile d'Inghen, Matthieu de Cracovie, Nicolas de Clamanges, Pierre d'Ailly « et quelques autres » [1]. À l'instar de Rousselot, Hauréau attache une importance particulière à Gerson sur lequel il clôt sa revue de la scolastique [2]. Mais d'autre part, d'un point de vue philosophique, il est critique à l'égard des religions ; inversement, il loue les hérésies qu'il considère comme des facteurs de progrès. Son *Histoire* se termine par une phrase intégralement reprise de son *Mémoire* :

> Encore faut-il reconnaître que ces apprentis philosophes, humbles par devoir et, par défaut d'expérience, téméraires, dont les écrits n'ont plus de lecteurs et n'en méritent plus, nous ont mis sur la voie qu'il nous a suffi de suivre pour conquérir le premier, le plus précieux de nos biens, la liberté [3] !

C'est toujours, chez ces historiens, ce double point de vue sur « la scolastique », cette difficulté à l'interpréter d'un point de vue normatif : quel a pu être son rôle dans le mouvement général vers le progrès ?

Car, on a pu le remarquer, au XIXe siècle les quelques historiens de la philosophie médiévale dont nous avons parcouru les écrits se situent plus ou moins à gauche, de façons plus ou moins résolues suivant leurs tendances personnelles sans doute, et certainement les conditions politiques [4]. À cette même époque, on voit volontiers en Abélard « un des nobles ancêtres des libérateurs de l'esprit humain », un « martyr de la libre-pensée », comme disent respectivement Charles de Rémusat et Joseph Barni [5]. Selon une vision commune d'une marche du progrès qui se ferait à travers des « combats » entre des éléments contraires (plutôt que contradictoires, on a pu le constater), ils cherchent à désigner, dans ce qu'ils appellent la scolastique, des efforts pour secouer « l'autorité » et par une sorte de décantation préparer sans en avoir conscience les conflits modernes. Comme le dit très clairement Hauréau :

> Les philosophes et les dévots seront à l'avenir deux nations étrangères l'une à l'autre, tantôt en guerre, tantôt en paix ; en paix rarement, car elles auront

1. J.-B. Hauréau, *Histoire de la philosophie scolastique*, *op. cit.*, 3, 431-469.

2. *Ibid.*, 3, 460-469.

3. J.-B. Hauréau, *Histoire de la philosophie scolastique*, *op. cit.*, 3, 495.

4. V. Cousin vieilli, et ne s'intéressant plus au Moyen Âge mais au XVIIe siècle, se rangera, dit Sainte-Beuve, parmi les « admirateurs » de Napoléon III.

5. Pour les références et pour d'autres exemples de cette lecture, voir J. Jolivet, *Arts du langage et théologie chez Abélard*, (Études de philosophie médiévale, 57), Paris, Vrin, 1969, 340-341 (en particulier n. 13 et 18).

> presque toujours quelque querelle engagée au sujet de leurs frontières indécises [1].

On trouvera encore un exemple significatif de ce nouvel état des idées dans les trois colonnes consacrées à Gerson dans le *Larousse du XIXe siècle.* On y relève ses efforts « pour substituer la théologie pure » à « la scolastique, science fausse » ; en même temps, la « hardiesse singulière » de ses écrits sur les questions conciliaires, bien qu'il ne fût « ni plus ni moins fanatique que les autres Pères du concile ». Il y est traité tout au long de sa théologie mystique ; mais l'article se termine ainsi :

> On a cependant, de nos jours encore, conservé l'innocente manie d'admirer Gerson [qui est visé ici ?] mais on a perdu heureusement l'habitude de le lire. Comme tant d'autres, il vit de sa réputation [2].

En 1852, Ernest Renan, qui approche de la trentaine, publie sa thèse de doctorat sous le titre de *Averroès et l'averroïsme. Essai historique* [3]. Sa vision du Moyen Âge philosophique, limité par son sujet même aux XIVe et XVe siècles, y apparaît intransigeante et contrastée. À lire ce qu'il écrit de la scolastique d'une part, de l'averroïsme de l'autre, on est tenté de le plaindre pour avoir consacré plusieurs années de sa jeunesse à des lectures qui l'auront autant rebuté. Je pense ici à sa jeunesse savante, non à sa jeunesse de séminariste où ce genre philosophique l'avait séduit, il le dira plus tard :

> Tandis que la plupart de mes condisciples, affaiblis par l'humanisme un peu fade de M. Dupanloup, ne pouvaient mordre à la scolastique, je me pris tout d'abord d'un goût singulier pour cette écorce amère ; je m'y passionnai comme un ouistiti pour sa noix [4].

Mais dans son *Averroès,* il ne se lasse pas d'insulter « la fastidieuse scolastique du XIVe et du XVe siècle » [5], « les traditions pédantes et grossières du Moyen Âge » [6]. Après avoir vilipendé encore une fois « cet amas de sophismes, de questions puériles et vides de sens qu'avait entassées la scolastique », il ajoute :

1. J.-B. Hauréau, *Histoire de la philosophie scolastique, op. cit.*, 3, 469.

2. « Gerson (Jean Charlier dit) », dans *Grand dictionnaire universel du XIXe siècle,* Paris, éd. P. Larousse, 1872, 8, 1228^c-1229^b, en particulier 1229^b.

3. E. Renan, *Averroès et l'averroïsme. Essai historique,* Paris, éd. Michel Levy Frères, 1861^2, (toutes les références renvoient ici à cette édition, reproduite à l'identique par la suite, sauf pour l'Avertissement à partir de la deuxième).

4. E. Renan, *Souvenirs d'enfance et de jeunesse,* Paris, 1960, 114-146 (« Le séminaire d'Issy »). Un peu plus loin (137), Renan précise : « L'enseignement philosophique du séminaire était la scolastique en latin, *non la scolastique du XIIIe siècle, barbare et enfantine,* mais ce qu'on peut appeler la scolastique cartésienne, c'est-à-dire ce cartésianisme mitigé qui fut adopté en général pour l'enseignement ecclésiastique, au XVIIIe siècle » (je souligne). Toute la seconde partie du chapitre est à lire pour bien comprendre comment et à partir de quoi s'est formée la pensée de E. Renan.

5. E. Renan, *Averroès, op. cit.*, 320.

6. *Ibid.*, 314.

« la science positive a seule pu guérir l'esprit humain de cette singulière maladie »[1]. On n'examinera pas ici la façon dont il conçoit « l'averroïsme » ; il fut un pionnier dans l'étude de cette tradition fort complexe et on ne le critiquera pas si son livre, tout en devenant un classique, a cessé d'être une référence érudite digne de foi. Mais l'averroïsme, donc, n'y est pas plus mal traité que la scolastique. Renan dénonce la « manière abstraite, pédante, inintelligible » de « cette insipide philosophie »[2]; « la subtilité et la sécheresse sont les défauts communs de tous les averroïstes »[3] etc. Mais il écrit aussi :

> Aussi cette école n'a-t-elle rien laissé qui supporte la lecture, ou puisse être de quelque valeur *dans l'état actuel de l'esprit humain* (je souligne)[4].

Cette circonstance adoucirait-elle le verdict ? Car dans la représentation qu'il se fait de cette histoire, il n'y a pas deux acteurs, mais trois :

> L'extinction de l'averroïsme toutefois peut être envisagée à un point de vue différent : si elle fut d'un côté le triomphe de la méthode rationnelle et scientifique, elle fut par un autre côté la victoire de l'orthodoxie religieuse[5].

Il se montre ici proche de ses contemporains, Rousselot, Hauréau. Un passage un peu long pourrait avoir été écrit par l'un ou l'autre :

> L'homme voué aux travaux de l'esprit éprouve une grande tristesse, quand, parcourant les archives de ces longs siècles d'étude, il trouve enseveli dans l'oubli ces monceaux de travaux surannés, dont rien ne reste, si ce n'est quelques noms que personne ne se soucie plus de retenir. Mais il se console en pensant que l'exercice de la raison a une valeur indépendante et absolue, que chacun de ces manuscrits de Jean de Jandun, de Paul de Venise, portant si soigneusement le nom de son possesseur et la date des études auxquelles il a servi, est entré pour une part dans la tradition de la science, et a pu contribuer à cette grande éducation de l'esprit humain, où rien ne se perd. L'abécédaire où Goethe apprit à lire n'a point été un livre inutile[6].

De l'averroïsme, détruit finalement par son ennemie l'orthodoxie, quelque chose a pu subsister qui a servi au triomphe de la science : sous des formulations différentes, nous retrouvons bien dans cette idée une constante du médiévisme philosophique français au XIXe siècle.

L'intérêt pour le Moyen Âge dans la France post-révolutionnaire ne commença pas avec les historiens de la philosophie. Il se manifesta dès 1802 (Victor Cousin avait alors dix ans) avec le *Génie du christianisme* de Chateaubriand. Celui-ci donc, selon le mot fameux de Théophile Gautier, « restaura la cathédrale

1. E. Renan, *Averroès, op. cit.*, 414.
2. *Ibid.*, 318 et 322.
3. *Ibid.*, 373.
4. E. Renan, *Averroès, op. cit.*, 325.
5. *Ibid.*, 414-415.
6. *Ibid.*, 347.

gothique »[1]; mais il ne s'attarda pas dans les écoles. En ce qui concerne la spéculation théologique ou philosophique, cet ouvrage mémorable ne contient presque rien et il faut s'en contenter. On peut citer quelques lignes sur l'*Imitation de Jésus-Christ,* « cette espèce de phénomène du treizième siècle » (*sic*), citée pour sa « mesure d'expression », la « fine connaissance de l'homme » qui s'y manifeste et qui surprend « au milieu d'un siècle où les passions étaient grossières, et le goût plus grossier encore ». À quelques lignes de distance on trouve un jugement inattendu sur saint Bernard qui

> joint à beaucoup d'esprit une grande doctrine. Il réussit surtout à peindre les mœurs, et il avait reçu quelque chose du génie de Théophraste et de La Bruyère[2].

Un demi-siècle plus tard ou presque, le fondateur de l'ordre de Cîteaux réapparaît dans un rapprochement historique que nous avons vu chez d'autres sous une forme moins sommaire:

> Que l'on se persuade bien que les Abailard, les saint Bernard, les saint Thomas d'Aquin ont porté dans la métaphysique une supériorité de lumières dont nous n'approchons pas... que ce que l'on nous donne pour des progrès et des découvertes, sont des vieilleries qui traînent depuis quinze cents ans dans les écoles de la Grèce et dans les collèges du Moyen Âge[3].

Passons. Le grand Chateaubriand est ailleurs.

Trouverons-nous mieux chez Victor Hugo ? On pouvait penser que l'auteur de *Notre-Dame de Paris* (1831–1832) y aurait au moins évoqué quelque docteur médiéval. Feuilleté page à page, ce roman flamboyant ne nous offre que ce fragment d'un dialogue sur les façons de faire de l'or:

> Quelques-uns ont imaginé d'enfouir un rayon du soleil. – Averroës, – oui, c'est Averroës, – Averroës en a enterré un sous le premier pilier de gauche du sanctuaire du koran, dans la grande mahomerie de Cordoue; mais on ne pourra ouvrir le caveau pour voir si l'opération a réussi que dans huit mille ans[4].

1. À propos de Chateaubriand et de cette catégorie de l'histoire de l'art, de son succès au XIXe siècle, Michelet s'exprime autrement: « On écrira un jour l'histoire d'une curieuse maladie de notre temps, la manie du gothique. On en sait le premier et ridicule commencement. M. de Chateaubriand, au Val aux Loups, près Sceaux, hasarda de bonne heure une très grotesque imitation » (Jules Michelet, *Histoire de France au seizième siècle: Renaissance,* Introduction, Note du § 10, [Œuvres complètes, 7], 108) Paris, éd. R. Casanova, 1978. Ce volume parut en 1855; Chateaubriand s'était installé à la Vallée aux Loups en 1807.

2. Chateaubriand, *Génie du christianisme,* 3e partie, livre 4, chapitre 2, (Bibliothèque de la Pléiade, 272), Paris, éd. M. Regard, 1978, 858.

3. Chateaubriand, *Mémoires d'Outre-Tombe,* 2e partie, livre 13, chapitre X, (Bibliothèque de la Pléiade, 67), Paris, éd. M. Levaillant et G. Moulinier, 1957³, 464.

4. V. Hugo, *Notre-Dame de Paris,* livre 7, chapitre 4, (Bibliothèque de la Pléiade, 260), Paris, J. Seebacher et Y. Gohin (éd.), 1975, 266.

Les dons extraordinaires de Hugo ne le portaient pas à la spéculation scolastique. En 1856, il commence un poème (qui deviendra énorme) dirigé contre les « scientistes athées », mais qui par endroits dévie vers « les obscurantistes et les cléricaux » [1]. Achevée en 1858, publiée en 1880, cette œuvre intitulée *L'âne* comporte quelques allusions à des théologiens du Moyen Âge – on les cite surtout pour le pittoresque des rimes :

> À quoi rêvait Sorbon quand il fonda ce cloître
> Où l'on voit mourir l'aube et les ténèbres croître ?
> À quoi songeait Gerson en voulant qu'on dorât
> D'un galon le bonnet carré du doctorat [2] ?
>
> La concordantia du cardinal d'Ailly
> Montre un dogme dans l'astre au fond des cieux cueilli [3].
>
> Oh ! Ces sophistes lourds, ces casuistes froids...
> Jurant par Aristote ou par Thomas d'Aquin,
> Pour trouver l'éternel furetant un bouquin [4].
>
> Qu'en pense Onufrius ? qu'en dit Zarabella (sic) [5] ?
> Saint Thomas connaît-il tous ces noirs Ixions
> Qu'on nomme affinités, forces, attractions ? [6]

Ces jeux sur le signifiant ressemblent à des feux d'artifice et ne nous renseignent pas sur ce que Victor Hugo pensait de la philosophie médiévale et de la scolastique – avançons l'hypothèse qu'il n'en pensait rien.

Baudelaire a davantage de retenue. L'un de ses poèmes (*Châtiment de l'orgueil*), écrit à la même époque où Hugo entassait les blocs de sa composition gigantesque, exprime à l'endroit de la scolastique une admiration certaine :

> En ces temps merveilleux où la Théologie
> Fleurit avec le plus de sève et d'énergie,
> On raconte qu'un jour un docteur des plus grands,
> – Après avoir forcé les cœurs indifférents ;
> Les avoir remués dans leurs profondeurs noires ;
> Après avoir franchi vers les célestes gloires
> Des chemins singuliers à lui-même inconnus,
> Où les purs Esprits seuls peut-être étaient venus... [7]

1. Formule d'H. Guillemin dans sa présentation du poème, dans V. Hugo, *Œuvres complètes,* (Club Français du Livre, 10), Paris, 1969, 347-404.

2. V. Hugo, *L'âne,* (Cahiers Victor Hugo), Paris, éd. P. Albouy, 1966, $68^{41\text{-}44}$.

3. V. Hugo, *L'âne,* (Cahiers Victor Hugo), *op.cit.*, $74^{191\text{-}192}$.

4. *Ibid.*, 78^{331}-79^{340}.

5. *Ibid.*, 80^{380}.

6. *Ibid.*, $84^{507\text{-}508}$.

7. Baudelaire, *Les Fleurs du mal,* 16. *Châtiment de l'orgueil,* (Bibliothèque de la Pléiade, 1), Paris, C. Pichois (éd.), 1975, $20^{1\text{-}8}$.

La suite évoque la légende noire de Simon de Tournai [1] :

> Le silence et la nuit s'installèrent en lui,
> Comme dans un caveau dont la clef est perdue [2].

Ne cherchons pas plus loin chez les poètes, qui en principe prêtent peu d'attention aux spéculations médiévales. On ne se retiendra pas cependant de citer, pour finir, Verlaine :

> C'est vers le Moyen Âge, énorme et délicat,
> Qu'il faudrait que mon cœur en panne naviguât,
> Loin de nos jours d'esprit charnel et de chair triste [3].

« Énorme et délicat » : remarquable alliance d'épithètes, toute proche de l'oxymore, et combien juste. L'historien-philosophe Edgar Quinet y voit, lui, le « monde géant » dont « Boccace célèbre les joyeuses funérailles ». Le contexte de ce passage est un groupe de trois chapitres (7, 8 et 9) du livre premier de ses *Révolutions d'Italie* [4], intitulés respectivement : « Dante » ; « Une révolution morale. Pétrarque » ; « L'art pour l'art. Boccace ». Les œuvres de ces trois poètes se situent dans la première moitié du XIVᵉ siècle : Dante meurt en 1321,

1. Légende sans doute, mais seulement pour une part, car la réalité du mal qui avait frappé Simon de Tournai est attestée dès avant 1200 quant à ses signes cliniques : perte de l'intelligence, de la mémoire, de la parole (voir A. Dondaine, *Écrits de la « Petite école » porrétaine,* Montréal, Paris, 1962 [Conférence Albert-le-Grand], 46, cité par M.-Th. d'Alverny, *Alain de Lille, textes inédits. Avec une introduction sur sa vie et ses œuvres,* Paris, 1965 [Études de philosophie médiévale, 52], 20, n. 50). Ce qui est légendaire c'est la cause du fait telle que la lui ont assignée, de façons d'ailleurs différentes, Mathieu de Paris, et Thomas de Cantimpré (morts l'un et l'autre vers le milieu du XIIIᵉ siècle). Leurs récits sont transcrits dans *Histoire littéraire de la France,* 16, 390-391. Selon ces deux auteurs, le succès – mérité – d'une leçon de théologie prononcée par Simon l'aurait mis hors de lui-même (« transporté d'un orgueil satanique », dit Baudelaire). Voici les propos que, selon Mathieu, aurait alors tenus Simon et la description de son châtiment : « O Jesule, Jesule, quantum in hac quaestione confirmavi legem tuam et exaltavi ! Profecto si malignando et adversando vellem, potioribus rationibus et argumentis scirem illam infirmare et deprimendo improbare » – et hoc dicto, elinguis penitus obmutuit, non tantum mutus, sed idiota et ridiculose infatuatus, nec postea legit vel determinavit, et factus est in derisum et sibilum omnibus qui hoc audierant » (390). Voici comment Baudelaire (*Châtiment de l'orgueil,* 20^{11-14}) a transposé ce discours :

> Jésus, petit Jésus ! je t'ai poussé bien haut !
> Mais, si j'avais voulu t'attaquer au défaut
> De l'armure, ta honte égalerait ta gloire,
> Et tu ne serais plus qu'un fœtus dérisoire !

Quant à Thomas de Cantimpré, il prête à Simon en cette occasion le topos des « trois imposteurs » : Moïse, Jésus, Mahomet (391).

2. Baudelaire, *Châtiment de l'orgueil, op. cit.*, 21^{20-21}.

3. Verlaine, *Sagesse,* (Bibliothèque de la Pléiade, 47), Paris, Y.-G. Le Dantec (éd.), 1959, 153.

4. E. Quinet, *Les révolutions d'Italie,* Paris, Gallimard, 1857², 145. La première édition, de 1848, avait été interrompue par « le tocsin du 24 Février » (11) ; mais la partie alors publiée contenait déjà ces chapitres, c'est donc de 1848 au plus tard qu'il faut les dater.

Boccace place son *Décaméron* au moment de la Grande Peste (1348) dont est victime Laure de Noves – alors s'ouvre « la troisième époque » de la poésie de Pétrarque, dit Quinet. Selon lui « ces trois hommes inséparables marquent chacun une époque dans l'état politique de l'Italie » et les étapes selon lesquelles « l'inspiration nationale et patriotique [y] a déchu »[1].

Nous chercherons surtout dans ces pages une caractérisation de la scolastique – cela ne se trouve que dans le chapitre VII, consacré à Dante ; mais d'abord, des évocations globales du Moyen Âge. La période dont traite Quinet représente pour lui « l'adolescence de l'esprit humain » qui alors « n'a jamais éprouvé l'impuissance du savoir de l'homme » et « croit goûter la sagesse de Dieu »[2]. Dante personnifie ce moment, fugitif certes, puisque l'échec des croisades en marquera la fin :

> Pour la première fois le Moyen Âge se vit tel qu'il était, sans prestiges, sans miracles, sans avenir dans la voie où il était entré : il venait de se heurter contre le sépulcre... Depuis ce moment le Moyen Âge cesse de vivre dans l'extase ; il a senti sa limite, et il se retire ; l'épée flamboyante de Mahomet l'a chassé de l'Éden[3].

Dans sa tendance générale, le Moyen Âge éprouve la scission douloureuse entre la vie sur terre et un idéal qui ne peut s'y réaliser, voire qui ne le doit pas :

> L'idée que le bonheur peut être légitime ici-bas, n'entre jamais dans le cœur des hommes du Moyen Âge[4].

Pétrarque éprouve en lui-même ce déchirement :

> Un monde qui poursuit une espérance qu'il sait ne pouvoir atteindre ni embrasser sur terre, c'est l'âme du Moyen Âge ; c'est aussi le génie de Pétrarque, et par où ils sont l'un et l'autre d'intelligence[5].

Mais ce monde déchiré est aussi un monde dur et « contraignant » :

> Le *Décaméron* n'est rien que l'accent de la joie expansive de l'homme qui vient d'échapper à la contrainte du Moyen Âge[6].

Ainsi donc l'échec des croisades et le souffle de liberté dans le politique et l'affectif, ces deux circonstances apparemment distinctes, forment un seul moment dans la substance historique. Or cette libération s'annonçait déjà

1. E. Quinet, *Les révolutions d'Italie, op. cit.*, 148.
2. *Ibid.*, 121.
3. *Ibid.*, 140-141.
4. *Ibid.*, 132.
5. *Ibid.*, 131.
6. *Ibid.*, 144. Au sommaire de ce chapitre, E. Quinet était plus sévère encore : « Le *Décaméron* de Boccace, première expression de la bourgeoisie italienne ; joie de l'homme qui vient d'échapper au terrorisme du Moyen Âge ».

dans la sphère de l'intellect : « la *Comédie divine* » est composée « au temps où la liberté de l'esprit commence à pénétrer dans le sanctuaire et dans le dogme »[1]; et ce mouvement s'inaugure au moment historique de Dante (c'est-à-dire au sein même de la scolastique) : alors

> l'esprit humain... a pour la philosophie la même adoration que pour la religion ; il est convaincu... que le syllogisme de Sigier (*sic*) lui ouvrira les portes de tous les mystères[2].

Nous avons déjà rencontré des philosophes qui décelaient dans cette entreprise théorique un mouvement de l'esprit vers sa libération ; mais Edgar Quinet, en historien, apporte à cette interprétation un contenu concret en la liant à la situation particulière de l'Italie au XIVe siècle et aux œuvres de trois poètes de cette même époque.

« Tiens ! lui dit-il, tu lis du Michelet, toi ! » – « Oui, répondit gravement Boulmier, j'aime les romans ». Ainsi auraient dialogué deux étudiants parisiens dans le jardin du Luxembourg ; cela se serait passé en 1875 ; Michelet était mort en 1874 et les trois volumes de son *Histoire du XIXe siècle — Du Directoire à Waterloo,* qui achèvent son *Histoire de France* dont la publication avait commencé en 1833, allaient paraître en 1876. Une fois rappelé, sous la caution d'Anatole France[3], ce qu'a de personnel la façon dont Michelet perçoit l'histoire et l'écrit, nous finirons par lui notre traversée hâtive du XIXe siècle.

Il y a chez Michelet deux visions successives du Moyen Âge ; il s'en explique notamment dans la Préface de son *Histoire de la Renaissance* (1855) parue après les six premiers volumes de l'*Histoire de France au Moyen Âge* (1833-1843) et les quatre de l'*Histoire de la Révolution* (1847-1853). Cette divergence entre l'ordre des publications et celui des événements relatés résulte du changement dans ses perspectives historiques et philosophiques qui s'amorçait déjà vers 1840. Il n'est pas utile de retracer les phases de cette évolution, il suffira de noter que la Préface citée ci-dessus fut écrite pour l'essentiel dès 1842. L'idée d'une liberté en marche au long de l'histoire n'a jamais quitté Michelet, mais elle s'était alors étendue et radicalisée. Cette inflexion apparaît clairement dans le passage de ce que l'on pourrait appeler son premier Moyen Âge au second et dans la façon dont lui-même caractérise la différence entre ces deux moments. Lisons successivement les pages qu'il consacre à Abélard en 1840[4], et la Préface à l'*Histoire de la Renaissance.*

1. E. Quinet, *Les révolutions d'Italie, op. cit.*, 101.

2. *Ibid.*, 121.

3. A. France, *Le crime de Sylvestre Bonnard,* (Bibliothèque de la Pléiade, 315), Paris, M.-C. Bancquart (éd.), 1984, 222.

4. J. Michelet, *Histoire de France au Moyen Âge,* livre IV, chapitre 4, (Œuvres complètes, 4), Paris, éd. P. Viallaneix, 1974, 442-461, en particulier 452-461.

Le chapitre consacré à Abélard commence par tirer une conclusion assez inattendue [1] de l'histoire de la première croisade, sujet du chapitre précédent :

> Le grand mouvement de la croisade ayant un instant tiré les hommes de la servitude locale, les ayant menés au grand air par l'Europe et l'Asie, ils cherchèrent Jérusalem, et rencontrèrent la liberté [2].

Puis vient un développement sur le mouvement communal et la puissance nouvelle acquise par le roi de France :

> Telle fut, après la première croisade, la résurrection du roi et du peuple… Il y eut un centre et la vie s'y porta, un cœur de peuple y battit. Le premier signe, la première pulsation, c'est l'élan des écoles, et la voix d'Abailard. La liberté, qui sonnait si bas dans le beffroi des communes de Picardie, éclata dans l'Europe par la voix du logicien breton. Le disciple d'Abailard, Arnaldo de Brescia, fut l'écho qui réveilla l'Italie [3].

Ainsi se reconstitue donc « la chaîne des libres penseurs rompue, ce semble, après Jean le Scot » – et Michelet d'énumérer Gerbert, Fulbert de Chartres, Bérenger de Tours, Roscelin de Compiègne. Il poursuit :

> L'existence de l'école de Paris était pour l'Église un danger. Les idées, jusque-là dispersées, surveillées dans les diverses écoles ecclésiastiques, allaient converger vers un centre. Ce grand nom d'*Université* commençait dans la capitale de la France, au moment où l'universalité de la langue française semblait presque accomplie [4].

C'est là précisément que triomphe Abélard – citons encore (il est difficile de résumer Michelet ; chez lui, l'idée et la forme ne peuvent se dissocier, et c'est en cela qu'il est un poète) :

> Les prodigieux succès d'Abailard s'expliquent aisément. Il semblait que pour la première fois l'on entendait une voix libre, une voix humaine. Tout ce qui s'était produit dans la forme lourde et dogmatique de l'enseignement clérical, sous la rude enveloppe du Moyen Âge, apparut dans l'élégance antique, qu'Abailard avait retrouvée… Il semblait que jusque-là l'Église eût bégayé, et qu'Abailard parlait… Cette philosophie circula rapidement : elle passa en un instant la mer et les Alpes ; elle descendit dans tous les rangs… Les simples étaient ébranlés, les saints chancelaient, l'Église se taisait. Il y allait pourtant du christianisme tout entier… [5]

1. Moins différente peut-être qu'il ne semble d'abord, de celle qu'en tirait Edgar Quinet.
2. J. Michelet, *Histoire de France au Moyen Âge*, *op. cit.*, 444.
3. *Ibid.*, 451.
4. J. Michelet, *Histoire de France au Moyen Âge*, *op. cit.*, 452.
5. *Ibid.*, 453-454.

Michelet fait apparaître alors saint Bernard, puis résume la suite de la vie d'Abélard jusqu'à sa mort, et conclut :

> Telle fut la fin du restaurateur de la philosophie au Moyen Âge, fils de Pélage, père de Descartes, et Breton comme eux [1].

Héloïse, dont le thème musical était apparu un peu plus haut dans le chapitre, en introduit la fin :

> La restauration de la femme eut lieu principalement au XIIe siècle… La grâce prévalant sur la loi, il se fit sensiblement une grande révolution religieuse. Dieu changea de sexe, pour ainsi dire. La Vierge devint le dieu du monde… La femme régna dans le ciel, elle régna sur la terre [2].

Un court paragraphe résume le chapitre :

> Le caractère commun de la période qui suit la croisade… c'est une tentative d'affranchissement… affranchissement du peuple dans les communes, affranchissement de la femme, affranchissement de la philosophie, de la pensée pure [3].

À cela nous ajouterons, selon Michelet lui-même, l'Université, le lieu de la future scolastique.

Faut-il dire que Michelet présente bien sommairement les idées d'Abélard, dont l'intéresse seul le ferment « libérateur » qu'il pense y trouver ? Mais il n'était pas le seul à son époque, on l'a dit, qui perçût les choses ainsi. De même son exposé biographique évoque beaucoup le gothique troubadour. Mais il y a dans son chapitre le souffle d'une conviction profonde, un style brillant et fort. Tout cela persiste dans la Préface de l'*Histoire de la Renaissance,* mais pénétré d'une amertume étrange, on y sent comme un amour déçu. La première page de ce volume, datée du 15 janvier 1855, fait le bilan d'un apprentissage et d'une désillusion. Michelet ne revient pas vraiment sur ce qu'il a écrit à propos du Moyen Âge et le justifie en faisant une distinction : cela était

> vrai comme l'idéal que se posa le Moyen Âge. Et ce que nous donnons ici, c'est sa réalité, accusée par lui-même [4].

On aura remarqué dans le chapitre que Michelet consacre à Abélard quelques détails, quelques formules, qui prêtent au XIIe siècle des aspects prometteurs : la « chaîne des libres penseurs », la « voix libre, humaine », « l'élégance antique » qu'Abélard aurait « retrouvée ». On en perçoit des échos dans l'Introduction à l'*Histoire de la Renaissance ;* ainsi dans une note au paragraphe 2 : « Cette

1. *Ibid.*, 457.
2. *Ibid.*, 459-460.
3. *Ibid.*, 461.
4. J. Michelet, *Histoire de France au seizième siècle : Renaissance,* Préface, 49.

ère », celle de la Renaissance, « eût été certainement le douzième siècle, si les choses eussent suivi leur cours naturel »[1]; et encore :

> Les auteurs de l'*Histoire littéraire,* spécialement M. Fauriel, ont très bien dit : « Le douzième siècle est une aurore. Le quatorzième est un couchant ». Et que dire, hélas ! du quinzième[2] ?

Dès lors la question se pose :

> Pourquoi la Renaissance arrive-t-elle trois cents ans trop tard ? Pourquoi le Moyen Âge vit-il trois siècles après sa mort[3] ?

La réponse vient aussitôt : la faute en est à la scolastique et à cette trahison de l'esprit qu'elle constitue : le « terrorisme » du Moyen Âge,

> sa police, ses bûchers, n'auraient pas suffi. L'esprit humain eût tout brisé. L'École le sauva, la création d'un grand peuple de raisonneurs contre la Raison… De la philosophie proscrite naquit l'infinie légion des ergoteurs, la dispute sérieuse, acharnée, du vide et du rien. De la religion étouffée naquit le monde béat des mystiques raisonnables, l'art de délirer sagement. De la proscription de la nature et des sciences sortirent en foule les fripons et les dupes, qui lurent aux astres et firent de l'or. Immense armée des fils d'Éole, nés du vent et gonflés de mots. Ils soufflèrent. À leur souffle, une Babel de mensonges et de billevesées, un solide brouillard, magiquement épaissi, où la raison ne mordait pas, s'éleva dans les airs. L'humanité s'assit au pied, morne, silencieuse, renonçant à la Vérité[4].

Les traits mordants de Renan contre la scolastique sont dépassés de loin par cette diatribe passionnée de Michelet. Ce que celui-ci voit maintenant dans la période terminale du Moyen Âge, dans le xve siècle, c'est une véritable névrose : l'*ennui* – auquel il opposera plus loin la *joie* de Luther. Voici, en son entier, le passage ou plutôt l'incantation qui nous y engloutit :

> Trois cents ans de plaisanteries sur le pape, les mœurs des moines, la gouvernante du curé, c'est de quoi lasser à la fin… De tant de rires, que restait-il ? Rien que l'aggravation des maux, le découragement, le désespoir du bien, l'ennui et le mal de cœur. Il semble que le jour ait baissé ; le temps n'est pas noir, mais gris. Un monotone brouillard décolore la création. Que l'infatigable cloche sonne aux heures accoutumées, l'on bâille ; qu'un chant nasillard continue dans le vieux latin, l'on bâille. Tout est prévu ; on n'espère rien de ce monde. Les choses reviendront les mêmes. L'ennui certain de demain fait bâiller dès aujourd'hui, et la perspective des jours, des années d'ennui qui suivront, pèse d'avance, dégoûte de vivre. Du cerveau à l'estomac, de l'estomac à la bouche, l'automatique et fatale convulsion va distendant les mâchoires sans fin ni

1. *Ibid.*, Introduction, Note du § 2, 99.
2. *Ibid.*, Introduction, § 3, 55.
3. *Ibid.*, § 14, 97.
4. *Ibid.*, Introduction, § 14, 97.

remède. Véritable maladie que la dévote Bretagne avoue, en la mettant toutefois sur le compte des malices du diable. Il se tient tapi dans les bois, disent les paysans bretons ; à celui qui passe et garde les bêtes, il chante vêpres et tous les offices, et le fait bâiller à mort [1].

Ce parcours s'arrête ici ; sa ligne est relativement simple, il faut voir rapidement pourquoi elle l'est. On observera d'abord que ses limites chronologiques correspondent en gros à celles du romantisme français : les auteurs que nous avons rencontrés participent plus ou moins de ce mouvement. Cela n'a guère de conséquence quant au style, sauf dans les cas d'Edgar Quinet et de Michelet, dont l'écriture n'est pas sans évoquer celle du dernier Chateaubriand, celui des *Mémoires d'Outre-Tombe* et surtout de la *Vie de Rancé* (l'éloquence de Victor Cousin se règle plutôt sur celle de Bossuet : « Bossuet, par moments, ne parlerait pas autrement, et Cousin n'est pas Bossuet » – à la méchanceté l'on a reconnu Sainte-Beuve). Mais d'autres traits ont plus d'importance. Notamment le sens, partagé par tous, du changement dans les choses et dans les valeurs affectives et intellectuelles, contrairement aux typologies éternelles des classiques. Cela implique une conception de l'histoire comme catégorie essentielle de la substance sociale, de la constance dans le changement ; le nouveau a par lui-même sa valeur en tant qu'il est invention. On a relevé au passage à propos de Cousin, de Saint-René Taillandier, leur intérêt pour l'idéalisme allemand ; ils adoptent en les affadissant ses entités métaphysiques pour expliquer le mouvement, le travail qu'ils voient dans ce qui paraît le plus contraire à la liberté de l'esprit : la scolastique. Leur expérience historique propre engage et prouve à la fois cette conception : elle a pour contenu l'Empire et ses guerres exhibant la violence de l'histoire ; bonapartistes et républicains luttant contre l'Ancien Régime restauré mais ne trouvant qu'une monarchie constitutionnelle ; celle-ci s'opposant durement à la poussée républicaine qui, victorieuse un court moment, accouche d'un nouveau monstre monarchique. Les biographies de Cousin et de Hauréau, de Quinet et de Michelet, illustrent sans drame majeur, au plan de l'individu, ces phases de la politique. Philosophes, historiens du Moyen Âge, de sa philosophie, ils y décèlent un mouvement spirituel qui préfigurerait celui-là même de leur époque. Ainsi l'on peut comprendre leurs jugements respectifs sur la scolastique, favorables en somme chez les philosophes ; moins chez le jeune Renan, et Renan d'ailleurs ne sera jamais un modèle de progressisme ; implacable chez Michelet, le plus affectif de tous, le plus pressé, porté vers les figures et les idées plus que vers les concepts. Au XIXe siècle, l'état et les rapports des forces politiques, l'Église y compris, se reflètent sans grand brouillage dans l'historiographie du Moyen Âge et de la scolastique.

1. J. Michelet, *Histoire de France au seizième siècle, op. cit.*, Introduction, § 12, 87.

Chapitre II

LES ÉTUDES DE PHILOSOPHIE MÉDIÉVALE EN FRANCE DE VICTOR COUSIN À ÉTIENNE GILSON *

En 1818 Victor Cousin était professeur à l'École normale supérieure mais pas encore le grand maître de la philosophie qu'il sera sous la Monarchie de Juillet. À cette date donc, dans son *Cours de philosophie* il ne comptait « que deux époques vraiment distinctes dans l'histoire de la philosophie comme dans celle du monde: l'époque antique et l'époque moderne »; le génie grec s'était « éteint peu à peu dans la nuit du Moyen Âge » et, le xve siècle et le xvie n'étant que « l'enfantement du xviie siècle », « la seconde époque commence à Descartes » [1]. On reconnaît là comme une première version de la formule fameuse d'Hamelin et qui date de 1905: « Descartes vient après les Anciens presque comme s'il n'y avait rien entre eux et lui » [2]. Pourtant au cours du siècle qui sépare ces deux affirmations péremptoires la connaissance de la philosophie médiévale s'était beaucoup développée en France. Or à l'origine de ce développement on trouve V. Cousin lui-même qui, compensant le mauvais début qu'on a dit, peut en être considéré comme le premier historien selon nos normes actuelles. Son apport en ce domaine est de deux sortes: des considérations générales et des études précises sur ce qu'il appelle « la philosophie scolastique »; on peut les lire notamment au tome III de ses *Fragments philosophiques,* sous-titré *Philosophie scolastique,* ou dans la 5e leçon de son *Histoire générale de la philosophie;* son autre apport consiste en des travaux d'édition. Les premières ont peu d'intérêt sinon pour l'histoire de cette histoire, toutefois il a le mérite de faire de la pensée du Moyen Âge une époque de la philosophie. Sa périodisation de la philosophie « scolastique » en situe l'enfance aux xie-xiie siècles, « l'âge de virilité » aux xiiie-xve siècles, le déclin aux xve-fin xvie siècles; il tente d'une façon assez peu claire de ranger cette évolution dans sa conception générale

* « Les études de philosophie médiévale en France de Victor Cousin à Étienne Gilson », dans *Gli Studi di filosofia medievale fra otto e novecento*, Roma, 1991, p. 1-20.

1. Cité par Ét. Gilson, *Le philosophe et la théologie, op. cit.*, p. 79.
2. *Ibid.*, p. 79-80 et *sq.*

selon laquelle quatre grands types de systèmes (idéalisme, sensualisme, scepticisme, mysticisme) se succèdent les uns aux autres. Indépendamment de cette perspective d'ensemble et, bien entendu, d'erreurs et d'insuffisances dont on ne peut le rendre responsable, il a quelques remarques sommaires sans doute, discutables, mais qui posent des jalons et situent des problèmes. Ainsi : « Abélard et Descartes sont incontestablement les deux plus grands philosophes qu'ait produits la France » ; la philosophie scolastique « est tout entière dans la querelle du nominalisme et du réalisme » ; et cette phrase qui n'est pas loin de ce que dira Ét. Gilson : « comme le Moyen Âge est le berceau de la société moderne, de même la philosophie qui représente le Moyen Âge est le berceau de la philosophie moderne » (mais on aimerait être sûr que cette formule va plus loin qu'un effet de style : il y a du rhéteur chez V. Cousin). Citons encore ceci : « c'est l'application régulière et systématique de la dialectique à la théologie qui est peut-être le titre historique le plus éclatant d'Abélard ».

Quant à son œuvre d'éditeur, c'est principalement à ce dernier qu'elle est consacrée (du moins dans le domaine médiéval, auquel ce grand travailleur ne s'est pas borné là non plus). Les *Ouvrages inédits d'Abélard* (1836) et les *Petri Abaelardi Opera* (1849 et 1859) contiennent ensemble la plupart des écrits majeurs d'Abélard, à l'exception notable de la *Theologia Summi Boni* et de la *Logica Ingredientibus ;* mais Cousin connaissait les gloses qu'a publiées M. dal Pra et, sans en voir l'importance, en a donné quelques fragments dans le premier des ouvrages qu'on vient de citer. À part cela son introduction à celui-ci, reprise intégralement dans sa *Philosophie scolastique,* publie pour la première fois des pages de Raban Maur, Guillaume de Champeaux, Adam du Petit Pont, Guillaume de Conches, etc. V. Cousin, avec tout ce que sa philosophie a de superficiel et d'insuffisant, ne manquait pas du sens du travail érudit et avait été séduit par la philosophie médiévale : « je suis un ami déclaré de la scolastique », écrit-il, après avoir évoqué avec quelque contentement de soi « l'ardeur, la passion même » avec laquelle on étudie maintenant le Moyen Âge d'abord « accusé et blasphémé » – comprenons : avant qu'il n'en ait éveillé le goût. Finalement, ce qu'il a fait pour cette philosophie vaut mieux que ce qu'il en a dit et lui mérite bien le titre d'initiateur en France des études de philosophie médiévale.

Mais pour novateur qu'ait été son travail il ne faut pas imaginer qu'il était isolé en son temps, ni parti de rien. C'est en 1802 que le *Génie du christianisme* avait, comme le dira plus tard Théophile Gautier, « restauré la cathédrale gothique » ; et Chateaubriand lui-même écrira à propos de son livre : « c'est encore à cet ouvrage que se rattache le goût actuel pour les édifices du Moyen Âge » [1]. À l'époque de la Restauration et de la monarchie de Juillet, qui est

1. *Mémoires d'outre-tombe,* livre XIII, chap. 11. Il convient aussi de rappeler que nombre de travaux antérieurs tels ceux des Mauristes, l'*Histoire littéraire de la France,* les éditions qui plus tard seront reprises dans les tomes médiévaux de la *Patrologie latine,* ont fourni une base indispensable à

précisément celle de l'œuvre de V. Cousin, paraissent notamment les ouvrages de F. Raynouard sur la poésie médiévale (1817 : *Des troubadours et des cours d'amour;* 1816-1821 : *Choix de poésies originales des troubadours,* 6 vol.), ainsi que l'*Histoire des Croisades* de J. Michaud (1812-1825, 6 vol.). La première partie de l'*Histoire de France* de Michelet (« des origines à la Renaissance ») paraît de 1833 à 1844. Il faudrait citer aussi les importantes collections de documents historiques qui sont constituées au même moment, telles la *Collection des mémoires relatifs à l'histoire de France, depuis la fondation de la monarchie jusqu'au XIII*e *siècle,* par Guizot (1823-1827, 29 vol.), la *Collection des Chroniques nationales écrites en langue vulgaire du XI*e *au XVI*e *siècle,* par Buchon (1824-1829, 47 vol.) [1]. En 1821 est fondée l'École des chartes, destinée à former des archivistes paléographes. V. Cousin participe donc de cet ample intérêt pour le Moyen Âge qui fut aussi une des conditions du romantisme : il en représente le côté philosophique. Il a raison de dire que ce champ de recherche s'est agrandi de son temps : il s'est même institutionnalisé. En 1845 l'Académie des sciences morales et politiques met au concours une histoire de la philosophie scolastique, le prix sera remporté par B. Hauréau (1812-1886) ; en 1856 la même Académie propose comme thème la philosophie de saint Thomas d'Aquin ; le lauréat en est Ch. Jourdain (1817-1886), le co-éditeur avec Cousin des *Petri Abaelardi Opera.* Il n'est pas sans intérêt de regarder de près les stipulations des deux programmes. Selon le premier, il faut se borner à la France et spécialement à Paris ; s'attacher à « la grande époque » : XIIIe et XIVe siècles ; donner « une attention toute particulière » à la querelle entre réalisme, conceptualisme, nominalisme (on reconnaît ici l'influence de Cousin) ; rechercher « la part d'erreur et surtout la part de vérité que ces systèmes et ces écoles peuvent contenir » ; « dégager… ce qui… pourrait encore être mis à profit par la philosophie de notre temps » ; enfin « se renfermer dans le domaine de la philosophie proprement dite et… rester étranger à celui de la théologie, autant du moins que le permettra le lien intime de ces deux sciences au Moyen Âge » ; on reconnaît dans cette dernière clause les données d'un problème qui sera sans cesse posé et reposé. Le second programme se termine sur une même exigence : porter un jugement approfondi sur la doctrine de Thomas d'Aquin, déterminer « ce qu'elle peut avoir de défectueux, ce qui paraîtra vrai et durable, et digne encore de trouver place dans la philosophie de notre temps » ; les autres articles sont intéressants aussi pour l'historien, car ils demandent notamment qu'on examine l'authenticité des ouvrages de Thomas et leur ordre de composition, qu'on

ceux de Cousin et de ses successeurs. Mais l'événement capital est que vingt ans après avoir été fondée par Napoléon l'Université accueillait l'histoire de la philosophie médiévale dans ses programmes d'enseignement.

1. Voir aussi F. Picavet, *Esquisse d'une histoire générale et comparée des philosophies médiévales,* Paris, Éd. F. Alcan,1905, p. 249-254.

expose la suite de sa doctrine chez les Dominicains et les controverses avec les Franciscains aux XIVe et XVe siècles.

Il ne s'agit pas maintenant de dresser une liste de tous les historiens qui après V. Cousin se sont intéressés en France à la philosophie médiévale. Il suffit de citer les faits et les noms principaux. Notons d'abord l'existence parmi ces historiens d'une lignée éclectique, dans la suite de l'initiateur de ces recherches. Outre Ch. Jourdain déjà cité nous pouvons nommer Xavier Rousselot, né en 1805, auteur d'*Études sur la philosophie au Moyen Âge* en trois volumes (1840, 1841, 1842) ; sa périodisation porte la marque de Cousin, fondée qu'elle est sur la question des universaux : la première période va jusqu'à « l'apparition du nominalisme complet » avec Roscelin ; la deuxième va de Roscelin « au conceptualisme donné par Abélard » ; la troisième, d'Abélard à Occam, est « l'époque des questions secondaires et de l'érudition philosophique » [sic] ; la quatrième « commence avec Occam et va s'affaiblissant de jour en jour jusqu'à la renaissance » (I, 25). Les noms génériques qui scandent les titres des chapitres dans ces trois volumes nous ramènent du même au même : du nominalisme au nominalisme ; ce qui n'est pas non plus sans évoquer V. Cousin. Toutefois, avant même d'exposer sa périodisation Rousselot avait intégré la question des universaux dans le problème ontologique posé et débattu, dit-il, par Jean Scot Érigène avec qui commence la philosophie du Moyen Âge, et reposé par Roscelin au XIe siècle. Au même Jean Scot, Saint-René Taillandier (1817-1879) consacre sa thèse principale (1843) ; dans sa conclusion il y décrit la scolastique comme une « tentative ardente, mais impuissante, vers les sommets les plus élevés de la métaphysique » ; elle est déchirée entre « ses aspirations vers les splendeurs du monde intelligible » et sa méthode : « une dialectique étrangère… empruntée à Aristote, et qui est stérile entre ses mains » ; c'est pourquoi « la philosophie du Moyen Âge » est partagée entre deux « familles d'esprits » : les mystiques et les scolastiques (p. 276-277). Scot Érigène avait aperçu toutefois, mais sans résultat suffisant, qu'il fallait étudier plus profondément l'âme humaine comme on le fait depuis Descartes et Kant, pénétrer jusqu'à la substance de l'âme (p. 277-281). Cette façon de faire l'histoire et surtout cette allègre confusion entre le réflexif et le transcendantal, est bien caractéristique de l'éclectisme. D'ailleurs V. Cousin est cité (p. 279) comme l'un de ceux qui cherchent à « élever scientifiquement l'édifice de la métaphysique chrétienne » ainsi que le font de leur côté Schelling (que Taillandier connaissait personnellement) et Hegel – mais lui s'y prend mieux. En appendice à sa thèse il publie quelques textes de Jean Scot, notamment son *Homélie* sur le Prologue de Jean. Mais le plus intéressant des disciples de Cousin – ne serait-ce que pour sa longue participation à la vie politique – est Charles de Rémusat. En 1845 il publie son *Abélard* en deux gros volumes, exhaustif pour l'époque et qui se lit encore avec intérêt. Comme Cousin il note que « le tombeau du Moyen Âge a été rouvert avec encore plus de curiosité que de respect » et qu'il suscite « une admiration passionnée » (I, p. VI) ; comme lui encore il estime que « nous sommes les enfants de l'école de Paris » (II, p. 563) ; il rend hommage sans le nommer, mais clairement, à l'initiateur de ces études médiévistes sans lequel la scolastique serait encore « un monde à découvrir » comme « il y a vingt ans », et grâce auquel « depuis dix ans » « le voile est à demi levé » sur les oeuvres d'Abélard [1]. Rémusat interprète la scolastique comme étant une philosophie « terminologique » qui, à travers la dialectique, débouche au XIIe siècle sur « une philosophie de l'esprit humain » (I, p. 290, p. 302), et cela aussi est dans l'esprit de l'éclectisme. Mais il voit clairement qu'il faut aller plus loin que le maître : « nous accorderons à M. Cousin qu'en exposant la controverse des universaux on donne une idée du reste de la scolastique, mais ce reste est quelque chose, beaucoup même » (I, p. 319-320). Huit ans plus tard (1853) Rémusat publie un *Saint Anselme de Cantorbéry* dont le sous-titre exprime l'intérêt de l'auteur pour l'histoire politique : *tableau de la vie monastique et de la lutte du pouvoir spirituel avec le pouvoir temporel au onzième siècle;* cet ouvrage est moins complet, d'un point de vue philosophique, que l'*Abélard;* retenons au passage ce jugement porté sur la scolastique, intéressant mais pas absolument original même à l'époque : « elle a été une philosophie, une science rationnelle. Plus libre au fond que ses formes ne le feraient d'abord supposer » ; « elle s'est en général concentrée dans la recherche du vrai sens des textes » et à cette occasion a fait surgir d'autres questions (p. 451-452).

L'éclectisme est une philosophie de « juste milieu » ; aussi bien le règne de V. Cousin sur la philosophie française se place sous celui de Louis-Philippe, après que, jugé trop libéral sous la Restauration, son enseignement eut été suspendu pendant quelques années. Mais les succès de cette doctrine n'ont pas empêché que se maintienne au XIXe siècle une influence non négligeable des idéologues, ces philosophes en qui se récapitule en quelque façon la tradition du XVIIIe siècle empiriste, analytique, irréligieux. Or l'idéologie n'est pas systématiquement hostile au Moyen Âge, sans pour autant, on s'en doute, avoir pour lui l'enthousiasme des romantiques. J.M. Degérando avait publié en l'an XI de la République (1802-1803) un traité *De la génération des connaissances humaines* où il écrit que « rien n'est plus injuste que le mépris avec lequel nous traitons aujourd'hui cette grande discussion entre les Réalistes et les Nominaux que Rousselin [sic] fit éclore » et où il voit de nouvelles figures prises par les philosophies de Platon, Aristote, Zénon (I, p. 239) ; ainsi, notons-le pour notre part, Cousin n'avait pas découvert tout seul, vraisemblablement, l'intérêt de cet épisode auquel il a donné une telle importance. Degérando consent à énumérer « quelques aperçus heureux saisis par la scolastique » (p. 264-266) et pense que « Guillaume Occam » a donné « les premières espérances d'une réforme » : c'est qu'il voit en lui un lointain représentant du sensualisme (p. 266-267) ; il écrit

1. Cela est écrit en 1845 et Rémusat fait donc allusion aux débuts de l'intérêt de V. Cousin pour le Moyen Âge et à sa première édition d'Abélard.

encore: « la scolastique a rendu l'indépendance aux esprits, ouvert des routes nouvelles et préparé une salutaire réforme des méthodes »[1]: elle est en somme un réveil de la philosophie. Parmi les savants et les grands érudits du XIXe siècle à ses débuts beaucoup ont été influencés par l'idéologie, ainsi parmi les médiévistes Cl. Fauriel (1772-1844), auteur d'études sur Dante et la littérature provençale. Dans la spécialité qui nous occupe son représentant est Barthélemy Hauréau (1812-1896), lauréat comme nous l'avons vu du concours ouvert par l'Académie en 1845 avec un mémoire en deux volumes publié en 1850 puis remanié et augmenté jusqu'à faire trois volumes parus en 1872 et 1880 sous le titre d'*Histoire de la philosophie scolastique*; il a écrit en outre, notamment: *Charlemagne et sa cour; Hugues de Saint-Victor, nouvel examen de l'édition de ses oeuvres, avec deux opuscules inédits* (1859); *Bernard Délicieux et l'inquisition albigeoise (1300-1320)* (1877) et six volumes de *Notices et extraits de quelques manuscrits latins de la Bibliothèque Nationale* (1890-1893). Ce dernier titre témoigne de sa volonté de se reporter aux sources inédites et F. Picavet (que nous verrons bientôt) l'en estime fort tout en concédant qu'« il ne tient pas toujours un compte suffisant des méthodes de la philologie moderne ». B. Hauréau a aussi une connaissance étendue des érudits de la Renaissance et de l'âge classique, XVIIIe siècle inclus. Son historiographie n'a rien de neutre, ses conceptions voltairiennes le font critiquer les religions et glorifier les hérésies, ferments de liberté; il raconte les luttes entre la raison et la foi, entre les réalistes et les nominalistes, la question des universaux étant pour lui aussi « le problème scolastique »[2], et il est l'adversaire du réalisme qui mène, dit-il, au panthéisme[3]. Prise en général en tant que philosophie la scolastique est pour lui un objet d'admiration: elle est, écrit-il, « le travail fervent des intelligences qui, trop longtemps asservies au joug d'un dogme révélé, s'efforcent de mériter et de conquérir leur émancipation, au prix même de cette douce sécurité que procurent l'ignorance et la foi; la scolastique, c'est la révolution qui se prépare, qui annonce sa venue »[4]; voici donc reprise et développée l'idée formulée brièvement par Degérando. Ce zèle militant n'est pas plus condamnable ni risible que les propos édifiants des éclectiques, qui pouvaient être plus discrets puisqu'ils représentaient en leur temps l'opinion commune et dominante (dans les deux sens de ce mot). Cela dit, et compte tenu de la réserve de Picavet qu'on a citée, Hauréau n'est pas un historien négligeable; Ét. Gilson le cite une douzaine de fois dans son *Histoire* anglaise.

Il ne faudrait pas quitter cette période sans mentionner deux auteurs qui sont restés dans les marges du médiévisme philosophique mais y tiennent pourtant une place importante. Le premier est Ernest Renan, qui soutint en

1. Cité par F. Picavet, *Esquisse, op. cit.*, p. 249.

2. J.-B. Hauréau, *De la philosophie scolastique*, I, *op. cit.*, p. 31-46.

3. *Ibid.*, III, p. 500-503.

4. J.-B. Hauréau, *Histoire de la philosophie scolastique*, I, p. 121; cité par F. Picavet, *Esquisse, op. cit.*, p. 324.

1852 une thèse de doctorat intitulée *Averroès et l'averroïsme. Essai historique*. La première partie de cette étude porte sur Averroès, la seconde sur l'averroïsme, juif et surtout latin, et ce dernier occupe plus de la moitié de tout l'ouvrage ; il y est réparti entre « l'averroïsme dans la société scolastique » et « l'averroïsme dans l'école de Padoue ». Renan, qui n'a pas encore trente ans à cette date, y fait preuve d'une vaste érudition aussi bien comme orientaliste que comme médiéviste. Il passe en revue dans les quelque deux cents pages consacrées à l'averroïsme latin un grand nombre d'auteurs, de milieux, de courants de pensée. C'est aussi un philosophe qui s'efforce de caractériser les enjeux des doctrines qu'il analyse ; il a bien vu la relation polémique de la scolastique à l'œuvre d'Averroès et donc la place de cet épisode dans l'histoire des luttes contre l'autorité de l'Église. Mais sa tentative pour faire entrer cette histoire dans un cadre régulier, sur la base d'une information malgré tout insuffisante, verse dans des simplifications abusives ; celle par exemple qui lui fait donner l'école franciscaine au XIIIe siècle comme un foyer d'averroïsme ; de même sa dépréciation de l'averroïsme padouan. Malgré tout cet ouvrage vieux de cent cinquante ans garde l'actualité des classiques : même s'il faut contrôler chacune de ses affirmations et souvent les rectifier, son auteur est un esprit de grande classe et qui fait penser. Mais créditera-t-on d'une perception exacte de la philosophie médiévale celui qui évoquera trente ans plus tard « la scolastique du XIIIe siècle, barbare et enfantine »[1] ?

Différent est le travail de Charles Thurot ; l'année même où Hauréau publie son mémoire couronné par l'Académie, en 1850 donc, il soutient ses thèses ; la principale a pour titre *De l'organisation de l'enseignement dans l'Université de Paris au Moyen Âge*, la seconde porte sur le *Doctrinale* d'Alexandre de Villedieu : *De Alexandri de Villa-Dei Doctrinali, ejusque fortuna*. Cet intérêt précoce pour la grammaire est confirmé par les *Notices et extraits de divers manuscrits pour servir à l'histoire grammaticale du Moyen Âge* (1868), qui est lui aussi un classique, précurseur des travaux de M. Grabmann et des orientations les plus récentes de la recherche en matière d'histoire et d'analyse des doctrines médiévales. Nous ne rangerons pas Thurot parmi les philosophes ni même parmi les historiens de la philosophie, mais nous voyons qu'avec lui l'une des tendances principales du médiévisme contemporain est déjà représentée au milieu même du XIXe siècle. Il était important de le relever.

Arrivant ainsi aux confins de ce siècle et du nôtre nous rencontrons une figure qui me paraît injustement méconnue, celle de François Picavet (1851-1921). Maître de conférences (1888) puis directeur d'études (1903) à l'École pratique des hautes études, section des sciences religieuses, professeur à la Sorbonne en 1906, tout son enseignement et la plus grande partie de son œuvre sont consacrés à la philosophie médiévale. Parmi ses ouvrages (brochures ou

1. E. Renan, *Souvenirs d'enfance et de jeunesse ; Œuvres complètes* t. II, Paris, 1948, p. 843.

volumes) citons *Abélard et Alexandre de Halès, créateurs de la méthode scolastique* (1896), *Gerbert, un pape philosophe* (1897), *Roscelin, philosophe et théologien d'après la légende et d'après l'histoire* (1911), et surtout les deux livres sur lesquels nous nous appuierons pour décrire son apport : *Esquisse d'une histoire générale et comparée des philosophies médiévales* (1905, une deuxième édition dès 1907), et *Essais sur l'histoire générale et comparée des théologies et des philosophies médiévales* (1913). Les chapitres I et II de ce dernier ouvrage résument avec une grande précision ce que fut l'enseignement de F. Picavet à l'École pratique des hautes études et à la Sorbonne, enseignement très ample – un peu trop peut-être à nos yeux d'aujourd'hui. Certes on ne le lit plus guère, je vois à cela deux raisons : d'abord parce que sa documentation et ses analyses sont bien évidemment dépassées ; ensuite parce que la suite de cette histoire de l'histoire, que nous résumons ici, nous a rendus difficiles : Picavet est loin d'avoir la profondeur philosophique de ses meilleurs successeurs et d'abord du plus proche, Étienne Gilson ; sans doute il se contente trop, à notre gré, d'aligner des masses de faits. Cela dit, plusieurs de ses vues historiques sont intéressantes, surtout si on les remet dans son époque, et il avait une perception précise des travaux qu'il fallait accomplir dans le chantier des recherches en histoire de la philosophie médiévale. Il a compris, pour reprendre le titre même du chapitre III de ses *Essais,* la « nécessité de faire générale et comparée l'histoire des philosophies médiévales », et c'est un point dont traite déjà le chapitre II de son *Esquisse;* dès l'antiquité tardive il y a, dit-il, des affinités entre les spéculations néoplatoniciennes et chrétiennes, et pour les siècles qui suivent on ne peut traiter séparément des doctrines élaborées par les chrétiens latins et grecs, les Juifs, les Arabes. Il a vu aussi qu'interpréter la scolastique par Aristote n'est pas la bonne voie car, écrit-il, « Plotin est le véritable maître des philosophes du Moyen Âge, orthodoxes ou hétérodoxes » (*Esquisse,* p. 7) : prise à la lettre la formule est évidemment fausse et son développement à ce sujet au chapitre V du même ouvrage n'est pas très heureux ; mais cette mise en valeur du néoplatonisme médiéval est digne de remarque. Le chapitre IV, sur les écoles au Moyen Âge et leurs rapports avec la philosophie et la théologie, est d'un historien lucide et qui surtout a une vue précise des travaux à faire. Comme plusieurs de ses prédécesseurs il n'admet plus que, comme le pensait Cousin, la question des universaux fût le noyau même des doctrines et des controverses médiévales ; mais il articule mieux son refus : « On ne saurait légitimement ramener aux discussions sur les universaux les recherches des Arabes et des Juifs d'Orient et d'Occident, des Byzantins et même des chrétiens occidentaux du VIIe au VIIIe siècle, à plus forte raison de tous les philosophes médiévaux », écrit-il au chapitre VIII de ses *Essais* (« Sur la question des universaux au XIIe siècle »), renvoyant au chapitre VII de l'*Esquisse* qui s'intitule précisément « Histoire comparée des philosophies du VIIIe au XIIIe siècles ». Parmi les autres chapitres des *Essais* citons ceux qui concernent directement ou non Roger Bacon (chap. X à XIV) ; les chapitres XVI : « Averroïstes,

Libertins, Esprits forts, Petits Philosophes », XVII : « Descartes et les philosophies médiévales », XIX : « Science, philosophie et théologie dans l'Islam », dont la dernière phrase du résumé préliminaire (c'est la coutume de Picavet que d'en faire de forts longs) exprime une idée qu'on retrouvera chez Paul Vignaux mais appuyée alors d'une citation de Victor Delbos : « Les hommes ont cherché, du premier siècle à nos jours, à s'approprier tout ce qui, sous forme religieuse ou autre, est entré dans la conscience des diverses générations ». On a dit plus haut que Picavet se représentait précisément les choses à faire ; ainsi l'un de ses *Essais* a pour titre « Éditions faites et à faire de Roger Bacon » ; et les pages 53-56 du même ouvrage dressent un programme général et systématique des « publications à entreprendre » en matière d'histoire générale et comparée des philosophies médiévales : oeuvres d'érudition ou de vulgarisation scientifique, instruments d'enseignement et de recherche, mémoires et thèses, éditions à bon marché, monographies, morceaux choisis, analyses et comptes rendus ; aucun genre, on le voit, n'est oublié.

Il semble donc qu'avec F. Picavet tout était en place pour que l'étude de la philosophie médiévale se développe dans l'enseignement supérieur français ; le fait que son *Esquisse* ait eu une seconde édition deux ans seulement après la première, fait même soupçonner qu'un mouvement en cette direction se dessinait. Pourtant il n'en a rien été, le grand initiateur de ces recherches en France a été Étienne Gilson ; encore faut-il noter et déplorer qu'elles y ont eu un succès beaucoup moins large que dans la plupart des pays comparables. Le nom même de Picavet semble effacé, et sur ce point précis il y a comme un mystère. Certes Gilson le cite trois fois dans son *Histoire* en français : pour son *Esquisse,* son *Gerbert* et son *Roscelin;* dans celle en anglais il cite les mêmes ouvrages et en outre *Les discussions sur la liberté au temps de Gottschalk, de Raban Maur, d'Hincmar et de Jean Scot.* Mais quand aux pages 35-36 de l'autobiographie intellectuelle qu'il publia en 1960 (*Le philosophe et la théologie*) il énumère les professeurs qui enseignaient à la Sorbonne au temps où il y était étudiant, donc de 1905 à 1907, le nom de Picavet ne figure pas dans cette liste (mais bien celui de Félix Alcan « qui donna au renouveau philosophique français la maison d'édition dont il avait besoin » ; or il fut aussi l'éditeur de Picavet) ; il ne figure pas non plus dans le reste du volume. Les raisons de cette *damnatio memoriae* ne sont pas immédiatement claires. Le Père Chenu me dit que Picavet était « un honnête professeur plein de bonne volonté – mais la bonne volonté ne fait pas le génie ». Peut-être Gilson estimait-il lui aussi qu'il était d'une envergure philosophique insuffisante, il réprouvait sans doute aussi sa façon d'écrire l'histoire de la philosophie médiévale à la façon laïque des positivistes ou de ces idéologues auxquels il avait, lui Picavet, consacré un gros ouvrage. Mais s'il le pensait rien ne l'empêchait de le dire, au besoin en l'une de ces formules savamment nuancées dont il avait le secret ; il n'aurait pas ainsi laissé ignorer qu'au début de ce siècle on pouvait espérer un bon développement du médiévisme philosophique français. D'autre part on ne doit pas oublier que parmi les auditeurs de Picavet il y eut un certain Alexandre Koyré [1] qui allait devenir l'un des plus profonds historiens des sciences et de la philosophie et, à nous en tenir au cadre du médiévisme, l'auteur d'un ouvrage sur *L'idée de Dieu dans la philosophie de saint Anselme* (1923, réédité en 1984). Quoi qu'il en soit, et d'un point de vue global, on ne peut expliquer par le manque de génie d'un seul homme, fût-il professeur en Sorbonne, le tarissement de tout un ordre d'études qui tout compte fait ne s'étaient pas si mal portées tout au long du XIXe siècle; une telle explication relèverait de ce qu'on appellerait dans un autre contexte la conception policière de l'histoire. La preuve qu'elle ne serait pas bonne c'est que Gilson, aussi génial qu'il ait été, a touché peu de monde dans le public des universités et qu'assez vite il a quitté la France pour le Canada, estimant qu'il y trouverait un milieu plus favorable. Faut-il penser encore que les grands esprits qui enseignaient en Sorbonne et au Collège de France en même temps que F. Picavet drainaient toutes les vocations philosophiques vers la philosophie antique et la moderne, l'épistémologie, la sociologie, la métaphysique (Gilson cite Brochard, Delbos, Lalande, Durkheim, Bergson) ? On peut estimer au contraire qu'une telle effervescence intellectuelle était favorable à toute sorte de recherche philosophique et historique et qu'elle aurait pu l'être aussi à l'étude de la pensée médiévale. Il faut donc chercher ailleurs et considérer la situation globale de la France à cette époque; plus précisément, les rapports entre sa situation politique et idéologique d'une part, celles de l'Église et des catholiques de l'autre.

À la fin du XIXe siècle et au début du XXe, et malgré la politique de ralliement à la République et à ses lois décidé par Léon XIII en 1892 – ralliement d'ailleurs partiel, l'antagonisme s'était durci entre les gouvernements républicains et le clergé, allié très majoritairement à la droite. La divergence politique s'étendait jusqu'aux conceptions d'ensemble de la société; en 1905 est votée la loi de séparation des églises et de l'État. D'un autre côté, l'encyclique *Aeterni Patris* (1879) avait fait du thomisme la doctrine commune de l'Église catholique [2]. Or les revues néo-thomistes accessibles le plus aisément aux lecteurs français, essentiellement la *Revue néo-scolastique* de Louvain et la *Revue Thomiste*

1. Pour l'influence exercée par Picavet sur Koyré alors âgé d'une vingtaine d'années, voir *Alexandre Koyré, De la mystique à la science. Cours, conférences et documents, 1922-1962,* édités par P. Redondi, Paris, 1986, p. 3; A. Koyré prépare son mémoire sur *L'idée de Dieu*… « sous la direction de François Picavet… un libre penseur qui transmit à son élève aussi bien l'intérêt pour l'histoire de la pensée néoplatonicienne qu'un style profondément laïque en histoire de la philosophie religieuse »; (ici une référence à la notice nécrologique de Picavet par M. Vernes, *École pratique des hautes études,* Ve section. Annuaire 1921-22, p. 19-26).

2. L'enseignement philosophique dispensé dans les séminaires était depuis un siècle « ce qu'on peut appeler la scolastique cartésienne, c'est-à-dire ce cartésianisme mitigé qui fut adopté en général par l'enseignement ecclésiastique, au XVIIIe siècle », écrit Renan (*Souvenirs d'enfance et de jeunesse*, *op. cit.*). Cette philosophie allait donc être remplacée par une autre, purement médiévale.

critiquaient alors, à des degrés d'âpreté divers mais en plein accord sur le fond, ce qui faisait l'essentiel des conceptions théoriques et pratiques des républicains et des intellectuels français : le positivisme, le socialisme, le kantisme, la philosophie post-kantienne ; Schelling, Hegel, Schopenhauer ; Renan, et même Ravaisson ; la laïcité. Leur commun antisémitisme clairement affiché, parfois même violemment, était inacceptable au moment même de l'affaire Dreyfus (1894-1906) ; on peut voir sur tout cela Picavet (*Esquisse,* chap. XI). Certes tous les catholiques n'avaient pas ces conceptions et positions réactionnaires : ils « ont été dans toutes les directions », écrit Picavet : « mais », ajoute-t-il, « il semble que ce qui a surtout frappé leurs adversaires, c'est la tendance à se mettre en opposition absolue avec les doctrines de la Révolution et à restaurer tout l'ancien régime » (*Esquisse,* p. 306). Ajoutons à cela que la philosophie de Bergson, dont était proche celle de Maurice Blondel condamnée par l'Église dans sa lutte contre le modernisme, était elle aussi rejetée par les néothomistes ; qu'on relise à ce propos ce qu'écrit Péguy réagissant à la mise à l'index de Bergson : « Que nos jeunesses ne s'excitent point. Tout ce qui sera perdu par Bergson sera non pas gagné par saint Thomas mais regagné par Spencer » [1]. Dans une situation faite de tels conflits comment l'Université aurait-elle pu accueillir la philosophie médiévale réduite au thomisme par une synecdoque autoritaire, instrument de pouvoir du magistère romain, et dont les entours politiques ne pouvaient qu'inquiéter une république récente et encore menacée ? Nous en vivons encore les suites ; la recherche en cette matière a certes compté en France un certain nombre de représentants remarquables, mais si l'on considère les institutions elle y reste confinée à un rang secondaire : sa présence dans l'enseignement supérieur est de pure conjoncture et dépendante de vocations personnelles. S'il n'y a pas en France de chaires universitaires affectées expressément et de plein droit à l'histoire de la philosophie médiévale, c'est le résultat des positions politiques du catholicisme français avant la guerre de 1914, et de l'encyclique *Aeterni Patris.*

Il est difficile de consacrer à Gilson un exposé équilibré dans le cadre de cette brève histoire du médiévisme philosophique en France. Son œuvre est si connue et en même temps si abondante et complexe qu'on oscille entre l'impression d'en dire trop en répétant ce que chacun sait, et celle de n'en pas dire assez en simplifiant de façon excessive. J'essaierai de sortir de cette contradiction en commençant par rappeler quelques données biographiques et bibliographiques et en décrivant ensuite la situation et l'itinéraire de la pensée de Gilson à l'aide principalement de ses propres écrits.

1. *Note conjointe sur M. Descartes et la philosophie cartésienne,* éd. courante, p. 300. Ces pages sont vraiment les dernières que Péguy ait écrites ; quelques pages plus loin l'ouvrage s'arrête sur une ligne inachevée suivie de la date du « samedi 1er août 1914 ».

Donc Étienne Gilson naît à Paris en 1884 ; il suit le cours des études classiques au Petit séminaire de Notre-Dame-des-Champs ; en 1905 il est étudiant en Sorbonne ; son diplôme d'études supérieures de philosophie, dirigé par Lucien Lévy-Bruhl, a pour titre *Descartes et la Scolastique ;* il est agrégé de philosophie en 1907, professeur dans divers lycées de 1908 à 1913, docteur ès lettres en 1913 (thèse principale : *La liberté chez Descartes et la théologie ;* thèse complémentaire : *Index scolastico-cartésien*) ; la même année il est nommé maître de conférences de philosophie à la Faculté des lettres de l'Université de Lille. Après la guerre il est professeur d'histoire de la philosophie à l'Université de Strasbourg (1919-1920) ; en 1921, professeur d'histoire des philosophies médiévales à la Sorbonne, puis la même année directeur d'études pour les théologies et philosophies médiévales (histoire des doctrines et des dogmes) à l'École pratique des hautes études, section des sciences religieuses ; il y succède à F. Picavet. En 1926 il fonde avec le Père Gabriel Théry O.P. les *Archives d'histoire doctrinale et littéraire du Moyen Âge.* À partir de cette année-là il donne successivement des enseignements dans un grand nombre d'universités étrangères ; je n'entre pas dans les détails sinon pour noter qu'en 1928 il renonce au cours qu'il donnait à Harvard pour préparer la fondation de l'Institute of Mediaeval Studies de l'Université de Toronto – fondation qui a lieu en 1929. Cette même année il fonde la collection « Études de philosophie médiévale » aux éditions Joseph Vrin ; il la dirigera jusqu'à sa mort. Il est élu professeur d'Histoire de la philosophie du Moyen Âge au Collège de France en 1932. En 1947 il est membre de l'Académie française et, comme élu d'un tout autre collège, conseiller de la République. En 1951 il demande son admission à la retraite comme professeur au Collège de France et devient professeur à plein-temps à l'Institut pontifical de Toronto qu'il avait fondé. Il serait long de donner la liste des universités qui l'ont nommé docteur *honoris causa,* et des académies dont il est devenu membre. Cette vie si remplie s'achève en 1978.

La liste de ses oeuvres est longue elle aussi ; aux seules éditions Vrin elles sont plus de trente et l'on sait qu'il a eu plusieurs autres éditeurs. Nombreux sont aussi ses articles, j'entends ses articles importants, que ce soient des contributions aux *Archives,* à d'autres revues ou à des volumes collectifs ; il faut y ajouter les préfaces, comptes rendus, articles de journaux. Même en s'en tenant à ce qui concerne l'histoire de la philosophie médiévale il ne saurait être question d'en donner seulement les titres. Je rappellerai donc seulement ceux de quelques livres, puis quelques articles choisis parmi les principaux, de façon à donner une idée de l'amplitude du champ historique couvert par Ét. Gilson et à rappeler en même temps quelques constantes de sa pensée. Citons donc parmi ses livres : *Le thomisme, introduction au système de st. Thomas d'Aquin,* premier état d'un ouvrage qui connaîtra cinq éditions dont chacune amplifie et modifie la précédente (1919, 1922, 1927, 1942, 1944) ; notons que les deux dernières, presque identiques, comportent dans leur titre une nouveauté : la « philosophie » y remplace le

« système » ; *La philosophie de saint Bonaventure,* 1924 (2e éd. revue, 1943) ; *Introduction à l'étude de saint Augustin,* 1929 (2e éd. revue, 1943) ; *L'esprit de la philosophie médiévale,* 1932 (2e éd. revue, 1944) ; *La théologie mystique de saint Bernard,* 1934 ; *Héloïse et Abélard,* 1938 ; *Dante et la philosophie,* 1939 ; *Jean Duns Scot. Introduction à ses positions fondamentales,* 1952 ; n'oublions pas ses trois histoires de « La philosophie au Moyen Âge » : celle de 1922 en deux petits volumes, celle de 1944 qui a près de 800 pages, et l'histoire en anglais de 1955 qui diffère de la précédente notamment en ce que les divisions en sont autres, le texte plus court, et beaucoup plus abondantes la bibliographie et les notes. Parmi les articles principaux citons, en nous limitant à ceux des *Archives,* « Pourquoi saint Thomas a critiqué saint Augustin », 1926 ; « Avicenne et le point de départ de Duns Scot », 1927 ; « Les sources gréco-arabes de l'augustinisme avicennisant », 1929 ; « Le Moyen Âge et le naturalisme antique », 1932.

Une telle énumération, et surtout si l'on songe qu'elle est un abrégé, donne d'abord l'impression d'un exploit quantitatif ; or abondance et variété peuvent faire un polygraphe, non un médiéviste inséparablement historien et philosophe de la stature d'Ét. Gilson. Mais il est encore plus difficile de caractériser brièvement sa pensée que d'embrasser d'un coup d'œil les diverses séries d'écrits dont l'ensemble constitue son œuvre. Nous essaierons de le faire en prenant pour nous y guider un double fil conducteur, ou plutôt en adoptant deux perspectives convergentes sur ce vaste monument. Cette œuvre donc a pour germe un principe de conceptualisation historique et philosophique tenu dès le départ et exploité dans toute la mesure permise par l'objet même de la recherche ; et son devenir est celui d'une découverte progressive de cet objet, ou plutôt une constitution progressive de sa propre perception de cet objet. Essayons de donner corps à ces abstractions.

Ét. Gilson a suivi en Sorbonne les cours d'Hamelin et en a retenu la notion de système selon laquelle toute pensée philosophique authentique se constitue en une structure cohérente dont on peut expliciter les articulations et s'assurer de leur solidité : c'est ainsi qu'Hamelin exposait un système d'Aristote, un système de Descartes. Ét. Gilson dans un premier temps suit sur ce point la trace d'Hamelin ; le mot « système » et ses dérivés reviennent fréquemment dans la conclusion de son *Saint Bonaventure*[1] (1924), sans doute pour mieux marquer qu'on a bien là une philosophie ; jusque dans sa deuxième édition (1944) *L'esprit de la philosophie médiévale* parlera des « systèmes » des penseurs du Moyen Âge[2]. D'autre part, auditeur de Bergson, Gilson en a retenu l'idée

1. Ainsi, Bonaventure est présenté comme un philosophe « qui a conçu le projet de systématiser le savoir et les choses en fonction de la mystique » (*Saint Bonaventure,* p. 465) ; et, parlant de sa philosophie : « la systématisation y est telle que la notion de fragment en arrive à ne plus avoir aucun sens ; on ne peut qu'apercevoir dans son entier l'économie générale de la doctrine ou n'en rien voir » (*ibid.*, p. 460).

2. Ét. Gilson, *L'esprit de la philosophie médiévale,* 2e édition revue, Paris, Vrin, 1944, p. 491.

d'une intuition fondamentale que chaque philosophe cherche à exprimer sans jamais arriver à le faire entièrement et que l'historien doit retrouver par un effort de sympathie. Ces deux principes animent le développement de l'œuvre d'Ét. Gilson et se complètent certes en un sens [1] mais parce qu'il y a entre eux une tension : la recherche des systèmes s'infléchira non seulement en fonction de ses objets mais aussi selon la pénétration progressive des doctrines ; ainsi en 1948 il écrit ces lignes qui marquent un abandon de ses conceptions antérieures en ce domaine : « Pas plus que la science, la philosophie ne peut être un système, car toute pensée systématique commence par assumer, au lieu que, comme connaissance, la philosophie commence et doit finir par voir » [2]. L'influence d'Hamelin (qu'à ma connaissance d'ailleurs Gilson ne revendique pas) cède progressivement devant celle de Bergson ; le livre sur Duns Scot commence et s'achève par la constatation que ce théologien n'a pas laissé de système [3], mais en outre on a déjà fait remarquer le changement du titre du livre sur Thomas dans ses éditions successives : de 1919 à 1927 il s'agit d'un « système » et en 1942-1944 cela devient une « philosophie ». La comparaison de toutes ces dates montre que nous observons là une évolution plutôt qu'une mutation. De toute façon Gilson a toujours fortement marqué les cohérences qui lient entre elles les différentes parties d'une doctrine en éclairant, au-dessous même des articulations explicites, les principes fondamentaux qui la sous-tendent. L'article qu'il publie dans le premier tome des *Archives* (1926) est consacré à mettre en lumière une incompatibilité d'ordre philosophique entre la pensée de Thomas d'Aquin et celle d'Augustin. Contrairement à d'autres éminents médiévistes il se refusera à scinder la doctrine thomiste en une philosophie qui serait aristotélicienne, et une théologie, associées l'une à l'autre de telle façon qu'on pourrait légitimement isoler la première de la seconde ; pour lui la pensée de Thomas est intégralement théologique. Cette prégnance chez lui de la notion de système ou de structure va jusqu'à lui faire dégager un « esprit de la philosophie médiévale », une sorte donc de système générique, de méta-système, sous lequel se rangeraient les doctrines spécifiques de quelques docteurs considérés comme les principaux et les plus caractéristiques de cette période. Ce que j'appelle ici un méta-système n'est évidemment pas un corps doctrinal entièrement articulé, ni, comme le dira plus tard Gilson, « cette philosophie, supposée une, qu'on nommait la scolastique et qui passait pour le bien commun des maîtres du

1. Il arrive ainsi qu'ils soient évoqués dans une même phrase : celle où Gilson évoque « l'expérience conseillée par Henri Bergson ; voir comment tous les développements (d'une doctrine) rentrent sous quelques thèses principales et ces thèses sous une seule et comment cette seule thèse à son tour se réduit à une sorte d'image première née de l'intuition unique et ineffable dont le système entier découle » ; cité par J.G. Bougerol, « Quand Étienne Gilson rencontre Saint Bonaventure », dans *Étienne Gilson et nous,* éd. M. Couratier, Paris, Vrin, 1980, p. 38.

2. Ét. Gilson, *L'être et l'essence,* Paris, Vrin, 1948, 1re éd., p. 306.

3. Ét. Gilson, *Jean Duns Scot. Introduction à ses positions fondamentales,* Paris, Vrin, 1952, p. 7, 627.

Moyen Âge »[1]. C'est un mouvement général de réflexion méthodique, techniquement conduite, sur le contenu de la révélation chrétienne ; ou comme le dit beaucoup mieux Gilson lui-même, un « exercice chrétien de la raison » qu'il décrit ainsi : « l'esprit chrétien, pénétrant la tradition grecque, la travaillant du dedans et lui faisant produire une vue du monde, une *Weltanschauung* spécifiquement chrétienne »[2] et qui, contrairement à la vision luthérienne – et déjà bonaventurienne – de la chose n'évoque pas une intrusion d'Aristote dans l'Évangile mais une réélaboration de l'aristotélisme à partir de l'Évangile ; mais qui, cela mis à part, et par-delà l'emprunt d'un concept à la philosophie allemande, fait aussi bien soupçonner une trace de l'influence d'Auguste Comte, qu'Ét. Gilson avait beaucoup pratiqué et estimé. Ce serait là une façon de moduler cette notion de système, déplacée de l'analyse des doctrines à celle d'un « état » de l'histoire spirituelle, dans la ligne en somme du fondateur du positivisme. On sait que celui-ci admirait Thomas d'Aquin : il l'appelle « l'incomparable saint Thomas d'Aquin, aussi grand d'esprit que de cœur »[3]; ses raisons n'étaient sans doute pas exactement les mêmes que celles d'Ét. Gilson mais la rencontre est à retenir. Si ce docteur est tenu par l'un comme le représentant principal de cet état organique qu'est le Moyen Âge, l'autre le cite plus de deux cents fois dans cet *Esprit de la philosophie médiévale,* largement avant Augustin (cent cinquante fois environ) et bien plus que Bonaventure et Duns Scot (à peu près quatre-vingts fois chacun), Anselme et Bernard (une trentaine de fois) ; Siger de Brabant est cité cinq fois et Guillaume d'Ockham, quatre (ces chiffres sont à retenir).

Le second chemin où s'orienter dans la pensée d'Ét. Gilson prise dans son devenir est tout balisé dans son autobiographie intellectuelle : *Le philosophe et la théologie,* ouvrage paru en 1960. Il est du plus extrême intérêt pour la compréhension en profondeur de cette doctrine. Il apporte des éléments qu'on percevait mal, par exemple l'importance de la pensée de Bergson dans sa constitution, non que Gilson ait été bergsonien, il dit expressément le contraire p. 188, mais il a intensément réagi au bergsonisme et de plusieurs façons. Quant au reste, je retiendrai d'abord le chapitre V, qui raconte avec humour la façon dont Gilson a accédé au concept de philosophie médiévale. Parti de l'idée, commune à l'époque, qu'il n'y en avait pas, il découvre qu'il y en a beaucoup chez Thomas d'Aquin, davantage dit-il que chez Descartes ; un théologien qu'il ne nomme pas objecte que cette philosophie se retrouve strictement la même chez tous les médiévaux ; Gilson vérifie et s'aperçoit qu'il en existe au moins une autre, celle de Bonaventure ; non, lui dit le Père Mandonnet, c'est une théologie, il y a un seul philosophe médiéval, et c'est saint Thomas. Gilson se perd dans cette arithmétique qui l'a fait passer de 0 à 2 puis à 1, il constate que ses critiques se contredisent. Le Père Théry le sauve paradoxalement de ce

1. Ét. Gilson, *Le philosophe et la théologie, op. cit.*, p. 91.
2. Ét. Gilson, *L'esprit de la philosophie médiévale, op. cit.*, p. 11, VII.
3. *Ibid.*, p. 260, n. 1.

désarroi en lui faisant observer que tous ces auteurs sont des théologiens et que les philosophies qu'on en tire sont prélevées artificiellement sur leurs théologies; ainsi Gilson découvre le sens véritable de ces oeuvres et la véritable méthode pour les aborder. Un autre thème à retenir dans ce *Philosophe et théologie* est la formation du thomisme d'Ét. Gilson ; il est évoqué à plusieurs endroits du livre ou plus exactement il l'imprègne tout entier. Le chapitre X, intitulé « l'art d'être thomiste », porte toutefois sur la conjoncture plus que sur le fond de cette profession philosophique, mais en le lisant on se rappelle un mot de Jacques Maritain préfaçant un ouvrage collectif consacré à Gilson : « il lui en a coûté de s'avouer thomiste » [1]; à vrai dire l'intéressé laisse une idée moins pathétique de la chose mais ce peut être par pudeur. On sera d'autre part attentif aux passages qui évoquent l'interprétation proprement gilsonienne du thomisme comme doctrine de l'*esse* et de la composition d'essence et d'existence chez les êtres créés. Tout à la fin de l'ouvrage il écrit que « la notion thomiste d'*esse* est ultime par définition. C'est l'*ultima Thule* de toute métaphysique, le fondement d'une métaphysique pour tous les temps » [2]; mais au chapitre précédent, déjà évoqué, il disait avoir tourné autour de la notion d'être « sans la voir, vingt ans peut-être » [3]. On observera que c'est là l'intervalle qui sépare la première édition du *Thomisme* de la quatrième ; la préface de celle-ci fait état d'une « réinterprétation d'ensemble » de la première partie et qu'il aurait été souhaitable d'étendre aux deux autres pour montrer « comment l'ontologie de l'existence traverse toute la philosophie de la nature et toute l'anthropologie pour atteindre la vie morale en sa profondeur » [4]. On voit ainsi dans ce livre attachant se former à nouveau la figure historiographique bien connue qui caractérise l'œuvre d'Ét. Gilson : la philosophie chrétienne, identique en sa constitution initiale à la philosophie médiévale et dont le chapitre XI évoque l'avenir, trouve sa meilleure expression chez saint Thomas, dont l'intuition fondamentale est celle de l'*esse* et de Dieu comme être – « cette vérité sublime » révélée dans le buisson-ardent (*Exode*, 3, 14). Tel paraît bien être le fond de la pensée *philosophique* de Gilson.

Or entre cet aspect et l'aspect *historique* de son œuvre le rapport est complexe. Ils sont inséparables dans la mesure où sa conception d'une philosophie chrétienne se développe sur le terrain d'une enquête historique sur le Moyen Âge et relève en quelque manière d'une « philosophie de l'histoire » déjà constituée par les médiévaux comme le remarque Gilson lui-même [5] ; or c'est plutôt une « théologie de l'histoire » si l'on suit Paul Vignaux citant ces pages mêmes [6] : cette histoire se déroule en effet entre la création et la parousie. C'est dans cette première

1. *Étienne Gilson, philosophe de la chrétienté,* Paris, Le Cerf, 1949, p. 7.

2. Ét. Gilson, *Le philosophe et la théologie, op. cit.*

3. *Ibid.*, p. 223.

4. Ét. Gilson, *Le Thomisme,* Paris, Vrin, 1945, 5ᵉ éd. (qui diffère peu de la 4ᵉ), p. 6.

5. Ét. Gilson, *L'esprit de la philosophie médiévale, op. cit.* p. 366, 377.

6. Dans une profonde étude consacrée à « La philosophie médiévale dans "le temps de l'Église" », dans *Mélanges H. Ch. Puech,* Paris, 1974, p. 549.

perspective qu'il faut lire *L'esprit de la philosophie médiévale* où si peu de place est accordé à Siger et Ockham, même à Anselme et Bernard, et tant à Thomas d'Aquin, figure centrale et indépassée de la philosophie chrétienne selon Gilson. Mais dans les *Histoires,* la française et l'anglaise, il tend à rétablir les perspectives : la première répartit plus équitablement l'espace, la seconde insiste sur les controverses internes de la scolastique. Toutefois on s'étonne d'y voir tant de philosophes du Moyen Âge rester au-dehors, ou du moins sur les marges, de la « philosophie médiévale ». On n'oubliera pas, cela dit, les nombreux écrits qui traitent d'auteurs fort divers et notamment le volumineux *Jean Duns Scot.* Ét. Gilson est un philosophe qui affirme vigoureusement ses convictions philosophiques mais ce n'est pas un doctrinaire : même s'il estime que l'histoire qu'il observe a un sens précis cette conviction ne le conduit pas à déformer l'image qu'il en donne. On peut ne pas le suivre sur le terrain philosophique qui est le sien et tirer de ses écrits une immense instruction – sans d'ailleurs là non plus être nécessairement d'accord avec lui en tous points, mais cela est une autre affaire.

En résumé donc l'étude de l'histoire de la philosophie médiévale commence, en France, dans l'effervescence romantique et adopte tout naturellement les divers styles philosophiques qui coexistent ou se succèdent au long du XIXe siècle ; au début du nôtre elle y atteint sa plus grande profondeur sous la conjonction des deux influences alors marquantes, celle d'Hamelin et celle de Bergson, bientôt relayées ou plutôt absorbées par celle de saint Thomas d'Aquin. En termes de figures historiques et emblématiques à la fois elle a passé de Victor Cousin à Étienne Gilson en traversant notamment l'éclectisme et l'idéologie ainsi que la pure méthode factuelle. Mais le moment de sa plus grande vigueur doctrinale est aussi celui des combats intellectuels, spirituels et politiques les plus durs et son existence institutionnelle en sera marquée et durablement affaiblie. Sa trajectoire en cette première période est ainsi paradoxale puisque les moments de sa force et de sa faiblesse, théoriques et empiriques, restent inversés en changeant respectivement de signe du début à la fin de cette première tranche chronologique.

CHAPITRE III

SITUATION DE L'HISTOIRE DE LA PHILOSOPHIE MÉDIÉVALE EN FRANCE*

Décrire l'état momentané d'une science, en particulier d'une science historique, sans revenir sur son passé c'est se réduire à une nomenclature sans relief. Décrire la situation d'une science dans un secteur géographique particulier, disons une nation, sans en évoquer l'environnement mondial, c'est l'abstraire de ses conditions d'existence. Mais assumer ce double programme, à supposer qu'il fût réalisable par une seule personne, exige en principe des développements qui excéderaient de beaucoup les dimensions d'un article, d'un chapitre. Nous devrons donc nous accommoder d'une solution bâtarde mais réalisable : suivre l'histoire du médiévisme philosophique en France depuis Victor Cousin jusqu'après la Seconde Guerre mondiale – deux siècles donc à survoler, mais on verra qu'on ne peut faire moins. On évoquera ensuite la situation française actuelle en la situant dans le médiévisme philosophique mondial sans pouvoir donner davantage sur ce dernier point que quelques indications car la matière en est énorme [1]. L'importance donnée ici au médiévisme français ne lui suppose aucune centralité ; si la France est un centre c'est uniquement celui de notre perspective, le site de l'observateur. Le médiévisme philosophique international n'a rien d'un système planétaire, et s'il en était un la France ne saurait prétendre en être le Soleil, ne serait-ce que pour les raisons historiques que nous verrons.

* « Situation de l'histoire de la philosophie médiévale en France », initialement publié dans *La recherche sur le Moyen Âge à l'aube du vingt et unième siècle*, CESCM, 39e année/Janvier-Juin 1996, p. 85-95.

1. Voir *Gli studi di filosofia medievale fra otto e novecento. Contributo a un bilancio storiografico, op. cit.*, et, dans *Bilan et perspective des études médiévales en Europe*, éd. J. Hamesse, Louvain-la-Neuve, 1991 ; J.A. Aersten, « Tendencies and Perspectives in the Study of Medieval Philosophy », p. 107-128 ; ainsi que A. Speer, « Reception-Mediation-Innovation. Philosophy in the Twelfth Century », p. 129-149 et H. Rikhof, « Medieval Theology current Research into Aquinas : A Survey », p. 151-168.

Résumée à grands traits, l'histoire du médiévisme philosophique en France comporte trois périodes principales : une période de fondation et de montée qui va jusqu'à la fin du XIXe siècle, une crise, puis un rétablissement et un nouvel essor. Le père fondateur de cette discipline, celui en tout cas qui l'a installée dans l'enseignement, est Victor Cousin (1792-1867). Ce n'est certes pas un grand philosophe mais il avait le goût des textes et savait organiser et accomplir le travail. Participant de l'intérêt pour le Moyen Âge dont le *Génie du christianisme* (1802) avait marqué le moment premier, profitant des travaux d'éditions et d'érudition accumulés au XVIIIe siècle par les mauristes en particulier, Victor Cousin fait une belle part au Moyen Âge dans son enseignement et ses ouvrages : il brosse une fresque un peu hâtive et stylisée de la philosophie médiévale, il donne ou rassemble un certain nombre d'études partielles et de textes, notamment une grande partie des œuvres d'Abélard (1836 ; 1839/49). Cet « ami de la scolastique », comme il se qualifiait lui-même, ayant accédé à de hautes fonctions universitaires et gouvernementales sous la monarchie de Juillet, on doit lui reconnaître le mérite d'avoir été directement ou indirectement à l'origine de toute une série d'initiatives et de publications qui attestent l'importance prise à cette époque par l'étude de la philosophie au Moyen Âge. L'Académie des sciences morales et politiques met au concours en 1845 une histoire de la philosophie scolastique ; en 1856, une étude de la philosophie de saint Thomas d'Aquin ; dans les deux cas des directives précises sont données aux candidats, notamment celle de trier dans ces doctrines ce qu'elles comportent de faux et de vrai, de déterminer ce qu'on peut encore en garder. À ces préoccupations utilitaires ou plutôt politiques au sens organique du mot, sont jointes des indications qui témoignent d'une vue assez claire des aspects historiques et institutionnels des doctrines (ainsi, à propos des controverses entre les Ordres mendiants) aussi bien que de questions de principe toujours récurrentes, telles que celle du « lien intime », au Moyen Âge, entre la philosophie et la théologie et de la difficulté de les isoler l'une de l'autre. De 1840 à 1842 Xavier Rousselot publie trois volumes d'*Études sur la philosophie au Moyen Âge ;* en 1843 Saint-René-Taillandier consacre sa thèse de doctorat à Jean Scot Érigène et en donne en appendice plusieurs textes ; Charles de Rémusat en 1845 publie un bon *Abélard* en deux volumes, et en 1853 un *Saint Anselme de Cantorbéry.* Le mouvement se poursuit sous le Second Empire puis la Troisième République : en 1852 Ernest Renan publie sa thèse sur *Averroès et l'averroïsme ;* Salomon Munk, des *Mélanges de philosophie juive et arabe* en 1857 ; Charles Thurot, en 1868, des *Notices et extraits de divers manuscrits pour servir à l'histoire grammaticale du Moyen Âge ;* il avait consacré sa thèse secondaire (1850) au *Doctrinale* d'Alexandre de Villedieu, un grammairien du XIIe siècle. Renan, Munk et Thurot s'avancent ainsi en pionniers dans des explorations de côtés de la pensée médiévale laissés jusqu'alors en marge mais dont on reconnaîtra de mieux en mieux l'importance capitale. En 1872/80 paraît en trois volumes l'*Histoire de la philosophie scolastique* de Barthélemy Hauréau, le lauréat du concours académique de 1845. Ces quelques exemples montrent qu'en cette première période, et dès son début, les spécialistes de la philosophie médiévale avaient compris que leur discipline ne pouvait se fonder et se développer sans que plusieurs tâches soient simultanément accomplies : non seulement analyser des doctrines et des concepts dans leur situation historique et composer des synthèses, mais aussi et d'abord faire sortir de l'ombre des textes inédits ; et encore, étudier de près les structures, les éléments et les entours de la « scolastique » : la grammaire, les conditions institutionnelles (la thèse principale de Ch. Thurot traitait de l'enseignement à l'Université de Paris), et les philosophies arabe et juive. Au tournant des deux siècles l'œuvre de François Picavet va se situer dans cette continuité et proposer une réflexion programmatique et didactique.

Au sommet de sa longue carrière d'enseignant Picavet est professeur à la Sorbonne dans la chaire, créée pour lui, d'« Histoire des philosophies au Moyen Âge » (1906) et directeur d'études à l'École Pratique des Hautes Études, section des sciences religieuses (1888). Auteur de thèses sur les Idéologues et sur Épicure, traducteur de Kant, c'est surtout un médiéviste qui, outre de nombreux articles, a écrit notamment sur *Abélard et Alexandre de Halès créateurs de la méthode scolastique* (1896), sur Roscelin « *dans l'histoire et dans la légende* » (1911), et publié deux ouvrages de plus ample objet : *Esquisse d'une histoire générale et comparée des philosophies médiévales* (1905, rééditée en 1911) et *Essais sur l'histoire générale et comparée des théologies et des philosophies médiévales* (1913). Certes il s'est trompé en affirmant que le véritable maître des médiévaux était Plotin, du moins il avait compris que l'influence du platonisme était restée très forte sur eux. Mais il a eu aussi une perception vive des solidarités historiques : celles qui lient dans le temps les doctrines philosophiques et morales de l'antiquité et du christianisme d'une part, celles du Moyen Âge, de la Renaissance et des temps modernes de l'autre ; et aussi, celles qui sont l'objet d'une « histoire générale et comparée » : on ne peut, affirme-t-il, étudier séparément les doctrines latines, grecques, juives et arabes, il faut en considérer l'ensemble. D'autre part ses *Essais* exposent un programme ample et détaillé des publications à entreprendre pour constituer cette histoire telle qu'il la préconise : œuvres d'érudition et de vulgarisation, monographies, analyses et comptes rendus, etc. Tout cela implique beaucoup de savoir, de précision, de pertinence. Sans doute Picavet n'avait pas l'envergure de plusieurs de ses contemporains – Brochard, Delbos, Durkheim, Bergson ; et c'est sous la direction de Lévy-Bruhl que Gilson élaborera son diplôme d'études supérieures consacré à « Descartes et la scolastique ». Mais Alexandre Koyré, qui aura été son auditeur à l'École Pratique des Hautes Études, lui devra quelque chose ; et les deux éditions rapprochées de l'*Histoire* attestent que l'intérêt pour la philosophie médiévale, telle que la présentait Picavet, était assez répandu dans le milieu universitaire français au début du XXe siècle C'est pourtant à ce moment que le médiévisme philosophique y traverse une crise que sa bonne tenue au XIXe siècle ne faisait pas prévoir et qui est sans doute la cause de la quasi-absence en France de chaires qui lui soient consacrées expressément ; son développement en aura été affecté d'autant.

En 1879 le pape Léon XIII promulgue l'encyclique *Aeterni Patris* qui, selon son titre traditionnel, traite « du rétablissement, dans les écoles catholiques, de la philosophie chrétienne selon l'esprit du docteur angélique saint Thomas d'Aquin » [1]. Il entendait ainsi substituer cette doctrine à ce que, pour la France du moins, Renan appelait « la scolastique cartésienne, c'est-à-dire ce cartésianisme mitigé qui fut adopté en général par l'enseignement ecclésiastique, au XVIIIe siècle » [2], et qui en cette fin de siècle commençait à être mis en question dans les institutions catholiques elles-mêmes. Je n'ai aucun avis à formuler sur le bien-fondé de cette décision papale, pas plus qu'à évaluer ses effets sur l'enseignement dans les institutions concernées. Le seul point qui m'intéresse ici est la répercussion qu'elle a eue sur la libre recherche en matière d'histoire de la philosophie médiévale, en France spécifiquement. Sous un premier aspect cette décision du magistère catholique suprême a donné une impulsion indéniable à l'étude de la philosophie médiévale en la concentrant sur l'un de ses représentants les plus géniaux. Mais ce point de vue global se fragmente aussitôt en perspectives particulières. Chez les catholiques, religieux ou laïcs, l'étude du thomisme prit de grandes proportions et des voies s'y ouvrirent qui d'ailleurs ne furent explorées que plus tard [3]. Mais c'est là aussi que des « effets pervers » se manifestent. D'une part, et malgré, principalement, des fidélités d'ordres et la référence pluraliste d'un *motu proprio* de Pie X aux « plus grands docteurs de l'Église » (1914), saint Thomas a pour ainsi dire poussé vers les marges la plus grande partie des théologiens et philosophes du Moyen Âge. D'autre part cette orientation globale a certes inspiré à divers théologiens la composition de grands livres mais elle a aussi suscité une production « néo-thomiste » ou « néo-scolastique » qui tendait moins vers la renaissance ou l'essor renouvelé d'une grande doctrine que vers une sorte de théologie-syllabus et défensive qui est à la pensée de saint Thomas ce que les manuels de « dia-mat » sont à celle de Marx [4]. Étienne Gilson avoue quelque part l'ennui avec lequel il lit de tels ouvrages ; il a aussi cette remarque : « le thomisme de son temps »

1. La formule est ainsi traduite par Ét. Gilson, *Le philosophe et la théologie*, puis longuement analysée dans la suite de ce chapitre (chap. IX).

2. E. Renan, *Souvenirs d'enfance et de jeunesse*, *op. cit.*, 1948, p. 843.

3. Voir M.-D. Chenu, *Une école de théologie. Le Saulchoir*, 2e éd., Paris, 1985, p. 115, et généralement tout le chapitre 2 ; et aussi A. Duval, « Aux origines de l'"Institut historique d'études thomistes" du Saulchoir (1920 et suivantes). Notes et documents », *Revue des sciences philosophiques et théologiques*, 75, 1991, p. 423-448.

4. Le Père Chenu évoque « le misérable abus qui en [=d'*Aeterni Patris*] sera fait d'utiliser la pensée de saint Thomas au détriment de son équilibre, comme une arme autoritaire contre le modernisme »,

(celui de Péguy, donc avant 1914) « manquait de mordant, mais ce n'était pas celui de saint Thomas, c'était celui des thomistes » [1]. Si maintenant on se tourne vers l'enseignement libre, je veux dire non confessionnel, de l'histoire de la philosophie médiévale, on verra que les conséquences de l'encyclique *Aeterni Patris* y sont au moins aussi graves, et pour des raisons qui ne sont pas toutes théoriques. Il faut pour les apercevoir se représenter l'orientation générale de la philosophie française à la fin du XIXe siècle et au début du XXe, et la situation politique du pays au même moment. Les principaux courants philosophiques se rattachent au kantisme et au post-kantisme, à l'épistémologie et au positivisme, généralement à ce que le « réalisme » des thomistes dénonce comme étant « idéalisme » ; notons à ce propos que Léon Brunschvicg se réclamera toujours de celui-ci contre celui-là ; Brunschvicg, dont les thèses datent de 1897, est en 1909 professeur à la Sorbonne ; ce n'est là qu'un exemple. Les néo-thomistes critiquent des philosophies aussi « spiritualistes » que celles de Ravaisson, de Blondel, de Bergson ; et aussi bien entendu Renan ; et c'est le moment où le modernisme est condamné par Pie X (1907). Ces positions philosophiques et théologiques du magistère et des théologiens sont accompagnées des engagements politiques et moraux d'une grande partie du clergé et des catholiques – engagements que des publications néo-thomistes prennent à leur compte : opposition au régime républicain, antisémitisme (l'affaire Dreyfus, rappelons-le, commence en 1894 et reçoit en 1899 une conclusion juridique d'ailleurs contestée). Picavet fait de tout cela un tableau précis et instructif (*Esquisse*, chap. 11). La philosophie médiévale se trouvait donc associée au catholicisme au moment où celui-ci était particulièrement réactionnaire [2]. L'Université, les intellectuels en général, ne trouvaient rien qui pût les inciter à étudier une époque de l'histoire de la philosophie qui leur apparaissait à travers de telles réfractions confessionnelles, politiques et morales. La fermentation et les controverses, ce renouveau des études médiévales dans la sphère catholique, ci-dessus évoqué, ne se propagea pas en dehors d'elle, ou trop peu. Une fois encore, rappelons le cas singulier de Picavet, qui sut rendre justice à cette époque de la pensée tout en en condamnant les regrettables avatars ; mais il ne pouvait faire obstacle à la force des choses. C'est ainsi que le médiévisme philosophique et l'Université française ont divorcé au début du XXe siècle : les étudiants n'ont plus entendu parler de la philosophie médiévale de façon positive sinon, dans telle ou telle Faculté des lettres, par le hasard heureux de

« L'interprète de saint Thomas d'Aquin », dans M. Couratier, éd., *Étienne Gilson et nous : la philosophie et son histoire*, Paris, 1980, p. 44.

1. Ét. Gilson, *Le philosophe et la théologie*.

2. Bien entendu, et même si elle était agitée et bruyante, cette tendance n'était pas la seule. Voir le très instructif article de Ruedi Imbach, « Démocratie ou monarchie ? La discussion sur le meilleur régime politique chez quelques interprètes français de Thomas d'Aquin (1893-1928) », dans *Saint Thomas au XX e siècle*. Colloque du centenaire de la « Revue thomiste » (1893-1992), Toulouse 25-28 mars 1993, éd. S.-Th. Bonino, o.p., Paris, 1994, p. 335-350.

la décision personnelle d'un professeur qui l'intégrait à son cours. La section des sciences religieuses de l'École Pratique des Hautes Études en a certes gardé la tradition [1]. Mais cet établissement est situé à l'écart du cursus usuel des études supérieures: on ne s'y dirige pas si l'on n'y est pas orienté; il peut pourtant s'enorgueillir d'avoir compté parmi ses enseignants Étienne Gilson, de 1921 à 1932, et Paul Vignaux de 1934 à 1976.

Cependant nous arrivons ici à une étape nouvelle dans l'histoire des études de philosophie médiévale en France. Pour compenser quelque peu ce que ce découpage chronologique et national a d'artificiel, disons simplement qu'en dépit des difficultés d'ordres divers que l'on vient d'évoquer ce champ de recherches n'était pas resté stérile. Dans la première édition de son grand ouvrage sur saint Thomas, plusieurs fois repris et modifié, Gilson évoque « l'extraordinaire développement des recherches historiques actuellement consacrées à cette période » [2]; or il écrit cela en 1920. Il pouvait penser aux travaux des Pères P. Rousselot, A.-D. Sertillanges, sur Thomas d'Aquin; du Père P. Mandonnet, notamment ses études sur Siger de Brabant (Fribourg, 1899; Louvain, 1908, 1911); à ceux de Cl. Baeumker sur Siger et bien d'autres; à la fondation en 1891, par le même, des *Beiträge zur Geschichte der Philosophie des Mittelalters,* collection toujours vivante et d'une importance exceptionnelle où ont été publiés un nombre considérable de textes inédits et d'études magistrales. Gilson pouvait aussi avoir en tête les études et les recherches paléographiques de M. Grabmann; d'autres auteurs encore qui en 1920 avaient déjà publié une partie au moins de leurs ouvrages. Mais la plupart de ces travaux avaient été réalisés à l'étranger. Quant à la France, c'est lui-même qui y aura fondé une seconde fois le médiévisme philosophique avec plus de profondeur philosophique que V. Cousin et F. Picavet, et plus de succès que ce dernier.

On ne résumera pas la carrière et l'œuvre immense d'Étienne Gilson, sa double vocation de philosophe et d'historien de la philosophie qui se manifeste notamment entre les deux guerres dans la controverse sur la philosophie chrétienne, et après la seconde dans les deux éditions successives de son grand livre sur *L'être et l'essence* (1948; 1962). On notera qu'il a enseigné dans les universités de Lille et de Strasbourg, à l'École Pratique des Hautes Études dans la chaire de Picavet, au Collège de France, à Harvard University. On évoquera les créations dont il a doté le médiévisme international: celle du Pontifical Institute of Mediaeval Studies, à Toronto en 1929; celle, avec le Père Théry, en 1926, des *Archives d'histoire doctrinale et littéraire du Moyen Âge* qui, comme

1. Instaurée, de fondation, en 1886 avec la chaire d'« Histoire des dogmes » (A. Réville), complétée en 1888 par celle des « Rapports de la philosophie et la théologie » – la chaire de Picavet. Le premier intitulé devient en 1907 « Histoire des doctrines et des dogmes » (P. Alphandéry). En 1921 Gilson succède à Picavet; Vignaux à Alphandéry en 1934.

2. Ét. Gilson, *Le thomisme, op. cit.*, 5e éd., Paris, 1945, p. 524.

les *Beiträge* mais sous une forme différente, publient aussi bien des éditions de textes que des études; celle de la collection « Études de philosophie médiévale » (éditions Joseph Vrin, 1929). Il n'a pas existé d'école gilsonienne au sens d'une filiation d'idées: Alain de Libera note que le médiévisme français « n'est jamais entré » dans la pensée philosophique de Gilson [1]. Mais il en a reçu une forte impulsion, et le médiévisme mondial aussi bien. Celle des deux autres grands médiévistes français qui furent ses contemporains: Paul Vignaux et le Père Marie-Dominique Chenu, est sans doute moins massivement visible. Elle est peut-être humainement plus profonde: l'un et l'autre, chacun à sa manière, ont vécu une pensée et une action qui correspondaient aux fractures et aux requêtes de l'histoire mieux que celles de Gilson, plus classique dans son allure et son esprit, mieux accordé aux institutions. On pense ici à l'activité syndicale de l'un, à la solidarité de l'autre avec les prêtres ouvriers et avec les mouvements d'émancipation en général, ainsi qu'aux condamnations qu'il a encourues.

En 1929 commencent de paraître les *Annales d'histoire économique et sociale* de Lucien Febvre et Marc Bloch. Le Père Chenu en est l'un des premiers abonnés: il y retrouve l'esprit même dans lequel il conçoit l'histoire de la théologie. Secrétaire de la *Revue des sciences philosophiques et théologiques* depuis 1927, il enseigne depuis plusieurs années l'histoire des doctrines chrétiennes au couvent dominicain du Saulchoir, en Belgique. En 1932 il y est le responsable de l'ensemble des études, et la même année président de la Société Thomiste. Son livre publié en 1937: *Une école de théologie. Le Saulchoir,* est mal accueilli à Rome et sera mis à l'index en 1942. On y trouve déjà exposés le programme et la méthode que Chenu suivra dans ses œuvres futures, qu'il suivait déjà dans ses premiers articles. « C'est la loi même de l'économie de la révélation », écrit-il, « que Dieu se manifeste par et dans l'histoire, que l'éternel s'incarne dans le temps où seulement l'esprit de l'homme le peut atteindre » [2]: cette vue de théologien est aussi une vue d'historien. Le même ouvrage donne le développement urbain des XIIe et XIIIe siècles, le parallélisme entre les corporations de métiers et l'*Universitas magistrorum et scolarium,* l'institution des Ordres mendiants, comme « le milieu connaturel où l'effervescence sociale, culturelle, spirituelle, trouve à la fois sa satisfaction et son équilibre » [3]. Les livres qui suivront, les très nombreux articles, défendent et illustrent l'idée que la théologie « est toujours solidaire des voies et moyens des pédagogies textuelles de la culture contemporaine »: soit, à l'époque où ce livre la considère, le *trivium,* la technique de la « question » [4]. C'est pourquoi

1. *Gli studi di filosofia medievale fra otto e novecento. Contributo a un bilancio storiografico, op. cit.*, p. 31.

2. M.-D. Chenu, *Une école de théologie,... op. cit.*, p. 116.

3. *Ibid.*, p. 95-96.

4. M.-D. Chenu, *La théologie comme science au XIIIe siècle,* 3e éd., Paris, 1957, p. 16.

les recherches qui la concernent coïncident avec celles de « l'historiographie nouvelle » (nous retrouvons les *Annales*), dont les objets sont « la vie quotidienne, les sensibilités élémentaires, les mentalités... »[1]. Cette immersion concrète, vitale, de la doctrine dans la densité de l'histoire, cette liaison de la « foi enseignée » à la « foi vécue », était entièrement contraire aux constructions abstraites et *ne varietur* de la néo-scolastique, la condamnation de 1942 n'a rien de surprenant. Mais c'est aussi l'esprit qui animera, aussi bien que les œuvres déjà citées, l'*Introduction à l'étude de saint Thomas d'Aquin* (1950), *La théologie au douzième siècle* (1957), *Saint Thomas d'Aquin et la théologie* (1959). Plus généralement que tel ou tel aspect des analyses de Chenu, c'est bien ce postulat épistémologique qui fondera son influence sur le médiévisme philosophique, influence diffuse et souvent indépendante de tout rapport personnel: citons seulement, parmi les recherches actuelles, les perceptions plus aiguës et plus décisives des connexions entre les querelles doctrinales et les institutions universitaires, des relations entre la grammaire et la théologie, entre la logique, l'ontologie et la mystique – rien de tout cela qui ne soit redevable, en dernière instance, au livre de 1937 et aux œuvres de Chenu qui en ont développé le germe.

C'est à l'École Pratique des Hautes Études, dans la section des sciences religieuses, que Paul Vignaux a donné l'essentiel de son enseignement. La méthode spécifique à cette école engage un style de pensée: l'exposé magistral y a une place bien moindre que celle réservée à l'analyse aiguë, et comme géologique, des textes. En outre Vignaux était particulièrement sensible à la diversité des doctrines – ce dont il fait hommage à « l'exemple d'histoire critique » que lui avait donné Léon Brunschvicg. Il s'intéressait donc aux écoles franciscaines médiévales plutôt qu'à l'école thomiste, trop entravée à son avis par sa fidélité à la doctrine de son fondateur. Sa production ne comporte pas de gros ouvrages. Dans le *Dictionnaire de théologie catholique* paraissent en 1931 trois articles de lui, sur, respectivement, Nicolas d'Autrecourt, le nominalisme médiéval, l'originalité philosophique et théologique d'Occam. Vignaux publie en 1934 *Justification et prédestination au XIVe siècle,* et la même année *Luther commentateur des Sentences;* en 1938, *La pensée au Moyen Âge,* ouvrage repris une première fois en 1958, avec des modifications, sous le titre de *Philosophie au Moyen Âge,* puis en 1987 avec ce même dernier titre mais accompagné d'une « introduction nouvelle », texte capital (p. 1-56), et de la reprise d'un article paru en 1978 et intitulé « Lire Duns Scot aujourd'hui »; on y trouve enfin une bibliographie qui complète celle qu'on trouve dans le recueil intitulé *De saint Anselme à Luther* (1976). Pour le reste ce sont des articles et écrits divers, au nombre d'une centaine. Cette œuvre, historique dans sa finalité, est soutenue par une profonde méditation sur la philosophie de la religion et la théologie; elle en reçoit cette densité que l'on retrouve dans

1. M.-D. Chenu, *Une école de théologie,... op. cit.*, p. 176 (*Post-scriptum* de 1985).

le style même de Vignaux. Pendant quarante ans (de 1934 à 1976, dont il faut soustraire les quatre années de la guerre passées aux États-Unis) se sont retrouvées à son enseignement plusieurs générations d'historiens de la philosophie médiévale, il est instructif d'en relever les noms qui figurent dans les annuaires successifs de l'établissement où il le dispensait.

Ainsi, à la veille de la Seconde Guerre mondiale le médiévisme philosophique avait été solidement rétabli en France par les trois grandes figures qu'on a citées. Au lendemain du conflit, Maurice de Gandillac, nommé à la Sorbonne en 1946, y réintroduit dans son enseignement l'histoire de la philosophie médiévale qui avait passé au Collège de France à la suite d'Étienne Gilson. Avec sa thèse sur Nicolas de Cues, en 1941 [1], M. de Gandillac s'était installé dans une époque qui lui restera chère, celle où la Renaissance s'articule au Moyen Âge. Mais cette préférence n'est pas exclusive: en 1945 il publie une traduction d'*Œuvres choisies d'Abélard* précédée d'une longue introduction; il en reprendra l'essentiel – traduction remaniée, introduction nouvelle – en 1993, sous un titre qui tient compte des progrès de la philologie [2]. Il occupe divers lieux intermédiaires entre le XIIe et le XVe siècle avec sa contribution au volume XIII de l'*Histoire de l'Église* de Fliche-Martin-Jarry; il y traite du XIVe siècle (1956); et encore par un *Dante* paru en 1968; tout cela avant de traiter longuement de la philosophie de la Renaissance dans le tome II de l'*Histoire de la philosophie* de l'« Encyclopédie de la Pléiade » (1973). Cette énumération illustre ce dont on regrette encore l'absence en France: un enseignement régulier, dans les universités, de l'histoire de la philosophie médiévale dans son ensemble, solidement arrimée à ce qui la suit et ce qui la précède (M. de Gandillac a également traduit les œuvres du Pseudo-Denys). Un récent recueil d'articles: *Genèse de la modernité. De la « Cité de Dieu » à « La Nouvelle Atlantide »* (1992) réunit des textes étalés sur trente-cinq ans et qui traitent à parts à peu près égales du Moyen Âge et de la Renaissance. Ainsi pendant plus de trente ans les étudiants parisiens ont pu s'initier à ce moment de l'histoire de la pensée dont on reconnaît maintenant, assez généralement, qu'il fut capital. D'autre part, au Centre de recherches et de confrontations sur la pensée médiévale, fondé par M. de Gandillac, se sont retrouvés pendant une quinzaine d'années des médiévistes de tout âge, de provenances et de spécialités diverses. Parmi eux, des érudits de grande classe maintenant disparus, et d'abord Marie-Thérèse d'Alverny, dont l'œuvre est immense: œuvre de paléographe et d'historienne des doctrines, dont on citera seulement ici le livre fondamental sur Alain de Lille (1965) et ses recherches sur les traductions arabo-latines d'Avicenne; le père Jean Ribaillier, éditeur de Richard de Saint-Victor, de Guillaume d'Auxerre; Jean Châtillon, spécialiste des victorins;

1. Paris, 1941; version allemande remaniée et corrigée, Düsseldorf, 1953.

2. Pierre Abélard, *Conférences. Dialogue d'un philosophe avec un juif et un chrétien – Connais-toi toi-même. Éthique*, Paris, Cerf, 1993.

Pierre Michaud-Quantin, attentif à la sémantique et qui régissait la constitution d'un lexique du latin philosophique médiéval ; Michel-Marie Dufeil, grand connaisseur du XIIIe siècle… Mais il est temps de suivre le fil des années et de dessiner à grands traits la carte du médiévisme philosophique en France, aujourd'hui, non sans le situer dans son contexte scientifique international.

En cessant son enseignement Paul Vignaux avait laissé à l'École Pratique des Hautes Études deux directeurs d'études médiévistes. René Roques, titulaire de la chaire de « Doctrines et méthodes du haut Moyen Âge », où il avait traité notamment de saint Anselme, y poursuivra jusqu'à son propre départ (1985) l'étude du *De divisione naturae* de Jean Scot Érigène, entamée depuis plusieurs années. Jean Jolivet suivra jusqu'en 1993 la double piste annoncée par l'intitulé de sa chaire : « Religions et philosophies dans le christianisme et l'islam au Moyen Âge ». À R. Roques succède Alain de Libera qui a pour domaine l'« Histoire des théologies chrétiennes dans l'Occident médiéval » et qui s'attache particulièrement mais non exclusivement à la noétique d'Albert le Grand et à la mystique de Maître Eckhart. Olivier Boulnois, maître de conférences depuis 1990, traite d'autres aspects de la même période, tels que la théologie comme science, la toute-puissance divine, et bien entendu du scotisme, qui est sa spécialité. Ces quatre lieux ont formé et forment encore une sorte de zone de convergence pour un bon nombre de médiévistes jeunes ou confirmés. On en dira autant de deux « unités de recherche associées » entre cette section de l'École Pratique et le Centre National de la Recherche Scientifique : le « Laboratoire des religions du Livre », tout au moins pour son groupe de médiévistes, et le « Centre d'histoire des sciences et des philosophies arabes et médiévales ». Or les propos qui s'échangent en ces divers lieux, les écrits qui en sortent, n'ont pas la même teneur que ce qui se disait et s'écrivait dans les années précédentes. Dans l'ensemble du monde les perspectives sur la philosophie médiévale se sont modifiées sans devenir radicalement autres. On ne comparera pas ce fait historiographique au bouleversement d'un kaléidoscope mais plutôt au changement du paysage pour qui contourne une hauteur : l'objet reste identique dans son ensemble, les aspects diffèrent de façon importante. On en aura une idée en comparant trois publications bibliographiques qui s'échelonnent sur un demi-siècle. La première date de 1939, elle est due au Père Chenu et s'intitule *Les études de philosophie médiévale ;* c'est un volume de 87 pages publié sous les auspices de l'Institut international de collaboration philosophique. La dernière l'a été sous ceux de l'Institut international de philosophie, ce sont les deux tomes qui constituent le volume 6 de *Contemporary philosophy. A new survey edited by* G. Fløistad (1990) ; ils ont à eux deux un millier de pages. Ce n'est pas tellement la différence quantitative entre ces deux publications extrêmes qui est révélatrice ; bien qu'elle ne soit pas négligeable et témoigne évidemment d'un développement de ce genre d'études elle est due aussi au fait que celle de 1939 est l'ouvrage d'un seul auteur, celle de 1990 celui d'une soixantaine. Il faut en comparer les contenus respectifs par un autre biais. Chenu introduit son travail en parlant, déjà, de renouvellement : « C'est peut-être sur le champ de la période dite du "Moyen Âge" dans le monde occidental que l'histoire de la philosophie s'est le plus renouvelée depuis une vingtaine d'années » ; non pourtant, ajoute-t-il, quant au nombre d'ouvrages mais par l'effet d'« une curiosité plus générale et une efficace estime (qui) ont provoqué vraiment une renaissance des études littéraires et doctrinales sur la pensée médiévale, longtemps coincée dans l'enseignement commun, dans ses manuels et ses programmes, entre l'Antiquité et la Renaissance » (*op. cit.* p. 3). Le recensement des publications suit globalement le cours de l'histoire, d'Augustin et Boèce à Eckhart et Nicolas de Cues. On y relève la mention de travaux qui ont fait date : ceux de A. Van de Vyver sur le haut Moyen Âge ; de Dom Lottin, J.M. Parent, H. Vicaire sur le XIIe siècle ; de M. Grabmann, I.M. Bochenski, Ét. Gilson, J. Paulus, H. Élie…, et d'autres, à qui nous devons beaucoup. Mais trois choses surtout sont à noter. D'abord, mention y est faite de plusieurs *projets* (et Chenu y insiste dans son introduction) : celui d'un *Corpus philosophorum medii aevi* conçu par l'Académie polonaise des sciences, à Cracovie ; d'un *Corpus* Averroès confié à la Mediaeval Academy of America ; d'un *Corpus platonicum medii aevi* esquissé par R. Klibansky ; enfin est notée la mise en place de la commission pour l'édition critique de l'œuvre de Duns Scot, sous la direction du Père C. Balić. Ces projets ont eu des fortunes et des cours divers, retenons-en le témoignage qu'ils portent sur la vitalité du médiévisme philosophique mondial entre les deux guerres. La deuxième chose remarquable dans ce volume est son chapitre VI, qui est consacré à la philosophie arabe : Chenu y signale notamment la *Bibliotheca arabica scholasticorum* du Père M. Bouyges, qui comptait déjà quatre volumes de Ġazālī et d'Averroès ; curieusement peut-être il ignore les travaux d'A.M. Goichon. Enfin en plusieurs endroits il est question de travaux sur la logique médiévale : ceux de M. Grabmann, I. Bochenski, R. O'Donnell, et autres, pour le XIIIe siècle (p. 45-50), et pour le XIVe ceux de K. Michalski et de H. Élie (p. 72-74).

La deuxième publication est un ouvrage collectif de 62 pages publié en 1962 sous les auspices de l'Institut international de philosophie sous un titre bilingue : *Philosophy in the Mid-Century. À Survey./La philosophie au milieu du vingtième siècle. Chroniques/ edited by/par les soins de/* Raymond Klibansky. Il comprend trois parties : « La philosophie médiévale », par l'Institut d'Études Médiévales (de Montréal) ; « La philosophie en Islam au Moyen Âge », par le père G.C. Anawati ; « Nicholas of Cues », par R. Klibansky. À la simple lecture de la page de titre on constate que la rubrique islamique se maintient ; une dizaine de pages lui sont consacrées ; on y notera seulement parmi les publications citées plusieurs travaux de M.-Th. d'Alverny sur l'Avicenne latin et de M.A. Alonso sur les traductions arabo-latines en Espagne au XIIe siècle ; cinq éditions et deux ouvrages (en arabe) de A. Badawi; quatre articles de R. Walzer. La troisième partie fait état de onze éditions ou traductions d'ouvrages du Cusain. Quant à la première, elle confirme le « développement » salué par Chenu en 1939 et permet d'en mesurer l'importance: l'*Aristoteles latinus* apparaît avec des descriptions de manuscrits, l'édition de quatre textes, et autant d'études dues à L. Minio-Paluello; de 1950 à 1956 ont paru les quatre premiers volumes du projet Duns Scot; au corpus des traductions latines d'Averroès s'inscrivent les commentaires des *Parva naturalia* et du *De anima;* à ces éditions se sont ajoutés plusieurs volumes des œuvres allemandes et latines de Maître Eckhart. Les études sur la logique et la sémantique médiévales s'enrichissent avec l'édition de la *Dialectica* d'Abélard par L.M. De Rijk et de *Scritti filosofici* du même par M. Dal Pra; celle du *De puritate artis logicae* de Walter Burleigh par Ph. Boehner; l'ouvrage (dépassé aujourd'hui) de ce dernier: *Mediaeval Logic: An Outline of its Development from 1250 to ca. 1400;* trois études de M. Dal Pra sur saint Anselme et sur Gaunilon. Enfin – pour nous en tenir là – les travaux sur l'école de Chartres se développent avec des éditions dues à N.M. Häring et des articles de E. Jeauneau.

Quant à la troisième de ces bibliographies, son volume témoigne du développement quantitatif des recherches sur la philosophie médiévale, et, on l'a dit, le nombre des collaborateurs ne suffit pas à expliquer cet accroissement. L'examen rapide que nous en proposons la prendra pour ainsi dire à mi-hauteur entre le détail très riche des références et les grandes rubriques qui, du moins dans le premier volume, ne sont pas vraiment nouvelles par rapport à celles qu'avait déterminées le Père Chenu. Dans ce volume donc trois grandes parties vont « d'Augustin à Anselme », « d'Abélard à Thomas d'Aquin et Duns Scot », « d'Eckhart et Ockham à Nicolas de Cues ». Que la deuxième comporte un chapitre sur les ermites de saint Augustin (E. Ypma), un autre sur Raymond Lulle et le lullisme (C. Lohr), atteste simplement un affinement de la recherche dû sans doute à l'accroissement du nombre des chercheurs. Mais la troisième partie offre des domaines inédits, ou à peine effleurés ou pressentis dans les périodes précédentes: ceux des « calculateurs d'Oxford » (J. Coleman, J. Sarnowsky), de l'école scientifique de Paris au XIVe siècle (E. Grand, J. Murdoch, J. Zupko), Thémon Juif (H. Hugonnard-Roche), Jean de Ripa (P. Vignaux), la tendance philosophique du Moyen Âge polonais (S. Swiezawski, L. Kuczynski), la renaissance du XIIIe siècle en Italie (E. Kessler): auteurs tirés de la pénombre, champs dont le défrichement s'intensifie. Quant au second volume, les thèmes qu'il aborde ne vont pas seulement à préciser des variétés comme le font les deux premières parties du premier: la nouveauté de certaines rubriques, le développement et le raffinement de certaines autres, ne font pas moins qu'enregistrer un changement de structure dans le système du médiévisme philosophique. Ce volume considère successivement la philosophie dans l'Empire byzantin (grecque, de 415 à 750: J.M. Hornus, L. Benakis,

L. Couloubaritsis; byzantine: K. Oelher); les philosophies islamique (G. Endress) et juive (G. Vajda, J.A. Buijs); le soufisme (A. Schimmel); les traductions latines (G. Verbeke: l'Aristote latin; S. van Riet: traductions latines de textes philosophiques arabes); le langage, la logique et la science (la grammaire: J. Pinborg, I. Rosier; la logique: J.A. Trentman; la recherche sur les débuts de la logique médiévale: C.J. Martin); la théorie politique (J. Miethke); la philosophie médiévale au Japon (R.B. Iganaki) [1]; les études relatives aux femmes (dans la tradition chrétienne: K.E. Borresen; dans les cultures musulmanes du VIIe au XVe siècles: K. Vogt).

À rassembler les données fournies par les numéros successifs du *Bulletin de philosophie médiévale*, l'organe annuel de la Société internationale pour l'étude de la philosophie médiévale (SIEPM), on constate que des centres de recherche en cette matière existent dans seize pays: Allemagne, Argentine, Belgique, Canada, Danemark, États-Unis, France, Grande-Bretagne, Irlande, Italie, Japon, Pays-Bas, Pologne, Portugal, République tchèque, Venezuela. Bien entendu, ces centres ne sont pas autant d'îles (ou d'îlots), et depuis une quarantaine d'années les relations internationales entre les spécialistes de la philosophie médiévale sont nombreuses et actives. Ainsi la SIEPM organise des colloques réguliers; trisannuels, puis quinquennaux, ils sont depuis peu accompagnés de congrès annuels moins importants. En 1989 le Centre d'études Ibn Rochd de l'Université Sidi Mohamed ibn Abdallah, à Fès, a organisé un premier symposium international consacré à Averroès, deux autres se sont tenus depuis lors, aux États-Unis et au Maroc. Tous les deux ou trois ans se tient, à chaque fois dans un pays différent, un « European Symposium for Medieval Logic and Semantic ». – Notons cette dernière rubrique; si par rapport aux recensions de M.-D. Chenu et R. Klibansky elle n'est pas nouvelle, elle s'est du moins développée d'une façon très importante. Elle est aussi un exemple frappant de ce que le médiévisme philosophique a d'international non seulement dans ses traditions mais dans ses nouveautés; non seulement dans ses institutions mais dans ses spontanéités; il est remarquable que la nouvelle crue de cet intérêt ait été marquée en son début par la parution quasi simultanée, dans trois pays différents, de trois ouvrages relevant de l'histoire de la logique médiévale: l'édition de la *Dialectica* d'Abélard par L.M. De Rijk, en 1966; *The Logic of Saint Anselm,* de D.P. Henry, en 1967 [2]; *Arts du langage et théologie chez Abélard,* de J. Jolivet, en 1969. On pourra suivre l'histoire ultérieure de ce chantier de recherche dans les livraisons successives du *Bulletin de philosophie médiévale;* dans le *Bulletin de logique médiévale* que publie Alain de Libera dans la *Revue des sciences philosophiques et théologiques;* dans la

1. La présence de chercheurs en philosophie médiévale est chose nouvelle au Japon; les plus anciens des titres recensés remontent aux années cinquante.

2. Le même auteur avait publié en 1964 *The* De Grammatico *of Saint Anselm: the Theory of Paronymy,* où il transposait la formulation de cet ouvrage dans celle de S. Lesniewski.

série de la revue *Vivarium* fondée par L.M. De Rijk en 1963; dans la collection « Artistarium. A Series on Medieval Logic, Grammar and Semantics » (Nimègue); dans les *Cahiers de l'Institut du Moyen Âge Grec et Latin* (Copenhague). De nombreuses données sur ce courant et notamment sur son développement en Europe du Nord sont fournies par Sten Ebbesen dans son substantiel chapitre: « Doing philosophy the sophismatic way. The Copenhagen School, with notes on the Dutch School » [1]. Le rapprochement se propose tout naturellement avec le développement de la philosophie dite analytique dans les pays anglo-saxons, mais ce serait une erreur d'y associer globalement les médiévistes impliqués dans ces travaux: certains se rattachent à ce courant philosophique, d'autres flirtent avec lui, d'autres pas du tout; leur trait commun à tous est d'étudier tout particulièrement l'histoire du *trivium*, sa place et son rôle dans la culture et les spéculations des philosophes et des théologiens médiévaux. La philosophie analytique et ce courant historiographique sont deux aspects différents d'un intérêt particulier pour le langage dans la philosophie en ces dernières décennies. C'est pourquoi ce qui est nouveau n'est pas tant ce courant mais l'importance qu'il a maintenant dans le médiévisme philosophique international.

On ne peut résumer tous les foisonnements ainsi évoqués. Essayons pour finir d'esquisser un tableau de ce qui se passe en France [2] durant les présentes années. Même en se limitant au plus récent et au plus visible c'est une tâche impossible à la rigueur, car le chantier est très fréquenté. Tâche imprudente donc, et si, comme il peut bien se faire, le lecteur y décèle des oublis, le responsable n'en sera pas quelque mauvais vouloir de ma part, mais probablement le lutin Titivillus qui sorti du Moyen Âge aura fourvoyé non ma voix, mais ma mémoire et ma plume. Cette précaution prise suivons simplement les rubriques des volumes de G. Fløistad en associant à chacune, quand ce sera possible, un ou plusieurs noms. Pour la première – Jean Scot – ce sera évidemment celui d'Édouard Jeauneau, qui a complété et repris à neuf l'édition Sheldon-Williams du *Periphiseon;* et tout récemment (1995) Francis Bertin a publié une traduction annotée de cette grande œuvre; pour le XIe siècle, sur lequel André Cantin avait commencé des recherches dont on attend impatiemment la suite, on citera les travaux sur saint Anselme de Coloman Viola, de Paul Gilbert, d'Alain Galonnier qui notamment collabore à la traduction des œuvres complètes dirigée par le Père Michel Corbin. XIIe siècle:

1. *Gli studi di filosofia medievale fra otto e novecento. Contributo a un bilancio storiografico, op. cit.*, p. 331-361.

2. Pour qui souhaite connaître l'état de la recherche dans les divers pays, les listes et chroniques du *Bulletin de philosophie médiévale* de Louvain-la-Neuve sont un instrument indispensable; je ne peux même pas tenter d'en résumer la substance. Quant à l'état de la recherche dans ceux où l'on parle le français – Belgique, Canada, Suisse notamment – je craindrais, les données dont je dispose étant fragmentaires, d'en donner une idée insuffisante et donc injuste.

Édouard Jeauneau a longtemps travaillé sur l'école de Chartres (*Lectio philosophorum,* 1973) ; Emmanuel Martineau a donné l'édition, avec une profonde analyse, du *De unitate Dei et pluralitate creaturarum* d'Achard de Saint-Victor (1987) ; de Hugues de Saint-Victor, Michel Lemoine a traduit et annoté le *Didascalicon* (1991). Les grands noms du XIIIe siècle figureront à notre catalogue : après les travaux déjà anciens de Francis Ruello sur Albert le Grand et Thomas d'Aquin on citera ceux du Père Édouard Wéber, sur Thomas et Bonaventure principalement (dernier ouvrage paru : *La personne humaine au XIIIe siècle,* 1991) ; Marc Ozilou traduit Bonaventure (*Les six jours de la création,* 1991) ; on nommera encore Bruno Pinchard, Christian Trottmann, Jean-Luc Solère… Les études scotistes sont brillamment servies par Olivier Boulnois (*Sur la connaissance de Dieu et l'univocité de l'étant,* 1988) et Gérard Sondag, cependant que Armand Llinarès consacre à Raymond Lulle un travail considérable. Albert le Grand, Maître Eckhart, les mystiques rhénans, forment un ensemble doctrinal auquel Alain de Libera a consacré plusieurs travaux (*Albert le Grand et la philosophie,* 1990 ; *La mystique rhénane. D'Albert le Grand à Maître Eckhart,* 2e éd., 1994). Au carrefour de la philosophie et de l'histoire des sciences on rencontre Guy Beaujouan, Danièle Jacquart, Max Lejbowicz. Le XIVe siècle est un point d'accumulation ; sans revenir sur Duns Scot et Eckhart il faut citer l'énorme travail sur Jean de Ripa, commencé par André Combes et continué par Francis Ruello (*La théologie naturelle de Jean de Ripa,* 1992) ; de nombreuses publications sont consacrées aux nominalistes : celles de Joël Biard (*Logique et théorie du signe au XIVe siècle,* 1989 ; traductions de la *Somme de logique* de Guillaume d'Ockham, des *Sophismes* de Jean Buridan), celles de Pierre Alféri (*Guillaume d'Ockham. Le singulier,* 1989), de Cyrille Michon (*Nominalisme. La théorie de la signification d'Occam,* 1994), d'Elizabeth Karger. L'ouvrage de Jean-François Genest, *Prédestination et liberté créée à Oxford au XIVe siècle Buckingham contre Bradwardine* (1992), analyse un débat singulièrement abstrus mais capital. Zenon Kaluza vient de publier un fondamental *Nicolas d'Autrécourt, ami de la vérité* (tome XLII, I de l'*Histoire littéraire de la France,* 1995), après avoir étudié, entre bien d'autres choses, *Les querelles doctrinales à Paris. Nominalistes et réalistes aux confins des XIVe et XVe siècles* (1988). Après les travaux de Henry Corbin et de Roger Arnaldez, l'histoire de la philosophie arabe compte ceux de Ahmad Hasnawi sur la philosophie grecque en arabe et sur Avicenne, de Abdelali Elamrani-Jamal sur Averroès, de Dominique Urvoy sur Averroès et sur la philosophie et la théologie en Andalus ; à cheval sur cette rubrique et certaines des précédentes, on citera les études de Jean Jolivet sur Kindī, sur Gilbert de la Porrée, et le recueil intitulé *Philosophie médiévale arabe et latine* (1995). Pour la philosophie juive, il faut citer Charles Touati (*Prophètes, talmudistes, philosophes,* 1990), Maurice-Ruben Hayoun (*La Philosophie et la Théologie de Moïse de Narbonne,* 1989 ; *Exégèse philosophique dans le judaïsme médiéval,* 1992), Colette Sirat

(*La philosophie juive,* 1988) ; les travaux de Gilbert Dahan sur les relations entre juifs et chrétiens ; le même a dirigé un volume consacré à *Gersonide en son temps. Science et philosophie médiévales* (1991), et Gad Freudenthal un autre sur le même auteur (*Studies on Gersonides,* 1992). Les arts du *trivium* ont fait l'objet de nombreuses publications ; on en aura noté à ce sujet telle ou telle dans la sommaire revue chronologique qui précède, on peut y ajouter les *Études de philosophie médiévale : Abélard. Doctrines du langage,* de Jean Jolivet (1987). Sur la logique en particulier renvoyons aux bulletins spécialisés d'Alain de Libera dans la *Revue des sciences philosophiques et théologiques,* déjà cités ; sur la grammaire, on retiendra l'étude d'Irène Rosier sur les *modistae* (*La grammaire spéculative des modistes,* 1983) et son ouvrage pionnier : *La parole comme acte. Sur la grammaire et la sémantique au* XIIIe *siècle* (1994). À la rubrique de la philosophie politique, citons Jeannine Quillet (*La philosophie politique du Songe du Vergier,* 1977) ; à celle des « Women's studies », le livre d'Émilie Zum Brunn et Georgette Épinay-Burgard : *Femmes troubadours de Dieu* (1989).

Tels sont donc, très généralement et sommairement présentés, les travaux auxquels se livrent les chercheurs français en histoire de la philosophie médiévale. Certes la situation s'est améliorée depuis, disons, un demi-siècle ; dans le monde des philosophes, la philosophie médiévale et son histoire sont sorties de la marginalité. C'est ce dont paraît témoigner un numéro récent (1992) de la revue *Le Débat* sur le thème de « La philosophie qui vient ». On peut y lire un article d'Alain de Libera intitulé « Retour de la philosophie médiévale ? ». Ce point d'interrogation peut s'interpréter en plusieurs sens : ou il exprime une modeste prudence, assez sûre d'elle toutefois ; ou bien il est là pour conjurer le mauvais sort ; de toute façon il marque une contingence dont l'avenir révèlera l'inflexion encore secrète. Qu'en est-il, pour autant qu'on puisse lire dans l'indéterminé ? Une constatation toute empirique est encourageante : le nombre de traductions d'œuvres philosophiques médiévales qui paraissent en éditions de poche pourrait être un bon signe quant au présent, et quant au futur du fait qu'elles peuvent ainsi atteindre des lecteurs nombreux et jeunes. D'autre part, considérés en tant que groupe dans la recherche française, les médiévistes philosophes font bonne figure. On les voit à l'œuvre dans la plupart des chantiers énumérés plus haut [1]. Sans doute les souhaiterait-on

1. Ils sont bien entendu de tous les colloques internationaux, qu'on ne peut énumérer. Pour ceux qui ont été organisés en France, et sans remonter plus haut que dans le tableau esquissé ici, on notera seulement celui qui s'est tenu en 1985 à Poitiers, le centre français des études médiévales, sur Gilbert de Poitiers (précisément ; c'est Gilbert de la Porrée) et la logique au XIIe siècle ; un sur Gersonide, à Paris, en 1991 ; deux à Paris, en 1990, respectivement sur Albert de Saxe et Nicole Oresme ; deux sur la philosophie et les sciences arabo-islamiques, en 1989 et 1993, à Paris, aussi ; en 1995, deux colloques sur le Père Chenu, médiéviste, l'un à L'Arbresle, l'autre à Paris,.

plus nombreux[1] dans ceux des XIe et XIIe siècles et, symétriquement, de la dernière partie du Moyen Âge; dans ceux des philosophies arabe et juive, et encore dans celui de la byzantine. Mais sur ce dernier point un mouvement s'amorce: elle a bonne place dans l'histoire de la philosophie médiévale qu'Alain de Libera a publiée en 1993, et au moment où j'écris elle est le sujet d'un ouvrage collectif en préparation. On peut donc dire que d'un premier point de vue le médiévisme philosophique en France « revient de loin ». Toutefois si l'on regarde au-delà des frontières on est moins satisfait. Le nombre des spécialistes, des chaires professorales bien entendu, des centres de recherche, y est moindre, absolument ou relativement, que dans la plupart des pays dont on a dressé plus haut la liste. Dans le *Bulletin de philosophie médiévale* de 1994, Claudio Leonardi se réjouissait « du grand nombre de bonnes éditions qui sont parues au cours des quatre dernières années » (p. 9); il énumérait les séries en cours de publication des œuvres d'Albert le Grand, de Gilles de Rome, de Raymond Lulle, de Maître Eckhart, de Guillaume d'Ockham, de Nicolas de Cues; l'*Avicenna latinus,* et bien entendu l'édition léonine de Thomas d'Aquin. Or cette dernière est la seule dans laquelle la France soit impliquée: par un concours institutionnel. Les autres sont publiées en Allemagne, en Belgique, aux États-Unis, en Italie... L'édition du *Commentaire des Sentences* commencée par André Combes il y a une trentaine d'années est, pour des raisons diverses, arrêtée; les publications savantes d'œuvres isolées, dont le sort est plus aléatoire que celui des séries programmées, se font rares. Tout cela est inquiétant. Les causes de cette situation sont matérielles: les insuffisances numériques qu'on observait plus haut sont dues à celles des soutiens financiers publics ou privés. Or ces soutiens sont faibles dans la mesure où le médiévisme philosophique n'est pas encore assez bien implanté et considéré dans la culture contemporaine et l'Université. C'est là une application du principe de l'action réciproque, comme le fait que les deux grands instituts fondés par des médiévistes français – Chenu, Gilson – l'ont été au Canada; et le « Centre de recherches... » de Maurice de Gandillac n'existe plus. La crise d'il y a un siècle n'est donc pas encore surmontée. En somme, le médiévisme philosophique en France marche d'un bon pas mais il n'a pas les meilleurs souliers, il s'en faut de beaucoup. Jusqu'où ira-t-il? Cela reste caché dans l'avenir culturel et politique.

1. Au-delà des situations locales on ne peut que s'associer aux cinq vœux exprimés par J.A. Aersten à la fin de son article cité *supra,* n. 1, qui valent pour la recherche globale en histoire de la philosophie médiévale: étudier plus précisément les relations entre les doctrines et les problèmes concrets qui se posaient à chaque époque (en science, en politique, notamment); reprendre à nouveaux frais l'interprétation de la pensée de Thomas d'Aquin, dans la ligne du Père Chenu; dégager une vue synthétique de la logique médiévale et de son application aux problèmes philosophiques et théologiques; étudier systématiquement les œuvres des maîtres ès arts; poursuivre et développer les programmes d'éditions critiques.

Chapitre IV

M.-D. CHENU, MÉDIÉVISTE ET THÉOLOGIEN *

Des trois grands qui dès avant la guerre ont redonné de l'espace, en France, à l'étude de la philosophie médiévale, Étienne Gilson l'a décrite dans son ampleur entière tout en expliquant que l'essentiel s'en concentrait en un seul génie – conception qui fait si frugal l'*index nominum* de son *Esprit de la philosophie médiévale* au regard de ceux de ses deux grandes Histoires, la française et l'anglaise. Selon une méthode et dans un style bien différents des siens, Paul Vignaux a montré comment cette période qu'Auguste Comte avait déclarée « organique » foisonnait en une « diversité rebelle », selon la formule même de Vignaux, à toute tentative de la réduire à un ordre doctrinal simple. Le Père Chenu nous a rappelé, faut-il même dire appris, que tous ces maîtres en métaphysique, en théologie, existaient de façons diverses, avaient chacun sa vie spirituelle et que pour arriver à la porte de leur école il fallait passer par l'hôtel de ville et traverser la place du marché. Il n'y a pas d'action humaine, fût-elle au sommet de l'intellectualité, qui ne soit dans une situation, comme l'avaient déjà vu les médiévaux. Chenu le signale dans un des textes qui constituent sa *Théologie de la matière* (1967 ; ce texte est de 1960) : « le mot intraduisible *situalis* est employé par saint Thomas en étroite liaison avec *corporalis,* pour déterminer les conditions irréductibles de l'agir humain, de l'agir social en particulier, par opposition à l'agir d'un pur esprit » [1]. L'idée se lit dès 1937 dans son livre fondateur (et, en un sens, révolutionnaire, s'il est vrai qu'une révolution s'authentifie comme telle par les réactions qu'elle suscite) ; on y trouve ceci : la doctrine de saint Thomas « si haute et si abstraite soit-elle, n'est pas un absolu, indépendant du temps qui l'a vue naître et des siècles qui l'ont nourrie : conditionnement terrestre de l'esprit, par où les contingences historiques et l'accident humain s'insinuent et s'inscrivent

* « M.-D. Chenu, médiéviste et théologien », initialement publié dans la *Revue des Sciences Philosophiques et Théologiques*, n° 3-1997, p. 381-394.

1. M.-D. Chenu, *Théologie de la matière, op. cit.*, p. 32.

jusque dans la plus spirituelle pensée, et nuancent d'un discret relativisme l'armature des systèmes les plus cohérents et les plus unifiés »[1]. Plus haut Chenu avait rappelé que « à la corporation du métier répond, sur le plan intellectuel, l'université » (*op. cit.*, p. 96), et replongé l'institution des Ordres mendiants dans son « milieu connaturel » fait d'« effervescence sociale, culturelle, spirituelle » (*ibid.*). Et encore, à un niveau plus spécial, il a décrit la correspondance entre l'apparition d'une nouvelle science dominante dans la culture d'une époque et la constitution d'une nouvelle figure de la théologie (*op. cit.*, p. 117-118). Mais ces textes sont évidemment l'expression d'une pratique historienne antérieure ; on peut la saisir aussi bien dans un article de 1923 recueilli dans *La Foi dans l'intelligence* (1964), où Chenu envisage de « reconstituer le milieu intellectuel et les cadres doctrinaux dans lesquels se sont développées la théologie de saint Thomas *et sa personnalité même* (je souligne) : ce sera le commentaire historique de la *Somme théologique* (et du *Commentaire des Sentences*), que jadis le Père Denifle rêvait de composer » (*op. cit.*, p. 49-50). On pourrait remonter encore à l'époque évoquée par les Pères Dubarle, Féret, Congar, dans l'*Hommage différé au Père Chenu* (1990) : on y lira par exemple l'allusion du Père Féret au « besoin », chez Chenu, « de rejoindre les sources humaines et concrètes, et comme l'humus nourricier, des grandes synthèses doctrinales du XIIIe siècle » (*op. cit.*, p. 219). Et dans le « Post-scriptum » de 1985 qui clôt la nouvelle édition de *Une école de théologie* le maître lui-même note que dès le début « (ses) recherches historiques se conjuguaient, par une coïncidence significative, avec l'historiographie nouvelle, dégagée de l'histoire des grands hommes, penchée sur la vie quotidienne, les sensibilités élémentaires, les mentalités, l'anonymat des masses, l'oralité des récits, bref de la foi vécue, et pas seulement de la foi enseignée » (*op. cit.*, p. 176). Cette « historiographie nouvelle » est bien entendu celle des *Annales* de Lucien Febvre et Marc Bloch, dont le Père Chenu dit quelque part qu'il fut l'un des premiers abonnés[2].

Cette conception d'ensemble, cette symbiose, comme nous le verrons, entre histoire et théologie (et une théologie, nous le verrons aussi, totale), se réitère et se précise tout au long de l'œuvre médiéviste du Père Chenu. La « Présentation » de l'*Introduction à l'étude de saint Thomas d'Aquin*[3] évoque la nouveauté de la méthode appliquée dans cet ouvrage (« on le croit original au milieu des excellentes introductions ») et rappelle discrètement « l'animation orale et les expériences *spirituelles* (je souligne) ou textuelles qui soutenaient

1. M.-D. Chenu, *Une école de théologie : le Saulchoir*, 2e éd., 1985, p. 125-126.

2. *Un théologien en liberté. Jacques Duquesne interroge le Père Chenu*, Paris, Éd. du Centurion, 1975, p. 51.

3. M.-D. Chenu, *Introduction à l'étude de saint Thomas d'Aquin, Présentation*, (1950 ; réédition à l'identique en 1954), Paris, Vrin, 1993, p. 5-6.

constamment » l'enseignement dont il est sorti [1]. « Tout l'ouvrage », écrit ensuite Chenu, « est bâti sur la conviction que sont étroitement solidaires, dans leur comportement et dans leur vérité, et donc dans l'intelligence que nous en pouvons avoir, les œuvres d'un génie et l'humanité dans laquelle ces œuvres se plantèrent et portent fruit, au-delà de cette humanité même » ; les conditions de l'élaboration de l'œuvre, ajoute-t-il, « sont une efficace voie d'accès à cette vérité » (la vérité de l'esprit) « dans l'homogénéité de l'histoire comme dans l'éternité du vrai » [2]. L'histoire, dirions-nous, entièrement assumée n'en est pas moins surplombée: ainsi se précise sans se renier le « discret relativisme » suggéré dans *Une école de théologie.* Relevons encore dans cette « Présentation » trois lignes dont il faut apprécier toute la substance: « Nous avons confiance que, chapitre par chapitre, le lecteur sentira croître en lui la perception de la vie intérieure de saint Thomas, à mesure qu'il découvrira en sous-œuvre les composantes sociales de sa pensée, de son travail, de ses sources, de ses méthodes » [3]. Cette dialectique de l'intérieur et de l'extérieur – car le « travail » va de l'intérieur vers l'extérieur, le « social » – est de celles qui caractérisent les perceptions historiques de Chenu, comme celle de l'intellect et de la spiritualité ; il écrit quelques lignes plus bas : « Un commentaire d'Aristote, un commentaire de la Bible, un quodlibet, une somme ne sont pas des réceptacles amorphes à l'usage indifférent d'une pensée pure : ils ont, avec leurs lois, leur comportement spirituel » (*ibid.*) – Quant au corps du livre, on sait comment il est agencé. Il a deux parties : « L'œuvre », « Les œuvres ». La première commence par présenter « l'œuvre dans son milieu », et c'est le plus long des douze chapitres que compte au total l'ouvrage ; puis viennent les genres littéraires représentés dans les œuvres de Thomas d'Aquin, leur langue et leur vocabulaire, les procédés de documentation, les procédés de construction. La deuxième partie consacre trois chapitres aux commentaires d'Aristote et de Denys, de la Bible, de Pierre Lombard et de Boèce ; puis un chapitre, respectivement, aux questions disputées, à la *Somme contre les Gentils,* à la *Somme théologique,* aux opuscules. À la fin de la première partie Chenu rappelle que l'esprit qui rend « intemporelles et permanentes » telle philosophie, telle théologie, ne peut être atteint qu'à travers les « éléments systématiques » qui sont, eux, « solidaires de leurs sources et de leurs contextes historiques ». « Le temps », poursuit-il, « n'est donc pas extérieur à la pensée », et il met en garde contre « la tentation de définir l'essence du thomisme par des formules indépendantes des œuvres et contingences où elle s'est exprimée » (*op. cit.*, p. 169). On reconnaît ici le parti et le programme exposés dans *Une école de théologie.* On ne peut donc comprendre le thomisme sans s'attacher à lire S. Thomas dans sa lettre, car de cette lettre le sens est inséparable. Ce livre est

1. *Ibid.*, p. 5.
2. M.-D. Chenu, *Introduction à l'étude de saint Thomas d'Aquin*, *op. cit.*, p. 6.
3. *Ibid.*

bien une introduction: l'ayant lu, on n'a plus qu'à étudier le corpus, et l'on aura remarqué qu'aucun chapitre n'est consacré expressément à des points de la doctrine; celle-ci n'apparaît qu'allusivement et de façon dispersée. Pour bien saisir ce qu'a construit S. Thomas, nous dit en somme Chenu, il faut visiter d'abord son atelier, sa carrière, examiner la forme de ses outils.

La Théologie comme science au XIIIᵉ siècle traite dans ses trois états successifs (1927, 1942, 1957) d'un problème très spécial et très central à la fois puisqu'il s'agit là de la nature de la théologie; on y suit le cheminement d'une analyse ardue appliquée au contenu d'une ample érudition. Quant à notre objet présent, qui est la méthodologie historique de Chenu, on dirait peut-être mieux sa stratégie historique, nous pouvons en retenir deux ou trois points. D'abord une vue cavalière du travail de la théologie aux XIIᵉ et XIIIᵉ siècles, qui passe de la dialectique, qui est « une technique d'élaboration verbale et conceptuelle », à une « philosophie de l'esprit » qui « comporte une connaissance du monde et de l'homme »[1]. Si l'on remonte à la renaissance carolingienne, on voit régner successivement sur les méthodes d'élaboration théologique la grammaire, puis la dialectique telle qu'y était encore réduit Abélard, puis la *logica nova,* enfin la philosophie d'Aristote[2] . Celle-ci fournit un contenu philosophique et scientifique très mal connu jusqu'alors, sinon inconnu, et elle figure à ce titre parmi les « facteurs nouveaux » agissant sur l'histoire de la théologie. Trois autres de ces facteurs ressortissent aux rapports sociaux spécifiques au monde de l'école: ce sont les développements et les diversifications des institutions et des programmes universitaires; la technique des *quaestiones,* qui revient à poser des problèmes spéculatifs extra-scripturaires; la pratique de la *sententia* magistrale[3]. Si tous ces faits caractéristiques de la sphère intellectuelle profane ont une importance théologique, c'est qu'à chacune de ses époques, la théologie, comme nous l'avons vu, est « solidaire des voies et moyens des pédagogies textuelles de la culture contemporaine » et tout spécialement de celles qui concernent le langage. En effet « la parole de Dieu s'est exprimée en langage humain » et cette « écriture divine » est « à la base de la théologie » (« à base de texte »: tel est le premier sous-titre du chapitre premier). Cette écriture divine donc doit être interprétée au moyen des techniques qu'on applique au langage humain[4]. Ainsi la méthode historique qu'a définie et pratiquée Chenu est fondée en dernière analyse sur le fait et le mode mêmes de la révélation; la nature de toute théologie, qui est de reposer sur des textes, fait le moyen terme entre cette méthode et le parti pris par Dieu de se faire connaître à travers les langages des hommes.

1. M.-D. Chenu, *La Théologie comme science au XIIIᵉ siècle*, 3ᵉ éd., Paris, Vrin, 1975, p. 18.
2. *Ibid.*, p. 18-21.
3. *Ibid.*, p. 22-26.
4. *Ibid.*, p. 16.

La Théologie au douzième siècle est un recueil de dix-huit textes dont onze étaient inédits à la date de parution (1957) ; les sept autres s'échelonnent de 1925 à 1954, dont cinq de 1951 à 1954. On peut donc considérer que le contenu de ce livre date des années cinquante tout comme l'*Introduction à l'étude de saint Thomas d'Aquin* et la troisième édition de *La Théologie comme science au XIII*ᵉ *siècle.* De ces trois ouvrages contemporains, les deux derniers cités analysent des constructions théoriques en les rapportant à leurs instruments et environnements au sein même de leur propre sphère ; le troisième étend et approfondit l'examen en le portant sur les conditions historiques et sociales. Son « Avant-propos » formule une prise de position méthodologique : « L'histoire, croyons-nous, doit atteindre les sous-sols des textes, des controverses, des systèmes, des génies eux-mêmes, s'il est vrai que le génie est celui dont les paroles ont plus de sens qu'il ne pouvait leur en donner lui-même »[1]. Ce non-dit, cet impensé se révèle au chercheur qui s'ingénie à « dégager les méthodes, et sous les méthodes enseignées, les mentalités implicites, qui, au-delà des systèmes et des controverses, déterminent l'évolution » du XIIᵉ siècle[2]. L'historien a donc « l'ambition de saisir les corps sociaux eux-mêmes, les conditions de leur fonctionnement, mental ou institutionnel »[3], car l'histoire proprement intellectuelle et l'histoire des institutions sont « étroitement solidaires »[4]. Le programme est donc d'interpréter les faits et les textes « par une recherche passionnée des liaisons internes, des apparentements à demi conscients, des déterminismes institutionnels ou spirituels »[5]. Certes la moitié ou presque de ces textes traitent de niveaux très techniques de la vie mentale, par exemple les chapitres où sont étudiés les rapports de la grammaire et de la théologie au XIIᵉ siècle, « L'Ancien Testament dans la théologie médiévale », ou encore « L'éveil métaphysique » ; on pourrait en citer d'autres. Mais dans la première partie (intitulée pourtant « la première scolastique »), plusieurs chapitres analysent la perception de la nature et la perception de l'histoire au XIIᵉ siècle et leurs divers rapports. Ce sont les chapitres I (« La nature et l'homme. La Renaissance du XIIᵉ siècle »), II (« Cur homo ? Le sous-sol d'une controverse »), III (« Conscience de l'histoire et théologie ») et VII (« La mentalité symbolique »). Je relève notamment dans le premier l'énumération des techniques qui se développent ou apparaissent à cette époque et une conclusion qui relance l'analyse : « Dans cet univers mécanique, l'homme sort de l'empirisme confus, dépersonnalise son action, devient sensible à la densité objective et à l'articulation des choses sous la domination des lois naturelles »[6]. Le troisième évoque entre

1. M.-D. Chenu, *La Théologie comme science, op. cit.*, p. 11.
2. *Ibid.*, p. 11.
3. *Ibid.*, p. 12.
4. *Ibid.*
5. *Ibid.*, p. 14.
6. *Ibid.*, p. 47-48.

autres choses une façon nouvelle de percevoir les divisions du temps, largement mise en rapport avec les circonstances historiques et politiques. Ces deux thèmes de la nature et de l'histoire reviennent ensemble dans le chapitre sur la mentalité symbolique (et son titre ne le laissait pas prévoir). La seconde partie (« Réveil évangélique et science théologique ») a dans ses neuf chapitres quatre textes qui portent sur des structures sociales. Les deux premiers (chapitres X et XI) s'intitulent respectivement « Moines, clercs, laïcs. Au carrefour de la vie évangélique » et « Le réveil évangélique ». Ces formules sont assez explicites pour ne pas demander de commentaire – sinon, car on y reviendra, qu'elles insistent sur les rapports étroits entre une certaine forme, une certaine allure de la théologie et « les contextes apostoliques et sociaux », selon le premier sous-titre du second des chapitres évoqués. Deux autres étudient la structure sociale des écoles dans son rapport à la science théologique, par le biais de « l'avènement des maîtres » (premier sous-titre du chapitre XV) et de leur activité spécifique. Il serait intéressant de comparer le détail de ces chapitres avec l'*Introduction à l'étude de saint Thomas d'Aquin* et notamment avec sa seconde partie, intitulée, on s'en souvient, « Les œuvres », qui analyse les genres littéraires pratiqués par les *magistri* du XIIIe siècle.

La « Conférence Albert le Grand » de l'année 1968, publiée en 1969, pourrait être considérée comme un chapitre supplémentaire du livre que nous venons de parcourir : intitulée *L'éveil de la conscience dans la civilisation médiévale,* elle est entièrement consacrée au XIIe siècle vu à travers quelques personnages, groupes ou thèmes : Abélard, Cîteaux, Saint-Victor, le socratisme chrétien, l'amour courtois… Nous n'en retiendrons qu'un passage qui figure dans ses toutes premières pages. C'est d'abord une déclaration de principe qui fait écho à l'avant-propos de *La Théologie au douzième siècle :* elle dénonce l'insuffisance de l'histoire telle qu'elle est communément pratiquée en matière de philosophie et de théologie et qui oublie « la réalité… perçue dans sa densité concrète, capiteuse pour l'esprit… au-delà des spécifications… À la lettre, c'est une histoire *littéraire,* s'attachant aux expressions, aux concepts élaborés, laissant en marge, dans les préalables, les sensibilités spontanées, les émotions collectives, les situations psychologiques ou morales, et tout cet "imaginaire" qui ne fut ni défini ni définissable »[1]. Puis Chenu note que « s'affirment aujourd'hui… en réaction contre les cloisonnements tant doctrinaux qu'institutionnels, les requêtes et l'urgence d'un travail interdisciplinaire ». Il finit en évoquant une autorité assez peu attendue, celle d'Auguste Comte, en une longue citation qui se termine ainsi : « On ne peut connaître la véritable histoire de chaque science, c'est-à-dire la formation réelle des découvertes dont elle se compose, qu'en étudiant, d'une manière générale et directe, l'histoire de l'humanité »[2]. On pourrait encore citer d'autres textes qui se rattacheraient aisément à ces

1. M.-D. Chenu, *La Théologie au douzième siècle, op. cit.*, p. 9-10.
2. *Ibid., op. cit.*, p. 10-11.

vues de Chenu sur les conditions historiques et sociales des spéculations théologiques et même sur celles du XIIe siècle en particulier; par exemple un article intitulé *Civilisation urbaine et théologie. L'École de Saint-Victor au XIIe siècle,* paru dans *Annales. Économies, Sociétés, Civilisations* en 1974. L'immense bibliographie de Chenu en pourrait fournir bien d'autres encore. La chose qui importe est d'avoir marqué que le cap pris au Saulchoir dans les années vingt, la méthode proposée dans *Une école de théologie,* ont été fidèlement gardés pendant cinquante années et plus. Il s'agit toujours de plonger dans le milieu divers, vivant, agité d'où elles sont nées et dont elles se sont nourries les doctrines théologiques dont on se propose de faire une histoire exacte, ni au-delà ni en-deçà de leurs formulations, mais à l'intérieur de leur lettre même.

Il n'a échappé à personne, j'en suis certain, que dans ce parcours trop rapide de l'œuvre du Père Chenu j'avais laissé de côté son ouvrage préféré, dit-on, son *St Thomas d'Aquin et la théologie* publié en 1959 (l'imprimatur est de la fin de 1957). Cet ouvrage d'histoire, puisqu'il traite d'un maître du XIIIe siècle, a paru dans une collection qui a pour titre « Maîtres spirituels ». Il est pour moi comme une plaque tournante, car après avoir tenté de caractériser la méthode historiographique de Chenu, je vais tenter d'en élaborer ce que je n'oserais appeler une genèse phénoménologique, ce serait pédant et prétentieux, mais en tous cas quelque chose qui ressemblerait à une reprise par l'intérieur de son origine et de son développement. Revenons à ce *St Thomas d'Aquin.* Il n'est pas facile de caractériser ce petit livre d'une densité rare (mais de quel livre de Chenu n'en dirait-on pas autant?). Son sujet est à la fois la biographie et la pensée de S. Thomas, mais elles ne sont pas traitées dans des chapitres distincts, ou du moins il n'en est pas toujours ainsi. D'autre part, si j'ai dit *pensée* et non *doctrine,* c'est parce qu'on n'y trouve rien ou presque des grandes options thomistes en matière de métaphysique et d'épistémologie: ainsi la distinction réelle de l'essence et de l'existence n'est évoquée que par quelques mots entre tirets, au milieu d'une phrase. Rien d'étonnant à cela puisque ce n'est pas le sujet. Ce livre en somme fait pendant à l'*Introduction à l'étude de saint Thomas d'Aquin,* c'est le même parti pris de laisser apparemment des vides pour faire saillir quelque chose de moins couramment connu, qui n'en est pas moins essentiel: S. Thomas saisi, là dans son geste, ici dans son intériorité inintelligible sans son extérieur. Car le sujet, c'est l'existence historique et spirituelle de S. Thomas, les conditions concrètes qui en son milieu et en sa personne ont fondé ses démarches spirituelles et intellectuelles de théologien et de saint du XIIIe siècle; démarches dont l'allure est rigoureusement datée, mais par lesquelles il est resté un « maître spirituel ». On aura reconnu dans cette situation ce que Chenu dit ailleurs à propos des doctrines théologiques. Telle étant la perspective dans laquelle ce livre est placé, on peut s'attendre à y trouver les mêmes vues que dans ceux que nous avons rapidement survolés.

Ainsi, à propos de la vocation de prêcheur de Thomas, Chenu évoque « l'homme nouveau en train de naître » et dont sa famille, d'esprit traditionnel, n'avait pas « l'intelligence »[1] et dont il va tracer la figure en décrivant le moment historique. Citons encore, presque au hasard, les pages sur la ville comme « milieu connaturel » des frères mendiants et l'esquisse de leurs couvents, « bâtiments pauvres, occasionnels, dans les faubourgs populaires et estudiantins » (p. 13) ; la relation entre le réveil évangélique et la pauvreté (p. 15) ; ou encore, bien plus avant dans le livre, à propos de la « nouvelle chrétienté » et des « nouveaux apôtres », cette remarque de pure histoire mais où il est loisible de voir une discrète allusion autobiographique : « plus les nouvelles équipes sont libérées spirituellement et évangéliquement, plus elles s'engagent dans le monde, dans son économie, dans sa culture, dans ses aspirations et ses formations, universitaires ou autres »[2]. Toutefois, redisons-le, la sociologie encadre ici une destinée personnelle et « la spiritualité de S. Thomas, docteur de l'Église parce qu'il est maître en théologie » (p. 34). Sur ce point il faut citer particulièrement deux longs développements. Le premier se trouve dans le deuxième chapitre (« Le maître en théologie ») ; le second sous-chapitre, « Foi et théologie » (p. 33-47), y est en fait une méditation, très structurée et très dense, sur la naissance et le développement de la théologie à l'intérieur de la foi. La *fides quaerens intellectum* devient « euphorie théologale et théologique », « *sobria ebrietas* » (p. 39). Le second passage est le troisième chapitre, intitulé « le contemplatif »[3]. La contemplation y est présentée comme « un acte de la vie théologale, c'est-à-dire de la vie divine en nous participée » (p. 54) ; le deuxième sous-chapitre (« Contemplation et action ») met en rapport la contemplation, la foi évangélique, la vie apostolique (p. 58-60), et fait de la théologie un savoir indivisiblement contemplatif et actif. La suite du chapitre traite des relations entre la structure de l'âme et l'expérience mystique, du caractère objectif de la spiritualité, de la situation du contemplatif dans l'univers tel que S. Thomas en a reçu de Denys la conception et dans lequel « l'ex-stase » est « l'acte propre de cette contemplation, où *theoria* et *praxis* sont unifiées » (p. 76). C'est sans doute dans ces deux chapitres que se trouve l'accès à un acte de compréhension qui permettrait de saisir l'unité profonde de la pensée de Chenu et de son action, ou en tous cas la connexion entre sa stratégie d'historien, ses conceptions théologiques, et sa pratique. Pour y aboutir nous allons tenter de développer, en une suite de moments organiquement articulés, l'implication réciproque de diverses instances qui sont en fait des aspects de la pensée et de la vie de Chenu.

Le point de départ ne peut en être qu'historique : ce sera le *De contemplatione,* la thèse sur la contemplation présentée à l'Angelicum en 1920 ; on peut en

1. M.-D. Chenu, *Introduction à l'étude de saint Thomas d'Aquin, op. cit.*, p. 10.
2. M.-D. Chenu, *Introduction à l'étude de saint Thomas d'Aquin, op. cit.*, p. 101
3. *Ibid.*, p. 53-76.

prendre une bonne connaissance grâce à l'édition partielle qu'en a donnée G. Conticello, avec un précieux commentaire et des notes qui le sont tout autant, dans la *Revue des Sciences philosophiques et théologiques,* 75, juillet 1991, p. 363-422. Le fil directeur en est une exigence d'unification en vertu de laquelle Chenu refuse l'opposition entre la connaissance théologique et la connaissance mystique (*op. cit.,* texte latin p. 392, et *passim*). Il affirme que « la théologie, en tant que science suprême, est au plus haut point une et joint intimement, dans son habitus parfait, la certitude de la spéculation et l'expérience de l'amour profond » (*ibid.*). Surtout, du moins pour ce qui nous occupe, il pose que la vie mystique se développe pleinement « dans un acte au plus haut point intellectuel » (*in actu maxime intellectuali,* p. 383). Il rejette le dualisme entre la sagesse et la science – et ce rejet « est resté un des points fermes du thomisme du P. Chenu », note G. Conticello, qui continue ainsi : « On ne saisit pas le sens qu'il donne à la contemplation si l'on ne discerne pas qu'elle constitue l'unique champ d'intelligibilité de la lumière de la foi et de la science théologique, *speculatio* en tant que *contemplatio* » (p. 399, avec renvoi à un article de 1971). Que la théologie se développe en « continuité organique » avec la foi, cela se retrouvera dans *La théologie comme science* (p. 79-80), avec une citation de Thomas d'Aquin : *fides est quasi habitus theologiae;* et encore, p. 106 du même ouvrage : la théologie « s'équipe en discipline scientifique » parce qu'elle est « entraînée par une foi exigeante » ; « C'est l'évangélisme qui commande en renaissance chrétienne, non l'imitation de l'Antiquité ni l'utilisation de ses philosophes » (*ibid.*). C'est ce que redira presque à la lettre le *St Thomas d'Aquin et la théologie :* « la foi évangélique prend à son compte l'analyse rationnelle pour entrer en pleine intelligence et possession d'elle-même. Le prêcheur Thomas d'Aquin est fidèle à l'inspiration évangélique de Dominique en se définissant contemplatif » [1] ; noter ici la récurrence de l'idée dominante de la thèse). C'est bien pourquoi « Thomas d'Aquin est saint dans et par sa fonction de théologien » [2] ; or cela aussi reprend un passage du *De contemplatione :* « nous affirmons que l'intellectualisme de saint Thomas est suprêmement apte à faire acquérir la plénitude de la vie en union avec Dieu » [3].

Donc la thèse de 1920 et le petit livre de 1959 invitent également à une *imitation de Saint Thomas,* l'un et l'autre en le désignant comme un contemplatif, et le second, œuvre d'un théologien chez qui l'historien a mûri, en y ajoutant l'évangélisme, autre dimension de sa spiritualité. Mais si la spiritualité thomiste originaire est théologique, ou mieux, théologienne, il faudra pour imiter Thomas faire de la théologie à sa manière, c'est-à-dire, au vingtième siècle, autrement qu'à la lumière des « vingt-quatre thèses thomistes » ou de la

1. M.-D. Chenu, *Saint Thomas d'Aquin et la théologie, op. cit.*, p. 58-59.
2. *Ibid.*, p. 43.
3. *Ibid.*, p. 383.

théologie moderne en général si du moins, comme le disait en 1937 *Une école de théologie,* « le statut des disciplines théologiques sur lequel nous vivons est celui des XVIe-XVIIe siècles, non celui des Sommes médiévales »[1]. Ce même ouvrage détaille ce qu'il faut faire pour « rejoindre saint Thomas », en « retrouver l'esprit conquérant ». C'est d'abord, quant à la méthode, « retourner à la *position des problèmes* par-delà les conclusions depuis toujours acquises », « ne jamais préjuger d'une "question" au nom d'une "conclusion" »[2]. C'est aussi le considérer dans son être historique et tenter de saisir, à la source même de son invention, son « esprit en travail », « entrer dans le mouvement de sa recherche », pratiquer la lecture de son texte « à la lumière des procédés modernes de l'exégèse »[3]. Or on ne peut rien faire de tout cela si l'on ne connaît pas dans le détail les circonstances dans lesquelles cet esprit a travaillé : « Saint Thomas ne saurait entièrement s'expliquer par saint Thomas lui-même, et sa doctrine, si haute et si abstraite soit-elle, n'est pas un absolu, indépendant du temps qui l'a vue naître et des siècles qui l'ont nourrie : conditionnement terrestre de l'esprit, par où les contingences historiques et l'accident humain s'insinuent et s'inscrivent jusque dans la plus spirituelle pensée »[4]. Tel est bien le programme qu'a suivi l'*Introduction à l'étude de saint Thomas d'Aquin* pour la méthode, et le *St Thomas d'Aquin et la théologie* plus radicalement puisqu'il prend en compte la situation historique globale. Or ce dernier livre, et aussi *La Théologie au douzième siècle,* mettent fortement l'accent sur le mouvement évangélique des XIIe et XIIIe siècles au sein duquel apparaissent et auquel concourent les Ordres mendiants. Le quatrième chapitre du *St Thomas* est entièrement consacré au « héraut d'une nouvelle chrétienté ». Autant ou plus (car plus profondément) que dans son métier de professeur, le travail de Thomas prend son sens dans son engagement apostolique de frère prêcheur. Plus spécifiquement dans son cas et sa fonction, il s'agit du « dialogue » proposé par la *Somme contre les Gentils,* certes. Mais aussi bien son enseignement intègre « la passion évangélique de l'Évangile » où s'abolit « le dualisme grec de la *theoria* et de la *praxis* » ; et Chenu cite un passage de la *Question disputée sur la charité* où il lit « en filigrane une confidence de Thomas d'Aquin, résorbant pour son compte la séduction de la pure contemplation dans l'éminente action évangélique du frère prêcheur » (*op. cit.*, p. 63). *Une école de théologie,* dont le sujet principal est l'enseignement au Saulchoir sur la base des méthodes historiques, cite dès ses premières pages les Constitutions de l'ordre des Prêcheurs : *praedicantes et docentes ex abundantia et plenitudine contemplationis,* « prêchant et enseignant à partir du regorgement et de la

1. M.-D. Chenu, *Une école de théologie,... op. cit.*, p. 129.
2. *Ibid.*, p. 123.
3. *Ibid.*, p. 124-125.
4. *Ibid.*, on a déjà cité ce texte-clé.

plénitude de la contemplation »[1]. En-deçà même de ce livre des origines, c'est bien l'inspiration de la thèse de 1920 qui transparaît dans l'ensemble de l'œuvre médiéviste de Chenu. Lui-même a résumé parfaitement cela dans un texte paru en 1988 (« De la contemplation à l'engagement », *La vie spirituelle,* janv.-fév. 1988, p. 99-102). Il y évoque pour commencer l'importance de l'expérience comme « lieu théologique » alors qu'« un certain souci d'orthodoxie, au temps d'un antimodernisme sommaire », la tenait pour suspecte « jusqu'au mot ». Sa thèse de doctorat avait pour but plus ou moins conscient de formuler « scientifiquement » une « expérience intense éprouvée pendant un séjour occasionnel au couvent d'études du Saulchoir ». Puis, « amené », comme il dit, à étudier la première question de la *Somme théologique,* il y découvre une conception de la théologie qui en fait « une réfraction de la science de Dieu dans l'esprit humain opérée par une foi embranchée dans la raison » (p. 100). Puis encore un contact avec des aumôniers de la Jeunesse Ouvrière Chrétienne l'amène à se « constituer un schéma de travail établi sur la cohérence d'une doctrine et d'une praxis » – à donner donc à la théologie ses deux dimensions de « spéculative » et de « pratique », ce qu'il retrouvera, dit-il, dans l'ecclésiologie de Vatican II. La suite de ce court texte évoque sa présence « aux lieux où l'Esprit exerce sa créativité par des innovations opportunes dans le monde en mutation », et le discernement des signes des temps. Ces thèmes ressortissent plus spécifiquement à la théologie, mais on en voit bien la consonance avec les pages où Chenu évoque en historien les mutations des XIIe et XIIIe siècles aussi bien que leurs mouvements évangéliques. Attentif au monde et à ses événements, comme il le dit encore vers la fin du dernier texte cité, il ne sépare jamais la théologie et l'histoire, jusqu'à écrire – pour nous en tenir au sujet de la présente analyse – que « en quelque manière l'histoire de la théologie est intérieure à la théologie même. Une histoire parfaite de la théologie aboutirait, s'il en existait une, à une théologie de l'histoire » (*La Théologie au douzième siècle,* p. 14). Cette formule frappante n'est qu'une autre façon de reprendre, en en formulant un corollaire, celle qui dans *Une école de théologie* fonde l'histoire de la pensée médiévale telle que la pratique Chenu : « c'est la loi même de l'économie de la révélation que Dieu se manifeste par et dans l'histoire, que l'éternel s'incarne dans le temps où seulement l'esprit de l'homme le peut atteindre »[2]. – Or ce thème de l'incarnation, sur lequel Chenu revient si souvent, sous-tend toute une autre part de son œuvre : celle où il expose sa théologie de la société et du travail, qui de ce fait est consonante à sa conception de l'histoire de la pensée médiévale. Il reste à considérer rapidement cet autre versant de sa pensée pour en apercevoir plus complètement l'unité.

Dans notre parcours, la nature n'est jusqu'ici apparue que dans l'ombre de l'histoire, ainsi dans *La Théologie au douzième siècle,* quand il s'agissait de

1. M.-D. Chenu, *Une école de théologie,... op. cit.*, p. 96.
2. *Ibid.*, p. 116.

la découverte, ou redécouverte, de l'instance nature ou du personnage poétique de Dame Nature. Mais on sait bien qu'il y a un concept théologique de la nature; que par exemple le rapport de la nature à la grâce a un statut spécifique chez Thomas d'Aquin, comme le rapport de la raison à la foi ou d'Aristote à l'Évangile qui en sont connexes. Le *St Thomas d'Aquin et la théologie* rappelle que « l'ordre des natures est référence à la sagesse créatrice de Dieu » (*op. cit.*, p. 117) et consacre plusieurs pages à l'anthropologie[1]. Le point capital en est qu'elle s'oppose au platonisme sous ses diverses formes: l'homme n'est pas une âme qui habite un corps et le meut, il est « âme incarnée et corps animé »; « Esprit et matière se font exister, se constituent, se soutiennent, se déterminent l'un l'autre » (*op. cit.*, p. 122). Il n'est donc pas surprenant que la formule « dignité de la matière » figure en sous-titre dans un texte de 1960 intitulé « Situation humaine: corporalité et temporalité » et repris dans *Théologie de la matière* (1967). La matière notamment y est désignée comme la « seconde implication ontologique de l'histoire », la première étant bien entendu le temps (*op. cit.*, p. 52). Sans entrer dans le détail de ce texte et en nous souvenant simplement des vues de Chenu sur l'histoire de la pensée médiévale, nous comprendrons aisément que chez lui comme chez d'autres et d'abord chez Aristote, le terme de « matière » convienne à des niveaux différents de la réalité physique, mais aussi, plus particulièrement ici, de la réalité historique. Cette matière n'est pas cependant celle d'Aristote, simple partenaire de la forme et qui ne manifeste de propriétés qu'en tant qu'elle s'y prête, ou la contrarie (d'où les monstres), ou s'y refuse (« on ne fait pas de scie avec de la laine »). Le concept d'incarnation, dont l'origine est théologique, interdit de réserver dans la matière aucune région qui ne soit pénétrée de la « sagesse créatrice »; on pourrait dire, je pense, que si la matière telle que la conçoit Chenu à la suite de Thomas d'Aquin n'est pas celle d'Aristote, c'est à cause des premiers versets de la *Genèse*: d'origine et dès son niveau le plus humble, la matière est créature de Dieu. Pour la même raison sa conception des émergences où la matière historique provoque les constructions doctrinales diffère de celle du matérialisme dialectique: « l'explication sociale » de la démarche de saint Thomas « ne réduit en rien sa densité mystique, puisqu'au contraire elle en manifeste la très efficace incarnation »[2]. Création et incarnation sont les deux instances qui confèrent à la matière « dignité » et « spiritualité » – car le tout premier chapitre de *Théologie de la matière* a pour titre: « Spiritualité de la matière ».

Matière et travail, travail et histoire, sont des concepts associés, il suffit d'en saisir un pour se trouver dans leur circularité. L'un des chapitres de *Pour une théologie du travail* (1955; le texte en question date de 1947) intègre un

1. M.-D. Chenu, *Saint Thomas d'Aquin et la théologie*, « L'homme et la nature », sous-chapitre de *Imago mundi*, Paris, Éd. du Seuil, 1959, p. 120-125.

2. M.-D. Chenu, *Saint Thomas d'Aquin et la théologie*, « L'homme et la nature », sous-chapitre de *Imago mundi*, *op. cit.*, p. 14.

développement sur le mouvement social « qui vit la liquidation du servage, par le passage de la féodalité au régime émancipé des corporations et des communes »[1] et suit de près les développements de la démographie, des échanges, des techniques et des institutions politiques à cette même époque (p. 78-84). Dans les pages suivantes, ce modèle sert à dégager le processus de socialisation « tel qu'il apparaissait déjà dans l'exemple médiéval de l'ère des Communes » (p. 87). Il est remarquable que ce mouvement historique, si souvent évoqué à propos des nouveautés doctrinales de toute sorte aux XIIe et XIIIe siècles, réapparaisse au seuil d'analyses qui portent sur des faits contemporains – sans superposition artificielle toutefois. Il est tout aussi remarquable qu'il serve à concevoir, au moins dans une première approche, les situations des pays en voie de développement. On trouve ceci par exemple dans des notes manuscrites prises par le Père Chenu en vue d'une conférence faite au Maroc en 1959 et que le Père André Duval a bien voulu me communiquer. En voici le texte, dans sa forme elliptique :

Expérience des peuples sous dév(eloppés) évoque
× la première expérience dans Occident latin = féod(alisme) → Commune
écon(omique)
Sortir du « féod(alisme) » = étape de montée des groupes humains
polit(ique)
La « commune » a rompu le féodalisme y compris haute valeur : paternel
Ici, au Maroc.

× D'où – en developp(ement) écon(omique)
planification pas procédé + ou – artificiel imposé par des circonstances
mais loi parfaitement homogène à la nature de l'homme,
être social
dont les individus n'atteignent perf(ection)
bonh(eur)
qu'à l'intérieur d'une collectivisation besoin
valeur
conscience
concentration

Ce texte nous conduit tout droit à un dernier exemple de correspondance entre les conceptions du Père Chenu, historien de la pensée médiévale, et ses interventions dans les problèmes sociaux contemporains, et des plus aigus. Je citerai donc pour finir le chapitre VI de *Théologie de la matière*[2]. Il date de 1963 et est intitulé « Paradoxe de la pauvreté évangélique et construction du monde » (*op. cit.*, p. 105-124). C'est donc ici encore l'évangélisme qui fait le

1. M.-D. Chenu, *Pour une théologie du travail, op. cit.*, p. 78-79.
2. M.-D. Chenu, *Théologie de la matière, op. cit.*, p. 105-124.

moyen terme entre le Moyen Âge et notre époque. Cette fois, ce n'est pas l'ordre des Prêcheurs qui est évoqué, mais « l'épisode de François d'Assise, fait majeur, et à lui seul régulateur en expérience et en doctrine de la pauvreté » [1]. « Par sa pureté même », lisons-nous quelques lignes plus loin, « la fraternité franciscaine donne son sens spirituel et sa dimension évangélique à une émancipation humaine dont l'essor industriel et une économie de circulation sont les causes promotrices » [2]. Il serait trop long d'analyser ce texte ; il va dans le sens de notre propos, car il lie la référence au Moyen Âge et la théologie de la libération. Il y est question de « certains pays sous-développés » qui « eux aussi » – c'est-à-dire comme les hommes du Moyen Âge à l'époque de saint François – « franchissent un seuil d'humanisation » en passant « à l'industrialisation et à l'urbanisation ». Et Chenu évoque le Congo, l'Extrême-Orient. Vers la fin, il évoque « l'urgence des détresses humaines (qui) nous impose évangéliquement de mesurer la profondeur des mutations révolutionnaires inscrites dans les béatitudes. Ainsi parle au Concile l'archevêque de Medellín (Colombie), qui ne peut dissocier l'évangélisation de son peuple misérable de la nécessité d'une réforme agraire » [3]. J'arrête ici ce parcours à travers quelques ouvrages du Père Chenu. Il est malaisé de faire le tour entier d'une pensée dont le contenu est aussi prodigieusement riche, structurée toutefois par une quête constante de l'unité qui se manifeste en des domaines variés : unification de la théologie ; concours de la nature et de la grâce, de la foi et de la raison ; recherche des conséquences de l'incarnation et corollaires à en déduire quant au devenir de l'humanité… Je voudrais avoir au moins suggéré en quoi sa façon de faire l'histoire des doctrines médiévales est née et est restée dans le droit fil de ses conceptions théologiques.

1. M.-D. Chenu, *Théologie de la matière*, *op. cit.*, p. 109.

2. I*bid.*

3. I*bid.*p. 121.

Chapitre V

LA PERSONNALITÉ ET L'ENSEIGNEMENT DE PAUL VIGNAUX À L'EPHE *

Paul Vignaux était très attentif aux conjonctures et aux suites certaines ou probables qui s'y dessinaient; mais il lui arrivait aussi de se projeter dans un futur indéfini; ainsi disait-il: « Il y avait deux Vignaux; l'un et l'autre s'appelait Paul ». L'un et l'autre, donc, le syndicaliste et le philosophe médiéviste, sont évoqués dans le présent colloque, à de hauts niveaux de qualification théorique et pratique. Si j'ai la joie mélancolique d'y participer, c'est parce que diverses circonstances m'ont fait proche des deux personnages à de certains moments. Sauf erreur je suis le seul intervenant qui ait été dans ce cas et l'on attend sans doute de moi quelques éléments de témoignage, plutôt que des considérations synthétiques. La tâche est assez facile en soi, elle demande cependant que je réduise au simple nécessaire les inévitables allusions autobiographiques.

En 1949 probablement, en tous cas à la fin de mes études, je lisais, de Paul Vignaux, un petit livre alors tout récent (1948) que son auteur reprendrait et augmenterait en 1958 sous un titre un peu différent: *La pensée au Moyen Âge* deviendra alors *Philosophie au Moyen Âge;* ce second état sera lui-même repris en 1987 – l'année même du décès de son auteur – augmenté d'une « Introduction nouvelle » et d'une suite: *Lire Duns Scot aujourd'hui.* À la page 64 de l'ouvrage de 1948, donc, Vignaux, ayant cité quelques logiciens médiévaux, écrivait ceci: « Malheureusement, ces auteurs ne sont pour nous guère plus que des noms; depuis Prantl, au siècle dernier, aucun chercheur n'a été tenté par la tâche ingrate d'inventorier leur œuvre. Il y aurait cependant à saisir une tradition logique »; et un peu plus bas sur la même page: « Ces matières logico-grammaticales, à peine explorées, forment l'infrastructure des grandes constructions spéculatives, dont, mieux connues, elles expliqueraient sans doute plus d'un trait ».

* « La personnalité et l'enseignement de Paul Vignaux », à paraître dans J.-R. Armogathe et O. Boulnois (dir.), Paul Vignaux, citoyen et philosophe (1904-1987), Bibliothèque de l'École Pratique des Hautes Études, Brepols, 2013, p. 45-50.

Tenté par l'exploration de ces terres inconnues je pris contact avec Paul Vignaux. Ce grand médiéviste reçut ce futur débutant avec la gentillesse, la disponibilité, que l'on connaît bien ; il donna quelque ampleur aux indications sobres qui m'avaient séduit. Je suis redevable à cette lecture et à cet accueil de toute une part de mon travail futur, sorti de cette initiation. Plus tard il me signala la publication alors récente par Dom Lambot des *Oeuvres théologiques et grammaticales de Godescalc d'Orbais* (1945), un carolingien qui ne pouvait guère le retenir, sauf peut-être à cause de sa doctrine de la prédestination – mais ses auditeurs de l'École pratique des hautes études savent qu'il était toujours au courant de ce qui se publiait, voire de ce qui était encore en cours de déchiffrement ; nous retrouverons cela. Il avait aussi une vue large et claire des pistes à suivre, des domaines à explorer ; c'est ainsi que, ayant appris par ma femme mon affectation à un lycée d'Alger, il me fit passer par elle le conseil de mettre ce changement à profit pour m'initier à la langue arabe : de là aussi proviendrait l'autre moitié de mes recherches. Paul Vignaux avait choisi pour sa part, dans le champ des études médiévistes, la problématique de la connaissance théologique chez les auteurs du XIVe siècle en particulier, plus spécialement encore chez les scotistes. Ce choix n'avait pas restreint l'ampleur de sa vision de la pensée médiévale, sans préjudice de l'attention au détail.

La première fois que j'assistai à son cours à l'EPHE – à l'une de ses « conférences », puisque tel est le nom étrange que l'on donne à cette sorte d'enseignement – le première fois donc, je fus désorienté : j'arrivais en pleine explication d'un texte, continuée des séances précédentes ; le directeur d'études lisait phrase après phrase, s'interrogeait, expliquait. Les plus avertis de ses auditeurs s'en mêlaient, proposaient des interprétations, des références. Puis l'on revenait à la page abandonnée, retour provisoire encore. Suivre dans ses replis le labyrinthe textuel, sans échappatoire possible – la lettre s'imposait ! – jusqu'à déboucher au jour, Vignaux excellait dans cette méthode qui caractérise l'École *pratique* des hautes études. Il arrivait certes qu'il donnât des exposés synthétiques, mais juste autant qu'il était nécessaire. De sa part, peu de développements systématiques mais ses propos faisaient comme jaillir des arcs lumineux entre des points parfois inattendus du texte en cours de lecture, ou d'oeuvres différentes ; des perspectives amples s'illuminaient. Cette pratique était d'autant plus originale et féconde que fréquemment tel ou tel des auditeurs était, précisément mais non certes par hasard, occupé à éditer le texte que le directeur déchiffrait, à moins aussi que l'édition n'en fût toute fraîche ; le dialogue se déroulait alors à une altitude singulière. Tels furent les cas, par exemple, de Jeanne Barbet qui travaillait à éditer le commentaire de François de Meyronnes sur le corpus dionysien ; ou singulièrement celui d'André Combes qui ouvrit aux recherches médiévistes une partie au moins des oeuvres déroutantes de Jean de Ripa ; ce scotiste extraordinaire, le « Docteur supersubtil », fournit longtemps matière aux séances de la direction d'études.

Telle était, brièvement évoquée, la façon dont Paul Vignaux exerçait son métier de directeur d'études à l'École pratique des hautes études, section des *sciences religieuses,* nous guidant à travers des oeuvres médiévales, de préférence les plus ardues, qui toutes traitaient des questions les plus spécifiques et les plus techniques de la théologie. Or, à l'expérience, cela n'allait pas sans paradoxe, car en le suivant on se découvrait aussi plus clairement ouvert à la philosophie. Alors que, d'autre part, l'un de ses collègues, très grand hébraïsant et bibliste, fidèle de la Réforme – j'ai nommé André Caquot, nous livre cette confidence: « Il est arrivé souvent que je puisse entrevoir, grâce à Paul Vignaux, les séductions de la véritable théologie »[1]. La figure du Vignaux théologien s'encadre dans un fait d'institution: l'histoire de la direction d'études qu'il occupait. Elle résultait des créations successives, en 1886 d'une direction d'*Histoire des dogmes* (Albert Réville en est alors le titulaire), puis, en parallèle, d'une autre consacrée aux *Rapports de la philosophie et de la théologie* (1888; François Picavet). La première prit l'intitulé d'*Histoire des doctrines et des dogmes* en 1907 avec Paul Alphandéry; Étienne Gilson devint le titulaire de la seconde en 1921; Paul Vignaux le fut de celle d'*Histoire des doctrines et des dogmes* en 1934. Mais en 1960 cet intitulé devint *Histoire des théologies médiévales,* avec deux directeurs d'études, Paul Vignaux et René Roques. Du fait donc de Vignaux le titre de Picavet et de Gilson (que cependant Vignaux avait suppléé, puis à qui il avait succédé) devint obsolète. Toute cette histoire est bien complexe, pour ne pas dire confuse, mais du moins on y observe un passage de rubriques très générales à un intitulé au programme très précis, qui affine celui qu'avait choisi Picavet, tout en le précisant d'un point de vue méthodologique. Or Paul Vignaux n'était ni moins laïque ni moins philosophe que ses prédécesseurs, et son choix impliquait un programme: il dit avoir orienté son travail « par-delà l'histoire de la philosophie, vers l'histoire des théologies »[2]; on notera ce pluriel qui succède dans la même phrase à ce singulier. Cette décision programmatique implique une position méthodologique précise, que l'on serait tenté de dire nominaliste en évoquant par là, non une option philosophique mais un souci des individualités respectives des doctrines.

Vignaux était attentif avant tout à la pluralité des écoles au sein de la médiévale Faculté de théologie, et à la pluralité des théologiens dans chaque école. Cette orientation de principe se retrouve dans sa prédilection pour les scotistes – et le scotisme est une théologie de la liberté. Sur ces points la lecture des « Comptes rendus des conférences » qui paraissent régulièrement dans les Annuaires de la Section serait très instructive; il n'est pas question de s'y livrer ici; on relèvera seulement quelques indications sur la période qui va de 1933 à 1940, c'est-à-dire entre l'entrée de Vignaux à la Section comme suppléant de Gilson et son départ pour l'Amérique. En 1933 Vignaux a vingt-neuf ans, il vient de publier dans le

1. *Revue de la Société des élèves, anciens élèves et amis de la Section des sciences religieuses de l'E.P.H.E.,* 1989, p. 22.

2. *Problèmes et méthodes d'histoire des religions,* volume collectif, 1968, p. 222.

tome XI du *Dictionnaire de théologie catholique* de grands articles sur les nominalistes médiévaux. Il ne consacre dans ses « conférences » aucune étude à Abélard ; à Guillaume d'Ockham, si, mais toujours en le comparant avec d'autres théologiens du XIVe siècle. Les noms qui apparaissent le plus souvent, seuls ou avec d'autres pour des comparaisons, sont ceux de Duns Scot, six fois, et de Luther, six fois aussi ; le nom d'Ockham revient quatre fois ; trois fois celui de Pierre d'Auriole, y compris au titre de l'article liminaire de l'annuaire de 1935-1936[1] . Si l'on passe des noms propres aux thèmes, on remarque que des recherches afférentes à la théologie et à son statut sont évoquées cinq fois, dont trois à propos de Luther. Dans ces années initiales le jeune Vignaux ouvrait les voies qu'il a suivies tout au long de sa carrière de directeur d'études ; toutes ou presque traversent le XIVesiècle (Luther est plus tardif, mais à chaque fois qu'il apparaît, c'est à propos de ses rapports à la théologie médiévale, en général ou à travers un auteur particulier).

Quant à l'intérêt proprement philosophique de ces recherches, il faudrait le chercher pour une part dans l'histoire de la philosophie elle-même, qui dans sa forme moderne doit tant à la scolastique en fait de problèmes et de concepts, et déjà chez Descartes. C'est cela sans doute, mais aussi et d'abord autre chose qu'y voyait Vignaux ; dans le texte que l'on vient de citer il écrit : « un passage de la théologie à la philosophie nous semble ne pas faire plus de problème que n'en faisait, pour l'école sociologique d'Émile Durkheim, l'origine sociologique des catégories » ; et il cite cette remarque de Victor Delbos à propos des « sources mystiques de l'idéalisme allemand » : « il est vain de présumer que tout ce qui est susceptible de prendre un sens rationnel doit nécessairement entrer dans le monde et dans l'esprit humain par la voie de la simple raison »[2] il évoque la leçon de Léon Brunschvicg, selon qui « l'intérêt des thèses systématiquement présentées » est moindre que « l'attitude et la démarche de l'esprit qui les pose ». Ainsi l'analyse des théologies médiévales tourne, au moins sous un aspect, en l'examen, en deçà même des concepts, des conceptualisations à l'œuvre dans des recherches dont le sujet est un ensemble de dogmes ; dans cette mesure elle est un travail homogène dans son exercice à celui du philosophe. La façon dont concrètement Paul Vignaux se comporte comme tel en analysant les thèmes et les procédures des théologies médiévales a été amplement et savamment présentée ici, je n'y saurais rien ajouter.

Je relèverai seulement que, une page seulement avant notre dernière citation, Paul Vignaux prend ses distances à l'égard d'Etienne Gilson dont il vient de faire l'éloge. Il écrit que « le champ de l'histoire des théologies médiévales » est « autrement plus vaste que l'objet d'une histoire de la "philosophie chrétienne" » ; cette expression qui a son utilité historique est, continue-t-il, « non philosophique parce que liée à une certaine théologie, à une conception déterminée du rapport entre la nature et la grâce » (p. 224). On dit parfois qu'un des thèmes favoris de la culture classique

1. « Note sur la relation de Pierre d'Auriole à sa théologie trinitaire », p. 5-23.

2. *Problèmes et méthodes d'histoire des religions, op. cit.*, p. 223 et p. 224.

en France était de mettre en regard de grandes figures à la fois proches et distantes, Corneille et Racine, Voltaire et Rousseau… « Gilson et Vignaux », ce pourrait être un bon sujet de dissertation. Il faudrait, avant de le traiter, lire au moins à la suite deux livres écrits quand leurs auteurs respectifs étaient chacun à la fin de sa carrière : *Le philosophe et la théologie* d'Etienne Gilson (1960), l' *Introduction nouvelle* écrite par Paul Vignaux pour la réédition de *Philosophie au Moyen Âge* (1987). Je ne m'y livrerai pas, mais j'attirerai l'attention sur le fait que ces deux grands médiévistes n'ont pas été seulement des hommes de bibliothèques et de chaires magistrales, mais aussi des citoyens. L'un et l'autre ont participé de la chose publique : Gilson a été « conseiller de la République » (ainsi appelait-on les sénateurs sous la Quatrième République), parmi les représentants du Mouvement Républicain Populaire (démocrate chrétien), de 1947 à 1949. En 1950 il prit parti publiquement pour une position « neutraliste » entre les États Unis et l'Union soviétique ; il s'attira ainsi de très vives critiques, notamment de *L'Action française*, maurrassienne, et de *Carrefour*, gaulliste. Les instances du Collège de France, dont il avait démissionné peu de temps auparavant, lui refusèrent l'honorariat « pour des raisons morales ». On peut voir sur ce sujet le chapitre 15 de sa biographie par Laurence B. Shook. Paul Vignaux n'avait guère de sympathie pour la démocratie chrétienne (il se réclamait, *cum grano salis*, des « radicaux du Sud-Ouest ») ; il ne fut membre d'aucune assemblée législative ; mais il fonda et dirigea un syndicat d'enseignants (le Syndicat Général de l'Éducation Nationale, le SGEN) ; il travailla très activement à la transformation de la Confédération française des travailleurs chrétiens en Confédération française et démocratique du travail. Cela me conduit à la seconde partie de mon exposé.

Elle sera très courte ; j'ai dit en commençant que, dans cette évocation personnelle de Paul Vignaux, je ne voulais pas glisser dans l'autobiographie ; et aussi que son action publique a ici de bien meilleurs témoins que moi. En trois mots, donc : jeune professeur j'avais adhéré au SGEN ; ce syndicat regroupait tous les ordres d'enseignement, et il était affilié à une centrale ouvrière. Ayant été nommé à Alger en 1952, je pris conscience assez vite (ce n'était pas difficile) des particularités sociales et politiques de l'Algérie française ; je participais aux réunions de mon syndicat, très partagé localement sur ces sujets, surtout après le 1er novembre 1954. Outre une expérience de terrain, fût-elle limitée, j'avais des relations avec des milieux « libéraux » ; mes élèves algériens avaient, en 1955, fondé une *Association de la jeunesse estudiantine musulmane d'Alger* et m'avaient invité à la séance de fondation. J'avais évidemment gardé contact avec Vignaux, qui était très attentif à la réalité politique comme l'on sait et qui mesurait la gravité du problème de l'Algérie. Rappelons qu'en ces années tout le Maghreb était en ébullition, la Tunisie depuis 1952, le Maroc dont le sultan avait été exilé en 1953 par le Résident général français. En 1955 j'eus cette chance pour mon avenir (et pas seulement de chercheur) d'être recruté au CNRS. Vignaux me fit entrer au Secrétariat national du SGEN ; les instances du Syndicat avaient sur le problème algérien une position très en pointe, ce n'était pas le cas de tous leurs homologues. Vignaux était évidemment l'âme du Secrétariat. Je vis qu'entre ses camarades il se comportait de la même façon qu'avec ses collègues et ses élèves – une alliance remarquable d'autorité et de familiarité; dans le sérieux la même gaieté. – Ce serait un oubli regrettable de ne pas rappeler le côté joyeux de son caractère, le sourire avec lequel il accueillait habituellement l'ami, le collègue, ou simplement l'interlocuteur. Il était enclin à plaisanter, il était rare que les séances du secrétariat ou de l'École ne soient pas coupées à un moment ou à un autre par quelque plaisanterie de sa part, ou en réponse à quelqu'un d'autre. Je me souviens que, au début des années soixante, nous cherchions à quel moment il convenait de placer une communication que je devais faire dans sa direction d'études; l'accord se fit sur la fin du mois de mars, et je conclus en disant (je ne sait trop pourquoi) : « C'est donc entendu, je parlerai après l'équinoxe ». Cela l'enchanta, il y revint assez longtemps (non sans se perdre parfois entre l'équinoxe et le solstice), il me demandait : « Vous réglez-vous aussi sur le calendrier républicain ? », et autres plaisanteries qui nous menèrent jusqu'au mois de juin. – Mais, pour en revenir aux séances du Secrétariat, je vis la façon dont son intelligence politique saisissait l'ensemble des situations, le courage et l'énergie avec lesquels il réagit, et donc le Syndicat avec lui, à des situations graves, voire dramatiques, comme l'affaire Audin [1], le coup de force de 1958, le putsch avorté de 1961 et les attentats de l'OAS (le siège du syndicat fut plastiqué), et Charonne… Dans un ordre de choses plus paisible il fut assez dévoué à l'action syndicale pour refuser d'entrer au cabinet du ministre de l'Éducation nationale René Billières. Cette proximité dura quelques années, d'autres l'ont accompagné de plus près et plus longtemps que moi. Ne voyant pas du même oeil la façon de se conduire par rapport à la guerre du Vietnam, puis devant les « événements » de 1968, nos liens politiques se distendirent sans altérer notre amitié, mais nos rencontres se firent rares. Le secrétaire général du SGEN changea ; je cessai de cotiser. Je me souviens qu'un jour Paul Vignaux et moi nous sommes croisés par hasard à l'entrée de la rue Gay-Lussac, avec la joie d'amis qui se retrouvent ; nous y avons échangé quelques propos sans rapport avec la philosophie ni la politique ; c'était en 1987.

1. Un détail personnel : il m'appela quelquefois « l'homme de l'affaire Audin ».

Deuxième partie

MEDIEVALIA

Chapitre VI

QUAND BOÈCE ABORDE PORPHYRE *

Boèce a commenté deux fois l'*Isagogè* de Porphyre, à peu d'intervalle selon S. Brandt et juste avant de commenter les *Catégories* [1]; il n'est pas sans intérêt de comparer sur quelques points ces deux ouvrages. Dans l'ensemble qu'ils forment la première *editio* [2] est certes plus courte que la seconde mais reste du même ordre de grandeur : environ cent trente pages pour celle-là et deux cent dix pour celle-ci dans l'Édition Schepss-Brandt [3]. La *prima editio* se compose de deux livres ; le premier, après un prologue d'une douzaine de pages, s'achève avec le commentaire du chapitre de l'espèce ; le second commence par un nouveau prologue beaucoup plus court que celui du premier, puis il traite des trois derniers prédicables – la différence, le propre et l'accident – et des « différences » et « caractères communs » entre les cinq chacun à chacun ; l'ensemble de l'opuscule de Porphyre est ainsi examiné. La *secunda editio* le couvre en entier elle aussi, mais en cinq livres inégaux, le plus court qui est le deuxième comptant vingt-huit pages, soixante quatre le plus long qui est le cinquième [4]. Le premier livre comporte un prologue de même longueur que celui de la *prima editio,* puis le commentaire des questions posées par Porphyre sur le mode d'existence des prédicables ; le deuxième livre traite du genre ; le troisième, de l'espèce ; le quatrième, de la différence, du propre et de l'accident ; le cinquième, des différences et caractères communs entre les prédicables. Chacun a son introduction ; celle du premier est générale, celle de chacun des quatre autres est courte, voire sèche, et consiste en une simple transition entre le

* « Quand Boèce aborde Porphyre », publié dans l'ouvrage *Boèce ou la chaîne des savoirs,* Actes du Colloque international de la Fondation Singer-Polignac, édités par A. Galonnier, Leuven, Peeters, 2003, p. 229-240.

1. *Anicii Manlii Severini Boethii In Isagogen Porphyrii Commenta,* Éd. G. Schepps-S. Brandt, Vienne-Leipzig, 1906, p. xxvi-xxix ; et S. Brandt, *Philologus,* 62, 1903, p. 237 (cité par P. Courcelle, *Les lettres grecques en Occident de Macrobe à Cassiodore,* Paris, 1943, p. 269). Toutes les références entre parenthèses dans le texte qui suit renvoient à l'édition susdite.

2. Le mot est de Boèce lui-même (154, 4-6).

3. Respectivement, p. 3-132 et 135-348.

4. Respectivement p. 135-169, 170-197, 198-237, 238-284, 285-341.

sujet déjà traité et celui qui va l'être. Il en va autrement dans *la prima editio* où chacune des deux introductions commence par une ou deux pages d'entrée en matière. L'une est du style narratif, c'est celle du premier livre; Boèce y met en scène son commentaire : il le présente comme la mise par écrit d'un dialogue entre lui-même et un débutant en philosophie qu'il nomme Fabius. Cet entretien est censé se passer au cours d'un voyage dans une région montagneuse, par un vent si violent qu'il les empêchait de dormir; ils auraient ainsi occupé deux nuits successives à éclaircir, l'un questionnant l'autre expliquant, les obscurités (*res caliginantissimas*) de l'ouvrage de Porphyre tel qu'ils le lisaient dans la traduction de Marius Victorinus, « l'orateur le plus savant de son temps, ou presque » (*orator sui temporis ferme doctissimus* [4,12]). C'est donc ce que narre l'introduction au livre I; celle qui ouvre le livre II est une exhortation à faire valoir les dons qui ont été conférés aux hommes par « leur mère la Nature » (*a parente natura*) : le raisonnement, le langage; et à gagner ainsi l'immortalité dont restent incapables ceux qui s'occupent uniquement des choses du corps. On a reconnu là des lieux communs de la rhétorique latine qui évoquent notamment les prologues des dialogues philosophiques de Cicéron.

À cela, qui a été remarqué de longtemps, Brandt [1] ajoute que la mise en scène nocturne des dialogues, qu'a choisie Boèce, a pu lui être inspirée par l'exemple d'Aulu Gelle et de ses *Nuits attiques.* Quoi qu'il en soit de ces références notons surtout ici le caractère délibérément littéraire et moral de ces pages, le souci bien classique qu'elles expriment de cultiver les choses de l'esprit et de mettre à profit pour cela les imprévus de l'existence – même si c'est en des termes qui sentent le déjà vu : « tempus ad studia vocat et hoc otium in honestum negotium converti licet » (4,10-11). La volonté d'enraciner dans la latinité ce document de la philosophie grecque qu'est l'*Isagogè* se manifeste dans le choix des noms propres destinés à fournir des exemples formels : à celui de Socrate bien entendu s'ajoutent ceux de Cicéron, Brutus, Caton, Catulle, Hortensius, Romulus, Virgile; Énée et Anchise; relevons aussi la série de paronymes *Capis, Capua, Capuani;* le nom de Platon dans cette même fonction figure dans l'une et l'autre *editio,* mais seulement dans la seconde pour ses doctrines. Ajoutons qu'Horace apparaît, avec les deux premiers vers de l'*Ars poetica,* dans la *prima editio* et là seulement (25,17-18) [2].

Cette différence entre les « éditions » ne doit pas semble-t-il les affecter suffisamment pour qu'on puisse parler de diversité entre elles quant au fond. Plus importante à première vue serait celle qui pourrait résulter des traductions latines du texte du Porphyre; rappelons que l'*editio prima* reprend celle de Victorinus et que la *secunda* commente une traduction nouvelle qui est l'œuvre de Boèce. Cette

1. Dans ses *Prolegomena,* p. VII, n. 2.

2. Ajoutons que dans l'*editio secunda,* Boèce est sobre en exemples de ce genre qui seraient nouveaux par rapport à la *prima;* mis à part ceux qu'il reprend du texte porphyrien, on y trouve seulement dans ces deux cas Achille (la statue d'Achille), Démosthène (qui est *homme,* comme Cicéron) – et Scipion (l'ancêtre des *Scipiadae*), qui ne figure pas dans la *prima.*

différence éventuelle pourrait résider dans les vocabulaires respectifs des deux éditions, en résultat du choix des termes latins dans l'une et l'autre des traductions. On peut en faire l'épreuve sur quelques termes significatifs du premier lemme porphyrien dans l'une et l'autre ; le commentaire s'y ouvre, comme il est normal, sur les premières lignes de l'*Isagogè.* Nous notons ainsi que κατηγορία est traduit *categoria* par Victorinus, *praedicamentum* par Boèce, qui préfère ce terme dans toute *l'editio secunda.* Victorinus traduit διδασκαλία par *disciplina ;* Boèce le traduit par *doctrina* et réserve *disciplina* à la traduction d'ἐπιστήμη. Ἀπόδειξις devient *probatio* chez Victorinus, *demonstratio* chez Boèce ; *probatio* n'apparaît pas, semble-t-il, dans la *secunda editio* tandis que *demonstratio* figure dans le texte de l'une et l'autre édition. Θεωρία devient *cognitio* dans la traduction de Victorinus, *speculatio* dans celle de Boèce ; ces deux mots ne semblent pas figurer bien souvent dans les commentaires [1]. On voit mal en quoi ces différences lexicales pourraient induire ou impliquer des différences doctrinales, d'autant moins que les noms des cinq prédicables sont les mêmes chez les deux traducteurs, qui se rencontrent aussi en plusieurs vocables importants : l'un et l'autre traduit ὑφιστάναι par *subsistere,* σώματα par *corporalia* et ἀσώματα par *incorporalia,* αἰσθητά par *sensibilia.*

À côté de ces convergences notons une différence qui importe à l'histoire du vocabulaire philosophique médiéval. La première des fameuses questions de Porphyre demande si « les genres et les espèces... existent ou bien s'ils ne consistent que dans de purs concepts [2] –εἴτε ὑφέστηκεν εἴτε καὶ ἐν μόναις ψιλαῖς ἐπινοίαις κεῖται ». Victorinus traduit ces cinq derniers mots par « intellectu solo et mente teneantur » ; Boèce, par « in solis nudisque intellectibus posita sunt ». Aussitôt une différence nous saute aux yeux : alors que Boèce traduit le grec mot à mot et respecte le nombre grammatical des termes, Victorinus propose un hendiadyin au singulier pour ἐπινοίαις qui est un pluriel, et laisse tomber le mot ψιλαῖς. Un spécialiste de la stylistique latine expliquerait peut-être ces choix par une recherche d'élégance ; je n'ai pas d'avis sur ce point. Plus intéressante me paraît la divergence des deux traducteurs quant au nombre grammatical des mots qu'ils utilisent : *intellectus,* singulier, chez Victorinus ; *intellectus,* pluriel, chez Boèce. Or le sens du mot *intellectus* dans la suite du latin médiéval n'est pas toujours clair et dans certains contextes il peut prêter à de francs contresens : je pense ici en particulier à son interprétation dans la traduction latine du *Grand Commentaire* d'Averroès au *Traité de l'âme* d'Aristote. *Intellectus,* au pluriel, s'interprète nécessairement (sauf au cas où il serait question dans le contexte d'une pluralité de personnes qui pensent, et de leurs « intellects »), par le nom d'action *intellection,* qui signifie un

1. N'ayant pas fait moi-même la collation du vocabulaire dans l'une et l'autre *editio* je m'en rapporte au lexique de Brandt ; c'est pourquoi je reste prudent quant à la fréquence des termes. Pure précaution de méthode car il n'y a pas lieu de soupçonner l'acribie de ce savant éditeur.

2. Porphyre. *Isagoge.* Texte grec et latin, traduction par A. de Libera et A.-Ph. Segonds. Introduction et notes par A. de Libera, Paris, Vrin, 1998, p. 1.

acte intellectif; au singulier ce peut être, sauf contexte décisif, indifféremment un intellect ou une intellection. Victorinus semble aller dans le sens de *intellect* puisqu'il transforme en un singulier le pluriel ἐπινοίαις: *intellectu et mente.* On traduirait donc son latin par: « ils sont contenus dans l'intellect et l'esprit », et l'on traduirait le latin de Boèce par: « ils résident dans de pures et simples intellections » [1]. Il paraît cependant étonnant que Victorinus ait pu considérer le mot ἐπινοία comme un synonyme de νοῦς. En outre Boèce, non pas dans la *secunda editio* où il commentera sa propre traduction, mais dès la *prima* où il est en principe tributaire de celle de Victorinus, transforme l'expression au singulier de celui-ci en une expression au pluriel: « utrum genera et species sint an in solis intellectibus nuda inaniaque fingantur » (24,12); et cela quelques lignes plus bas que la citation même de Porphyre/Victorinus. Il anticipe de fait en ce point particulier sur sa future traduction: « de generibus et speciebus... sive subsistunt sive in solis nudisque intellectibus posita sunt » (159,3-5). Mais derechef dans cette *editio secunda* il contredit sa traduction – du moins le semble-t-il – quelques lignes après l'avoir produite: « omne quod intellegit animus aut id quod est in rerum natura constitutum, intellectu concipit et sibimet ratione describit » (160,3-5); soit: « tout ce que l'esprit intellige, ou qui est contenu dans la nature des choses, *intellectu concipit,* ou il se le représente par un raisonnement ». On peut traduire les mots laissés en latin de deux façons: soit « il le conçoit par l'intellect », soit « il le conçoit au moyen d'une intellection ». Mais la seconde paraît la plus juste à cause de la formule parallèle: *ratione describit,* « il se le représente par un raisonnement ». Concluons donc: quand Boèce écrit le mot *intellectus,* et quelle que soit la traduction de Porphyre qu'il commente, il a en tête le mot ἐπινοία; un terme qui d'ailleurs est apparenté à νοῦς mais n'en est pas un synonyme. *Intellectus* est donc chez Boèce, ici du moins, le nom d'un acte de l'esprit et non pas celui d'une « puissance de l'âme ».

« Puissance de l'âme », *vis animae:* nous rencontrons ce syntagme au début de la *secunda editio.* Il y en a trois, dit Boèce (« triplex omnino animae vis in vegetandis corporibus deprehenditur » [136,1-2]): l'une fait vivre le corps et lui permet de se nourrir, l'autre lui confère la connaissance sensible (*sentiendi judicium*); la troisième « est fondée sur la puissance de l'esprit et le raisonnement – *tertia vi*

1. Boèce paraît contredire sa propre opinion et suivre Victorinus quand il écrit, plusieurs pages avant d'avoir reproduit le premier lemme porphyrien: « est intellectibile quod... sola tantum mente intellectuque capitur » (8,14-16); mais on doit comprendre que « un intellectible n'est saisi que par l'esprit et au moyen d'une intellection ». Citons encore ce passage de l'*editio secunda:* « Omne quod intelligit *animus* aut id quod est in rerum natura constitutum, *intellectu* concipit et sibimet *ratione* describit aut quod non est, vacua sibi *imaginatione* depingit. Ergo *intellectus generis* et ceterorum cujusmodi sit quaeritur, utrumne ita intelligamus species et genera ut ea quae sunt et ex quibus verum capimus *intellectum* an nosmet ipsi nos ludimus, cum ea quae non sunt, *animi* nobis cassa cogitatione formamus » (160,3-9). Il est clair que Boèce met en jeu ici une seule substance, ou faculté, ou comme on voudra dire: *animus,* et plusieurs sortes d'actes: *imaginatio, ratio, intellectus* – ceux-là même que l'on retrouvera dans la *Consolatio,* précédés par le *sensus.*

mentis et ratione subnixa » (136,5-6). Il en décrit le fonctionnement au cours des deux pages qui suivent, nous n'entrerons pas dans leur détail sinon pour noter que le mot *intellectus* n'y apparaît pas. En revanche on y lit à quatre reprises le mot *intelligentia,* affecté de la même équivocité que l'on notait plus haut dans l'histoire du mot *intellectus.* Il y est question en effet de la *rerum absentium intelligentia* (137,6-7 ; 138,5-6) ; mais aussi de l'*actus intelligentiae,* dans une phrase où ce syntagme contraste avec *sensus* et *imaginationes* qui ne peuvent signifier ici que « sensations » et « imaginations » (137,10-11) ; mais encore de l'*intelligentiae ratio* (137,15) par laquelle on comprend ce qui ne tombe pas sous les sens ; et enfin de la *vis intelligentiae* propre à l'âme humaine (137,21). Il semble bien que dans le premier cas *intelligentia* signifie un acte, « l'intelligence des choses absentes » ; dans le deuxième une puissance qui a un acte propre ; et que dans le troisième et le quatrième les génitifs aient un sens incertain : s'agit-il du raisonnement et de la puissance « de l'intelligence » ou du raisonnement et de la puissance « qui consistent à intelliger » ? *Intellectus* ou *intelligentia,* quel que soit le terme, le lexique de la connaissance intellectuelle paraît être grevé d'une ambiguïté irréductible : tant il est difficile de concevoir un acte sans lui supposer un substrat.

Revenons au début de chacun des commentaires et du même coup à leur ordonnance. Dans l'*editio prima* nous trouvons, après l'exorde cicéronien dont il a été question déjà, un morceau didactique caractéristique des commentaires alexandrins et d'abord de celui d'Ammonius ; Boèce s'en inspire évidemment, comme le remarque Brandt, avec des différences de détail que le grand érudit a soigneusement notées[1]. Ce morceau consiste dans l'énumération de plusieurs rubriques qui permettent de caractériser l'œuvre à commenter selon son contenu et sa situation théorique. Le but en est « d'habituer l'esprit de l'auditeur et de lui enseigner des points qui ne soient pas trop compliqués », dit Boèce (12,13-14). Il faut ainsi traiter de l'intention de l'ouvrage, *operis intentio* (σκοπός) ; de son utilité, *utilitas* (χρήσιμον) ; de l'ordre, ordo (τάξις) dans lequel il figure dans le corpus ; de son authenticité, γνήσιον (Boèce use ici d'une périphrase pour présenter ce point) ; de son titre (ἐπιγραφή) ; il faut dire enfin à quelle partie de la philosophie il ressortit. Ce préliminaire occupe une douzaine de pages qu'il n'est pas utile

1. Excursus I, p. LXXVIII-LXXIX. Signalons à ce propos le remarquable syntagme *qualitas substantialis* qui apparaît dans l'*editio prima* au chapitre qui traite « des propres des différences et de l'espèce » ; Porphyre y dit que « la différence est prédiquée relativement à la question "comment la chose est-elle" » (traduction citée n. 8, p. 22) ; dans le latin de Victorinus : *differentia semper in eo quod quale sit praedicatur* (120,18-19). Boèce commente : « qualitas... veniens in genere speciem constituit et de qualitate substantiali facta est substantialis et specifica differentia ». Or le syntagme grec correspondant : ποιότης οὐσιώδης ne se trouve ni dans l'*Isagogè* ni dans son commentaire par Ammonius. En revanche il se trouve dans le commentaire du même Ammonius aux *Catégories* (32,11 Busse, Berlin 1895 ; cf. *ibid.* 83,22 et 86,10), où Boèce a pu le trouver – à moins que ce ne soit dans le commentaire de Porphyre aux mêmes *Catégories* (95,21 Busse, Berlin 1887 ; cf. *ibid.* 99,14-15). Et de fait *substantialis qualitas* figure dans son commentaire aux *Catégories :* « major fit determinatio per genus quam per speciem, et fit determinatio circa substantiam qualitatis, vel quod *substantialis qualitas* in genere et specie est, vel quod secundum quamdam communionem subjectorum dicitur » (*In Cat. Arist. lib. I, P.L.* 64, 195 C).

d'analyser en détail. Notons seulement la déduction des prédicables à partir du couple substance/accident (p. 5-7), avec au début ce trait que l'on peut dire « réaliste » : Boèce appelle des deux noms de substance et de genre « ce qui parmi les choses est naturellement premier et dont tout émane comme d'une source » (*velut ex aliquo fonte* [5,14-18]). Relevons encore la définition de la philosophie, qui est à la fois théologique et réflexive. La philosophie est l'amour de « cette sagesse à laquelle rien ne fait défaut, esprit vivace (*vivax mens*) et seule raison première des choses » ; elle est aussi « illumination par cette pure sagesse, et en quelque sorte retour et rappel à soi-même » (7,12-16). La saveur augustinienne de ces lignes est évidente. Relevons encore la division de la philosophie (8,1-9,22) selon des cadres qui remontent loin en arrière et dureront longtemps encore. Elle se divise en théorique et pratique ; la théorique se divise à son tour selon ses objets dont le premier est les « intellectibles », *intellectibilia*, mot nouveau (*novus sermo*) que Boèce a inventé, dit-il, pour rendre le grec νοήτα; les deux autres objets de la philosophie sont les « intelligibles » et les « naturels ». Ces trois divisions recouvrent donc respectivement les objets de la théologie, ceux de la noétique, si l'on nous permet ce mot qui n'est pas dans Boèce pour désigner le savoir qui porte à la fois sur « toutes les œuvres célestes de la divinité suprême, tout ce qui sous la sphère de la Lune se distingue par un esprit heureux et une substance plus pure, et enfin les âmes humaines » – donc, avec et avant ces dernières, les Intelligences des sphères et les démons. La dernière partie de la philosophie théorique est la physique, appelée φυσιολογία. La philosophie pratique suit la division aristotélicienne en personnelle, civile et domestique (je traduis par ces mots usuels les périphrases dont use ici Boèce) ; on notera que parmi les « didascalies » énumérées plus haut ce passage est rangé sous la rubrique « utilité ». Boèce y ajoute un développement spécial sur l'utilité de la logique, qui est à la fois l'instrument de la philosophie et l'une de ses parties (9,23-12,9).

Telle est donc l'introduction de l'*editio prima*. Celle de l'*editio secunda* en est sensiblement différente. Elle rompt même avec elle en ce qu'elle répudie explicitement toute complaisance littéraire quand Boèce évoque, de façon allusive, son projet d'une série de traductions commentées d'ouvrages grecs (« ne plus rien laisser à désirer parmi les ouvrages des Grecs » [135,12-13]). Or ce travail suppose un nouveau style de traduction, celui qui fait se correspondre mot à mot les textes des deux langues (*verbum verbo expressum comparatumque* [135,7-8]). Le souci d'exprimer la vérité pure, *incorrupta veritas exprimenda*, doit faire renoncer à l'élégance du style, *luculentae orationis lepos* (135,9-10). De même Boèce se dégage du modèle scolaire alexandrin ; il en conserve cependant le souci de commencer par traiter de la logique, qu'il veut situer dans l'ensemble de l'activité humaine. Pour ce faire il énumère d'abord les activités de l'âme (*efficientiae*) : sa triple vertu (*vis*) : croissance et nourriture, sensation (*sentiendi judicium*), esprit (*mens*) et raisonnement. Il en détaille le fonctionnement et rattache à la sensation les images des formes et la mémoire, qui cependant restent confuses et impossibles à combiner.

Alors intervient « la troisième vertu de l'âme » qui consiste dans le raisonnement (*ratio*) et en « la solide conception des choses présentes, l'intelligence des absentes, la recherche de celles qui sont ignorées ». Elle donne aussi des noms aux choses que les sens ne saisissent pas et aux choses absentes (136,2-137,16). De cette façon et grâce au langage, s'enquérant de ce qu'elle ignore à partir de ce qu'elle connaît, elle parvient à savoir de chaque chose si elle est, ce qu'elle est, pourquoi elle est (137,16-138,3). Un peu plus loin Boèce pose la question de l'erreur et oppose sur ce point la connaissance mathématique, plus précisément l'arithmétique, qui est indubitable et nécessaire, au raisonnement qui s'opère au moyen des mots (*disputatio; sermonum decursus*), où l'erreur est fatale si l'on ignore le vrai chemin que doit suivre la discussion, *veram disputandi semitam* (138,4-139,6). De la nécessité d'éviter l'erreur est née la logique (*logica disciplina*) qui selon Cicéron consiste en la découverte (*ratio inveniendi*) ou topique, et la critique (*ratio judicandi*) ou dialectique ; et Boèce reproduit ici une dizaine de lignes des *Topiques* de Cicéron (139,6-140,12). Puis il examine longuement si la logique est une partie ou un instrument de la philosophie et conclut, comme il l'avait fait dans l'*editio prima*, qu'elle est les deux (140,13-143,8). Il passe enfin à l'*Isagogè* même, son titre, sa valeur, le public auquel elle est destinée, son *intentio*: permettre à son lecteur de comprendre les *Catégories* (143,8-146,25) ; notons qu'à cet endroit Boèce dit que les prédicaments sont « les dix genres des choses », *decem genera rerum* (143,20 et 25). C'est donc vers la fin de cette introduction qu'il renoue avec la tradition des *didascalia*, qui ici ne sont pas identiques à ceux de l'*editio prima*[1]. Il apparaît que depuis celle-ci Boèce a infléchi sa démarche philosophique et que notamment il s'occupe davantage d'en fonder la teneur.

Voyons enfin comment Boèce traite des célèbres questions que pose Porphyre dès la première page de l'*Isagogè* – ou tout au moins la façon dont il traite des deux premières. Rappelons-en la formulation : « Tout d'abord concernant les genres et les espèces, la question de savoir s'ils existent ou bien s'ils ne consistent que dans de purs concepts, ou, à supposer qu'ils existent, s'ils sont des corps ou des incorporels, et, dans ce dernier cas, s'ils sont séparés ou bien s'ils existent dans les sensibles et en rapport avec eux, voilà des questions dont j'éviterai de parler, parce qu'elles représentent une recherche très profonde et qu'elles réclament un autre examen, beaucoup plus long »[2]. Dans chacun de ses commentaires Boèce consacre le même nombre de pages, sept environ, à l'examen de ces questions. Il y procède un peu différemment en ce que dans l'*editio prima* il commence son exposé en expliquant la façon dont l'esprit humain fonctionne et dont notamment il en arrive à concevoir les espèces (24,13-25,10). Ce développement n'a pas de

1. L'*utilitas* est reportée dans le commentaire du premier lemme, *Cum sit necessarium* etc. Boèce place ici ce *kephalaion* parce que Porphyre dit lui-même que la connaissance des prédicables est utile non seulement pour comprendre la doctrine exposée dans les *Catégories* mais encore pour les définitions, la division, la démonstration. Boèce développe donc longuement ce thème.

2. Porphyre, *Isagoge, op. cit.*

parallèle dans l'*editio secunda*. Or dans l'*editio prima* est mise au jour, selon Boèce, la racine même du problème : étant donné que l'esprit humain est capable aussi bien, comme on le voit, de concepts qui dépassent le sensible que d'imaginations fausses, devons-nous ranger les genres, les espèces, « et autres », du côté de l'existence ou de celui de la fiction ? Ou comme il le dit : « sont-ils conçus comme vraiment subsistants et, d'une certaine façon, des étants réels (*vere subsistentia et quodammodo essentia*[1] *constantiaque intelligantur...*) ou des fictions imaginées par l'esprit (*an... quadam animi imaginatione fingantur*) ? » (25,12-15). Boèce tranche sans ambiguïté cette alternative qui constitue la première des questions de Porphyre : « il n'est pas douteux qu'ils sont vraiment (*quia vere sint*). En effet, puisque toutes les choses qui sont ne peuvent être sans ces cinq-là » – on se souvient ici du genre qui est « comme une source » – « ne doute pas que ces cinq choses elles-mêmes sont conçues en vérité (*has ipsas quinque res vere intellectas esse non dubites*) ; d'ailleurs dans toutes les choses elles sont liées et d'une certaine façon conjointes et unies » (25,23-26,4). Cette conception vigoureusement réaliste de l'existence des universaux a pour corollaire une conception aussi ferme de leur efficience. Après avoir noté qu'un genre ne peut être à la fois rationnel et irrationnel, par exemple, mais bien contenir l'un et l'autre en puissance et produire les deux (*utrumque efficere*), Boèce en tire la conséquence dans son traitement de la question suivante : les genres sont-ils corporels ou incorporels ? Il y répond selon une autre alternative : « si le genre n'est par lui-même ni corporel ni incorporel mais qu'il peut faire à partir de lui-même (*ex se ipso efficere*) les unes et les autres choses – et l'espèce, la différence, le propre et les accidents étant évidemment des deux sortes – alors ils seront dits soit corporels soit incorporels » (28,11-14)[2]. Cette première réponse est celle que Boèce prend à son compte implicitement, car il en cite une autre qu'il attribue à des anonymes, « des gens qui » (*sunt quibus*) ; elle consiste à dire que si l'on considère le genre en tant que tel, *in eo quod genus sit,* c'est-à-dire selon les relations formelles entre universaux : subordination d'espèce à genre, contrariétés entre espèces, entre propres et entre accidents, alors on dira que les genres sont incorporels. Deux schèmes ici sont de fait en concurrence : celui d'un réseau de relations entre universaux, indépendant de quelque genèse métaphysique que ce soit ; et celui de l'émanation à partir de l'universel supérieur. C'est celui-ci que plus haut Boèce a admis explicitement : « puisque la nature des incorporels est la première, une chose incorporelle peut d'une certaine façon en engendrer une corporelle (*parens esse corporeae*) » (26,15-19) ; et encore : « tout ce que les espèces se partagent par des contrariétés, le genre le contient par sa potentialité

1. Noter le participe construit sur *esse* : *essens,* pluriel neutre *essentia.*

2. « Si igitur genus neutrum per se ipsum est, sed utrasque res ex se ipso efficere potest, species, differentia, propria et accidentia ut accepta in contrarias species fuerint, proinde vel corporalia vel incorporalia vocabuntur » (28,11-14) ; les deux adjectifs neutres à la fin de cette phrase sont repris du texte même de la question dans la traduction de Victorinus : *an corporalia ista sint an incorporalia* (24,6).

(*vi sua et potestate*) sans être cependant l'un ou l'autre (*ipsum vero nihil eorum est*) » (27,14-16). Boèce est ici résolument néoplatonicien. Il procède différemment dans l'*editio secunda* où il suit sur ce point un parcours dialectique. La thèse qu'il soutient d'abord consiste à refuser aux genres et aux espèces toute existence et toute vérité ; voici le schéma de son raisonnement. Le genre est tout entier dans toutes ses espèces dans le même temps, donc il n'est pas un ; de même pour l'espèce. Mais « tout ce qui est, est pour la raison qu'il est un » – *omne quod est idcirco est quia unum est;* on connaît cet axiome qui traversera tout le Moyen Âge. N'étant pas un, le genre est multiple et il faut donc chercher un genre sous lequel il serait rangé. Mais on appliquera à ce genre-ci le raisonnement qu'on avait appliqué à ce genre-là, et ainsi à l'infini. En conclusion, « il semblera que le genre n'est absolument rien et on doit penser la même chose des autres universaux » (161,14-163,6). Ainsi « genres et espèces sont seulement saisis dans des intellections (*tantum intellectibus genera et species ceteraque capiuntur*) ». Mais le rapport de l'intellection à son objet est double : ou bien elle lui est conforme ou bien elle ne l'est pas (*ut sese res habet aut ut sese res non habet*). Si l'intellection du genre et de l'espèce est conforme à son objet, les universaux ne résident pas seulement dans une intellection mais sont fondés dans la vérité des choses. Mais alors il faut demander quelle est leur nature – autrement dit, pour chacun quel est son genre, et nous reviendrons à la question précédente : donc ils ne sont pas. Ainsi, de toute façon l'intellection que l'on a des universaux est vide et il n'y a pas à s'en soucier (163,6-164,2). Nous sommes alors dans une impasse et Boèce demande à Alexandre d'Aphrodise de lui ouvrir une issue. On connaît la solution qu'il en rapporte : la fausseté d'une intellection peut résulter d'une « composition », quand on la joint à une autre qui lui est incompatible ; mais la fausseté ne résulte pas d'une division ou d'une abstraction : il n'existe aucune ligne qui soit réellement séparée de tout corps et l'intellection qu'on en a n'est donc pas conforme à la chose ; elle n'est pas fausse pour autant. Ainsi l'on définira l'espèce comme une similitude que l'on pense (*cogitata*) entre des objets singuliers ; le genre, comme une similitude entre des espèces. Ils sont donc dans les singuliers mais sont pensés comme universels ; ou plus précisément « ils subsistent sous un mode et sont pensés (*intelliguntur*) sous un autre ; ils sont incorporels mais, unis aux sensibles, ils subsistent dans les sensibles » (164,3-167,12). Cependant, dit Boèce, « Platon pense que les genres et les espèces ne sont pas seulement pensés comme universels mais subsistent à part des choses ; Aristote, qu'ils sont pensés comme incorporels et universels mais subsistent dans les sensibles ». Et d'ajouter : « décider entre ces doctrines relève d'une plus haute philosophie. Mais si nous avons exposé plus soigneusement l'opinion d'Aristote ce n'est pas parce que nous l'approuvons le plus, mais parce que ce livre (l'*Isagogè*) a été écrit en vue des *Catégories,* dont Aristote est l'auteur » (167,12-168,20). Aristotélicien par éthique de commentateur, Boèce réserve (si peu !) son idée de derrière la tête.

À comparer sur les morceaux que nous avons vus, sans préjudice d'une comparaison entière des textes, le style et les tendances des deux éditions successives du commentaire de Boèce sur l'*Isagogè*, on constate que la première a un tour plus littéraire, plus rhétorique ; qu'elle est davantage tournée vers la latinité mais aussi qu'elle est plus rigoureusement fidèle à la leçon des commentateurs alexandrins – d'Ammonius donc ; et en cela elle serait plus scolaire que la seconde. Celle-ci témoigne d'un intérêt plus grand pour les questions de fond, comme celle de la connaissance intellectuelle ; Boèce y serait plus soucieux de tirer au clair les thèmes aristotéliciens. Mais cela n'aura pas empêché qu'il garde sa préférence pour la philosophie de Platon : celle qui, personnifiée, viendra le consoler quand il touchera à la fin de sa vie.

Chapitre VII

AGOBARD DE LYON ET LES FAISEURS DE PLUIE *

Je me propose d'examiner la méthode d'argumentation que pratique Agobard de Lyon dans son traité « Sur la grêle et les coups de tonnerre » (*De grandine et tonitruis*). Rappelons qu'Agobard fut évêque de Lyon de 816 à 834; il est l'auteur de vingt-cinq traités et d'un poème. L'authenticité du *De grandine* n'a jamais été contestée; il daterait des années 815 à 817, donc du début de l'épiscopat d'Agobard. Il a été publié dans les éditions Masson, puis Baluze au XVIIe siècle (1605 et 1665-1666, respectivement); il est accessible dans les *Monumenta Germaniae Historica* [1], dans la *Patrologie latine* [2], qui reprend Baluze, enfin dans la *Continuatio mediaevalis* du *Corpus Christianorum* [3]. Mon objet est de montrer que la manière d'Agobard en ce traité ne consiste pas, comme il peut sembler à première vue et comme on l'a dit, à simplement accumuler le plus grand nombre possible de textes scripturaires, mais qu'au contraire la critique qu'il y fait d'une superstition vivace à son époque et dans sa région est organisée d'une façon extrêmement réfléchie. Je procéderai donc, de façon linéaire, à une lecture analytique du traité [4]. Cette pratique est plate et austère, mais elle est la seule qui permette de marquer le cheminement de la réfutation construite par Agobard.

Le *De grandine,* étant, peut-on penser, une réfutation à intention pastorale (puisqu'il s'agit pour Agobard d'éliminer une superstition), relève en quelque façon du genre du discours – « il se présente comme un sermon ou un discours

* « Agobard de Lyon et les faiseurs de pluie », publié dans *La méthode critique au Moyen Âge*, études réunies par Mireille Chazan et Gilbert Dahan, Turnhout, Brepols, 2006, p. 15-25.

1. *Monumenta Germaniae Historica, Epistolae,* V, éd. E. Dümmler, 1899. [dorénavant *MGH*].
2. Tome 104.
3. *Agobardi Lugdunensis Opera omnia,* éd. L. Van Acker, Turnhout, 1981 (*CCCM* 52).
4. Le texte de l'édition suivie étant divisé en seize paragraphes, chacune de mes références comportera deux numéros, celui du paragraphe (en chiffres romains) et celui de la ligne ou des lignes à l'intérieur de ce paragraphe.

plutôt que comme un véritable traité »[1]. Il est donc normal qu'il commence par une « narration », la *narratio* de la rhétorique latine, « partie du discours qui contient l'exposé des faits »[2]. Elle constitue le premier paragraphe de l'ouvrage. En voici les grandes lignes, traduites pour une part, résumées pour une autre: « En nos régions, presque tous les hommes, nobles et non nobles, citadins et paysans, vieux et jeunes, pensent que grêles et coups de tonnerre peuvent se produire au gré des hommes. Ils disent en effet, dès qu'ils entendent des coups de tonnerre et voient la foudre, *aura levatitia est* » (I, 1-4). Agobard ajoute que si on leur demande ce que c'est que l'*aura levatitia,* ils confirment, avec des sentiments variés (gêne, mauvaise conscience, assurance), qu'à la suite d'incantations prononcées par des hommes appelés « tempestaires », le vent se lève, et l'on dit que c'est l'*aura levatitia* (I, 4-8). Ces quelques lignes appellent deux remarques incidentes.

D'abord à propos de la généralité de cette croyance, bien marquée par Agobard, et ce thème est repris un peu plus loin (« cette erreur qui si généralement en cette région possède les esprits de tous »; III, 1-2). Jacques Le Goff observe que dans le haut Moyen Âge deux cultures s'opposent sans communiquer entre elles, l'une cléricale et l'autre partagée par les laïcs de toutes classes, et relevant du folklore[3]. Le témoignage d'Agobard va bien dans ce sens.

Seconde remarque (de profane), à propos de la langue parlée à cette époque dans la région de Lyon. De ces trois mots, *aura levatitia est,* le verbe, *est,* passerait pour du latin s'il n'était pas précédé par les deux autres. *Levatitia* est absent des dictionnaires classiques de cette langue. *Aura* y est certes attesté, dans le sens de 'vent', mais plus précisément de 'vent doux', 'souffle léger', 'brise', par opposition à *ventus;* ainsi, chez Pline le Jeune: *aer frequentius auras quam ventos habet;* chez Cicéron: *ne minima quidem aura.* Dans notre contexte, il n'a évidemment plus ce sens, cela est confirmé par Agobard dans un autre passage, où il distingue *aura* de *levis flatus venti* (XI, 19-20). À son époque, celle même du Serment de Strasbourg (où Nithard distingue la *romana lingua* et la *teudisca lingua*), *aura* a déjà le même sens qu'il a dans les langues romanes modernes, telles l'italien ou l'espagnol, qui pour désigner un vent léger ont des mots voisins du mot français 'brise'. À la fin du XIIe siècle, le poète occitan Arnaud Daniel distinguera l'*aura amara* de l'*aura doutz,* et, dans ce contexte, le mot paraît avoir un sens générique. Quoi qu'il en soit, dans la bouche des contemporains d'Agobard *aura* signifie un vent qui s'accompagne de chute de grêle et de coups de tonnerre, et l'on est loin du sens latin du mot. Mais revenons au texte.

1. E. Boshof, *Erzbischof Agobard von Lyon. Leben und Werk,* Cologne-Vienne, 1969, p. 170 (cité par L. Van Acker, p. XXXIX).

2. Littré, *s. v.*

3. J. Le Goff, « Culture cléricale et traditions folkloriques dans la civilisation mérovingienne », *Annales E.S.C.*, (1967), p. 780-791 [repris dans J. Le Goff, *Pour un autre Moyen Âge,* Paris, 1977, p. 223-235].

Agobard fait suivre sa *narratio* d'un programme de travail où se révèle déjà sa méthode. Ou ce que l'on raconte des tempestaires est vrai, dit-il, ou cela est faux. Si c'est vrai, comme on le croit, il faut nécessairement le garantir (*probetur*) par « l'autorité des Écritures divines »; si cela est faux – et il affirme en être certain, il faut insister sur la grandeur du mensonge dont se rend coupable « celui qui attribue à l'homme l'œuvre de Dieu »; mensonge, puisque le faux est alors donné pour vrai. En fait, on est alors « garrotté » (*constringitur*) entre deux mensonges « mortifères et énormes » (*mortifera maximaque*), car on affirme que l'homme peut faire ce dont le pouvoir appartient à Dieu seul, et que Dieu ne fait pas ce qu'il fait. Que le mensonge soit une très grande faute est alors garanti par une série de textes scripturaires qui occupent deux tiers de ce premier morceau. Agobard convoque ici trois livres sapientiaux: Sagesse, Psaumes, Proverbes, et deux du Nouveau Testament: Apocalypse, Première épître aux Corinthiens; il pratiquera souvent cette variété des emprunts au cours du *De grandine.* Mais on retiendra surtout que, pour lui, la vérité du fait qu'il examine et qui, s'il était vrai, engagerait des conséquences théologiques majeures, ne serait pleinement garantie que si les Écritures en ménageaient la possibilité. C'est là un point de méthode qui suppose qu'elles contiennent, en clair ou implicitement, toute l'étendue possible de l'empirie; ou, dit autrement: ou bien elles mentionnent le cas ou plutôt un cas qui en serait voisin, ou bien elles fournissent des principes qui en autorisent ou excluent la possibilité. Tout un côté de sa démarche consistera, de fait, à étouffer sous des textes sacrés la croyance aux tempestaires; disons tout de suite que ce côté dogmatique n'est pas le seul, même s'il est le principal appui d'une démarche rationnelle ou tout au moins argumentative. Plus immédiatement, en qualifiant de mensonge la croyance aux tempestaires en tant qu'elle revient à attribuer à l'homme l'œuvre de Dieu, Agobard prépare un développement qui apparaîtra au paragraphe III. Mais auparavant, dans notre paragraphe II, il donne, sur l'activité de ces faiseurs de tempêtes, des précisions qui complètent sa *narratio.*

« Beaucoup de gens », continue donc Agobard, « croient et disent qu'il existe un pays (*regionem*) nommé Magonie d'où des bateaux viennent, dans les nuages, pour rapporter dans ce même pays des produits de la terre (*fruges*); des navigateurs aériens en paient le prix aux tempestaires et en reçoivent des céréales et autres produits » (II, 1-7; incidemment, Agobard insère dans son récit une première critique implicite, passant à l'indicatif dans un contexte au subjonctif, pour une remarque de bon sens: « les produits de la terre, qui sont détruits par la grêle et les orages », sous-entendu: où donc les tempestaires en trouveraient-ils à vendre?). Il ajoute avoir vu exhiber trois hommes et une femme, attachés, que l'on disait tombés de ces bateaux et que l'on voulait lapider; il a pu les sauver « après avoir beaucoup ratiociné » (II, 7-15). Ce préambule en deux paragraphes étant terminé, il entre dans le vif de son ouvrage: il commence par rappeler quelle sera sa méthode puis il énonce les graves implications théologiques de son sujet; tel est le double objet du paragraphe III.

Il y reprend, quant à la méthode, ce qu'il a déjà énoncé au paragraphe I: l'examen de cette erreur consistera à « présenter des témoignages des Écritures », ce sera donc la Vérité elle-même qui la combattra (III, 1-5). En ce point, un texte de la Première épître de Jean 2, 21 : *Omne mendacium ex veritate non est,* fait passer la qualification de la croyance aux tempestaires du registre de l'erreur à celui du mensonge; et l'analyse, d'une critique du témoignage (fût-elle encadrée de textes bibliques) à la théologie et même à l'ontologie. Ce cheminement passe par des versets tirés des deux Testaments (Jean, Exode, Job) : le mensonge, n'étant pas issu de la vérité, n'est pas issu de Dieu, puisque Dieu est *Qui est* (Ex. 3, 14) ; croire ou dire le mensonge est donc « tendre au non-être » (*tendit ad non esse*). Ce paragraphe III se termine par un long passage d'esprit augustinien, où Agobard raisonne sur la vérité et son essence, sur le mensonge qui « ne subsiste pas », et sur l'échelle ontologique qui descend du *verum* (ou *summum*) *esse* au *magnum esse,* et enfin au *nullum esse* – respectivement Dieu, le monde, le mensonge. Ce passage (III, 19-37) est le seul morceau spéculatif de tout l'ouvrage; il témoigne de la culture théologique et philosophique d'Agobard.

Au paragraphe IV, il passe à son thème central: prouver la fausseté de la croyance aux tempestaires. Pour donner un plus grand relief à son sujet, il le range dans un chapitre de théologie, ou d'hérésiologie, dépendant du développement précédent, et il accompagne la mention qu'il en fait du rappel de la méthode qu'il va employer. Je cite: *Videamus iam isti, qui opus divinum auctore homine fieri dicunt, utrum fulciantur aliqua auctoritate* (IV, 3-4) ; « Voyons si ces misérables, qui disent qu'une œuvre divine peut se faire en ayant un homme pour auteur, se fondent sur quelque autorité ». Bien entendu, on ne s'attendra pas à le voir citer des passages bibliques aussi didactiquement formulés; ces citations contiendront des mentions précises de ces « œuvres divines » que sont la grêle (surtout la grêle), le tonnerre... Mais elles seront ainsi exactement appropriées à l'erreur critiquée et, en la rangeant sous celle, plus générale, qui consiste à « attribuer à des hommes l'œuvre de Dieu », elles permettront de ruiner théologiquement la croyance aux tempestaires, puisqu'ils seraient précisément dans ce cas: agir dans le domaine réservé de Dieu. Nous allons voir comment cela fonctionne.

Les paragraphes IV et V exploitent le chapitre IX de l'Exode, où il est traité de la septième plaie d'Égypte – la grêle, précisément. Au paragraphe IV, Agobard cite d'abord le verset 18 : *En pluam hac ipsa hora cras grandinem multam nimis, qualis non fuit in Ægypto a die qua fundata est usque in presens tempus,* « Je ferai pleuvoir à cette heure même, demain, une grêle très abondante, telle qu'il n'en fut pas en Égypte depuis le jour où elle a été fondée, jusqu'à présent » ; c'est, et Agobard le marque, le premier texte des Écritures où apparaisse la grêle. Je résume le commentaire qu'il en fait. Dieu a dit qu'il enverrait la grêle lui-même, ce ne serait pas un homme qui le ferait : ni Moïse ou Aaron, des justes, ni les « enchanteurs des Égyptiens, les mages » (appelés ici de leur nom propre traditionnel), qui avaient rivalisé de prodiges avec Moïse. « Certes, commente Agobard, si un homme avait pu envoyer la grêle, Iamnès et Mambrès l'eussent fait... ; et ne peuvent le faire ceux que l'on appelle les tempestaires » (IV, 23-26). Cette argumentation applique un lieu rhétorique bien connu, le *locus a simili,* « lieu par le semblable » : « sur des choses semblables on porte le même jugement ». Les tempestaires ont une ressemblance avec les enchanteurs d'Égypte, on peut donc raisonner sur ceux-là selon ce que la Bible nous dit de ceux-ci.

Le paragraphe V est de la même veine, en plus complexe. Agobard cite d'abord Exode 9, 23-24 : *Extendit Moyses virgam in caelum, et Dominus dedit tonitrua et grandinem ac discurrentia fulgura super terram, pluitque Deus grandinem super terram Ægypti. Et grando et ignis mixta pariter ferebantur,* « Moïse tendit son bâton vers le ciel et le Seigneur envoya des coups de tonnerre et de la grêle, des éclairs qui couraient sur la terre ; et le Seigneur fit pleuvoir de la grêle sur la terre d'Égypte ; et la grêle et le feu mêlés étaient envoyés à parts égales ». Commentaire, en résumé : ce n'est pas Moïse, un homme, qui envoya la grêle, comme certains pourraient le dire ; or Moïse était bon et juste, ce que ne sont pas les tempestaires ; et, si des hommes étaient, comme Moïse, « auteurs de la grêle » (*auctores grandinis*), ce seraient des serviteurs de Dieu. Mais tous les textes sacrés montrent bien que l'auteur de la grêle, c'est Dieu seul, le Tout-Puissant. À ces deux passages d'un livre historique Agobard ajoute plusieurs versets tirés des Psaumes, d'un livre didactique donc ; il y est dit que Dieu a envoyé, ou envoie, ou enverra, de la grêle, de la pluie, du feu... Au-delà de ces répétitions, l'intérêt de ces textes est de redire que c'est bien Lui qui en est l'auteur ; et surtout, à partir du premier (Ps. 77,47-48), qu'Il peut prendre pour intermédiaires « des anges mauvais ».

Ainsi, dans ces deux paragraphes IV et V, Agobard, à partir de la Bible, confirme que Dieu seul est l'auteur des grêles et des pluies, mais aussi qu'Il peut y prendre comme intermédiaires des créatures, et l'Écriture en cite deux sortes : ses bons serviteurs, de mauvais anges ; il n'y manque en somme que les hommes mauvais, comme les enchanteurs d'Égypte et aussi les fameux tempestaires, dénoncés comme tels et destitués donc de ce pouvoir (V, 9-13). Il y manque aussi les bons anges, sans que leur absence soit notée ; sans doute les Écritures ne les montrent-elles nulle part dans cette fonction. Au paragraphe VI Agobard continue sa démonstration, en produisant un nouveau texte, tiré du livre de Josué, au chapitre X : il y est dit comment Dieu « envoya » des grêlons (*lapides grandinis*) sur des armées de rois coalisés contre Israël. « Il apparaît donc en ce lieu », dit Agobard, « que Dieu, sans que des hommes l'eussent prié, envoya de la grêle sur ceux qu'il avait jugés dignes de recevoir un tel châtiment ».

Il ajoute que « si des hommes mauvais, comme ceux que l'on appelle tempestaires, avaient pu faire cela, certes la grêle fût tombée sur les fils d'Israël et non sur leurs adversaires. Mais ce passage (*sententia*) montre très clairement que ne peuvent le faire ni les mauvais sur les bons, ni les bons sur les mauvais » (VI, 9-16). Cette remarque regroupe sous une formule décisive les enseignements qu'Agobard avait tirés des exemples précédents ; elle prend en compte explicitement la catégorie des hommes mauvais, et en matière de preuve cela paraît être le seul ajout aux données et réflexions des paragraphes IV et V. On observera cependant qu'Agobard est allé chercher un nouvel argument historique ailleurs que dans le Pentateuque. Quant à l'argumentation qu'il en tire, c'est encore une application du *locus a simili.*

Mais ce même paragraphe VI propose un autre lieu scripturaire tiré, lui, d'un livre sapiential, les versets 15 à 17 du chapitre 16 du Livre de la Sagesse ; il y est question de grêle, de pluie, de foudre, envoyées par Dieu sur les impies. Ce texte a un double rôle. D'une part, il contribue à l'exhaustivité des références sacrées d'Agobard, ajoutant de ce fait à l'effet de masse qu'il a certainement voulu créer – aspect qui a pu occulter la subtilité de son argumentation ; d'autre part, il a une fonction précise, à cette place, dans le cheminement de celle-ci, nous allons le voir en passant au paragraphe VII.

Ce paragraphe se divise visiblement en deux parties. La première (l. 1-24) prend appui sur le dernier passage biblique cité pour mettre en avant un autre détail, jusqu'ici peu évoqué, de l'action prétendue des tempestaires : faire tomber, non pas exclusivement ou presque, la grêle, mais aussi la pluie et généralement des eaux jusqu'alors inconnues – *novis aquis, et grandinibus et pluviis* – par lesquelles « le bras de Dieu flagelle les impies ». Cette nouveauté dans les textes amène un nouvel argument : si des hommes pouvaient amener de la grêle, les tempestaires pourraient aussi bien amener de la pluie, car personne n'a vu de grêle sans pluie ; donc, avec la grêle, la pluie et les tempêtes, accabler leurs ennemis quand ils sont sur la route ou dans les champs : certaines personnes disent en effet avoir vu des tempestaires concentrer en un seul point une pluie jusqu'alors dispersée (l. 4-14). On considérera que cette nouveauté est de peu d'importance, puisqu'elle n'ajoute qu'un détail au dossier des tempestaires ; d'autre part, le nerf de l'argument est encore une fois le *locus a simili.* Mais du même mouvement dans le texte, nous voici ramenés de l'histoire sainte au temps présent, aidés peut-être en cela par la formulation omnitemporelle du texte sapiential ; et, surtout, ce présent est aussi celui de l'enquête d'Agobard, que nous voyons ici se livrer à la critique d'un témoignage ; ce dernier point est, quant à la méthode, beaucoup plus important que le précédent. Voici : Agobard apprit, nous dit-il, que quelqu'un avait été témoin d'une telle initiative de la part des tempestaires. Après beaucoup d'efforts, il réussit à le rencontrer et le conjura de ne rien dire d'autre que la vérité ; l'homme « essaya de dire qu'il avait vu cela », puis finit par citer un nom, un moment, un lieu, mais avoua ne pas y avoir été présent lui-même. – Quant à la seconde partie de ce paragraphe VII (l. 25-51), elle consiste en la citation à peine commentée de deux longs passages de l'Ecclésiastique (le Siracide) ; leur seul intérêt pour le progrès de la démonstration est de mettre en jeu après la Sagesse un autre des « livres didactiques ».

Le paragraphe VIII n'a guère d'autre fonction que de reprendre et compléter la liste des phénomènes énumérés dans les paragraphes précédents et spécialement dans le dernier ; on y voit donc défiler, dans un développement d'allure oratoire, l'arc-en-ciel, la neige, les nuages, les vents, le gel… (l. 1-11). Et tout cela, ajoute Agobard, se fait dès que Dieu parle (*ad sermonem Dei*), sans qu'Il ait besoin d'un auxiliaire humain (*adiutor homo*), sinon peut-être des « saints », qui l'ont obtenu de Lui et l'obtiendront (l. 14-15 ; noter ce verbe au futur, qui semble réserver la possibilité que reprennent des faits qui ont eu lieu au cours des temps bibliques). Plusieurs de ces saints ont fermé le ciel pour qu'il ne pleuve pas, changé les eaux en sang, frappé la terre de toute plaie (*plaga*), comme l'ont fait Moïse et Aaron – cela est un rappel des paragraphes IV et V. « Aucun autre », ajoute Agobard, et cela exclut notamment les tempestaires, « n'envoie la grêle pendant l'été, sinon celui qui envoie les neiges pendant l'hiver : car la raison de ces deux choses est que cela se fasse quand les nuages s'élèvent en ces deux saisons plus que de coutume » (l. 18-20).

En même façon, le paragraphe IX fait reparaître une liste de météores dans un texte emprunté cette fois au livre de Job. On peut se demander si sa fonction n'est pas de saturer ainsi le côté scripturaire de l'argumentation, après qu'Agobard eut puisé au Pentateuque, aux livres historiques, aux livres didactiques, au Nouveau Testament. Y apparaît au passage une reprise rapide des thèmes de l'*homo iniquus* (l. 9) et des saints qui commandent aux éléments selon la volonté du Créateur, « non par un pouvoir propre ou contraire » (l. 20-27). Le très court paragraphe X (quatorze lignes) peut passer pour un jeu formel dans le procédé agobardien. En citant un passage de l'épître de Jacques (Iac. 5, 17), qui propose l'exemple du prophète Élie (III Rois, I Rois selon l'hébreu, chapitres 17-18) qui prie pour faire cesser la pluie pendant trois ans et demi puis la fait revenir en priant, Agobard emboîte en quelque sorte l'Ancien Testament dans le Nouveau.

On peut parler aussi de jeu formel à propos du paragraphe XI, plus fourni que le précédent. Agobard y tire du premier livre des Rois (I Samuel selon l'hébreu) l'exemple de Samuel, qui fait pleuvoir « le jour de la moisson du blé » pour punir les fautes d'Israël (I Sam. 12, 16-19). – Nous observerons que ce cas est symétrique, en positif, de ce que les tempestaires sont censés faire en négatif, quant au but (leur but est mauvais, celui de Samuel : réformer Israël, est bon) et quant au moyen (Samuel « invoque le Seigneur », les tempestaires sont censés agir par un pouvoir mauvais qui leur serait propre). Mais reprenons le texte d'Agobard : les Israélites, qui se sont conduits en pécheurs, « demandent l'intercession du saint prophète » ; « nos semi-fidèles » disent *levatitia aura est* quand ils entendent tonner et que s'élève « même un léger souffle », et ils prononcent des malédictions (« Maudite soit cette langue, qu'elle se dessèche, on aurait dû la couper, celle qui fit cela » ; l. 16-22). Ce double contraste appelle un dernier développement : ce pécheur (le tempestaire), à supposer qu'il existe, n'a pu faire se lever le vent, parce que : – il n'en a pas le pouvoir ; – il ne peut commander aux mauvais anges, qui d'ailleurs, eux non plus, ne l'ont pas ; – il n'en prie pas le Seigneur, puisque les tempestaires pensent que cela se fait par des prestiges mauvais et non par la volonté de Dieu, dont d'ailleurs ils n'obtiendraient rien, puisqu'ils sont des iniques. Ainsi, Agobard a construit ce paragraphe sur des jeux de contradictions. On observe que, outre le nombre croissant des livres saints auxquels il puise, sa réfutation se fait de plus en plus complexe.

Les paragraphes XII et XIII forment un ensemble, au vu de leurs premiers mots, respectivement : *illo praeterea tempore* (XII, 1) et *nostris quoque temporibus* (XIII, 1). En XII, Agobard emprunte au troisième livre des Rois (I Rois selon l'hébreu) ses chapitres 17 et 18. C'est la sécheresse sur la terre d'Israël, le roi Achab dit au régisseur de sa maison, Abdias, de chercher où l'on pourrait trouver de l'eau. Pourquoi, demande Agobard, n'a-t-il pas demandé aux tempestaires de faire se lever la tempête et les *auras levatitias* pour arroser la terre ? Jusqu'ici Agobard partait des faits anciens pour appeler le cas des tempestaires ; ici, de sa propre autorité, il fait remonter leur existence aux temps de l'histoire sainte. Il transpose son argumentation au plan de la généralité historique, bien en deçà de sa *narratio* initiale. Cette transposition, il est vrai, se préparait dès le début de sa réfutation, et se poursuivait dans tous les paragraphes où il cite des livres historiques et exploite le *locus a simili.* Ici, la chose éclate : Abdias aurait pu s'adresser aux tempestaires, on ne se demande même pas s'il en existait. En outre, Agobard lie, pour la validité de son procédé argumentatif, la situation aux temps bibliques et celle de son siècle afin de revenir à celle-ci au paragraphe XIII.

« De nos temps aussi », donc, il arrive que les paysans ne peuvent semer à cause de la sécheresse : que ne demandez-vous aux tempestaires d'envoyer les *auras levatitias ?* Or, vous ne l'avez jamais fait, vous ne l'avez jamais vu faire, ni ne l'avez entendu dire (XIII, 1-7 ; sur le dernier point voir VII, 15-24, comme on s'en souvient). Et Agobard d'enchaîner, aussitôt après cette adresse rhétorique, sur l'histoire de Job. Il avait fait mention de ce livre au paragraphe IX, ici il lui consacre – résumé et commentaire – une page entière (l. 9-23, 24-38) ; au passage, une allusion à la seconde épître aux Corinthiens (12, 7), sans autre utilité apparente que de rappeler le lien entre les deux Testaments. Puis, et l'on revient ici au thème central de l'ouvrage, il cite un long ensemble de textes empruntés tous au chapitre 38 du livre de Job, où Dieu demande à celui-ci : *Où étais-tu quand je posais les fondements de la terre* etc. (l. 42-55). Dieu rappelle quelle fut son œuvre organisatrice de la terre, du cosmos, et en particulier des météores : y apparaissent la foudre et le tonnerre, « les trésors de la grêle » (*thesauros grandinis*), la grande chaleur (*aestus*), plusieurs rappels de la pluie (*imbri, ut plueret, pluviae pater, stillas roris*) et du gel. Nul commentaire ne suit cette citation, il suffisait d'avoir confirmé une nouvelle fois par l'Écriture que le seul maître de la pluie est Dieu.

Le paragraphe XIV (l'antépénultième du *De grandine*) pourrait s'écrire sur deux colonnes. Agobard y pose une question de fond, suffisante en principe : puisque Dieu possède « les trésors de la grêle », où les tempestaires les ont-ils trouvés, alors que Job lui-même ne les a pas vus (l. 3-6) ? Et il résume en quatre moments le discours de Dieu dans ce chapitre du livre de Job, en lui mettant en regard, à quatre reprises, celui que tiennent de fait ceux qui croient aux tempestaires ; à chaque fois, c'est d'un côté *Dominus,* « le Seigneur », et de l'autre *isti,* « ces gens-là ». Voici donc :

> – le Seigneur demande à son serviteur fidèle (c'est Job) qui donc a « fait courir la pluie » et « donné passage à l'orage » ; ces gens-là nous montrent de petits hommes (*homunculos*) dénués de sainteté, de sagesse etc., qui disent pouvoir faire venir pluies, tonnerre, *levaticias auras* (l. 7-12) ;
> – le Seigneur dit qu'Il a préparé ces divers phénomènes « pour le temps de l'ennemi, c'est-à-dire pour la vengeance » ; ces gens-là disent que ces ennemis mêmes ont puissance sur ce que Dieu dit avoir préparé pour se venger de ses ennemis (l. 13-20) ;
> – le Seigneur se dit « le père de la pluie » et confirme qu'Il a engendré le gel qui vient du ciel ; ces hommes méprisables disent qu'ils ont une grande part à cette distribution (l. 21-23) ;
> – le Seigneur nous donne à admirer que les eaux durcissent comme pierre ; si cela se produisait au gré de ces misérables, il n'y aurait rien à admirer (l. 23-26).
> – Ces symétries rappellent par leur allure le texte du paragraphe XI.

Le paragraphe XV renoue en quelque façon avec les paragraphes I et XIII : il commence, ou peu s'en faut, par les mots *in plerisque locis* (l. 2), en écho avec le *in his regionibus* qui ouvre le traité ; et, dans le champ du *nostris quoque temporibus* du paragraphe XIII, il complète la *narratio* initiale par quelques données ou précisions nouvelles. Dans la plupart des endroits, dit Agobard, certains misérables disent ne pas savoir amener la tempête, mais savoir en préserver ; les habitants du lieu leur ont attribué une proportion de leurs récoltes à leur donner et ils appellent cela le *canonicum.* Beaucoup de gens qui, malgré sermons et exhortations, ne donnent jamais la dîme à leurs prêtres ni ne font l'aumône aux veuves, orphelins et autres indigents, d'eux-mêmes, séduits par le diable, versent le *canonicum* à leurs prétendus défenseurs (l. 1-12). Ils « mettent en eux l'espérance de leur vie » et Agobard y voit « la plénitude de l'infidélité », car cela revient à diviser la foi et l'espérance : une part en Dieu, une part en les hommes (l. 13-28).

C'est sur cette note théologique que s'achève la présentation, analyse et réfutation de la croyance aux tempestaires. Le paragraphe XVI et dernier en est une sorte d'appendice, consacré à une superstition analogue, qui s'était répandue « il y a peu d'années », dit Agobard, à propos de la survenue d'une mortalité qui frappait les bovins. On disait que des hommes avaient été envoyés par le duc de Bénévent, ennemi du « très chrétien empereur Charles », pour répandre une certaine poudre dans les champs et les montagnes (les mentions de cette épizootie et de la guerre entre Charlemagne et le duc de Bénévent sont les deux indicateurs historiques qui permettent de dater de façon approximative la rédaction du *De grandine*[1]). Beaucoup de gens soupçonnés d'être de ceux-là avaient été arrêtés, certains exécutés par noyade. Chose étonnante, dit Agobard, ils témoignaient contre eux-mêmes, disaient qu'ils avaient une telle poudre et la répandaient, sans être effrayés par la torture et par la mort, étant sous le pouvoir du diable (l. 1-14). « Peu de gens », continue Agobard, « voyaient l'absurdité de tout cela. On ne se demandait pas de quoi pouvait être faite une telle poudre qui faisait mourir les bœufs et non d'autres animaux ; comment elle pouvait être transportée à travers des pays si grands que des hommes n'auraient pu les en saupoudrer, même si tous les Bénéventins, hommes et femmes, vieux et jeunes, étaient sortis de chez eux avec chacun trois chars chargés de poudre. Ainsi, des chrétiens ont cru à des choses tellement absurdes, dont on n'aurait jamais pu persuader des païens, ignorants du Créateur de toutes choses » (l. 15-25) ; et il ajoute : « Nous avons exposé ce fait à tous, parce qu'il ressemble à celui dont nous parlons et qu'il pouvait apporter un exemple d'une vaine séduction et d'un véritable manque de bon sens » (l. 25-27). Ce propos conclusif témoigne du même sens critique qui se manifeste en plusieurs endroits du *De grandine,* et qu'une lecture trop rapide pourrait seule faire négliger.

Agobard travaille sur ce que nous appelons aujourd'hui une rumeur : un récit répandu, tenace, qui n'a de substance que dans son énonciation même et dans la foi qu'y ajoutent ceux qui le répandent et certains de ceux qui l'entendent. Il manque à un tel récit ce qu'il prétend signifier : du visible et du palpable. Agobard en a fait l'expérience : tel, qui s'en faisait le garant, finit par avouer qu'il a seulement entendu quelqu'un qui disait avoir été témoin du fait. Les tempestaires sont toujours ailleurs que là on l'on en parle : symptôme typique de la rumeur.

Mais une rumeur a toujours quelque effet et, en l'occurrence, elle a de quoi inquiéter un évêque ; si des hommes pouvaient provoquer des tempêtes, ils auraient sur la nature un pouvoir qui les ferait rivaux de Dieu, ils seraient des sorciers, des alliés du diable (on notera cependant que le nom *diabolus* apparaît peu dans le *De grandine :* trois fois en XIII, mais en marge de l'histoire de Job ; une fois en XV, mais pour critiquer l'étrange *canonicum ;* rien ici qui concerne

1. Voir L. Van Acker, *op. cit.*, p. XXXVIII-XXXIX.

la sorcellerie). Agobard doit donc éliminer la folle croyance. Il manie deux armes : de temps à autre un bon sens rafraîchissant dans ce torrent de versets et de malédictions ; sa seconde arme est une érudition biblique et théologique massive, accompagnée de commentaires abondants.

Or cette masse est très soigneusement répartie ; nous avons vu Agobard attentif à distribuer ses citations selon leur ordre dans l'ensemble des Écritures ; les lier l'une à l'autre, et l'un à l'autre les deux Testaments ; organiser ses commentaires avec un grand sens de la forme. Sa technique argumentative se limite à la topique, plus spécialement à l'usage du *locus a simili ;* mais disposons-nous d'un autre instrument pour, comme l'on dit, tirer les leçons de l'histoire ? Or ici, l'histoire est celle du salut, divinement révélée, définitive donc et ne souffrant que la seule analyse textuelle.

Il reste une question, qui ne se pose pas pour les autres écrits d'Agobard : déterminer qui étaient les destinataires de ce *De grandine ;* ce n'étaient sûrement pas les hommes et les femmes, nobles ou non, mais incultes, qui croyaient à l'existence des tempestaires ; non plus sans doute des clercs des divers ordres – peut-être, pourtant, certains d'entre eux ? Est-ce vraisemblable ? D'autre part, on a vu au passage que la nature de cet ouvrage se distinguait mal ; il est, en effet, trop éloquent pour un traité, trop savant pour un sermon [1], trop développé et détaillé pour simplement éliminer, fût-elle répandue, une superstition de nature paysanne. Qu'en pensent les historiens de la littérature ? Dans son *De grandine,* l'évêque Agobard ne se révèle-t-il pas être aussi, tout simplement, un auteur ?

1. La question de la nature précise du *De Grandine* (traité ou sermon ?) sera abordée, dans l'introduction du volume à paraître aux « Sources chrétiennes », par une contribution de Gisèle Besson, d'après l'étude de certains faits de langue. Le *De grandine* sera inclus dans le volume, en préparation sous la dir. de Michel Rubellin, qui rassemblera des traductions françaises de plusieurs ouvrages d'Agobard.

Chapitre VIII

TOURNURES, PROVENANCES ET DÉFAILLANCES DU DIRE TROIS TEXTES DU XIIe SIÈCLE *

La sentence d'Hilaire qui nous est proposée est rangée sous un titre qui évoque le sens des mots : *De verborum significatione.* Elle-même parle du langage et de la chose, du dire et de ses motifs et d'abord de l'*intelligentia,* du « comprendre ». Comprendre des écrits : le Moyen Âge tout entier a tendu vers cela, lui dont la vie spirituelle notamment n'a cessé de puiser dans des livres ; époque de lecture, époque grammairienne où la théologie fait corps avec la grammaire qui est la science des mots et des sens, des images aussi et des sentiments que leur arrangement fait naître. Les codes sacrés et profanes sont-ils plus immédiatement intelligibles que les livres saints, c'est là un problème pour les juristes. Toujours est-il que tout ce qui est écrit, fixant ce qui a été dit ou qui aurait pu l'être, introduit pour toujours dans les entrelacements des circonstances des énoncés sujets eux aussi à la grammaire. Moment fondateur du Moyen Âge savant, le XIIe siècle est aussi celui où s'ordonnent les grandes collections canoniques. De tous ces points de vue on peut s'arrêter sur quelques exemples éminents : comment on y concevait généralement la lecture des textes, ses difficultés et ses méthodes.

I

Nous lirons d'abord une page tirée du *Metalogicon* de Jean de Salisbury. Cet ouvrage a été écrit au cours de la cinquième décennie du XIIe siècle ; il a pour sujet principal le *trivium,* c'est-à-dire ceux des « arts libéraux » qui concernent le langage : d'où le nom d'*artes sermocinales* (arts du langage, précisément) qui leur a été donné. Ce sont la grammaire, la rhétorique et la dialectique, présentées selon les

* « Tournures, provenances et défaillances du dire. Trois textes du XII e siècle », publié dans *Travaux du Laboratoire Européen pour l'Étude de la Filiation,* 2. *Du pouvoir de diviser les mots et les choses,* édités par Pierre Legendre, Bruxelles, Émile Van Balberghe Librairie et Yves Gevaert Éditeur, 1998, p. 57-69.

auteurs, soit dans cet ordre, soit avec une interversion des deux dernières citées. La façon dont Jean de Salisbury reprend ce sujet souvent traité avant lui est originale à deux titres au moins : d'abord à cause de son style, brillant et souvent difficile, le style d'un amateur du beau latin, d'un véritable humaniste ; ensuite parce qu'il fait une large place à ceux des traités de l'*Organon* d'Aristote qui avaient été traduits assez récemment à l'époque où Jean travaillait à sa rédaction. C'est ainsi que le livre I traite surtout de la grammaire et un peu de la rhétorique ; que le livre II introduit longuement son lecteur à la dialectique et que les livres II et III intègrent le contenu ou l'esprit des *Catégories,* des *Analytiques premiers* et *seconds,* des *Réfutations sophistiques.* On voit ainsi comment un cadre pédagogique classique, issu d'une tradition antique appauvrie et passablement reconstruite, craque sous l'afflux de contenus nouveaux ou renouvelés : cas particulier d'un processus qui constitue l'une des originalités de ce siècle alerte. Cependant le passage que nous allons analyser ne ressortit pas à la « nouvelle logique » (*logica nova*) mais à la grammaire, discipline cultivée de plus longue date. Elle avait conservé son programme traditionnel où figuraient non seulement la morphologie et la syntaxe, mais aussi l'étude de la manière d'écrire et de ses subtilités. Il revenait ainsi au grammairien de savoir et d'enseigner « que la connaissance des figures est des plus utiles », *quod figurarum perutilis est cognitio :* tel est précisément le titre du chapitre 19 du livre I[1]. *Figura* est parmi les mots techniques qui apparaissent dans ce chapitre ; il est la traduction du grec *skhèma,* présent ici sous sa forme latinisée *scema*[2]. Citons encore deux termes : *tropus,* « trope », décrit comme une figure qui modifie le sens des mots[3] ; et *translatio,* qu'on peut traduire par « transfert de sens ». C'est autour de l'examen de ces mots ou plutôt des effets de langage qu'ils désignent que s'organise ce chapitre. Il se divise en une partie didactique : définitions et préceptes d'écriture (19, 2-20), et une partie qui développe la méthode de lecture résultant des indications données dans la première (19, 20-32).

Donc, le grammairien doit étudier les tropes définis ainsi qu'on a dits et dont Jean donne trois exemples : la métaphore, la métonymie, la synecdoque[4]. L'usage doit en être exceptionnel et réservé aux gens les plus compétents (*eruditissimis*) ; de même, si l'on veut risquer une *translatio* il faut veiller à ce qu'elle ne soit pas

1. *Ioannis Saresberiensis Metalogicon,* Ed. J.B. Hall. Turnhout, Brepols, 1991, p. 44-46. Les références seront données selon le principe adopté dans cette édition, c'est-à-dire par le numéro du chapitre (ici du livre I) et des lignes à l'intérieur de ce chapitre.

2. *Scemata quae figurae interpretantur* ; 18, 27-28.

3. «…Tropos, id est modos locutionum, ut cum a propria significatione ex causa probabili sermo ad non propriam trahitur significationem » ; 19, 2-4.

4. *Metaphora, metonomia, sinedoche* ; 19, 4. Il est remarquable de voir énumérés ici les trois tropes fondamentaux dont on rapporte ordinairement à Fontanier la détermination sinon l'invention ; voir G. Genette, dans son introduction à P. Fontanier, *Les Figures du discours.* Paris, 1977, p. 14 : « À l'énumération désordonnée de Dumarsais succède une division en trois genres-espèces fondamentaux : métonymie, synecdoque, métaphore. »

forcée (*dura*). En effet « la meilleure qualité du discours est d'être clair et facile à comprendre, et la justification des figures (*scematum*) est la nécessité ou l'ornement », qui « compensent » les accrocs que l'on peut faire à la promesse implicite du langage : exprimer la pensée (*ut explicet intellectum*). Jusqu'ici nous avons sous les yeux la leçon d'un maître de grammaire au sens des anciens, et des médiévaux encore, qui y plaçaient l'étude du style : Jean se met du côté du locuteur, ou du scripteur, astreint à des règles précises auxquelles il faut initier l'étudiant. Mais évoquer l'expression de la pensée c'est du même coup faire apparaître le second des personnages engagés dans la relation de langage : l'auditeur, ou le lecteur. Alors le développement bascule, Jean passe de son côté pour rappeler qu'il peut être empêché de comprendre par les figures, les tropes, qu'utilisent les orateurs, voire par des sophismes. À cette énumération il ajoute une dernière cause de malentendu : « la diversité des considérations (*rationum*) qui préexiste dans l'esprit du locuteur et dont la connaissance ouvre la voie à une compréhension exacte » de ce qu'il dit [1]. Nous voici alors dans une perspective nouvelle, celle de l'interprétation. Perspective certes plus universelle que la précédente si du moins on retient le contexte didactique du livre – il peut y avoir moins de gens qui parlent que de gens qui écoutent mais il y a encore moins d'écrivains que de lecteurs ; et surtout voici que surgit la phrase d'Hilaire autour de laquelle tourne notre commune réflexion : « puisque, comme dit Hilaire, la compréhension doit être tirée des motifs du dire » [2]; ou du moins la première partie de cette phrase.

À partir de cette citation nous ne sortirons pas de ce thème exégétique. Dès le début de cette seconde partie du chapitre, Jean note qu'à défaut d'un examen attentif de ces « motifs du dire » et si l'on s'en tient « à la surface seule des propos énoncés (*dictorum superficiem*) sans considérer l'état d'esprit des énonciateurs (*dicentium mentes*), on verra les pères se quereller et les évangélistes se contredire » (19, 21-23). Ce peut être parce qu'il vient de citer Hilaire que Jean mentionne ce domaine spécifique de l'analyse des textes : l'Écriture, les écrits patristiques ; plus vraisemblablement il tient à étaler tout l'enjeu de l'alternative qu'il ouvre : ou bien l'on étudie sérieusement la grammaire, ou bien la foi s'expose à vaciller. Et de s'étonner que tant de ses contemporains négligent d'étudier les figures et les règles du langage alors que tant de traités anciens sont disponibles [3]. Vers la

1. «… Rationum diversitas quae praejacet in animo dicentis, et rectam intelligentiae cognita parat viam » ; 19, 18-20.

2. 19, 20-21. Jean cite ailleurs cet adage avec une pointe d'humour, après avoir rapporté une théorie grammatico-philosophique de Bernard de Chartres : « Il ne m'appartient pas de disputer personnellement de telles choses, car je sais que la compréhension doit être tirée des motifs du dire » ; III, 2, 48-50.

3. Il cite les deux grands grammairiens antiques : Donat, avec son commentateur Servius, et Priscien ; leurs relais prémédiévaux et médiévaux : Cassiodore, Isidore, Bède ; puis à part des autres, Quintilien, référence obligée en matière de rhétorique. Les vues pessimistes de Jean sur la culture de ses contemporains s'expriment dès le début du *Metalogicon*, dans les fameux chapitres (I, 1-6) sur l'énigmatique Cornificius – chapitres que suit un « éloge de l'éloquence ».

fin du chapitre quelques lignes résument avec une précision suffisante les règles auxquelles doit se plier une analyse sérieuse des textes : « Il faut scruter avec une grande attention la signification des mots, examiner intelligemment ce que tel mot implique soit par lui-même soit aussi du fait de ce qui lui est joint dans le contexte… Le *motif du dire* doit être apprécié relativement aux circonstances où cela a été dit, à la qualité de la personne et à celle des auditeurs, au lieu et au temps, et à d'autres points qu'un chercheur attentif doit prendre en compte [1]. » Ce programme pour une lecture correcte met en jeu les trois arts du *trivium* : la première phrase citée relève de ce que nous appellerions la sémantique et qui à l'époque est une combinaison de la grammaire et de la dialectique ; la seconde reprend librement les « circonstances » énumérées par la rhétorique classique [2]. Un examen lexical du chapitre y fait apparaître deux ensembles de termes récurrents : celui des mots qui concernent la parole et plus généralement le langage : *sermo, verbum* parfois, *dicere ;* et ceux qui concernent l'opération mentale de la compréhension : *intelligentia, intellectus, intelligere.* Il est remarquable que la pensée (*intellectus*) du locuteur ou scripteur ne soit évoquée qu'une seule fois [3], toutes les occurrences des mots de cette même racine – et singulièrement dans la phrase centrale d'Hilaire – impliquent la compréhension de l'auditeur ou lecteur. Corrélativement on constate que le mot *res,* « chose », ne figure pas dans ce chapitre : il n'y est pas question de passer d'un texte à la réalité qu'il peut éventuellement signifier, l'*intellectus* du locuteur ou scripteur n'est évoqué qu'en un sens très large qui ne suppose pas nécessairement qu'il ait saisi ce qu'il en est dans les choses. De même, et nous l'avons remarqué, Jean ne cite pas la seconde partie de la phrase d'Hilaire, celle où précisément figure le mot *res.* Cela paraît naturel dans un texte qui traite de la seule interprétation des mots et qui donc se place dans l'orbe de la dialectique et de la grammaire alors qu'est laissé à d'autres disciplines le soin d'examiner la nature des choses [4]. Puisque le locuteur est placé entre les choses dont il parle, correctement ou non, et l'auditeur à qui il souhaite transmettre ce qu'il en pense ; ou autrement dit puisque son discours constitue l'interface entre ces deux termes, seul le côté tourné vers l'auditeur

1. « Verborum autem significatio diligentius excutienda est, et quid sermo quilibet in se, quid ab adjunctis in contextu possit sollertius perscrutandum… Dicendi autem ratio pensanda est, ex circumstantia dictorum, ex qualitate personae, ex qualitate auditorum, ex loco et tempore, aliisque vario modo, apud diligentem exploratorem considerandis » ; 19, 43-49.

2. « Quis, quid, ubi, quibus auxiliis, cur, quomodo, quando » ; voir à ce propos le commentaire de Thierry de Chartres sur le *De inventione* de Cicéron, composé une vingtaine d'années avant le *Metalogicon* (*The Latin Rhetorical Commentaries by Thierry of Chartres.* Ed. K.M. Fredborg. Toronto, 1988, p. 52).

3. « Le langage a été institué pour exprimer la pensée » (*sermo institutus est ut explicet intellectum ;* 19, 13) ; cette phrase est citée plus haut, incomplètement.

4. *Cf.* I, 10, 8-9 : la logique traite du langage ou du discours ; I, 12, 9-11 : le *trivium* fait connaître « le sens de tous les mots » (*omnium vim verborum*) et le *quadrivium* « les secrets de toute la nature ». Nous verrons plus loin chez Abélard une conception plus précise de ces rapports entre arts ou sciences.

sera l'objet du grammairien ; à plus forte raison si un poète compose une fable. Reste encore, bien entendu, que le discours émis ne soit pas descriptif mais prescriptif : cas qu'on ne peut manquer de rappeler dans un contexte juridique mais dont Jean de Salisbury ne s'occupe pas ici – bien que l'absence du mot *res* dans sa citation écourtée puisse laisser sa place à un discours qui ne se donne pas pour une expression de la réalité déjà là. Son propos explicite est uniquement tourné vers ceci : comment comprendre ce qu'a voulu dire celui dont j'entends les propos ou dont je lis l'écrit, en écartant simplement par la pensée les parures qui recouvrent la simplicité idéale et naïve de l'expression ?

II

On aura remarqué que dans le passage que nous venons de lire Jean de Salisbury attire l'attention sur la signification des mots en tant qu'elle peut varier selon qu'on les considère en eux-mêmes, *in se*, dans un dictionnaire si l'on veut ; et d'autre part dans un contexte. Plus haut, dans les lignes qui suivent immédiatement sa demi-citation d'Hilaire, il notait que faute de prendre garde aux *causae dicendi*, aux « motifs du dire », on mettrait en conflit les pères et même les évangélistes. Ces mots pourraient être l'écho d'un ouvrage composé une vingtaine d'années plus tôt : le *Sic et non* de Pierre Abélard [1]. Cet ouvrage se divise en deux parties ; la plus volumineuse est un dossier de cent cinquante-huit articles dont chacun regroupe des passages tirés de la littérature patristique principalement mais aussi parfois de l'Écriture. Ces regroupements ont ceci de particulier que les textes rassemblés se contredisent : d'où le titre, qui signifie « oui et non ». Ce dossier a enflammé quelques imaginations, romantiques notamment, qui y ont vu la preuve qu'Abélard était un libre penseur ou tout au moins penchait vers le scepticisme [2]. Pour réfuter ce contresens il suffit de lire le prologue de cet ouvrage : loin de cultiver les contradictions entre les *auctoritates* Abélard y détaille la méthode qui permettra de les dissiper. Cette méthode met en jeu des moyens et des procédures fort divers : se méfier des apocryphes et des erreurs des copistes, tenir compte d'éventuelles rétractations des auteurs, vérifier si ceux-ci parlent en leur nom propre ou pour une raison ou une autre citent des doctrines qu'ils ne partagent pas ; et aussi se rappeler que la grâce a pu manquer parfois aux écrivains sacrés (aux « prophètes ») eux-mêmes. Voilà quelques-unes des recommandations qui concernent les

1. Voir C. Mews, *On Dating the Works of Peter Abelard*, dans *Archives d'histoire doctrinale et littéraire du Moyen Âge*, 52, 1985, p. 73-134 ; selon cet auteur les états successifs du *Sic et non* s'échelonnent entre 1121 et 1126.

2. Quelques exemples dans J. Jolivet, *Arts du langage et théologie chez Abélard*. 2e éd. Paris, Vrin, 1982, p. 340-341.

textes considérés en quelque manière de l'extérieur [1]. Plus intéressantes pour nous seront celles qui en concernent la teneur littérale et qui relèvent ainsi de l'exégèse de détail, principalement donc de l'analyse du langage : de ce point de vue Abélard sera sur le même terrain que Jean de Salisbury. Mais précisons aussitôt qu'il introduira d'autres considérations qui le feront plus proche d'Hilaire.

Abélard donc se conduit d'abord en « grammairien » : il rappelle que la compréhension peut être troublée par une expression rare (*inusitatus locutionis modus*), et le plus souvent parce que, les mêmes mots ayant des sens variés, tel mot peut être pris tantôt dans un sens tantôt dans un autre ; il se peut inversement que des mots différents signifient la même chose ; et encore, comme Priscien l'enseigne, la propriété d'un terme et l'usage qui en est fait peuvent différer et il vaut mieux dans ce cas se conformer à l'usage des gens que l'on veut instruire. Nous touchons ici le point où l'analyse s'infléchit et passe de la grammaire à l'herméneutique : l'intention d'instruire implique un face-à-face au moins intellectuel entre le locuteur ou le scripteur d'une part, les destinataires de l'autre. Par le biais de plusieurs citations d'Augustin, Abélard rappelle que l'élégance du propos et la propriété des termes doivent passer au second plan s'ils risquent de nuire à sa compréhension, et notamment si les destinataires sont des gens sans culture (*indocti*) [2]. Or ces principes qui doivent régler le discours, réciproquement ouvrent la voie à l'examen des textes : pour juger de ce qu'un auteur a voulu dire il faut considérer quelles étaient son intention et son attitude mentale au moment et dans la situation où il écrivait. On attend ici le texte d'Hilaire et sa référence aux *causae dicendi ;* on l'attend en vain car, curieusement, Abélard ne le cite pas. En revanche on trouve quelques pages plus loin un passage capital où il énumère ce à quoi il faut prendre garde quand on lit les écrits des pères si l'on veut les comprendre comme il convient – et donc ne pas juger éventuellement qu'ils sont en désaccord, puisque l'objet de ce prologue est d'éliminer cette éventualité ou plus exactement de la réduire le plus possible [3]. Il faut donc, en présence d'un passage donné, se demander si son auteur a prétendu y énoncer une vérité ou s'il s'est contenté d'y exprimer une opinion ; distinguer ce qui est formulé comme un précepte strict (*ad praecepti coartationem*), un adoucissement toléré (*ad indulgentiae remissionem*), une exhortation à se rendre parfait (*ad perfectionis exhortationem*). Dans le premier cas, celui du précepte, on se demandera s'il est général ou particulier ; dans le deuxième cas on distinguera les temps et les causes de la dispense,

1. Peter Abailard, *Sic et non,* , Chicago-London, Ed. B. Boyer and R. McKeon, 1976, *Prologus,* l. 44-175.

2. *Ibid.*, l. 11-43, pour tout ce début de paragraphe.

3. Si, toute recherche faite, la conciliation est impossible, il faudra apprécier les degrés d'autorité respectifs des auteurs, et à l'égard même des écrits des saints conserver la liberté de jugement à laquelle eux-mêmes nous autorisent (*Ibid.*, l. 249-329).

puisque ce qui en un temps est permis est défendu en un autre et que des dispenses ne peuvent être accordées que par exception. Et « ces distinctions sont particulièrement nécessaires en ce qui concerne les institutions des décrets ecclésiastiques et des causes ». Pour conclure, « on trouvera le plus souvent la solution des controverses si l'on peut démontrer que les mêmes mots ont été pris en des sens différents par des auteurs différents »[1]. On a dit que l'idée exprimée par cette phrase aura été « d'une fécondité inouïe dans l'histoire du droit canon et de la théologie »[2]. Abélard dans ce passage court mais décisif remonte de la variété des sens que l'on peut supposer ou constater dans des formules identiques à ce qui peut la fonder dans la production même du texte : les intentions et situations respectives des auteurs. L'objet universel des écrits des pères étant d'enseigner et l'enseignement devant se régler sur la capacité des auditeurs, on voit que cette méthode de lecture met en jeu tout l'exercice du langage, l'inclusion d'une sémantique concrète dans les temps, les lieux, les situations spécifiques des deux parties et leurs relations précises au moment de la composition du texte.

Nous avons observé plus haut que Jean de Salisbury citait Hilaire à moitié et ne disait rien du rapport entre les mots et les choses; et, récemment, qu'Abélard ne citait pas ce père mais que, prenant en compte les intentions des auteurs, il en était tout proche sur le fond. Il l'est encore si l'on complète la citation d'Hilaire par ce que Jean en avait négligé : « le discours est soumis à la chose et non pas la chose au discours ». Cette proximité reste implicite mais n'en est pas moins réelle. En effet en un autre endroit de ce prologue Abélard met l'accent sur l'intention, selon laquelle Dieu juge; il dit cela à propos de la distinction nécessaire entre le mensonge et le simple écart par rapport à la vérité qui peut résulter banalement de l'ignorance ou même d'un mouvement de charité[3]. Ainsi est introduite la considération de « la chose », absente du texte de Jean qui en décrivant le travail d'analyser des écrits et d'y apprécier l'emploi des mots laissait en blanc la question de leur rapport au réel. Dans un autre ouvrage Abélard décrit brièvement les relations de service réciproque entre la logique, qui a pour objet les noms, et la physique qui s'intéresse à leur rapport aux choses[4]. Ici, dans ce prologue, les mots « vérité », « vrai », reviennent souvent. Dans la conclusion « vérité » apparaît quatre fois en vingt lignes, dont

1. *Ibid.*, l. 176-187.

2. J. De Ghellinck, *Le Mouvement théologique du* XIIe *siècle,* Bruges-Bruxelles-Paris, 1948, p. 491.

3. *Sic et non, Prologus,* l. 209-248. On se rappelle que Jean de Salisbury avait fait allusion aux « circonstances » en des termes qui reprenaient la tradition rhétorique classique : voir *supra.*

4. La logique étudie « les impositions des noms », « ce qu'il faut comprendre en chaque mot » ; la physique recherche s'il y a accord entre la nature de la chose et ce qui en est énoncé ; les deux « disciplines » sont liées : *est autem alterius consideratio alteri necessaria* (Petrus Abaelardus, *Dialectica.* Ed. L.-M. De Rijk, Assen, 1956, p. 286^{31}-287^{5}).

une fois comme nom divin [1]. En elle-même sinon dans son contexte immédiat cette dernière occurrence peut sans doute suggérer ou du moins autoriser la convergence de deux sortes de formules, les énonciatives et les prescriptives, auxquelles il avait plus haut réservé une place. Quoi qu'il en soit nous avons vu que dès la première moitié du XIIe siècle ce prologue pose correctement la question de l'analyse des écrits et de l'évaluation des autorités en y faisant concourir des méthodes d'approche précises, qui, en-deçà même de la grammaire qui s'attache à l'écrit constitué, prennent en compte les conditions historiques et interpersonnelles de sa production [2].

III

Passons maintenant à un troisième et dernier texte. Il est dû à Gilbert de Poitiers (Gilbert de la Porrée) et est tiré de ses gloses sur le *De Trinitate* de Boèce [3]. Celui-ci dans le prologue de son opuscule s'est expliqué sur la difficulté de traiter un sujet aussi sublime et sur les raisons qui l'ont conduit à écrire dans un style dense et avec des mots inusités: « Ce faisant, dit-il, j'écarte tous les autres lecteurs, en ce sens que ceux qui n'auront pu avoir l'intelligence de mon texte seront par là même jugés indignes de le lire [4]. » C'est à cette phrase que Gilbert accroche un passage qui touche à notre sujet. Le plus souvent il amalgame en une phrase continue le texte de Boèce et sa propre glose. Parfois aussi il s'interrompt pour des excursus plus ou moins développés; le passage que nous allons lire en est un, rien n'y est de Boèce qui n'a guère ici fourni à Gilbert que l'occasion d'une analyse de la lecture des textes (*ad ea legenda,* avait écrit Boèce) et surtout de ses implications et de ses difficultés.

Il y a donc, dit Gilbert, trois instances: la chose (*res*), la pensée (*intellectus*), le discours (*sermo*); la première est conçue par la deuxième et signifiée par la dernière [5]. La *res* et le *sermo* constituent ainsi les deux extrêmes, leurs relations

1. *Sic et non, Prologus,* l. 330-350.

2. D'autres avant lui avaient rencontré ce problème et en avaient proposé des solutions parfois toutes proches de la sienne; mais le prologue du *Sic et non,* œuvre d'un logicien, est appuyé sur une élaboration dialectique et sémantique qui en fait un texte véritablement fondateur. Voir pour des analyses plus détaillées M. Grabmann, *Die Geschichte der scholastischen Methode,* Freiburg im Brisgau, 1909-1911, 2 vols; J. Jolivet, *Arts du langage et théologie chez Abélard, op. cit.,* p. 238-251; *Aspects de la pensée médiévale, Abélard. Doctrines du langage,* Paris, Vrin, 1987, p. 77-92.

3. *The Commentaries on Boethius by Gilbert of Poitiers.* Ed. N. M. Häring. Toronto, 1966, p. 67-68 (l. 55-74).

4. Boèce, *Courts traités de théologie,* Trad. fr. H. Merle, Paris, 1991, p. 127. Le texte latin est en appendice à l'édition citée *supra*, p. 369[16-17]: « Ceteros vero ita submovemus ut qui capere intellectu nequiverint ad ea etiam legenda videantur indigni. »

5. « Tria quippe sunt: res et intellectus et sermo. Res intellectu concipitur, sermone significatur »; p. 67 (l. 55-56).

respectives au moyen terme qu'est la pensée ne font qu'une des difficultés présentées par la lecture des textes. Il y a en effet entre ces trois termes une série de décrochements. D'abord « le langage ne peut représenter tout ce qu'est la chose et l'activité de l'intelligence ne peut rencontrer tout ce qui lui appartient, ni donc la conception tout en contenir » [1]. D'autre part le texte écrit reste en-deçà de la pensée de son auteur [2]. Ainsi la chose déborde la pensée qui elle-même déborde son expression, et tout cela dès l'origine même du discours, car Gilbert se place en ce moment du côté de son auteur : le texte produit est de deux degrés éloigné de la chose. De cette situation initiale résultent les diverses façons dont le lecteur peut ou doit se comporter à l'égard du texte. Ces comportements relèvent bien entendu de l'intelligence qui joint la *res* au *sermo* prononcé, entendu, écrit ou lu ; ou, comme le dit bien mieux Gilbert un peu avant de commencer son excursus, il faut distinguer « la pensée que produisent les écrits et celle à partir de laquelle ils sont produits » [3]. L'esprit du lecteur suivra donc le même chemin que celui de l'auteur, mais en sens inverse : il examinera la pensée de celui-ci en partant du texte et son opinion sur la chose ne pourra être fondée que sur ce que l'auteur en a perçu [4]. Mais il peut manquer son trajet de trois façons. D'abord en « négligeant ce qu'a pensé l'auteur et croyant que la teneur du texte (*significatio*) suffit pour juger de la chose » : c'est-à-dire en voulant sauter directement des mots à la chose. (Gilbert suppose ici, comme on le verra bientôt, que le texte n'offre pas de difficultés grammaticales ou logiques, ou qu'elles ont été résolues par les moyens que fournissent ces deux arts.) La faute consiste évidemment à oublier que la pensée de l'auteur s'interpose entre le langage et la réalité : erreur en somme d'un grammairien naïf qui croit que de l'une à l'autre il n'y a qu'un jeu de reflets, que les mots sont l'expression directe des choses. Dans le cas où des difficultés comme celles qu'on a évoquées se présenteraient on pourrait tomber dans une deuxième sorte d'erreur : alléguer (*afferre*) des interprétations qui s'accordent à la teneur du texte au lieu de produire (*referre*) celles qui s'accordent à la vérité. Nous pouvons voir ici une paresse intellectuelle qui se contente du verbalisme. La troisième erreur est, dirons-nous, celle des lecteurs attentifs certes à la pensée de l'auteur, mais trop

1. *Ibid.*, l. 56-58. Le langage est ici plus précisément le langage écrit (*sermonis nota*) : cela est naturel puisque les réflexions de Gilbert ont pour occasion le mot « lire » (*legenda*, voir *supra*) ; mais la distinction du langage écrit et du langage parlé est secondaire ici.

2. « Citra conceptum etiam remanet sermo. Non enim tantum rei significatione vox prodit quantum intelligentia concipit. Similiter et scripturae significatio ad auctoris sui conceptum se habet » ; *Ibid.*, p. 68 (l. 59-61). Pour la même analyse des rapports entre ces trois termes chez les Porrétains et plus spécialement Simon de Tournai voir l'article d'Irène Rosier dans *Travaux du Laboratoire Européen pour l'Étude de la Filiation, 2. Du pouvoir de diviser les mots et les choses*, éd. par P. Legendre.

3. «...Intellectu, non eo quem scripta faciunt sed eo potius ex quo facta sunt » ; *Ibid.*, p. 67 (l. 52-53).

4. *Ibid.*, p. 68 (l. 61-64).

dociles : ils pensent qu'il a énoncé tout ce qu'est la chose alors qu'au contraire il convient d'évaluer les textes à partir de ce qu'on peut concevoir [1].

À la lecture de ce résumé on peut mesurer la distance entre ces pages de Gilbert et celles de Jean de Salisbury et d'Abélard que nous avons vues précédemment. Gilbert n'effleure même pas les questions de grammaire qui occupaient la plus grande partie du chapitre du *Metalogicon :* il était certes renommé pour son grand savoir en matière d'arts libéraux, mais ils ne l'intéressent pas ici. Il ne s'occupe pas non plus des *causae dicendi,* comme ne dit pas Abélard tout en en soulignant l'importance pour la compréhension des textes et donnant ainsi un soubassement concret aux faits de sémantique évoqués par Jean. Du savoir classique Gilbert ne retient qu'un point, essentiel il est vrai : l'énumération des instances que le langage met en jeu, telles que les avait présentées Aristote au chapitre I du *Peri hermeneias* et qui sont le mot, la pensée, la chose. Théologien et donc lecteur des textes sacrés et des écrits des pères, il a pu méditer sur les problèmes d'interprétation, et la page que nous avons lue témoigne de la profondeur avec laquelle il les a conçus sans autres outils conceptuels que le seul que nous venons de dire. Le double dépassement – de la lettre par la pensée, de la pensée par la chose – est à l'origine de ces problèmes. Quand nous lisons que la pensée de l'auteur est l'indispensable intermédiaire entre la chose dont il traite et le texte qu'il nous offre, nous pourrions croire d'abord que Gilbert ne dit qu'une banalité. En fait, le système à trois termes qu'il décrit est bien plus complexe que cette formule simple ne le ferait croire. On doit bien selon lui passer de la lettre (*significatio*) à la pensée de l'auteur (*scriptoris conceptus*), mais réciproquement il faut apprécier le texte en fonction de cette pensée (*ex auctoris intellectu scripta dijudicare*). Une fois ces deux niveaux assurés (si possible) il faudra se tourner vers le chose (*referre quae veritati conveniant*) en sachant que la pensée ne peut la saisir totalement (*adusque rei plenitudinem intellectus nequit attingere*), et enfin à partir de cette saisie consciemment imparfaite évaluer la pertinence de l'écrit (*ex his quae concipi possunt scriptorum perfectionem metiri*) [2]. Dans ce complexe processus de lecture la pensée de l'auteur a bien, comme on l'a dit en commençant, la double fonction que lui assigne sa situation de moyen terme entre la chose qu'elle considère et le texte qu'elle produit. Mais du fait du double décalage que nous avons dit le texte est l'objet de deux appréciations à des niveaux différents : par rapport à la pensée de l'auteur, par rapport à la vérité de la chose. On part du texte, on y revient, il est occasion de pensée et objet de contrôle ; mais la fin et la norme est bien la vérité pour autant qu'on puisse l'atteindre. En effet le lecteur est pris dans un mouvement qui peut se décrire comme un triple cercle herméneutique : cercle philologique entre les

1. *Ibid.*, (l. 65-74).

2. Cette épure de l'analyse de Gilbert est fondée sur les l. 63-74 ; nous avons reclassé partiellement les données déjà résumées et modifié la lettre des passages latins cités, juste assez pour pouvoir les insérer dans notre texte sans longueur excessive ni incongruité syntaxique.

mots et la pensée, cercle philosophique ou théologique entre la pensée et la chose, cercle exégétique entre les mots et la chose.

Les textes que nous avons lus traitent bien tous trois de l'interprétation des écrits ou des dires, mais de façons fort différentes. Le dernier considéré, celui de Gilbert de Poitiers, analyse avec une minutieuse profondeur le processus qui fait aller et venir le lecteur entre la lettre et la vérité ; mais il ne dit rien des procédures qui permettent d'éliminer ou du moins de diminuer les risques de se fourvoyer sur ce chemin difficile. Jean de Salisbury désigne les figures que par simple désir de bien écrire un auteur peut laisser comme autant de pièges dans une page ; mais c'est uniquement la pensée de cet auteur qu'il s'agit pour lui de saisir : qu'elle soit vraie ou non, c'est une question autre. Le genre de l'écrit importerait peu si une allusion aux évangélistes (suivie immédiatement d'une citation des Proverbes) ne remettait cette page dans un horizon religieux. Pour Abélard au contraire il s'agit d'un genre de textes bien déterminé et fort important ; leur lecture doit mettre en jeu non seulement la connaissance, sobrement évoquée, de la rhétorique, mais aussi celle des situations historiques et des catégories juridiques pertinentes. Autant d'ouvrages et d'auteurs, autant de façons d'aborder la question fondamentale : comment, par quel décodage ou quelle analyse, passer de la lettre au sens, notamment quand la vie en ce monde et dans l'autre dépend de ce qu'on en aura compris ?

Chapitre IX

PLATONISME ET SÉMANTIQUE, DE BERNARD DE CHARTRES AUX PORRÉTAINS *

En trois endroits de son *Metalogicon* Jean de Salisbury fournit quelques données doxographiques sur Bernard de Chartres. On peut tirer de deux d'entre eux les grandes lignes d'une ontologie dont le détail n'apparaît pas clairement, car dans ces deux cas l'exposé la lie étroitement à celle de Platon dont elle ne paraît être qu'une reprise (aussi bien Bernard est-il présenté comme « le plus parfait des platoniciens de notre siècle »). Le troisième endroit associe étroitement l'ontologie et la sémantique ; il est donc au vrai le seul qui corresponde exactement à notre sujet. On ne peut pour autant laisser dans l'ombre les deux autres.

Le premier se trouve dans le chapitre consacré aux universaux (*Metal.*, II, 17), plus précisément dans la seconde partie, celle qui présente les doctrines des « partisans des idées » (*eorum qui rebus inhaerent*). Après avoir présenté brièvement celle de Gautier de Mortagne, Jean en vient au deuxième sous-groupe : « Celui-là soutient les idées (*ille ideas ponit*), en disciple de Platon et imitant Bernard de Chartres, et il dit que genre et espèce ne sont rien d'autre qu'elles » [1]. Le long développement qui suit cette phrase ne nous apprend rien de spécifique sur Bernard, se bornant à exposer la théorie platonicienne des idées telle qu'on peut la tirer notamment de Boèce et d'Augustin.

Le deuxième passage (*Metal.*, IV, 35) nous en dit davantage. Jean y résume d'abord la doctrine de Platon telle que l'expose le *Timée* commenté par Calcidius (dont le nom n'est pas cité) : « l'existence vraie » est « partagée en trois : Dieu, la matière, l'idée » ; à la matière « arrivent » (*advenientes*) des « formes apparues » (*formae nativae*) qui sont les images des archétypes. Puis Bernard entre en scène et c'est de lui qu'il s'agit jusqu'à la fin du chapitre, principalement pour une

* « Platonisme et sémantique, de Bernard de Chartres aux Porrétains », publié dans *Vestigia, Imagines, Verba. Semiotics and Logic in Medieval Theological Texts (XIIth-XIVth Century)*, edited by Costantino Marmo, Turnhout, Brepols, 1997, p. 9-18.

1. Jean de Salisbury, *Metalogicon*, éd. Webb, p. 93, 14-16 ; éd. Hall, p. 82, 47-49.

question de théologie : l'idée est éternelle, elle est « un certain effet » de Dieu, sans lui être coéternelle comme le sont les Personnes de la Trinité. Mais Jean commence cette présentation en citant quatre vers de Bernard qui nous intéressent directement :

> Je ne dis pas que 'est ce qu'il est' cela qui est fait de deux parties et comporte une forme enlacée à une matière ; mais je dis que 'est ce qu'il est' ce qui consiste en une seule d'entre elles : l'une, le Grec l'appelle *idea*, et l'autre *ilè*[1].

Ce sont là deux des trois principes, Jean les appelait plus haut *materia* et *idea*. À prendre le texte à la lettre ils s'associeraient directement pour constituer « ces êtres transitoires qui jamais ne persistent dans le même état mais s'évanouissent tels qu'une fumée », comme le dit Jean quelques lignes plus haut (éd. Webb p. 205, 2-5 ; éd. Hall p. 173, 19-21). Mais il disait aussi que Platon « niait que les idées se mêlent à la matière » – et cela, juste avant de qualifier Bernard de « platonicien le plus parfait »... Le troisième texte nous permettra de voir un peu plus clair dans cette difficulté.

Dans ce dernier passage (*Metal.*, III, 2) Jean parle, entre autres choses, des paronymes, *denominativa ;* ayant analysé la façon dont la ressemblance des formes verbales s'y associe à la proximité des significations et la symbolise, et en ayant donné deux exemples (*sic a bonitate bonus, a fortitudine fortis*), ayant résumé tout cela en termes techniques de la grammaire, il y ajoute un écho de l'enseignement de Bernard sur ce sujet :

> De l'avis de beaucoup les paronymes et ce dont ils dérivent signifient la même chose à titre principal mais par une consignification différente. Bernard de Chartres disait que *blancheur* (*albedo*) signifie une fille vierge ; *blanchoie* (*albet*), la même qui entre dans une chambre ou est couchée sur un lit ; *blanc* (*album*), la même encore mais déflorée. Pourquoi, parce que *blancheur*, affirmé simplement sans aucune participation d'un sujet signifie cette qualité même, à savoir 'une espèce de la couleur, qui divise la vision'(Aristote, *Topiques* III, 5, 119a30). *Blanchoie*, la même à titre principal, même si elle admet qu'une personne en participe : en effet si l'on examine ce que ce verbe signifie substantiellement (*pro substantia*) la qualité de blancheur se présentera, mais parmi les accidents on trouvera la personne verbale. Quant à *blanc*, il signifie cette même qualité mais infuse et mêlée à une substance et maintenant plus altérée en quelque façon puisque ce nom signifie substantiellement (*pro substantia*) le sujet de la blancheur, et qualitativement (*pro qualitate*) la couleur du sujet qui blanchoise[2].

Cette page se lit donc sur deux registres à la fois, l'ontologique et le grammatical. La présentation des paronymes dépend du chapitre I des *Catégories* aristotéliciennes, l'un des deux exemples de paronymie en est littéralement tiré ; l'autre, choisi par

1. J. de Salisbury, *Metalogicon*, *op. cit.*, éd. Webb p. 205, 24-25 ; éd. Hall p. 173, 38-174, 41.
2. *Ibid.*, éd. Webb p. 124, 19-125, 8 ; éd. Hall p. 106, 27-107, 42.

Bernard, lui est vraisemblement suggéré par Priscien : « album dicitur ab albedine » (*Inst.* VIII, vi, 29, p. 397). On aura noté que les deux occurrences du mot *persona,* dans l'analyse technique du rapport de dérivation, réfèrent l'une à la philosophie et l'autre à la grammaire. Nous voici donc bien en plein concours de l'ontologie et de la sémantique. Par comparaison avec l'épigramme citée un peu plus haut ce dernier texte ajoute un terme intermédiaire entre ce qu'on peut considérer comme une *idée :* la blancheur, et une *matière :* le sujet blanc. Cependant on se rappellera que ces vers, contredits ici ou du moins corrigés, suivent de peu la formulation précise d'une doctrine authentiquement platonicienne, celle des formes-images (nous y reviendrons) : celles-ci s'intercalent entre l'archétype et la matière comme *albet* entre *albedo* et *album.* On dirait volontiers que l'ontologie dualiste exprimée par les deux distiques a été assouplie et complétée par une médiation platonicienne et grammairienne sur la série des paronymes considérée comme signifiant une dérivation réelle. Mais il serait hasardeux de supposer quelque approfondissement théorique entre deux notices d'une doxographie assez pauvre malgré tout et qui n'implique de soi aucune chronologie, même relative. D'autre part et surtout nous disposons depuis peu d'un document beaucoup plus développé : des *Glosae super Platonem,* gloses sur le *Timée* récemment publiées et que leur éditeur, P.E. Dutton, a de fort bonnes raisons d'attribuer à Bernard de Chartres.

Dans son exposé mythique de la constitution de monde Platon est amené à traiter des rapports entre les archétypes qui servent de modèle au Démiurge, et ce réceptacle chaotique qu'est la *chóra.* Entre les deux il faut un intermédiaire – cela même qui nous semblait manquer dans les distiques de Bernard cités plus haut. Du texte de Platon retenons à ce propos un seul passage : « Les choses qui entrent en elle (la matière) et qui en sortent sont des imitations de réalités éternelles, des empreintes qui proviennent de ces réalités éternelles »[1] « Simulacra sunt vere existentium rerum », traduit Calcidius (p. 48, 9-10), qui dans son commentaire emploie ce même mot : « archetyporum exemplorum simulacra quae silvae obveniunt » (p. 323, 14). Surtout il y résume cette périphrase en deux formules : *species generata* (p. 324, 13 ; 330, 16-17) et *species nativa* (p. 336, 5) ; commentant *Timée,* 52a, il parlera aussi de « l'espèce seconde, qui vient à l'être » (*secundam speciem quae nascitur,* p. 335, 19). Dans son commentaire cela ne figure qu'en passant mais dans les *Gloses* de Bernard les formules équivalentes *species nativa, forma nativa,* se rencontrent souvent ; elles lui servent à exposer, outre ses explications du texte de Platon, une doctrine de la matière qui paraît originale en ce qu'il cherche à en réduire le plus possible la passivité ; doctrine complexe elle aussi, dans laquelle nous n'entrerons pas. On peut se contenter de quelques passages qui concernent directement notre sujet. Les *formae nativae* sont des images des idées (*simulacra sunt idearum quae verum esse habent;* p. 225, 191-92). Elles en proviennent : « in eam (*sc.* materiam) descendunt nativae formae »

1. Platon, *Timée, 50c* ; trad. L. Brisson, 149.

(p. 231, 354-55) pour produire les corps : « formae nativae venientes in hylen generant corpora » (p. 218, 9). On peut bien, après Platon, comparer la matière à une mère et le « monde archétype » à un père, mais il n'y a pas là d'union au sens plein du terme : « non quod ideae commisceantur hyle in efficientia sensilis, sed nativae formae, quae sunt imagines idearum » (p. 226, 200-227, 202). En cette phrase se résume l'ensemble de cette doctrine. On voit que celle-ci n'est pas exactement identique à ce que laissait présumer la doxographie du *Metalogicon* : nous n'avons plus ici deux termes, l'idée et la matière, comme dans l'épigramme ; et ce n'est pas « la même » forme qui se retrouve en trois états divers, comme dans le passage sur les paronymes – lequel, il est vrai, relevait moins de la philosophie pure que d'une sorte de grammaire supérieure. Toutefois une dernière citation des *Gloses* nous en rapproche : « Hyle, si igniatur, id est afficiatur formis hujus ignei fit ignis, id est igneum » (p. 227, 248-49). Cette phrase intraduisible a pour contexte une difficile théorie des éléments et de leurs archétypes ; elle concerne le rapport entre la matière qui devient « ignée », c'est-à-dire feu sensible, en recevant la forme du feu archétype, *purus ignis* comme Bernard dit plus bas. Retenons-en la séquence, dans tout ce passage, de la série des trois paronymes *ignis, igniri, igneum,* parallèle à la série connue *albedo, albet, album ;* le verbe au passif (*igniri*) y remplace un verbe à l'actif parce qu'il s'agit ici de la réception d'une forme et non de l'activité de celle-ci. [1] Pour le reste, la correspondance entre la série ontologique et la série grammaticale est rigoureuse. Les différences doctrinales que nous avons relevées peuvent s'expliquer de diverses manières, elles ne peuvent remettre en cause ce fait : Bernard de Chartres a posé les fondements ontologiques d'une sémantique. Entre l'archétype immuable signifié par le substantif, et le sensible passager signifié par l'adjectif, la *forma nativa* s'acquitte d'une médiation efficace et il lui correspond le verbe, à qui selon Priscien est dévolu de signifier l'action. Ces vues platoniciennes dégagent les implications philosophiques des trois lignes des *Catégories* consacrées aux paronymes.

Gilbert de la Porrée eut Bernard parmi ses maîtres ; il commenta les traités théologiques de Boèce. Le lecteur de ces commentaires voit progressivement s'en dégager une doctrine conçue, et pour une part formulée, en fonction immédiate du texte dont les phrases mêmes sont souvent intégrées morceau par morceau à celles du commentateur. Cette doctrine est trop connue dans ses lignes principales et trop complexe dans ses détails pour qu'on l'expose ici ; mais nous voudrions montrer que les éléments principaux de sa structure peuvent être repris en des termes caractéristiques de l'ontologie de Bernard. Jean de Salisbury dit que Gilbert « attribua l'universalité aux *formae nativae* » (*Metal.* II, 17 ; éd. Webb p. 94-95 ; éd. Hall p. 83, 85-86) ; cette expression ne figure pas dans son œuvre [2], les historiens

1. Pour la signification du verbe (*res verbi*) et sa situation dans la chaîne paronymique selon les grammairiens du XIIe siècle et Bernard de Chartres, voir Kneepkens 1992, p. 38.

2. Elle apparaît cependant dès le XIe siècle chez Pappias, voir Gilbert Dahan, *Éléments philosophiques dans l'*Elementarium *de Papias,* dans *From Athens to Chartres. Neoplatonism and Medieval Thought. Studies in Honour of Edouard Jeauneau,* ed. Haijo Jan Westra, Leyde, E.J. Brill, 1992, p. 225 et n. 25.

qui veulent l'y trouver sont contraints de juxtaposer des fragments de phrases dont l'un contient le nom *forma* et l'autre l'adjectif *nativus* (*-a*) : triste sort pour un syntagme. Mais s'il n'y est pas le concept y est bien, et d'autant mieux à sa place qu'il peut s'articuler, voire se confondre, à la doctrine boécienne de l'*esse* et du *quod est.* Tout ce qu'est un « subsistant », il l'est en vertu d'une « subsistance » : « subsistentia est substantia [...] qua solum subsistens est aliquid » (p. 135, 99-100), et celle-ci peut être dite une « forme », *forma* (p. 82, 1-4). L'ensemble des subsistances – génériques, spécifiques, « différentielles » (p. 262, 40) – constitue la « forme totale », complexe (*non simplex*) du subsistant (p. 90, 42-43). A chaque subsistant son « essence singulière » (*singularitas essentiae,* p. 145, 92) constituée par la « collection » des subsistances – pour Platon par exemple la *collecta platonitas* qui lui est rigoureusement individuelle tout comme le sont les accidents qui lui adviennent parce que ces subsistances le permettent : ainsi la *singularis albedo* de Platon (p. 273, 51-52). À part le mot *forma,* qui n'est pas vraiment un marqueur, rien de tout cela ne se trouve dans ce que nous connaissons de Bernard. Mais Gilbert en reprend la doctrine quand il dit que les formes dans les corps « ne sont pas les idées mais leurs images » (*non ideae sed idearum icones;* p. 100, 32) ; que « les idées sont dans les éléments comme les archétypes (*exemplaria*) dans ce qui est leurs images (*imagines*) » (p. 99, 5-6). Ces formes « sont conçues à travers une certaine propriété, qui est leur, de produire ou d'être produit (*per aliquam sui vel efficientem vel efficiendi proprietatem*) [...] Ainsi le blanc à travers la blancheur, et la blancheur à travers la nature qui consiste à faire blanc » (p. 245, 77-79). Ainsi donc l'efficience des formes, leur présence dans le sensible, leur rapport à l'idée : tout cela, nous l'avons lu dans les gloses de Bernard sur le *Timée.* La sémantique du nom élaborée par Gilbert symbolise avec cette ontologie. Sur ce point aussi, et pour les mêmes raisons avancées plus haut, nous n'irons pas plus loin que de rappeler la façon dont il analyse la double signification des noms. Soient les deux propositions : *homo est risibilis* et *homo est individuorum forma ;* « le nom *homme* signifie dans l'une de ces affirmations tout ce qu'il signifie dans l'autre : ce qu'on comprend (être) un homme (*id quod intelligitur homo*) et ce par quoi doit être un homme (*id quo debet esse homo*) » ; c'est-à-dire, respectivement, la *substance* et la *qualité* du nom (c'est la formule bien connue de Priscien qui reparaît ici, mais on se rappellera aussi et surtout la dernière phrase du passage de Jean de Salisbury sur les paronymes selon Bernard). La première proposition exprime non pas « ce par quoi est un homme », la qualité du nom, mais « ce qui par elle est un homme », la substance du nom ; inversement la seconde dit « ce par quoi est un homme », « la forme des individus », la qualité du nom (p. 296, 34-45). La même analyse vaut pour *album,* qui peut signifier aussi bien « ce qui est appelé *blanc* » – c'est la substance du nom – que « ce pour quoi il est appelé *blanc* » – c'est la qualité du nom (p. 297, 57-60). Donc, pour le nom d'un accident comme pour celui d'une substance, on exprime sa signification en des termes boéciens, l'*id quod* et l'*id quo;* autrement dit, le « subsistant » à qui le nom réfère et la

« subsistance » qui lui vaut d'être appelé de ce nom, ce à quoi il doit d'être ce qu'il est – ce que Gilbert appelle ailleurs la *subsistentia specialis* (p. 269, 46). Autant dire que *pro qualitate* le nom signifie une *forma nativa.* Le *Timée* n'a pas donné à Bernard l'occasion de raisonner sur le sens des noms, mais peut-être pourrait-on glaner dans les *Gloses* quelques endroits où ce sujet affleure ; on aura sans doute noté plus haut l'emploi du mot *igneum* dans les deux sens distingués par Gilbert. Réciproquement celui-ci ne semble pas avoir élaboré de doctrine des paronymes comparable à celle dont témoigne Jean de Salisbury. Mais à parcourir quelques écrits de l'école porrétaine nous trouverons encore quelques points à noter.

Le *Compendium logicae Porretanum* ne saurait être placé tout uniment dans la suite des *Commentaires* de Gilbert : consacré à une logique fortement liée à une grammaire, il ne s'attarde pas à des développements proprement philosophiques. Des termes aussi caractéristiques de l'ontologie porrétaine que *dividuum* ou *conformitas* sont absents de son vocabulaire. Mais ses analyses supposent cette union de l'ontologie et de la sémantique que l'on cherche ici à dégager. La double signification du nom : *substantia, qualitas,* y est posée d'emblée (p. 5, 41 et suiv.). Mais l'auteur est visiblement un philosophe, il ne se satisfait pas de la pure description du langage. Ainsi il distingue la « substance sujet » (*substantia subjecta*) et la « substance du sujet » (*substantia subjecti*), la « substance de la forme » et la « forme de la substance » : un lecteur de Gilbert en reconnaît aussitôt le style ! Il en reconnaît aussi la sémantique de la substance, ce mot signifiant pour lui la subsistance en premier lieu puis, par métonymie, le subsistant [1]. La substance sujet a des formes substantielles ou accidentelles ; symétriquement la forme qui est la substance du sujet, comme telle ne reçoit aucune forme ; et la substance de la forme est « l'effet de la forme » : on reconnaît ici, sous une forme ramassée que nous rencontrerons encore, un écho des *Hebdomades* de Boèce, selon lesquelles l'*esse* qui détermine le *quod est* « n'est pas encore » (*nondum est*) tant qu'il ne le fait pas exister. Cette longue analyse (*Compendium,* p. 40, 21-41, 56) où l'auteur jongle avec la polysémie du mot *substance* reprend à sa façon ce que dit Gilbert de l'efficience de la forme (*albedo facit album*) et par-delà se transpose à la théorie du verbe, dont la signification première est « l'efficience de la propriété dans un sujet » (*effectus proprietatis in subjecto ;* p. 9, 84) ; ou, prenant la chose d'un biais voisin, la signification d'un « accident commun » : ainsi *albeo* signifie l'*albedo* (p. 11, 18-19). Au nom *album* convient aussi bien l'analyse générale du nom : il signifie, *pro substantia,* « la chose à qui inhère (*ut ita dicam*) la blancheur », et, *pro qualitate,* « cet universel : la blancheur ». Quant au nom *albedo,* il signifie, *pro substantia,* cet universel, et *pro qualitate* « l'efficience substantielle de la blancheur ». Car, et c'est encore ici un écho de Gilbert, « faire blanc est l'effet de la blancheur et de ce fait la blancheur est ce qu'elle est : car du fait que la blancheur fait blanc elle est la blancheur » (p. 8, 26-43). L'efficience de la forme est son être même :

1. *The Commentaries on Boethius by Gilbert of Poitiers,* Toronto, Éd. Nikolaus M. Häring, 1966, p. 116, 36-45 ; ce rappel permet de se retrouver dans cette série de réversions.

« omnis qualitas est quia efficit quale » (p. 50, 37-38), et l'on touche ici à cette particularité de l'ontologie porrétaine qu'on peut aussi bien la qualifier de nominaliste que de réaliste : « toutes les blancheurs, parce qu'elles ont sur un sujet un effet semblable sont dites un universel, unissant pour ainsi dire toutes les choses (*universa*) qui participent de la blancheur ; de même toutes les humanités sont dites un universel » (p. 50, 46-49). Nous lisons chez Gilbert que « tout ce qui existe est singulier » et que « qualitates faciunt qualia » [1]. À l'horizon de tous ces textes nous apercevons la doctrine de Bernard telle qu'on la trouve notamment dans les *Gloses*, et en particulier le concept de *forma nativa*. Les *formae nativae* « ont affinité avec la *hylè* parce qu'elles entrent dans des corps et y subissent du changement » (*incorporantur et ibi mutantur*) (*Glosae*, p. 175, 69-70). De même, nous l'avons lu chez Jean, la blancheur qui blanchoie et qui se situe donc entre l'idée et le corps, « est blancheur à titre principal mais admet d'être participée par une personne ». Nous lisons dans le *Compendium* que « nulle forme n'est oisive dans son subsister » (p. 50, 37-38). Or, pour l'auteur de cet ouvrage comme pour Gilbert, ce que celui-ci appelle « subsistance » et celui-là « forme substantielle », « propriété substantielle », existe toujours individuellement comme ce qui a effet sur tel individu : « cette humanité (*haec humanitas*) fait de Socrate un homme » (p. 33, 9-10). Le cas est le même pour la forme accidentelle, à ceci près que cette dernière peut avoir des effets plus ou moins grands (p. 33, 10-12). Mais ce qui nous importe maintenant est l'usage du nom abstrait en position de sujet.

Cette question est traitée de front dans le *Dialogus Ratii et Everardi ;* la lettre et les principes de l'ontologie porrétaine y sont respectés, mais l'accent n'y est pas tout à fait le même que chez Gilbert et dans le *Compendium :* question de nuance sans doute, mais en philosophie une nuance peut déplacer les perspectives. Ce *Dialogue* donc distingue le « nom concret » (*nomen concretivum*) qui « signifie concrètement la substance et la forme de la substance : ainsi *blanc* et *homme* », et le « nom mathématique ou abstrait » (*nomen mathematicum quasi abstractivum*) qui « signifie une forme abstraite pour ainsi dire du sujet, ainsi *blancheur* » (p. 254). Par référence à la paronymie on appelle aussi *sumptum* le nom concret, et « principal » (*principale*) le nom abstrait. Dans les deux cas la signification du nom est la même ; mais « ce que le nom concret signifie *pro qualitate,* le nom principal le signifie *pro substantia ;* ainsi *homme* signifie *pro qualitate* l'humanité que le nom *humanité* signifie *pro substantia* [...]. De même que le nom *homme* est appellatif des hommes, de même le nom *humanité* l'est des humanités ; de même que *blanc* est appellatif des (sujets) blancs, *blancheur* l'est des blancheurs » (*ibid.*). Or la signification au sens propre, c'est l'appellation, c'est-à-dire la signification *pro substantia,* et cela implique ce réalisme particulier que nous avons déjà remarqué : « le nom abstrait, ou mathématique, signifie proprement les formes, c'est-à-dire les appelle, en tant qu'elles sont conçues abstraites d'un sujet. Mais *pro qualitate* il signifie leur effet : quand on dit : “la blancheur est une

1. *Ibid.*, p. 270, 73 et 90, 60-61.

couleur" cela veut dire "la blancheur rend coloré" » (p. 254-255). Or la « qualité », ce peut être, dans le cas d'une substance au sens de *quod est,* la « forme substantielle » ; de même donc que « un homme a l'être par l'humanité et l'a de ce fait par l'espèce *homme* et par le genre *animal,* de même la blancheur a l'être par son effet » (p. 255) ; en ce sens on peut dire que « l'efficience d'une forme quelconque est son genre parce qu'elle n'a pas d'autre être que son effet, une forme ne recevant pas son être de ce qu'elle aurait une autre forme, mais de son effet ». Les prédicables ne sont plus conçus de la façon habituelle : « une même forme a un effet spécifique et un effet générique : la blancheur fait blanc [...], elle fait coloré [...], elle fait un *quale.* Donc toutes les blancheurs sont cet universel : le *coloré,* toutes les blancheurs et les autres qualités sont cet universel : le *quale* » (p. 255). Cette conception revient à remonter l'arbre de Porphyre en partant de ce qui est singulier et qui confère l'existence à la forme qui fait de lui un *aliquid :* mouvement qui épouse celui du processus abstractif et qui de ce fait exténue l'universel ; tel est le nominalisme porrétain. En ce point, avouons-le, nous sommes assez éloignés du Bernard des *Gloses,* dont les quelques passages, très brefs, sur l'universel ne s'accordent pas avec ces implications de son ontologie de la forme que Gilbert et son école ont dégagées. Mais d'un autre côté, selon le *Dialogue* le nom *humanitas* signifie *pro substantia* l'humanité, en d'autres termes il a pour référent une subsistance : forme de réalisme qui n'est pas non plus celui de Bernard mais qui résulte de la sémantique porrétaine du nom poussée à ses dernières conséquences et dégageant, liée à une thèse de Boèce rappelée plus haut, une implication du concept de *forma nativa :* celle-ci n'a pas la stabilité et l'indépendance de l'idée dont elle n'est que l'image, mais assez d'efficience pour être le signifié *pro substantia* d'un nom. Cette situation intermédiaire, Bernard l'attribuait au verbe (selon le témoignage de Jean), où se projetait au plan de la grammaire le statut et le rôle de la *forma nativa.* Avec les transpositions, les condensations doctrinales et les déplacements qu'a produits une élaboration profonde et suivie, l'ontologie et la sémantique porrétaines se sont déployées dans l'horizon du *Timée.*

Chapitre x

L'IMAGE SELON LES CHARTRAINS *

Traiter de l'image selon les Chartrains – pour reprendre une expression controversée mais qui conserve en tout état de cause sa valeur désignative – cela consiste à pratiquer sans trop d'égards une coupe dans une matière beaucoup plus riche : quelque chose comme la représentation imaginaire et imaginale au XIIe siècle sous ses aspects psychologiques, spirituels, artistiques… Les thèmes abordés par Peter Dronke dans son grand ouvrage paru il y a près de trente ans [1] en donnent une bonne idée. Mon propos est beaucoup plus limité. Je me bornerai à feuilleter quelques commentaires sur le *Timée* de Platon et le *De Trinitate* de Boèce, à la recherche des propos sur l'image qui y sont tenus (on peut donc prévoir que les amples développements d'Augustin sur ce sujet ne seront pas pris en compte). Et encore, je laisserai de côté presque entièrement ce qui, dans les commentaires du *Timée,* concerne l'optique et la catoptrique : à la différence de l'image perçue et de l'image spéculaire telles que les concevaient les anciens et les médiévaux, le genre d'image que je vais examiner est indépendant du rayon visuel du spectateur ; il s'agit d'une image qui a en soi une réalité, si réduite qu'elle puisse être. En fait, tout se concentrera sur des gloses de deux passages de Platon et d'un de Boèce.De Platon, le passage du *Timée* (48e-49a) où il distingue dans un premier temps deux genres, « l'un perpétuel et non engendré, l'autre qui est son *simulacre* et son *image* » (*unum perpetuum carens generatione… alterum* simulacrum *et* imago *ejus*) ; et l'autre où il ajoute : « ce qui entre dans la matière et en sort, ce sont des *simulacres* des choses qui existent vraiment » (*eademque*

* « L'image selon les Chartrains », Chôra, 3-4/2005-2006, p. 71-90

1. Peter Dronke, *Fabula. Explorations into Uses of Myth in Medieval Platonism,* Leiden-Köln, E.J. Brill, 1974.

quae introeunt et egrediuntur simulacra *sunt vere existentium rerum*)[1]. Un autre lieu où s'exercent les commentaires est celui où Boèce relaie, sans le dire, les passages 48e et 50c du *Timée*:

> La forme qui est sans matière ne peut être un sujet ni inhérer vraiment à la matière; en effet elle serait non plus une forme mais une *image*. En effet, c'est des formes qui sont à part de la matière que sont venues les formes qui sont dans la matière et produisent le corps. Car c'est par un abus de langage que nous appelons formes ce qui est dans les corps, alors que ce sont des *images*.
> *Forma vero quae est sine materia non potest esse subjectum nec vere inesse materiae, neque enim esset forma sed imago. Ex enim formis quae praeter materiam sunt, istae formae venerunt quae sunt in materia et corpus efficiunt. Nam ceteras quae in corporibus sunt abutimur formas vocantes, dum imagines sint*[2].

L'ordre dans lequel apparaîtront les textes n'est pas chronologique et ne pourrait guère l'être, leurs auteurs ayant travaillé dans les mêmes trois ou quatre décennies du XIIe siècle. J'ai préféré les faire alterner selon les ouvrages commentés en passant par deux fois de Platon à Boèce; ainsi seront considérés successivement Bernard de Chartres, Thierry de Chartres et Clarembaud d'Arras, Guillaume de Conches, Gilbert de la Porrée. Bernard Silvestre viendra en dernier.

Longtemps la philosophie de Bernard de Chartres n'a été connue, si l'on peut dire, qu'à travers quelques citations ou témoignages brefs semés dans le *Metalogicon* de Jean de Salisbury. Maintenant on peut se référer à des gloses sur le *Timée*, anonymes dans le manuscrit, mais attribuées à Bernard par leur éditeur[3]; cette attribution a reçu l'accord de spécialistes reconnus: Édouard Jeauneau, Michel Lemoine. Le texte platonicien, dans sa traduction par Calcidius et son commentaire par le même, offre des occurrences du mot *image*. Ainsi, dans les contextes physiques du rêve et des miroirs (*Timée*, 45-46); mais aussi dans des passages plus expressément philosophiques, ceux notamment où Platon traite des rapports entre l'archétype et le sensible et introduit un « troisième genre d'être », le réceptacle des « choses qui imitent les réalités éternelles ». Citons deux passages (déjà partiellement évoqués ici) dans les traductions de Calcidius et de Luc Brisson. Il y a donc, à une première approche, « deux genres »:

1. Traduction de Calcidius, respectivement 46, 13-15 et 49, 8-11 de l'édition Waszink: *Timaeus a Calcidio translatus commentarioque instructus*, éd. par J.H. Waszink, *Corpus Platonicum Medii Aevii*, IV, Brill, Londres-Leiden, 1962. [dorénavant Waszink]. Dans le premier passage cité le latin dédouble en deux termes le grec *mimêma*, traduit par *simulacrum* dans le second. Ce même mot latin se retrouve à propos des images vues dans les songes et les miroirs (*ibid.*, 42, 12-14). [Nous signalons depuis la publication de Calcidius, *Commentaire au* Timée *de Platon*, texte latin, traduction B. Bakhouche, 2 vols, Paris, Vrin, 2012].

2. Boèce, *Traités théologiques*, trad. fr. par A. Tisserand, Paris, GF-Flammarion, 2000, p. 146. [dorénavant Tisserand].

3. Bernard de Chartres, *Glosae super Platonem*, edited with an introduction by Paul Edward Dutton, Toronto, 1991. [dorénavant Dutton].

> *unum perpetuum carens generatione exemplaris eminentiae, alterum simulacrum et* imago *ejus, aeternitatis propagata secundae generationis idque visibile* (Calcidius, 46, 13-15; ces lignes traduisent *Timée,* 48e *in fine*).
> «… l'espèce du modèle, espèce intelligible et demeurant toujours identique ; et le second, nous avons supposé que c'était la copie du modèle, sujette à la génération et visible »[1].

On notera que le latin redouble le grec *mimêma,* « copie » dans la traduction Brisson, en *simulacrum* et *imago.* L'autre passage traduit *Timée,* 50c :

> *Quae vero ingrediuntur, formas mutant aliasque alia et diversitas cernuntur, eademque quae introeunt et ingrediuntur simulacra sunt vere existentium rerum miro quodam vixque inexplicabili modo formata ab isdem vere existentibus rebus* (Calcidius, 48, 8-11).
> Traduction Brisson : « Les choses qui entrent en elle et qui sortent sont des imitations de réalités éternelles, des empreintes qui proviennent de ces réalités éternelles d'une manière qu'il n'est pas facile de décrire et qui suscite l'étonnement »[2].

C'est le même mot grec, *mimêmata,* qui est traduit par *simulacra,* sans dédoublement ici en *imago.* Calcidius le reprend dans le passage de son commentaire correspondant (336, 8-9). Voilà donc la première occurrence, dans notre série de commentateurs, de deux termes – *simulacra, imago* – que nous retrouverons constamment dans notre parcours avec des fréquences diverses.

Ils se retrouvent bien entendu chez Bernard, l'un et l'autre, l'un ou l'autre, dans des contextes aussi variés que l'exige la variété des thèmes abordés dans le dialogue de Platon. Ils nous intéressent inégalement ; signalons seulement ceux, « physiques » en somme, où le philosophe traite des songes puis des miroirs[3]. Ailleurs Bernard explique que la *rerum imago,* l'image des choses, empêche de concevoir les « choses divines », *divina*[4] ; autant que liée au sensible l'image est du domaine de l'opinion, Platon l'avait dit déjà. On ne s'arrêtera pas sur les pages où l'on rencontre, implicite, l'échelle boécienne du savoir – sinon pour produire un extrait qui nous conduirait assez loin dans l'analyse de la connaissance, et qui nous introduit à un autre niveau philosophique. Voici ce passage :

> *Sicut sensilis (mundus) est imago intelligibilis, ita ratio sensilis mundi est imago illius verae rationis quae habetur de intelligibili, et sic dupliciter est imago : quia et imaginatur, id est designat sensilem, de quo habetur, et est imago illius rationis, quae habetur de intelligibili. Nam sicut illa certa est quae vere imaginatur certum, ita incerta est illa quae* imaginatur imaginarium, *id est incertum*[5].
> « De même que le monde sensible est l'*image* de l'intelligible, de même le raisonnement sur le monde sensible est l'*image* de ce raisonnement vrai que l'on tient

1. Platon, *Timée, Critias,* trad. fr. par Luc Brisson, Paris, GF-Flammarion, 1992.
2. *Ibid.,* p. 49.
3. Dutton, 209-211.
4. *Ibid.,* 157, 161.
5. *Ibid.,* 163, 147-153.

à propos de l'intelligible. Et ainsi il y a *image* doublement, parce que d'une part (ce raisonnement) est *imaginé*, c'est-à-dire qu'il indique le monde sensible qui en est l'occasion, et il est l'*image* de ce raisonnement que l'on tient à propos de l'intelligible. En effet, de même qu'est certain celui qui *imagine* vraiment ce qui est certain, de même est incertain celui qui *imagine* ce qui est *imaginaire*, c'est-à-dire incertain ».

Autrement dit, la relation du monde sensible au monde intelligible se reporte sur les modes de connaissance que nous en avons, respectivement. Nous venons de le voir, mais encore, puisque « le monde sensible est l'image du monde intelligible », nous en arrivons ainsi à la cosmogonie métaphysique qui fait l'objet de la partie du *Timée* que nous pouvons estimer la principale, à tout le moins pour l'histoire de la pensée médiévale. On pourrait – on devrait – examiner toutes les pages du commentaire de Bernard qui touchent à ce thème. Je me bornerai à quelques passages qui font, des formes entrées dans le sensible, les images des Idées. D'abord ces lignes en marge de *Timée,* 51b :

Simulacra *horum accipit formas, quae, venientes in hylen, procreant haec visibilia quae proprie dicuntur* simulacra *idearum* [1].
« Il entend par *simulacra horum* les formes qui, venant dans la hylê, engendrent les choses visibles qui sont dites proprement les *simulacres* des Idées ».

Le mot *simulacra* est repris du *Timée* latin. Quelques lignes plus haut Bernard avait employé le terme synonyme :... *propter archetipas quarum sunt* imagines [2], « à cause des archétypes dont (les formes sensibles) sont les *images* ».

Voici surtout, et là s'arrêtera cette incursion rapide dans l'œuvre de Bernard, quelques mots en marge du *Timée,* 50d, qui concernent les formes dont il était question dans l'avant-dernier des textes cités :

... *non quod ideae commisceantur hyle in efficientia sensilis, sed nativae formae, quae sunt* imagines *idearum* [3].
« ce ne sont pas les idées qui se mêlent à la *hylê* pour produire le sensible, ce sont les *nativae formae* (les formes "apparues à l'être") qui sont les *images* des Idées ».

Nous voyons ici apparaître l'association d'un concept et d'un syntagme qui seront de première importance dans l'histoire du platonisme au XIIe siècle, jusqu'à l'école de Gilbert de Poitiers. Je renvoie sur ce point à l'introduction de P.E. Dutton à son édition des *Glosae* de Bernard [4] – avec toutefois une réserve sur son attribution à Bernard de Chartres de la « création » du concept de *formae nativae* (p. 76). Sa formule est d'ailleurs ambiguë, car pris en lui-même le concept est déjà chez Platon (*loc. cit.*). La formulation propre s'y trouve en partie : *Quod ab hoc* (*i.e.* le

1. Dutton, 227, 251-252.
2. *Ibid.*, 227, 232.
3. *Ibid.*, 225, 202-226, 220.
4. *Ibid.*, p. 76-81.

« deuxième genre d'être ») *secundum est, nativum sensile... ;* et elle est en totalité dans le commentaire de Calcidius : *secunda species id est nativa* [1]. – Quoi qu'il en soit, les pages que nous avons parcourues sont, dans l'état actuel du savoir, à l'origine de la tradition chartraine de l'image (*imago, simulacrum*). Leur apport essentiel est d'ordre métaphysique, ontologique si l'on ne craint pas l'anachronisme. Nous verrons la notion s'en joindre à d'autres et dégager d'autres implications où nous retrouvons Bernard de Chartres.

Chancelier du chapitre à Chartres vingt ans après Bernard, Thierry est lui aussi un commentateur ; non pas du *Timée* mais du *De Trinitate* de Boèce (de l'œuvre homonyme de saint Augustin on ne connaît pas de commentaire chartrain où nous aurions pu puiser des textes relatifs à l'image). Mais Boèce est un platonicien et l'on ne trouve pas chez Thierry de réflexion sur l'image qui soit essentiellement différente de la doctrine de Bernard. Il reste toutefois original par rapport à ce dernier et on peut l'établir à partir de quelques textes. Citons d'abord, tiré du *Commentum* [2], un passage où une source scripturaire est associée à une conception augustinienne de la trinité divine qui est capitale chez Thierry (mais la formule en provient du *De doctrina christiana,* non pas du *De Trinitate* [3]). Le mot *imago* n'y figure pas mais bien un terme du même domaine sémantique tiré d'un verset de saint Paul (*Épître aux Hébreux,* 1, 3) :

> *Apostolus Filium splendorem et* figuram *substantiae Patris appellat...* Figuram *quasi essendi est equalitas. Ex equalitate namque provenit quod res una figurat aliam et representat... Bene ergo Apostolus* figuram *substantie Patris Filium nominat eo scilicet quod Filius essendi, ut diximus, est equalitas* [4].
> « L'Apôtre appelle le Fils splendeur et *figure* de la substance du Père... La *figure* est comme une égalité d'être. En effet, de l'égalité vient qu'une chose en figure et représente une autre... L'Apôtre nomme donc à bon droit le Fils, *figure* de la substance du Père, parce que le Fils est, comme nous avons dit, égalité d'être ».

Littéralement *figura* n'est pas *imago,* mais nous sommes assurés de la synonymie des deux mots dans le corpus biblique quand nous lisons dans les épîtres pauliniennes des textes que Thierry aurait tout aussi bien pu produire, semble-t-il : *Christi qui est* imago *Dei* (*II Cor.*, 4, 4) et [*Filius*] *qui est* imago *Dei invisibilis* (*Col.*, 1, 15) – deux versets qui font écho au *Livre de la Sagesse* (7, 26) : [*Sapientia*]... imago *bonitatis illius* (scil. *Dei*). Peut-être Thierry considérait-il que *imago* était un terme technique qu'il valait mieux réserver pour la philosophie ; et que, surtout, il avait des implications qui portaient à lui préférer, dans un contexte trinitaire, le mot *figura.* En effet, l'« égalité d'être » postulée par le dogme entre le Père et sa

1. Waszink, 336, 5.

2. *Commentaries on Boethius by Thierry of Chartres and his School,* éd. N. M. Häring, Toronto, 1971. [dorénavant Häring].

3. *De doctrina christiana,* I, V, 7 : *In Patre unitas, in Filio aequalitas, in Spiritu sancto unitatis aequalitatisque concordia.*

4. Häring, 78, 9-22.

« figure », qui est le Fils, n'a pas lieu dans les créatures. Sur ce point Thierry n'est pas loin de Bernard, mais il s'en distingue du fait qu'il commente Boèce, lequel pose que Dieu est *forme* et qui distingue la *forme* de l'*image* – voire les oppose. Thierry écrit :

> *Nam et* imago humanitas, *quod confert esse hominem et quod humanitati esse convenit, ex prima forma provenit que est Deus. Recte igitur formam quid appellet aperuit, dicens quia « Neque* imago *est sed est ipsum esse sic ut esse ex ea proveniat »* (*Glosae super Boethii librum De Trinitate*[1]).
> C'est-à-dire : « Car l'*image humanité,* en ce qu'elle confère l'être-homme et que être convient à l'humanité, provient de la forme première qui est Dieu. C'est donc à bon droit que Boèce a expliqué ce qu'il appelle "forme", en disant : "Elle n'est pas une *image,* mais elle est l'être même en telle façon que l'être provient d'elle" ».

Cela se trouve dans le commentaire d'une page où Boèce dit ceci :

> *Forma vero quae est sine materia non poterit esse subjectum nec vere inesse materie, neque enim esset forma sed* imago. *Ex his autem formis quae praeter materiam sunt, istae formae venerunt quae sunt in materia et corpus efficiunt. Nam ceteras quae in corporibus sunt abutimur formas vocantes, dum* imagines *sint*[2]. Autrement dit : « Quant à la forme qui est sans matière, elle ne pourrait être un sujet ni vraiment inhérer à la matière, car elle ne serait pas une forme mais une *image.* De ces formes qui sont à l'écart de la matière sont venues ces formes qui sont dans la matière et produisent le corps. En fait c'est par un abus de langage que nous appelons formes les autres, qui sont dans les corps, alors qu'elles sont des *images* ».

Ce thème revient dans les *Lectiones in librum Boethii de Trinitate,* avec une importante conséquence tirée par Thierry quant au mode d'être de l'image et à son rapport au modèle. Elle est formulée à l'occasion de l'énumération par Boèce des trois sciences théorétiques distinguées par Aristote, et plus précisément à propos de la physique :

> *Forme autem inmateriate quas physica comprehendit sunt* imagines *rerum. Ubi autem inmateriata nunquam potest esse veritas sed* imago[3].
> « Les formes engagées dans la matière, qui sont l'objet de la physique, sont des *images* des choses. En effet, là où la forme est engagée dans la matière ne peut jamais être la vérité, mais l'*image* ».

L'image est donc bien distincte de la *chose,* seule à être vraiment *forme.* Ce passage est illustré immédiatement par un exemple :

1. *Ibid.*, 276, 46-49.

2. Boèce se souvient certainement ici du *Timée,* 48e : *simulacrum et* imago *ejus* (Waszink, 46). Pour le passage cité : *De Trinitate,* éd. Tisserand, 146. [dorénavant Tisserand].

3. Häring 161, 25-27.

> *Si fiat circulus in aqua vel in pulvere ab aliquo nunquam potest ibi facere veritatem circuli propter fluxum materie. In materia enim nunquam potest esse veritas sed* imago *circuli. Similiter in aliis consimilibus nunquam potest eorum veritas in materia inveniri sed* imago *tantum; idem tamen circulus et in veritate et in* imagine *sed alio et alio modo, ibi veritas hic* imago [1].
> « Si l'on fait un cercle dans l'eau ou dans la poussière, jamais on ne peut faire la vérité du cercle, à cause de l'écoulement de la matière. En effet, jamais la vérité du cercle ne peut être dans la matière, mais son *image*. De même dans les choses semblables, jamais leur vérité ne peut se trouver dans la matière, mais seulement leur *image*; cependant c'est le même cercle, en vérité et en *image*, mais de façons différentes : là la vérité, ici l'*image* ».

Le même exemple est repris plus loin dans le même sens :

> Imago *enim a philosophis vocatur forma inmateriata:* imago *scilicet eo quod in materia non potest esse veritas sed* imago *tantum veritatis sicut in mathematica potest videri in circulo qui in se verus est. Si vero admisceatur materie fit* imago *circuli, non verus circulus. In materia enim non potest retineri veritas propter fluxum materie* [2].
> « *Image* est le nom que les philosophes donnent à la forme engagée dans la matière : *image*, parce que dans la matière la vérité ne peut être mais seulement l'*image* de la vérité, comme on peut le voir dans la mathématique, dans le cercle qui en soi est vrai. Mais s'il est mêlé à la matière il devient *image* du cercle, non un vrai cercle. En effet la vérité ne peut être retenue dans la matière à cause du flux de la matière ».

Thierry ne nie pas qu'il y ait un cercle mais il ne dit pas simplement *idem circulus*, « le même cercle », tout court, il paraît perplexe devant l'être singulier de l'image. On aura remarqué dans l'avant-dernier texte cité la formule *idem circulus sed alio et alio modo*, « le même cercle mais de façons différentes ». Elle exprime l'ambiguïté de l'image qui est la chose sans l'être *en vérité*.

Thierry expose la même conception dans le *Commentum* d'un autre biais, puisqu'il y fait concourir la grammaire et la théologie :

> *Sole inquit forme que in mente divina sunt merito forme dicuntur. Abusio namque loquendi est cum illas que corpora informant formas vocamus. Neque enim forme dici veraciter possunt sed, ut dictum est,* imagines *et representationes formarum sunt.* « Seules, dit [Boèce], les formes qui sont dans l'esprit divin sont appelées à bon droit des formes. Car il y a un abus de langage quand nous appelons des formes celles qui informent les corps ; en effet on ne peut les appeler en vérité des formes mais, comme l'a dit, elles sont des *images* et des représentations des formes ».

Tout cela étant, on voit mieux pourquoi Thierry hésite à dire que le Fils est l'*image* du Père, le mot est trop faible. D'autre part cela ajoute un arrière-plan

1. Häring, 161, 29-34.
2. *Ibid.*, 170, 28-32.

platonicien, peut-être, à cette définition tirée du commentaire de Thierry à la *Rhétorique à Herennius*[1] :

> Imago *est similitudo inter aliquam maxime formam corporalem*[2].
> « L'*image* est une ressemblance à l'intérieur d'une forme, principalement d'une forme corporelle ».

Retenons du moins ici la transition du platonisme de Bernard à Thierry, c'est-à-dire de Platon à Boèce ; les formes véritables sont de Dieu qui est la forme première ; les formes engagées dans la matière – les *formae nativae,* en somme – sont des pseudo-formes, en fait des *images.* L'image est le modèle mais « d'une autre façon », au bas de la réalité, inférieure au modèle ; le Fils est donc *figure* du Père plutôt que son *image.*

Un autre commentateur du *De Trinitate* de Boèce est Clarembaud d'Arras[3]. Il fut l'élève de Hugues de Saint-Victor et de Thierry de Chartres ; à ce dernier titre on peut le rattacher à la lignée chartraine, et même, à la lecture de son œuvre, on le doit. Son commentaire, au jugement de Häring, est postérieur à la mort de Bernard de Clairvaux (il l'appelle *jucundae recordationis abbas Bernardus*), donc d'après 1153 ; probablement aussi à celle de Gilbert de Poitiers, pour des raisons de même ordre, donc d'après 1154. Le fait qu'il a critiqué ce même Gilbert, qu'il respecte ; qu'il a aussi critiqué Abélard ; sa déférence envers saint Bernard, ses études auprès de Hugues et de Thierry, tout cela lui donne une place assez précise sur l'échiquier doctrinal du XIIe siècle. On peut trouver dans le commentaire susdit un court développement sur l'image dans l'acception que l'on connaît : à savoir, dans le contexte de la théologie platonisante dont Boèce se fait l'interprète dans son *De Trinitate.* C'est donc en marge du passage méthodologique relatif aux trois sciences théorétiques qui figure dans la première partie du traité, Boèce y prescrit notamment de se défaire des images quand on spécule *in divinis ;* dans le texte :

> *non... diduci ad* imaginationes *sed potius inspicere formam quae vere forma est neque* imago *est et quae esse ipsum est et ex qua esse est ;* « non pas laisser notre *imagination* en disperser la connaissance, mais bien plutôt examiner la forme elle-même qui est vraiment forme et non *image,* qui est l'être même à partir de laquelle est l'être »[4].

C'est le texte même que nous avons vu Thierry commenter.

Le plus original dans la façon dont Clarembaud l'explique[5] n'est pas tellement ce qui nous rappelle Thierry. Son ancien disciple accroche aux mots *ad imagines,*

1. *The Latin Rhetorical Commentaries by Thierry of Chartres,* éd. Karin M. Fredborg, Toronto, 1988.

2. *Ibid.,* 356, 40.

3. N.M. Häring, *Life and Works of Clarembaud d'Arras,* Toronto, 1965.

4. Tisserand, 144 et 145.

5. Häring, 114.

d'abord une référence à Épicure qui, au dire de Cicéron dans son *De deorum natura* « attribuait une forme humaine à la divinité », *humanam divinitati formam tribuebat.* Clarembaud dit ensuite que, « selon certains », cette *deductio ad imagines* fait allusion à des anthropomorphistes « qui croient que la divinité du Père est incluse dans une forme humaine, et que le Christ dans le ciel prie à genoux le Père pour nous ». La suite nous est plus familière: « les formes du corps sont seulement des images des formes qui sont enveloppées en Dieu (*in Deo... complicatae*) »[1]. On lit dans la même page une épure métaphysique de la réalité qui nous est maintenant connue, mais ici elle est exprimée en formules vigoureuses:

> *Formae autem corporum earum formarum quae in Deo sunt complicatae, tantum sunt* imagines. *Omnisque corporum forma ab illa forma, quae summa est aequalitas et justicia, profluit et eam quantum potest imitatur quia forma cujusque rei perfectio rei est et aequalitas supra quam ipsa non est ipsa, infra quam res ipsa non est ipsa.* Ce qui signifie: « Les formes des corps sont seulement des *images* de ces formes qui sont enveloppées en Dieu, et toute forme des corps émane de cette forme qui est égalité et justice suprêmes, elle l'imite autant qu'elle le peut parce que la forme de chaque chose est la perfection et l'égalité de la chose, au-dessus de laquelle la forme elle-même n'est pas elle-même, au-dessous de laquelle la chose elle-même n'est pas elle-même »[2].

Les derniers mots nous rappellent ce que dit Thierry à propos du cercle – en somme Clarembaud le suit d'une façon bien à lui. Selon Thierry le cercle tracé dans la poussière est bien le cercle, mais en image non en vérité; Clarembaud dit: au niveau de l'image la chose n'est pas ce qu'elle est. Thierry mettait l'image hors de la vérité, Clarembaud la met hors de l'ipséité, hors de la forme située entre son image et Dieu.

Plus loin Clarembaud ajoutera que ces formes, « descendant des idées de la pensée divine » (*ab ydeis divinae mentis*)[3], ou bien « des quatre substances purissimes », celles des quatre éléments (un écho du *Timée*), « à raison de leur postériorité en ont dégénéré (*ratione posterioritatis ab illis degeneraverunt*) et qu'elles doivent donc ne pas être appelées des formes mais des images des formes ». On ne les appelle ainsi que par un abus de langage, nous avons vu cela chez Boèce et Thierry, Clarembaud insiste: « elles n'ont rien de la forme qu'une similitude *imaginaire* de la forme (*nihil habent formae praeter* imaginariam *formae similitudinem*) ». Clarembaud paraît nuancer la doctrine reçue de son maître Thierry par une touche de mépris du sensible que le texte qu'il commente n'imposait pas. C'est bien là l'un des aspects possibles du platonisme, mais non pas celui qui prévaut généralement dans la lignée chartraine.

1. Häring, 114-115.
2. *Ibid.*, 115.
3. *Ibid.*, 131.

À propos des idées divines, Clarembaud évoque dans le même *Tractatus* la question des idées divines, comme en annexe. Boèce, dit-il, en a parlé au pluriel, *ex his formis,* comme les philosophes. Ce n'est pas qu'il y ait en Dieu une pluralité d'idées, mais

> « la forme de la divinité est une, et en distribuant son être à toutes les choses de la nature elle brille en des sujets multiples (*cum... una sit divinitatis forma et omnibus naturalibus esse suum dispertiens in multis luceat subjectis*) »

et il avance cette comparaison :

> « comme le visage d'un seul homme, en rejaillissant dans des miroirs opposés, paraît être multiple du fait de leur diversité (*sicut unius hominis facies in pluribus speculis sibi oppositis resultans ex diversitate speculorum multiplex esse videtur*) ».

Il est difficile d'interpréter d'un point de vue philosophique et théologique ce passage qui semble combiner une unité éternelle de la *forme* en Dieu, et la présence créaturelle de son *être* en plusieurs endroits du monde sensible. Mais le modèle des miroirs opposés a l'intérêt ici de faire une allusion à la catoptrique.

Conches est en Haute Normandie mais, ayant été l'élève de Bernard de Chartres et probablement son « collègue » pendant quelques années, Guillaume de Conches est bien un chartrain. Outre plusieurs écrits il a composé un commentaire du *Timée*[1]. Revenant ainsi à Platon après un détour par Boèce, nous retrouverons chez Guillaume l'essentiel des thèmes que nous avons rencontrés chez Bernard, ainsi que le vocabulaire où ils se coulent. Fidèle au texte qu'il lit Guillaume, tout comme Bernard, prend globalement comme équivalents les mots *imago* et *simulacrum* en tant qu'ils désignent les choses sensibles dans leur rapport aux formes archétypales ; mais on chercherait vainement chez lui le syntagme *forma nativa.* Toutefois il lui arrive de distinguer les deux premiers termes cités et de trouver à leur différence sémantique un sens physique :

> *sensilis mundus... juxta exemplum archetipi factum est* simulacrum *et* imago *ejus.* Simulacrum *proprie dicitur in pictura,* imago *in sculptura : unde mundus sensilis* simulacrum *dicitur archetipi mundi in eo quod continet spiritus,* imago *in eo quod continet corpora*[2]. En français : « le monde sensible a été fait conformément à l'archétype, son *simulacre* et son *image. Simulacre* se dit proprement en peinture, *image* en sculpture, de là vient que le monde sensible est dit le *simulacre* du monde archétype en tant qu'il contient les esprits, *image* en tant qu'il contient les corps ».

1. Guillaume de Conches, *Glosae super Platonem,* éd. É. Jeauneau, Paris, Vrin, 1965. [dorénavant Jeauneau]. Des extraits, très courts en comparaison de la taille de l'ouvrage, en avaient paru en annexe de J.M. Parent, *La doctrine de la création dans l'école de Chartres,* Paris-Ottawa, 1938, p. 142-177.

2. Jeauneau, 267.

On rapprochera cette phrase d'une notation brève qui, plus haut dans le commentaire, transpose en théologie chrétienne tout en l'adoucissant une phrase de *Timée* 29b-c (un discours qui porte sur l'image de l'intelligible est image du discours qui porte sur celui-ci[1]) : *sola divina ratio vere est ratio, humana vero est ejus* simulacrum, « seule la raison divine est véritablement raison, mais la raison humaine en est le *simulacre* ». Il est clair que les références à la sculpture et à la peinture seraient ici hors de propos, mais on relèvera que d'après le texte cité précédemment le simulacre relève selon Guillaume de la peinture et de la spiritualité, non de la corporéité, qui est associée à la sculpture et à l'image; serait-ce parce que le tableau est moins engagé dans la matière que la statue avec ses trois dimensions ? On peut le penser mais non le garantir, d'autant que nous rencontrerons ailleurs un passage qui annule les implications, explicites ou implicites, de cette différence entre le *vestigium* et l'*imago.*

D'autre part Guillaume développe en théologie le schème platonicien de *Timée* 50, celui des « choses qui entrent dans la matière », selon la traduction de Brisson. Il le fait remonter selon le même rapport de l'archétype aux réalités divines elles-mêmes. On observe ce mouvement en plusieurs endroits. Ainsi, après avoir dit que « le monde a été fait conformément à la sagesse divine qui est dite monde archétype (*mundus factus est juxta divinam sapientiam quae dicitur archetipus mundus*[2]) », Guillaume ajoute en commentant dans le passage cité précédemment la formule :

> *ratio imaginaria imaginis : imaginis, id est divinae sapientiae quae est imago divinae essentiae ut supra expositum est*[3] ; « de l'*image,* c'est-à-dire de la sagesse divine qui est l'*image* de l'essence divine comme on l'a exposé plus haut »[4].

Il va ici plus loin que Bernard, ou plus haut si l'on préfère; mais il pourrait invoquer l'autorité de saint Paul. Or on se souvient que Thierry était réticent à dire que le Fils était l'image du Père, qu'au mot *imago,* pourtant bien attesté dans les Écritures, il préférait le mot *figura.* Thierry commentait Boèce; Guillaume commente Platon traduit par Calcidius, et pour lui *imago* a donc la garantie du philosophe comme il pourrait avoir celle de l'Apôtre, qui cependant n'est pas cité ici. Donc, comme « le monde sensible est l'*image* de l'archétype (*sensilis mundus* imago *ejus archetipi*) »[5], la Sagesse est l'image de l'essence : le Fils, du Père. Le schème est le même et l'on ne sait s'il faut ici christianiser Platon ou entrelacer le christianisme à la tradition platonicienne, faut-il dire : au prix d'une concession à Arius, étant donné le contexte de la glose ?

1. Waszink, 22 et Brisson, 117.
2. Jeauneau, 113.
3. *Ibid.*, 115.
4. Voir aussi l'occurrence du mot *simulacrum* dans Jeauneau, 106, un passage sur lequel nous reviendrons.
5. Jeauneau, 181.

Mais d'autre part les notes de Guillaume en marge du *Timée* expriment une cosmogonie familière au lecteur de Platon. On en citera deux exemples :

> … exemplum… quod est archetipus mundus ; *quod non est aliud, ut supra diximus, quam collectio idearum que fuerunt ab eterno in mente divina, quemadmodum sensilis nihil aliud est quam collectio corporum*[1] ; «…modèle… qui est le monde archétype, et qui n'est autre, comme nous l'avons dit plus haut, que la collection des idées qui furent de toute éternité dans l'esprit divin (*in mente divina*), de même que le monde sensible n'est rien d'autre que la collection des corps ».

Et aussi :

> *figure que modo insunt materie, modo non insunt, sunt* simulacra *rerum vere existentium, id est idearum que vere existunt in archetipo mundo, quia juxta id quod provisum est in mente divina formantur elementa*[2] ; « les figures qui tantôt sont dans la matière, tantôt n'y sont pas, sont les *simulacres* des choses vraiment existantes, c'est-à-dire des idées, qui existent vraiment dans le monde archétype ; parce que les éléments sont formés selon ce qui a été organisé d'avance dans l'esprit divin (*in mente divina*) ».

Or situer le monde archétype dans l'esprit divin n'est pas une simple clause de style naturelle de la part d'un philosophe chrétien ; car on peut croire qu'en le faisant Guillaume équilibre dans un sens orthodoxe les lignes citées plus haut, où il désignait, de l'essence de Dieu à sa sagesse, une relation analogue à celle de l'archétype au monde sensible : il restitue ici l'égalité des personnes divines qui pouvait sembler compromise.

Ce parcours des *Gloses* de Guillaume de Conches s'achèvera par quelques remarques sur le mot *simulacrum* en ses diverses occurrences. D'abord ceci, qui concerne le rapport du simulacre à ce dont il est un simulacre :

> *Simulacrum nec penitus est id cujus est simulacrum nec penitus diversum*[3]. « Le simulacre n'est ni entièrement ce dont il est simulacre, ni entièrement différent ».

On se souvient des lignes où Thierry distingue l'image du cercle et la vérité du cercle, et maintient cependant que le cercle, et le cercle mené « dans l'eau ou dans la poussière », c'est « le même cercle, en vérité et en image ». Et Guillaume poursuit :

> *Unde hic mundus divine sapientie* simulacrum *dicitur quia, cum ejus sit effectus, in illius compositione et dispositione potest perpendi quanta et qualis sit divina sapientia.* Soit : « On dit que ce monde-ci est un simulacre de la sagesse divine parce que, puisqu'il est son effet, dans sa composition et son arrangement on peut juger de la grandeur et de la qualité de la sagesse divine »,

1. Jeauneau, 267.
2. *Ibid.*, 275.
3. *Ibid.*, 106.

(ce monde serait-il alors, si l'on suit la phrase précédente, « ni la sagesse divine, ni entièrement différent » ?). Mais Guillaume conclut :

> *et, per talemn et tantam sapientiam que maxima et infinita est, illa substantia cujus est ea sapientia. Et sic mundus est* imago *divine sapientie sed divina sapientia divine essentie;* « et, à travers une telle et si grande sagesse qui est maximale et infinie, [on peut juger de la grandeur et de la qualité] de cette substance dont cette sagesse est la sagesse. Et ainsi le monde est l'*image* de la sagesse, mais encore la sagesse divine [est l'image] de l'essence divine ».

Nous sommes donc passés, en suivant ce fil cosmothéologique, du « monde simulacre » au « monde image » : faut-il rappeler que le simulacre est *tableau* et que l'image est *statue,* et supposer, l'apparent doublet *simulacrumlimago* ne figurant pas en cet endroit du texte commenté, que Guillaume suggère ici la supériorité de la théologie sur la physique ? et cela d'autant que *simulacrum,* chez Guillaume comme dans le *Timée* et chez Calcidius, est le terme employé là où l'on parle des songes ? Cela nous ramènerait du côté de la division boécienne des sciences. En tout cas, la perception la plus concrète du monde sensible consisterait à progresser de sa vision comme vestige à une aperception de la Sagesse, au seuil de la Puissance dont elle est l'image.

Gilbert de la Porrée, ou de Poitiers, est lui aussi un chartrain[1] : il a été l'élève de Bernard et chancelier après lui. La conception de l'image qui se dégage de son *expositio* sur le *De Trinitate* de Boèce est identique en son fond à celles de Thierry et de Clarembaud ; cela n'implique pas que les doctrines philosophiques soient les mêmes, mais ce point est étranger à notre recherche. Il suffit de noter que le statut imaginal du sensible par rapport à l'archétype, le couple *formalimago* venu de Boèce, est un thème central et récurrent dans tous ces commentaires. Il y a pourtant quelques remarques à faire sur la façon dont Gilbert en traite. Voici quelques lignes tirées de sa glose sur la présentation boécienne de la physique (*considerat enim corporum formas cum materia* etc.) :

> *Sincere substantie, que corporum exemplaria sunt... quod sensibilibus « inesse » dicuntur, non ideo est quod illis insint atque hereant inabstracte — qualiter qualitas inest corpori — sed quia, cum ab eis abstracte sunt et eis minime concrete, tamen quasi e regione apposite ut ab illis tanquam exemplaribus sensilia tanquam* imagines *ab Opifice deducantur, deductionis consorcio non modo sensilibus ipse sed ipsis sensilia « inesse » dicuntur*[2]. Soit en français : « Si l'on dit que les substances pures, modèles des corps... sont dans les sensibles, ce n'est pas qu'elles soient en eux et leur soient inhérentes sans en être séparées – comme la corporéité est dans le corps ; mais bien parce que, séparées d'eux, nullement agrégées à eux, cependant, apportées pour ainsi dire directement, en telle sorte que les sensibles en proviennent comme de leurs modèles de même que des statues (*imagines*) proviennent de leur

1. Voir *The Commentaries on Boethius by Gilbertus of Poitiers,* éd. N.M. Häring, Toronto, 1966.
2. *The Commentaries on Boethius by Gilbertus of Poitiers, op. cit.,* 82-83.

auteur, par une communauté de provenance elles sont dites être dans les sensibles, mais aussi les sensibles [sont dits] être en elles ».

Ce morceau fournirait un bon échantillon du style de Gilbert, mais ce n'est pas à ce titre qu'il est cité ici ; ce n'est pas tellement, non plus, à cause de son contenu global qui ne diffère guère, on l'a dit, de ce que l'on trouve chez les chartrains généralement – encore que la réciprocité de contenance exposée aux dernières lignes soit une idée forte et originale. Rappelons seulement à ce propos que Gilbert joint à son réalisme une théorie rigoureuse de l'individualité ; cela implique une manière de rééquilibrage entre la transcendance platonicienne et le réalisme du sensible, dans le cadre du platonisme. En fait, on cite ce passage à cause de son vocabulaire, qui emprunte de divers côtés : *abstractae, inabstractae,* sont des mots qui viennent de Boèce, comme *deducere ; sincerae substantiae, sensilia,* viennent de Calcidius traducteur et commentateur ; *exemplaria* se lit dans le *Timée* et aussi chez Bernard de Chartres. On veut suggérer par là l'intérêt qu'il y aurait sans doute à comparer systématiquement les vocabulaires respectifs des chartrains et, au moins à titre d'hypothèse de travail, associer les résultats de ces comparaisons à l'analyse de leurs doctrines. On affinerait sans doute la perception que l'on a du platonisme de l'école de Chartres, évident sans doute, mais que la lecture des textes fait apparaître divers et nuancé.

En marge de ce dernier propos signalons la question des *formae nativae* – non le concept mais le syntagme. On le relève dans les *Gloses* de Bernard sur le *Timée ;* également chez Jean de Salisbury dans le chapitre du *Metalogicon* (II, 17) consacré aux « opinions des modernes sur les genres et les espèces » :

> *porro alius ut Aristotelem exprimat, cum Gilleberto episcopo Pictavensi, universalitatem formis nativis attribuit, et in earum conformitate laborat*[1] ; « un autre, pour exprimer la pensée d'Aristote, avec Gilbert l'évêque de Poitiers attribue l'universalité aux formes instaurées et peine sur leur conformité ».

Conformitas est un terme authentiquement gilbertien ; mais la formule *forma nativa,* que nous avons rencontrée chez Bernard de Chartres, n'apparaît nulle part chez Gilbert (bien que le concept y soit bien présent). Les historiens qui la lui attribuent vont chercher dans son œuvre *forma* d'un côté, *nativa* de l'autre, et marient les deux mots, sur la foi évidemment de Jean de Salisbury. Il ne semble pas que Gilbert ait composé un ouvrage, aujourd'hui perdu, où le syntagme aurait pu figurer. Suggérons que Jean pensait à tel ou tel porrétain qui l'aurait emprunté à Bernard, ou trouvé de lui-même, ou tout bonnement l'aurait aperçu chez Calcidius. Mais ce n'est qu'une hypothèse.

Bernard Silvestre avait des liens personnels avec au moins un maître chartrain : Thierry, à qui il dédia sa *Cosmographie*[2]. D'autre part son œuvre

1. *Ioannis Saresberiensis Metalogicon,* éd. J.B. Hall, Turnhout, 1996.

2. *Bernardus Silvestris, Cosmographia,* edited with introduction and notes by P. Dronke, Leiden, 1978 (les références données ici vont à cette édition, qui périme l'édition Barach-Wrobel, 1876).

est imprégnée de ce que l'on peut appeler l'esprit chartrain qui se définirait, pour aller vite, par trois caractéristiques essentielles : goût des lettres, platonisme, invention de la nature. C'est cette *Cosmographie* qui nous retiendra. Sans nous arrêter sur son détail, qui est foisonnant, rappelons-en le thème : c'est une œuvre didactique, en forme de prosimètre, qui en deux livres raconte sous une forme mythologique la constitution du monde (Livre I : *Megacosmus*), puis de l'homme (Livre II : *Microcosmus*). D'inspiration philosophique, scientifique, poétique, on y relève de multiples occurrences du mot *imago* qui, ici comme ailleurs, nous sera le repère principal. La variété de ces passages illustre la complexité de l'œuvre ; c'est pourquoi nous commencerons par des acceptions du mot qui ne sont pas philosophiques – toutefois, pour certaines, scientifiques. Nous avons donc :

– Dès le début de l'ouvrage, *Nature* qui demande à *Noys* de « refaçonner Silva » (la matière à l'état de chaos) et fait le vœu que « son image accueille une meilleure forme » [1]; en latin :

> *Posse superduci melioris imagine forme* (I, i, 9).

– *Imago* comme connotant la ressemblance :

> *...in risus hominum deformis imago*
> *Simia, natura degenerantis homo* (I, iii, 227-228) ;
> «..., image déformée
> des hommes qu'il fait rire, le singe qui est homme
> déchu de sa nature » [2].

– *Imago :* aspect

> *...persona deus venerabilis, et decrepite sub* imagine *senectutis* (II, iii, 11) ; « un dieu d'apparence vénérable, présentant l'*image* d'une vieillesse décrépite » [3].

– *Imago,* dans le sommeil :

> *soporis imagine* (II, vii, 8) ; « une vision dans le sommeil » [4].

– *Imago,* dans le miroir :

Traductions : anglaise, *The* Cosmographia *of Bernardus Silvestris,* a translation with introduction and notes by W. Wetherbee, New York-London, 1973 ; italienne, dans E. Maccagnolo, *Il divino et il megacosmo,* Milano, 1980, p. 459-552 ; française, Bernard Silvestre, *Cosmographie,* introduction, traduction et notes par M. Lemoine, Paris, 1998 ; les fragments traduits ici lui ont été empruntés.

1. Bernard Silvestre, *Cosmographie,* introduction, traduction et notes par M. Lemoine, Paris, 1998, 51. [dorénavant Lemoine].

2. Lemoine, *op. cit.*, 73.

3. *Ibid.*, 100.

4. *Ibid.*, 118.

ut quas olim contineret imagines *non rubigo deterreret* (II, xi, 4) ; « les *images* qui s'y trouvaient contenues, la rouille ne pouvait les effacer »[1].

– *Imago,* dans le cerveau :

Molle et delicatum ad recreacionem cerebri... ut in liquido possent facilius rerum imagines *insidere* (II, xiii, 12) ; « pour la création du cerveau, une matière molle et délicate, pour que sa fluidité puisse recevoir plus facilement les *images* »[2].

– *Imago,* pour « constellation » :

« *Celum... multiformi imaginum varietate descriptum* » (*II, i, 3*) ; « le ciel écrit avec une variété multiforme d'images »[3].

Ailleurs le terme est pris dans l'acception platonicienne que nous avons rencontrée jusqu'ici, marquée par l'opposition *imago/veritas :*

In ea (scil. *materia*) *solas elementorum contemplatur* imagines, *non veritatem de integro substantie purioris ; siquidem non elementa que perficiunt, sed elementorum usyas feculentas, a simplicibus et reliquias grossiores* (II, xiii, 4).
« [On] n'y contemple que les *images* des éléments, non la vérité intacte de la substance pure elle-même, non pas les éléments qui accomplissent, mais les substances souillées des éléments, provenant de la simplicité de ceux-ci, et reliquat plus grossier »[4].

Notons encore ce vers qui figure dans le discours que prononce *Noys* juste avant que commence la fabrication (*plasmatura*) de l'homme :

Sensilis hic mundus, mundi melioris imago (II, x, 9) ; « cet univers sensible, *image* d'un monde meilleur »[5].

Tout cela est évidemment écrit en marge du *Timée.* Mais, comme Guillaume de Conches, Bernard Silvestre fait remonter dans le monde des principes le rapport d'image à modèle qui fonctionne entre le monde sensible et le monde archétype. Ainsi dès le début de l'ouvrage on entend *Natura* interpeller *Noys,* qui en ce point pourrait passer pour la deuxième personne de la Trinité chrétienne :

Vite viventis imago
Prima, Noys, deus, orta deo, substantia veri... (I, i, 4) ;
« Image à son début de la vie bien vivante,
Noys, Dieu né de Dieu, toi substance du Vrai... »[6].

1. Lemoine, *op. cit.*, 129.
2. *Ibid.*, 141.
3. *Ibid.*, 94.
4. *Ibid.*, 137.
5. *Ibid.*, 186.
6. *Ibid.*, 51.

La « vie vivante » est le Dieu aux trois noms (*Deus, Usya, Tagaton*) d'où est immédiatement issue *Noys,* monde archétype, « esprit du Très Haut », lieu contenant les « notions éternelles » qui sont les images de la vie divine :

> *Erat fons luminis, seminarium vite, bonum bonitatis, divine plenitudo scientie que mens altissimi nominatur. Ea igitur Noys summi et exsuperantissimi est dei intellectus, et ex ejus divinitate nata est Natura, in qua vite viventis* imagines, *notiones eterne, mundus intelligibilis, rerum cognitio perfecta* (I, ii, 13).
> « C'était une source de lumière, une pépinière de vie, le bien de la bonté, cette plénitude de la science divine que l'on appelle Esprit du Très-Haut. Cette Noys, donc, est l'intellect du Dieu suprême et triomphant, et la Nature est née de sa divinité, dans laquelle se trouvent les *images* de la vie vraiment vivante, les notions éternelles, l'Univers intelligible, la connaissance préétablie des choses » [1].

Et aussitôt après ces dernières mots *Noys* est comparée à un miroir où se reflète la volonté divine.

Tout à la fin de *Megacosmus,* c'est-à-dire de la première partie de la *Cosmographia,* on voit descendre en cascade, de *Noys* à la chaîne des autres principes cosmogoniques, les *images* de ce que contient la volonté divine :

> *Sicut enim divine voluntatis semper est pregnans, sic exemplis eternarum quas gestat* imaginum *Noys Endelichiam, Endelichia Naturam, Naturam Imarmenem quid mundo debeat informavit* (I, iv, 14).
> « Toujours enceinte de la volonté divine, Noys, de la même façon, a informé Endélichie au moyen des modèles des *images* éternelles qu'elles porte, Endélichie a fait de même à l'égard de Nature, et Nature a informé Imarméné de ce qu'elle doit à l'univers » [2].

Imago chez Bernard Silvestre est donc le terme utilisé pour parler de très hautes réalités et en ce sens le poète, dont l'expression est largement païenne, apparaît aussi pénétré du lexique scripturaire, précisément celui que les livres saints utilisent pour évoquer la Trinité, quand il déroule sa cosmogonie philosophique ; on en trouve le témoignage dans l'un des très rares passages de la *Cosmographia* qui aient une allure chrétienne :

> *Ex ea igitur luce inaccessibili* [3] *splendor radiatus emicuit,* imago *nescio dicam an vultus, patris* imagine [4] *consignatus ; hec est dei sapientia* [5], *vivis eternitatis fomitibus vel nutrita vel genita* (I, iv, 5).

1. Lemoine, *op. cit.*, 61.
2. *Ibid.*, 92.
3. *I Tim.*, 6, 16 ;
4. *II Cor.*, 4, 4 ; *Col.*, 1, 15 ; *Sap.*, 7, 26 ;
5. *I Cor.*, 1, 24.

> « À partir de cette lumière inaccessible, une splendeur rayonnante a brillé, je ne sais si je dois la dire *image* ou visage inscrit dans *l'image* du Père. C'est la sagesse de Dieu, nourrie ou engendrée par les aliments vivants de l'éternité »[1].

Mais les images sont encore en cause dans une autre étape de ce processus : celle (II, xi) qui précède immédiatement la formation de l'homme. Elle se décompose en trois moments : la composition de son âme à partir de l'*Endélichie,* qui est l'Âme du monde ; celle du corps ; l'assemblage de l'âme et du corps. *Noys* confie la première tâche à *Uranie,* la deuxième à *Physis,* la troisième à *Nature.* Prévenante, elle donne à chacune une sorte d'aide-mémoire (*si vestra memoria vacillabit in aliquo*) ; à *Uranie* le « Miroir de la providence », *Speculum providentie,* à *Physis* le « Tableau du destin », *Tabula fati,* à *Nature* le « Livre du souvenir », *Liber recordationis.* Le « Miroir de la providence » « contient » des images (*imagines*) capables de résister à la rouille, à l'ancienneté (*antiquitas*), aux agressions (*incursus*). Ce « contenu » ce sont les archétypes qui y « vivent » :

> *vivebant ydee, vivebant exemplaria, rerum species… Speculum igitur providencie mens eterna* (II, xi, 4).
> « Là vivaient les idées, vivaient les exemplaires… L'esprit éternel est le miroir de la providence »[2].

On peut voir sous ce mode originel *Silva* se dégager du chaos dont elle était primitivement affectée ; on y voit la structure de l'univers, le ciel, les genres des vivants (II, xi, 5)[3]. De là autant d'*images* dans ce miroir métaphysique :

> *Erat in exemplaribus invenire* simulacrum, *cuiusvelis generis, quale, quantum, quando et quomodo proventurum* (II, xi, 5).
> « C'était dans les exemplaires qu'on pouvait trouver une représentation d'une chose à venir, quels que soient son genre, sa qualité, sa quantité, son temps et la façon dont elle arriverait »[4].

Le « Tableau du destin » contient tout ce qui est devenir, naturel ou historique ; le mot *image* ne se lit pas dans sa description, mais bien des mots qui connotent la vision (*vestigia, inspicere*). Ce n'est pas un miroir – il n'est « ni poli ni lumineux » – mais une épaisse table de bois (II, xi, 8-9)[5]. Quant au « Livre du souvenir », il ne contient pas d'images mais un texte cryptographique qui énonce comment « l'intellect s'impose aux choses », les « raisons » des choses naturelles et notamment

1. Lemoine, *op. cit.*, 88-89.
2. *Ibid.*, 129.
3. *Ibid.*, 130.
4. *Ibid.*
5. *Ibid.*, 130-132.

des vivants (II, xi, 10-11)[1]. On ne peut mettre ces passages en connexion précise avec ceux que nous avons rencontrés précédemment, les contextes sont trop différents. Mais sous l'affabulation surabondante on perçoit les mêmes structures essentielles. On n'y insistera plus, ce sont celles du platonisme et plus spécialement du *Timée*, et l'image, comme concept et comme mode de représentation, y tient nécessairement une grande place.

On ne voit pas qu'une conclusion systématique et développée puisse se dégager de cette série de figures textuelles et doctrinales que nous avons brièvement observées. Dans ces commentaires d'ouvrages platoniciens – ceux de Platon lui-même et de Boèce – on aura noté quelques recours de l'un à l'autre ; des orientations philosophiques plus ou moins marquées vers la métaphysique ou la théologie, ou la physique. L'image y a toujours une fonction médiatrice entre la forme transcendante et la matière – la fonction même du « troisième genre d'être » que Platon découvre dans le *Timée* (48e). De là sa situation indécise mais philosophiquement décisive entre le même et l'autre – le même étant la *vérité* dont l'*image* participe au point qu'il est nécessaire d'en marquer la différence (*imago* vs *veritas*) – thème que nous avons rencontré plusieurs fois. Mais cette différence peut être appréciée de deux points de vue. Ainsi, Clarembaud d'Arras paraît dédaigner le sensible tandis que Thierry de Chartres, commentateur de Boèce comme lui, pose que le cercle tracé dans la poussière est « le même cercle, mais de façons différentes (*alio et alio modo*), que le "vrai cercle" (*ibi veritas hic imago*) ».

D'autre part, dans les divers cas sur lesquels s'est portée notre attention l'on peut noter – et cela, dès Bernard de Chartres – un glissement quasi insensible par rapport au texte de Platon. Pour celui-ci est *image* « ce qui entre et sort » dans, et de, ce réceptacle dont on ne peut fixer au juste la nature, disons : la matière. Pour les chartrains c'est en fait le sensible, plus précisément le monde sensible qui est image à titre principal, à cause de ces images qui y sont descendues. À la suite de Boèce on parle plus techniquement de formes et aussi, ou d'abord, de la forme première qui est Dieu ; des formes qui sont extérieures à la matière (*praeter materiam*) ; des formes qui sont dans la matière et produisent les corps et que l'on appelle encore des formes mais par abus de langage, car dans cette situation elles sont des *images*. Ainsi chez les philosophes respectueux de la double autorité de Platon et de Boèce l'image tend à se situer à deux niveaux, près de la matière et dans la matière. De la sorte, le sensible est image à cause de sa forme, qui est aussi à sa façon une image. Si l'on pratique une coupe dans l'épaisseur du réel, le domaine de l'image ne sera pas une surface mais une zone. Cette représentation ne fait que transposer dans un schème spatial celui de la médiation, et du jeu entre le même et l'autre, qui est capital dans tout platonisme. Nous pouvons exprimer cela dans le cadre culturel du XIIe siècle en rappelant un témoignage

1. Lemoine, *op. cit.*, 132-133.

fameux sur Bernard de Chartres de Jean de Salisbury : selon celui-ci, dit Jean, c'est la même blancheur, mais dans des situations diverses, qui est signifiée par la série paronymique *albedo, albet, album* [1]. Les trois mots auraient le même signifié selon les consignifications diverses : ainsi *albedo* signifierait « la qualité même » ; *albet*, « la même à titre principal avec la consignification d'une personne » ; *album*, « la même qualité, mais infuse et mêlée à une substance ». Or on retrouve le même tableau, avec un contexte différent, dans les recueils de textes grammaticaux récemment étudiés par Irène Rosier-Catach [2]. Sous des attributions encore non identifiées (*Magister A, quidam*) on y lit des phrases littéralement identiques à celles que Jean rapporte à Bernard :

> *Verbum ut* albet *significat suam rem ut* albidinem *quasi ingredientem ipsum subjectum. Nomen vero ut* album *significat eamdem rem quasi jam ingressam ipsum subjectum et quasi jam quietam et manentem in subjecto.*
> « Un verbe comme *blanchoie* signifie son contenu, la *blancheur*, comme entrant dans le sujet ; un nom comme *blanc* signifie le même contenu comme déjà entré dans ce sujet et comme déjà en repos et séjournant dans ce sujet » ;

ou encore :

> albedo, *inquiunt, significat ipsam albidinem in essentia ;* albus *vero significat eamdem ut inherentem ;* albet *autem verbum significat eamdem inherere.*
> « *Blancheur*, disent-ils, signifie la blancheur même en essence ; *blanc* signifie le même contenu comme inhérent ; le verbe *blanchoie* signifie que le même inhère ».

On ne sait si ces grammairiens (et philosophes, du moins quant au dernier cité), avaient quelques relations avec Chartres ; mais Bernard s'exprime comme eux et c'est comme *grammairien* que Jean le désigne, en même temps que comme platonicien [3]. Thierry évoquait un cercle tracé dans le sable, nous avons vu comment. Pour tous deux, et littéralement (comme pour le second grammairien) le même l'emporte sur l'autre dans l'image. À déterminer le statut de celle-ci par rapport à ces deux instances, les disciplines en honneur à l'époque sont diversement impliquées. La rhétorique ne l'évoque même pas à propos de ce qui, selon nos conceptions, ressemble le plus à l'image dans le discours : le mythe, l'*integumentum*

1. *Ioannis Saresberiensis Metalogicon, op. cit.*, III, 2 (p. 106-107).

2. I. Rosier-Catach, « Abélard et les grammairiens : sur la définition du verbe et la notion d'inhérence », dans *La Tradition vive. Mélanges d'histoire des textes en l'honneur de Louis Holtz*, ed. P. Lardet, Turnhout, Brepols, 2003.

3. … *Wilhemus de Conchis grammaticus post Bernardum Carnotensem grammaticus opulentissimus*, dans *Ioannis Saresberiensis Metalogicon, op. cit.*, I, 5 p. 20 ; voir aussi *ibid.*, I, 24 p. 51 *sq.*

dans son langage technique ; c'est du moins le cas du chartrain Thierry [1]. La grammaire l'introduit implicitement dans la théorie des *denominativa*, des paronymes (*eamdem rem, quasi*). Seule la philosophie en exprime clairement l'ambiguïté – *idem circulus : ibi veritas hic imago.*

1. Dans son commentaire sur les *Noces de Philologie et de Mercure* de Martianus Capella, Bernard Silvestre présente simplement l'*integumentum* comme une espèce d'*involucrum*, genre commun à l'*allegoria*, définie comme « un discours qui sous un récit historique enveloppe un sens vrai différent du sens extérieur » (ainsi, le récit de la lutte de Jacob contre l'ange), et à lui-même, l'*integumentum*, « discours qui enferme un sens vrai sous un récit fabuleux » (ainsi, l'histoire d'Orphée). Voir *The Commentary on Martianus Capella's* De nuptiis Philologiae et Mercurii *attributed to Bernardus Silvestris*, ed. H.J. Westra, Toronto, 1986, p. 45.

Chapitre XI

GAUTHIER DEVANT LES QUATRE LABYRINTHES *

Si le labyrinthe apparaît dans ce texte ce n'est que par le biais d'une figure de style, incertaine d'ailleurs, au titre d'un ouvrage polémique, le *Contra quatuor labyrinthos Franciae,* « Contre les quatre labyrinthes de la France », écrit par Gauthier de Saint-Victor en 1177 ou 1178 selon son éditeur, Mgr Palémon Glorieux [1]. De quels labyrinthes s'agit-il, comment l'ouvrage est-il composé, ce sera notre sujet principal. Mais puisqu'il appartient à la production victorine, il convient de rappeler d'abord ce que fut cette abbaye à laquelle le nom de Gauthier est attaché et dont il était alors le prieur ; plus particulièrement, quelle place elle tient dans la culture du XIIe siècle : c'est le fond sur lequel se détache ce livre, et ainsi nous verrons s'il lui est assorti ou non.

C'est dans l'atmosphère agitée des écoles, à la suite d'une controverse philosophique, professionnelle en somme, que naquit Saint-Victor – que cette controverse en ait été l'origine même comme tend à le faire croire Abélard, l'un de ses protagonistes, ou qu'elle en ait été seulement une circonstance extérieure ou, tout au plus, adjuvante. Abélard en effet raconte, dans un récit bien connu, comment, étudiant à l'école de Guillaume de Champeaux, il eut de vifs affrontements avec son maître sur la question des universaux ; comment cette querelle connut plusieurs épisodes comportant des rivalités autour d'une chaire parisienne et impliquant aussi un protégé de Guillaume. Ces développements occupent plusieurs pages de l'*Historia calamitatum* [2] mais c'est leur conclusion seule que nous retiendrons : Guillaume finit par se retirer dans une maison religieuse située près de la Seine, un peu en amont de la cité, au bas de la Montagne Sainte-Geneviève ; il y fonde une communauté de chanoines réguliers.

* « Gauthier devant les quatre labyrinthes », publié dans *Un fil d'Ariane pour le labyinthe de Chartres,* Actes du Colloque Européen des 3 et 4 juillet 1999, Association des Amis du Centre Médiéval Européen de Chartres, p. 97-104.

1. Gauthier de Saint-Victor, *Contra quatuor labyrinthos Franciae,* éd. P. Glorieux, *Archives d'histoire doctrinale et littéraire du Moyen Âge,* XIX, 1952 (1953).

2. Abélard, *Historia Calamitatum,* éd. J. Monfrin, Paris, Vrin, 1962.

Si l'on dégage ces choses de leur environnement scolaire dans lequel les situe Abélard, et qui reste un peu étroit même si des personnalités majeures y sont impliquées, cet événement final se situe dans le cadre plus important du grand mouvement spirituel et institutionnel qu'on appelle la réforme grégorienne et dans celui, concomitant et englobant, de l'urbanisation de l'Europe occidentale. Le mode de vie adopté par les chanoines réguliers est en quelque sorte intermédiaire entre celui des moines et celui des prêtres et clercs urbains; ils suivent une règle déjà ancienne dite « de saint Augustin », et non celle de saint Benoît. Ce mode de vie, qui convient mieux à des intellectuels, est encouragé par des évêques, notamment par Yves de Chartres et, dans le cas qui nous occupe, par Hildebert de Lavardin, évêque du Mans; il exhortera Guillaume, retiré donc aux abords de la ville, à reprendre son enseignement; les étudiants affluent alors à Saint-Victor. Certes en 1113 Guillaume est nommé évêque de Châlons; cela paraît déroger à la règle des chanoines réguliers mais sera favorable à la communauté car à l'occasion de cette nomination le roi Louis VI le Gros érigera Saint-Victor en abbaye. Celle-ci donc, il faut le retenir, doit son existence à un maître en plusieurs disciplines: philosophie, arts libéraux, théologie. Cette abbaye et l'école qui s'y abritait ont fait honneur à leur fondateur en suivant sa tradition de hauts savoirs et spéculations dans les domaines qui étaient les siens propres et dans d'autres également. Cette période d'éclat n'aura cependant duré que quelques décennies; l'abbaye ne cessa d'exister qu'à la Révolution française mais elle n'avait plus connu ce grand rayonnement qui attira d'abord des étudiants de plusieurs pays: Angleterre, Allemagne, Italie. Du moins avait-elle conservé sa tradition intellectuelle puisque sa bibliothèque n'a cessé d'être entretenue et enrichie; au XVIe siècle elle était « la plus riche de Paris » (J. Châtillon). Rabelais, qui l'a connue, dit que « Pantagruel trouva la librairie de Saint-Victor fort magnifique » (*Livre Deuxième,* c. 7): témoignage de sa renommée, malicieux toutefois car il en a dressé un catalogue célèbre mais où l'on aurait tort de voir un document de la science et la spiritualité victorines.

Donc Saint-Victor, au XIIe siècle, a été illustrée par de grandes figures et a tenu ainsi une place majeure dans la « renaissance » dont on crédite ce siècle. Citons parmi ses *magistri* Hugues († 1141), commentateur de Denys l'Aréopagite, auteur mystique, auteur également d'un *Didascalicon* dont la première partie dresse un tableau raisonné et presque complet du savoir de l'époque; la seconde est consacrée à la théologie, aux Livres saints, à la façon de les lire selon une exégèse à trois axes: histoire, allégorie, tropologie. – Achard, abbé de 1155 à 1161 puis évêque d'Avranches, est un profond philosophe, auteur d'un traité très original *De l'unité de Dieu et de la pluralité des créatures.* – Le prieur Richard († 1173), que Dante a rencontré au paradis, tente dans son *De Trinitate* de retracer le mouvement interne de la Trinité selon la dynamique de l'amour. – André († 1175), savant exégète d'une grande partie de l'Ancien Testament, pratique une exégèse philosophique à la recherche de l'*hebraica veritas* dont il s'informait auprès des rabbins. – Citons enfin Adam (mort vers le milieu du XIIe siècle), « très excellent versificateur » qui aurait pu être « le plus grand poète du Moyen Âge » s'il ne lui avait pas manqué « un peu de l'envol du mysticisme » (Rémi de Gourmont, *Le latin mystique*). Tels étaient donc les hommes qui, parmi d'autres, avaient fait la gloire de l'abbaye de Saint-Victor lorsque, dans ce XIIe siècle tirant à sa fin, le prieur Gauthier écrit son *Contra quatuor labyrinthos Franciae,* un ouvrage qui se place dans l'une des grandes controverses de l'époque.

Le prieur Richard meurt en 1173, Gauthier semble-t-il lui succède. C'est alors le plein d'une crise théologique autour du statut de l'humanité du Christ, question qui est loin d'être nouvelle. Deux conciles œcuméniques, celui d'Éphèse (431) et celui de Chalcédoine (451) en avaient déjà débattu ; ils avaient condamné Nestorius qui niait que Marie pût être dite « la mère de Dieu », *theotokos* (Éphèse), et Euthychès selon lequel il n'y avait dans le Christ qu'une seule nature, l'humanité y étant en somme absorbée par la divinité (Chalcédoine). Les Pères avaient décrété que dans l'unique *hypostase* du Christ deux natures étaient unies « sans confusion ni changement, sans division ni séparation ». Mais ces formulations abstraites n'avaient pas coupé court à des interrogations que suscitaient d'une part la difficulté de se représenter une unité personnelle faite d'instances aussi dissemblables, mais aussi et surtout peut-être la présence dans le Nouveau Testament et les œuvres des Pères de formules qui ne paraissaient pas consonantes avec la définition conciliaire. À la fin du VIIIe siècle des évêques espagnols estiment qu'il faut distinguer dans le Fils de Dieu le Fils par nature (le Verbe) et le fils de Marie qui est Fils de Dieu « par adoption », et, selon un thème paulinien, « l'un de nous et notre chef ». Le concile de Francfort (794) avait condamné cette doctrine (dite « adoptianisme ») ; pourtant, outre qu'elle pouvait se réclamer en quelque mesure de saint Paul, elle avait pour elle de tenter une conciliation entre l'éternité de la Trinité et l'existence de l'homme « assumé » (*assumptus homo*) par le Fils de Dieu.

Quatre siècles plus tard le problème ne pouvait se poser dans les mêmes termes exactement. Au XIIe siècle un Abélard, un Gilbert de la Porrée, ont raffiné l'usage de la logique en théologie ; les écoles qu'ils ont laissées après eux sont actives. Pierre Lombard distingue, au troisième livre de ses *Sentences* (vers 1150) trois doctrines différentes de l'humanité du Christ ; ou, pour poser la question en termes de l'époque, des réponses à la question : dans le Christ Dieu est-il, ou a-t-il été fait, « quelque chose », *aliquid* ? Selon l'une de ces opinions, dite de l'*assumptus homo,* un homme est devenu Dieu, ou Dieu est devenu cet homme, non certes par nature mais par grâce. Selon une autre le Fils de Dieu, qui a en sa divinité une substance et une nature, est devenu en s'incarnant une personne à laquelle s'est ajoutée une seconde nature : l'humanité, et donc deux substances : une âme et un corps humain ; il y a donc en lui deux natures et trois substances, c'est la thèse dite de la subsistance. Selon la troisième des doctrines énumérées par le Lombard il n'y a nulle composition de natures dans le Christ, mais un corps et une âme formant un homme ont été unis au Verbe comme un vêtement : *indumentum, habitus.* Ce dernier mot, qui a donné son nom à cette thèse, se réclame de formules de saint Paul et d'Augustin. Pierre Lombard lui paraît favorable, les porrétains soutiennent la deuxième. On a attribué à Abélard la deuxième et la troisième, mais cette imputation est rétrospective car la controverse lui est postérieure. On trouve dans les *Sentences* de l'un de ses disciples, Roland Bandinelli, la formule selon laquelle « le Christ en tant qu'homme n'est pas quelque chose », *non est aliquid.* Mais le même devenu le pape Innocent III condamnera à plusieurs reprises, et définitivement au concile de Latran de 1179, cette doctrine dite du « nihilisme christologique » – car *non aliquid,* « pas quelque chose », qu'est-ce sinon *nihil,* « rien » ?

Nous sommes là en présence de l'un de ces lieux du dogme chrétien où la pensée se heurte en tous sens aux murs de la logique et où les théologiens sont sommés de trouver une issue par laquelle elle puisse espérer s'échapper. Les écoles des maîtres les plus importants, nous avons rencontré leurs noms, vont s'y impliquer sans vraiment imposer leurs propres vues. Saint-Victor ne s'en est pas vraiment mêlée, bien qu'Achard ait combattu le nihilisme christologique ; Richard ne semble pas avoir pris position à ce sujet. Quand Gauthier devient prieur le nihilisme christologique a déjà subi des condamnations de degrés divers, notamment en 1170 de la part du pape qui se prononcera de nouveau en 1177. C'est juste après cette date que Gauthier intervient contre cette doctrine : il écrit le *Contra quatuor labyrinthos Franciae.* La seule édition complète et critique qui en existe est due à Mgr Palémon Glorieux. Il en existait déjà quatre autres, toutes partielles ; ou plutôt trois, car celle de la *Patrologie latine,* tome 119, reproduit les extraits que Ch. du Boulay en avait publié au tome II de son *Historia Universitatis Parisiensis* (1665-1673). On en connaît trois manuscrits dont « le seul complet et en partie autographe » est conservé à la Bibliothèque de l'Arsenal ; il provient de la bibliothèque de Saint-Victor. Ces données sont puisées dans l'introduction de l'éditeur. Le plan de cet ouvrage n'est pas simple, mais il faut d'abord essayer d'interpréter son titre.

Une définition explicite du mot *labyrinthe* se lit dès son début ; elle figure après la table des chapitres, le prologue et la reproduction de la lettre où le pape Alexandre III condamne la thèse qui dit *quod Christus non sit aliquid secundum quod homo,* selon l'énoncé type de la doctrine du nihilisme christologique, et juste avant l'*incipit* du livre I. À cet endroit sont intercalées quelques lignes (*loc. cit.*, p. 202) intitulées *Epithoma dicendorum.* Ce morceau commence ainsi : *Queris quid sit labyrinthus. Quo clausus fuit minocentaurus :* « Tu demandes ce qu'est le labyrinthe, ce fut la prison du Minocentaure » (*sic*). Le labyrinthe serait donc un lieu. P. Glorieux a remarqué que le manuscrit contient des notes « d'une écriture… qui s'avère être celle de Gauthier lui-même », qui ajoutait des remarques supplémentaires au manuscrit encore aux mains du copiste (*loc. cit.*, p. 189) ; il les signale par une marque particulière que ne porte pas la phrase qu'on vient de reproduire. Si l'invention du « Minocentaure » est le fait d'un copiste et non de

Gauthier, du moins celui-ci ne l'a pas rectifiée à l'occasion de sa relecture. On en conclura sans trop de hardiesse qu'il n'était pas un bien grand *grammaticus.* – Mais cette occurrence du mot *labyrinthe* n'est pas la première dans ce *Contra Quatuor;* il figure déjà à la première ligne de son prologue, non pas comme le nom d'un lieu mais comme un nom applicable à des hommes. On apprend ainsi que « les quatre labyrinthes de la France » sont « Abélard, le Lombard, Pierre, évêque de Poitiers, et Gilbert de la Porrée », lesquels, « enflés d'un même esprit aristotélique, en traitant des mystères (*ineffabilia*) de la Trinité sainte et de l'Incarnation avec la légèreté propre aux écoles (*scolastica levitate*) ont vomi autrefois des hérésies; et leurs erreurs pullulent jusqu'à maintenant » (p. 201). Gauthier n'allait sûrement pas jusqu'à appliquer le même nom par une nomination propre à un lieu et à un homme, voire à plusieurs. Il y a donc là une figure de langage. La plus simple consisterait en une métonymie qui ferait donner le nom d'un lieu à celui de son habitant, ou ses habitants, qui seraient alors des monstres anthropophages, « tapis pour dévorer tous ceux qui s'y aventureraient » comme dit ailleurs P. Glorieux. Mais ce même savant a suggéré aussi une autre interprétation : Gauthier voudrait dire qu'en s'aventurant dans la lecture des œuvres d'Abélard et des autres, on courait grand risque de s'égarer comme dans quatre labyrinthes : «… les quatre labyrinthes et le Minotaure qui s'y cache » (p. 191) ; ce Minotaure serait-il Satan ? Cette explication suppose un jeu complexe : une métaphore qui assimile l'égarement dans l'espace et l'égarement dans la pensée ; plus une métonymie entre les œuvres et leurs auteurs. On estimera peut-être que l'on prend là beaucoup de peine pour expliquer une formule hasardée par un polémiste qui aurait oublié plus ou moins sa grammaire. Sans doute ; mais le mot *labyrinthe* est rare au Moyen Âge et quand on le rencontre on peut bien s'y attarder un moment.

L'ensemble de l'ouvrage est décevant. Le livre I démarque une *Apologia de Verbo incarnato* « assez généralement attribuée à Jean de Cornouailles » dit P. Glorieux mais qu'il estime, lui, être due à un anonyme, auteur d'un commentaire des épîtres de s. Paul et d'une « abréviation » du *Livre des sentences* (p. 189 et n. 3). Le livre II critique les *Sententiae divinitatis* abélardiennes ; le livre III, Pierre Lombard, pour sa christologie et d'autres points ; le livre IV, Pierre de Poitiers (déjà attaqué au livre III) mais aussi, dans les sept premiers chapitres, des philosophes antiques. Enfin viennent des *additamenta* assez désordonnés, composés principalement d'extraits d'auteurs divers : soit des « quatre labyrinthes », soit de Pères de l'Église (Augustin, Hilaire), et aussi de s. Bernard – les uns et les autres dans des buts différents, on l'aura compris. Un ouvrage en désordre n'est pas nécessairement un mauvais ouvrage, mais le contenu du *Contra quatuor* n'est pas meilleur que son ordonnancement. P. Glorieux lui a consacré, outre son édition, un article sévère paru en 1954[1]. Il y dénonce la méthode malhabile de Gauthier, sa mauvaise foi, son ignorance, son manque d'originalité, son

1. P. Glorieux, « Une mauvaise action et du mauvais travail : le Contra quatuor labyrinthos Franciae », *Recherches de théologie ancienne et médiévale,* 1954.

incompréhension des textes qu'il cite et sa façon désinvolte de coudre ensemble des passages qui dans les originaux sont parfois très éloignés les uns des autres, les insultes qui tiennent lieu d'arguments… Il cite pour finir une phrase du Père J. de Ghellinck selon qui le *Contra quatuor* est « un document qui nous renseigne sur l'animosité du conflit » autour du nihilisme christologique, et de commenter : « l'animosité d'un esprit chagrin, aigri, malveillant ». Manifestement Glorieux fait payer à son auteur la peine qu'il a prise à élaborer une édition de presque 150 pages et qui a dû l'irriter à un vif degré. Irritation qui n'est pas injustifiée : nous allons pour finir préciser, avec quelques échantillons au besoin, ce qui tient lieu de méthode à Gauthier.

Voyons pour commencer ce qui est censé constituer une argumentation. Le chapitre VII du livre IV est dirigé contre les philosophes ; ils sont visés parce que, selon Gauthier, les théologiens tenants du nihilisme christologique seraient leurs sectateurs. Or, comme il dit aux premières lignes de ce même livre : « Ces bateleurs (*theatrales*) doivent, pour être des docteurs dans l'Église (*ecclesiastici doctores*), suivre les arts divins, non les arts libéraux ; imiter les apôtres, non les philosophes » (270, 1-4). Voici donc la traduction du chapitre annoncé :

« Les dialecticiens, dont Aristote est le prince, ont coutume de tendre les filets des argumentations et d'enfermer aussi la liberté vagabonde de la rhétorique dans le buisson des syllogismes. Ainsi ces gens qui usent leurs jours entiers et leurs nuits à interroger ou répondre, à avancer une majeure ou l'accepter, à poser une mineure, à confirmer et conclure, en traitent certains de disputeurs. Si donc ils agissent ainsi, ces gens qui en propre ont pour art la dispute, que doit faire le chrétien sinon se retirer de toute dispute ? Si quelqu'un apparaît comme un disputeur, dit l'Apôtre, nous n'avons pas quant à nous une telle coutume, non plus que ne l'a l'Église de Dieu. Si Aristote, comme lui-même et Augustin le disent, ne peut définir la première des catégories, celle qui soutient les neuf autres, c'est-à-dire la nature, quelles définitions aurait-il pu donner, en vérité, des choses naturelles, c'est-à-dire des substances secondes et du reste, lui qui n'a pu donner de la première nulle autre définition que : je ne sais ? En un mot, celui qui ne sait pas ce qu'est l'or ne distingue pas ce qui est en or ; mais pour ne pas apparaître stupide mais plutôt plus subtil que les autres, seul il a affirmé l'existence d'un cinquième élément. Ainsi en usant de règles nouvelles partiellement vraies, d'assemblages de mots et même de distinctions de syllabes, il a vendu à la postérité du laiton pour de l'or : c'est-à-dire que, en guise de vérité et de choses vraies, il en a mis de vraisemblables dans la poche des sots ».

Ces quinze lignes expriment la formule de tout l'ouvrage. En disqualifiant Aristote, qu'il connaît bien mal, Gauthier refuse les concepts et les problématiques sur lesquels se fondait la raison théologique chez Abélard, chez Gilbert. Il se tient à distance de Hugues, de Boèce, cité deux fois dans tout le *Contra quatuor*, et dont l'une est ambiguë puisqu'il y apparaît invoqué par un « hérétique ». Puisqu'il rejette « cet art non pas dialectique mais pleinement diabolique » (*non dialecticam sed plane diabolicam artem;* 232, 11), Gauthier pour soutenir sa critique ne peut qu'appliquer une méthode dont on produira un seul exemple parmi bien d'autres possibles : un passage du Livre II dirigé contre les *Sententiae divinitatis* (219-224). D'abord – après une présentation ouvertement hostile de cet anonyme qu'il attribue, sans trop s'engager (*fertur*) à Abélard – il reproduit plusieurs passages pris à plusieurs endroits de cet ouvrage ; le début du premier est recopié en dépit du bon sens, littéralement parlant : tel qu'il apparaît ici il serait inintelligible si l'éditeur n'en avait rétabli le texte en note. À ces extraits il donne pour titre commun *heresis,* ils forment le chapitre I. Le chapitre II est constitué d'une première série d'extraits d'Hilaire, d'Augustin (ceux-ci sont tirés de trois ouvrages), de Bernard (deux ouvrages), sous le titre de *catholica.* Sous le même titre vient ensuite un ensemble hétérogène d'autorités invoquées (Grégoire, Augustin) et d'argumentations ou plutôt de ce qui se présente comme tel. Elles sont de deux sortes : des citations authentiques où apparaît à propos du Christ le mot *humanitas,* puis d'inférences qui passent de là à ce même mot tel qu'il est pris chez les théologiens que Gauthier critique. Mais il ne se demande pas si la différence des contextes n'introduit pas sous cet unique vocable une différence dans les implications du concept : c'est le sophisme du double moyen terme. Telle est la première sorte de ces argumentations. Voici un exemple de la seconde sorte, le même sophisme y niche : « Il y a donc » (selon les hérétiques) « une humanité telle qu'on la dit accidentellement et non substantiellement, et une autre telle qu'elle soit dite substantiellement, c'est-à-dire naturellement. Si elle n'est rien, aucun homme n'est homme par l'humanité. O folie ! le dialecticien pose cette majeure (*proponit*) : tout homme est homme par l'humanité ; l'hérétique pose cette mineure (*assumit*) : mais l'humanité n'est rien ; le diable conclut : donc tout homme est rien. Or si l'homme est par l'humanité, alors tout homme, et l'humanité, est rien ; donc, tout homme n'est pas homme. *O monstrum !* ». Ce chapitre II se termine par quelques lignes précédées du titre *heresis;* titre trompeur puisqu'on y lit d'abord un principe de méthode (points à étudier à propos du mystère de l'Incarnation), puis la teneur de « la foi de l'Église » sur l'un de ces points. Mis à part ces hardiesses dialectiques ces pages illustrent la méthode suivie tout au long du *Contra quatuor :* aligner d'abord des extraits plus ou moins bien faits des ouvrages critiqués (voir plus haut ce qu'en dit Glorieux) ; puis des extraits, plus ou moins bien faits, d'auteurs authentiques. Ce procédé nous ramène loin en arrière : aux dossiers polémiques des carolingiens ; encore cette période brillante avait-elle de meilleures réussites.

Pour terminer cette présentation de l'œuvre de Gauthier voici quelques-unes des formules bienveillantes qu'il sait trouver à l'intention des maîtres qu'il cite. « Hérétiques » : l'accusation est à toutes les pages, parfois développée en *non dialectici sed heretici,* formule qui n'est pas rare dans les polémiques médiévales de même que celle-ci : *profanas vocum novitates,* qui vient de s. Paul (*I Tim.,* 1, 6). Mais il y a plus coloré, en voici quatre exemples pris parmi beaucoup d'autres :

« écoutons pourtant ces propos ridicules » (*Audiamus tamen ipsa ridicula;* 246, 23-24) ; « argumentations frivoles » (*omnes dialecticorum frivolas argumentationes;* 259, 10-11) ; « pourquoi ces aboiements impies » (*cur impie latras?;* 231, 26) ; enfin ce mot d'ordre qui donne le ton à l'ensemble de l'ouvrage puisqu'il est donné dès son *incipit:* « Que cessent maintenant ces débiles bavardages de grenouilles ! » (*cessent jam putridae ranarum garrulitates;* 201, 37).

Gauthier de Saint-Victor dans ses sermons fait plusieurs allusions à la querelle soulevée autour du nihilisme christologique et plus généralement à la question de l'humanité du Christ [1]. La formule *assumptus homo* n'y est pas rare, on la trouve ainsi dans un sermon de Noël (XII Châtillon ; 112, 273 ; *cf.* 113, 308 : *in homine assumpto... in Verbo assumente*) ; dans un sermon sur l'Avent (XXI Châtillon ; 183, 188-189 : *Tu dicis quia nil quod est assumptum est Deus vel persona Dei*) ; dans le sermon sur l'Épiphanie que J. Châtillon [2] avait déjà signalé en 1952 et que l'on retrouve sous le numéro XVIII dans son édition des sermons de Gauthier. Ici on lit en outre ces lignes explicites : « Chaque jour j'entends dire dans l'église que le Christ est un homme parfait, consistant en une âme rationnelle et une chair d'homme, et aussi qu'il est de la substance du Père, engendré avant les siècles. Beaucoup parlent contre cette façon de parler, disant que le Christ n'est pas quelque chose en tant qu'il est homme (*dicentes quia Christus non est aliquid in quantum est homo*), ni engendré de la substance du Père. Pourtant les saints disent en beaucoup d'endroits que l'essence divine a engendré l'essence divine, la nature la nature, la substance la substance, comme Dieu a engendré Dieu et la personne la personne. Il n'est pas étonnant qu'ils aient des langues lépreuses, ceux dont les mains sont lépreuses » (154, 179-155, 188). *Rabies theologica.* Les sermons de Gauthier sont bien supérieurs au *Contra quatuor,* mais nous retrouvons dans ce passage l'esprit de ce traité : il produit des textes authentiques : ici, un texte du *Symbolum Quicumque* (et cette façon de faire est à sa place dans un sermon, mais non dans un ouvrage argumenté) ; il insulte ses adversaires. On souhaiterait qu'il se fût appliqué l'exhortation qu'il adresse à ses frères dans le sermon des Rameaux : « Soyons doux, n'offensant personne, paisibles, affables, sans aucune amertume fielleuse ni venin de serpent » (I Châtillon ; 11, 28-30).

1. « Galteri a Sancto Victore et quorundam aliorum *Sermones ineditos triginta sex* recensuit », J. Châtillon, Turnhout, Brepols, 1975 (Corpus Christianorum. Continuatio Mediaevalis, XXX).

2. J. Châtillon, « Un sermon théologique de Gauthier de Saint-Victor égaré parmi les œuvres du prieur Richard », *Revue du Moyen Âge Latin,* VIII, 1952, 43-50.

Chapitre XII

LA FIGURE DE NATURA DANS LE *DE PLANCTU NATURAE* D'ALAIN DE LILLE : UNE MYTHOLOGIE CHRÉTIENNE *

Parmi les œuvres marquantes du XIIe siècle le *De planctu Naturae* d'Alain de Lille est assez régulièrement objet d'études. L'intérêt qu'on lui porte tient évidemment à la richesse de sa matière, à son écriture, à son étrangeté aussi bien. Son allure déconcerte : tantôt descriptions et narrations se donnent libre cours, tantôt l'auteur se presse ; sa forme – celle d'un prosimètre, faisant alterner morceaux en vers et morceaux en prose – n'a rien de singulier au XIIe siècle, on pense au *De eodem et diverso* d'Adélard de Bath, à Bernard Silvestre et à sa *Cosmographia ;* en revanche la succession régulière de la prose et des vers recouvre une suite d'épisodes qui parfois tient de l'empilement. La langue est belle, maîtrisée, d'un travail souvent ostentatoire : mots rares et paronomases, notamment, y abondent. Quant au sujet, on dit généralement que c'est une attaque dirigée contre la sodomie, et cela se vérifie dès le premier vers ; mais on y rencontre aussi bien d'autres déviances – telles l'avarice, l'ivrognerie, mais également les vertus qui s'y opposent. On notera encore la fréquente transposition de la déviance sexuelle à la faute de construction grammaticale dans le discours, nous y reviendrons ; citons-en pour seul exemple ces vers tirés du premier morceau (le *metrum primum*) : *Venus in Venerem pugnans illos facit illas,* « Vénus combattant contre Vénus transforme *eux* en *elles* »[1]; ou encore : *Ars magice Veneris hermafroditat eum, / predicat et subicit, fit duplex terminus idem*[2] : « L'art d'une Vénus magicienne rend l'homme hermaphrodite, / Enonce (ou : prédique) et pose un sujet (ou : met dessous) : un même terme devient double ». À travers le vocabulaire technique de la grammaire – prédiquer, mettre en position de sujet – transparaît l'allusion sexuelle, et, bien qu'Alain aime à jouer

* « La figure de Natura dans le *De planctu Naturae* d'Alain de Lille : une mythologie chrétienne », publié dans *Alain de Lille, le Docteur Universel*, Turnhout, Brepols, 2005, p. 127-144.

1. Alain de Lille, *De Plantu Naturae* I met. 1 v. 5, 806. [dorénavant *DPN*].
2. *DPN* I met. 1 vv. 18-19, 806.

sur les mots, l'on ose à peine soupçonner que dans le verbe *predicat* se cacherait un *pedicat* beaucoup moins présentable [1].

Une dernière remarque pour clore cette brève entrée en matière. Dans les deux éditions couramment disponibles du *De planctu Naturae*: celle de la *Patrologie latine* (tome 210) et celle, que nous suivons, du Père N.M. Häring, il manque un prologue longtemps perdu, retrouvé et publié par Mme Françoise Hudry [2].

Ce prologue lu à sa place remet le *De planctu* dans l'état où les médiévaux pouvaient le lire. Certes, comme le note l'éditrice, il ne lui apporte rien d'essentiel; j'y vois pourtant une indication implicite quant à l'esprit général de l'ouvrage, dans ces deux phrases: *Unde Natura olim diademate insigna regali, facta est quasi vidua, quae fuerat domina gentium. Prosternatur in plateis nec est aliquis jam inventus qui ejus causibus* (sic) *miserandis voluerit condolere*: « C'est pourquoi Natura, jadis parée d'un diadème royal, est devenue comme une veuve, elle qui avait été la maîtresse des nations. Elle est jetée à terre sur les places et il ne se trouve personne qui veuille compatir à ses déplorables chutes (?) » [3]. Ces deux phrases (moins les trois premiers mots) juxtaposent en fait trois versets bibliques: *Et eris... diadema regni in manu Dei tui* (Isaïe 62: 3); *Facta est quasi vidua domina gentium* (Lamentation 1:1); ... *non est qui consoletur eam ex omnibus choris* (sic) *ejus* (*Ibid.* 1: 2). Or, nous le verrons, les données chrétiennes et les éléments platoniciens sont si liés dans le *De planctu Naturae* que l'on peut se demander de quel côté il penche, vers la philosophie ou vers la religion (cette question ne se poserait pas à propos de l'ouvrage de Bernard Silvestre, si évidemment platonicien et où l'élément chrétien est, autant dire, anecdotique). Quel que soit l'auteur du Prologue, ce centon biblique, cette comparaison muette entre Natura et Jérusalem, jette sur le *De planctu* un éclairage latéral qui tend à en mettre en relief les détails religieux – qui certes sont nombreux. Il serait du plus vif intérêt de déterminer, à supposer que ce soit possible, le rapport effectif entre ce morceau et Alain lui-même; remarquons ceci: tout en notant que ce prologue « a mené une existence souterraine avant de ressurgir au XIVe siècle » (d'où date le seul manuscrit connu), son éditrice le juge authentique pour des raisons de critique interne. Essayons maintenant de dégager de l'œuvre elle-même la figure, combien complexe, de Natura.

Des deux premiers morceaux, l'un en vers l'autre en prose, nous pouvons dégager quelques traits qui campent Natura dans sa personne morale puis, si l'on peut dire, physique. Son nom apparaît quatre fois dans les treize vers du *metrum primum*: *Nature decreta* (v. 3); *Natura precatur* (v. 9); *Nature secessit gracia* (v.

1. Sur cette remarquable « grammaire du sexe » et ses entours historiques et culturels, voir J. Ziolkowski, *Alan of Lille's Grammar of Sex. The meaning of the Grammar to a Twelfth Century Intellectual*, Cambridge, MA 1985.

2. F. Hudry, « Prologus Alani *De Planctu Nature* », dans *Archives d'histoire doctrinale et littéraire du Moyen Âge*, 55 (1988), 169-85.

3. F. Hudry, « Prologus Alani », *op. cit.*, 184.

11); *Flet Natura* (v. 13). En quatre touches Alain esquisse une figure féminine complexe: qui impose des lois, mais aussi qui prie (elle prie Alain de « lui donner un chant », *ut donem carmen*); elle était belle mais sa beauté s'en est allée (*Nature gracia secessit*) et c'est pour cela qu'elle pleure. Son nom la range parmi les puissances cosmiques, mais à un degré intermédiaire; l'on pourrait – et la forme littéraire y invite – comparer sa personne à l'une de ces divinités païennes qui étaient plus puissantes que les humains mais pouvaient en subir des outrages, et qui d'abord étaient soumises à plus fort qu'elles: Zeus, plus encore le destin, et en tous cas à des malchances; dépendantes aussi de la bonne volonté de leurs adorateurs mêmes.

Le très long morceau qui suit (292 lignes) [1] fait de Natura un portrait littéralement éblouissant. Des vingt premières lignes on tire, employés diversement à son propos, les mots *lux, scintillans, radii, claritas, stellare corpus, aureus fulgor, cristallina lux.* Les mots *caput puelle* [2] annoncent des traits plus personnels; ainsi « les petites pommes de ses seins témoignent de sa jeunesse gracieuse et accomplie » (*mamillarum vero pomula graciose iuventutis maturitatem spondebant* [3]); un peu plus loin [4], il est confirmé qu'elle est vierge: *non Dionea clavis ejus sigillum reseraverat castitatis,* « la clé de Vénus n'avait pas ouvert le sceau de sa chasteté ». Ces notations suggèrent une figure très différente de celles de la maternité, de la fécondité, sous lesquelles on se représente couramment la nature productrice des choses, agent universel et abondant de la naissance des êtres et de la perpétuité des espèces. Certes Natura est affectée douloureusement par la sodomie, ce vice qui affecte la sexualité masculine – on notera au passage que le saphisme est absent du *De planctu.* Mais c'est seulement aux vers 29-30 du *metrum primum* qu'il est fait allusion à la stérilité de cette pratique, sous une forme curieusement métaphysique: *Nullam materiam matricis signat idea / Sed magis in sterili litore vomer arat* (« L'idée ne marque de son empreinte la matière de nulle matrice, / Bien plutôt la charrue laboure un rivage stérile »). Ce qui condamne explicitement la sodomie, c'est d'être une déviation, une rupture avec « les décrets » [5] de Natura; en témoignent les métaphores grammaticales qu'on a évoquées, relevées dans un sens ontologique par la présence du mot *idea* dans les vers tout juste cités. Le thème directeur de tout ce contexte est celui de *régularité* – une abstraction donc qui pointe vers la loi des choses plutôt que vers l'enjeu concret de la génération, qui serait celui d'une déesse de la fécondité. Plus loin d'ailleurs une notation de détail (comme il en apparaît souvent dans l'ouvrage, les rassembler en appui des données principales serait l'objet d'un travail à part) – une notation de détail, donc, reprend ce point d'un autre biais. On y voit Natura « figurer des images »

1. *DPN* II, 808.19.
2. *Ibid.*, II, 808.5.
3. *Ibid.*, II, 809.27-28.
4. *Ibid.*, II, 809.34-35.
5. *Ibid.*, I met. 1 v. 3, 806.

sur des tablettes de brique ; « mais son tracé (*pictura*), qui n'adhérait pas intimement à la matière sous-jacente, s'atténuait vite et mourait et ne laissait après lui nulle trace d'images »[1]. Apparaît donc ici le thème du rapport entre la matière et l'idée, repris librement du *Timée :* les êtres disparaissent aussitôt ou presque dans le flux de la *hylè,* de la *khôra,* seule est stable la loi de leur réapparition. Selon le schème biologique de la fécondité l'on verrait les espèces se perpétuer dans une succession toujours renouvelée d'elle-même, en pleine terre et en pleine chair. Certes les deux représentations ont le même contenu empirique mais la puissance qui l'organise lui est interne dans le schème biologique tandis que dans le schème platonicien elle lui vient d'en haut – et c'est bien ainsi que Natura assure la succession des êtres ; ils sont des images qu'elle trace, cette activité s'accorde à la figure d'une vierge.

Tout platonicien qu'Alain se montre ici, l'on ne pourrait lui reprocher d'ignorer les êtres de ce monde : leur représentation couvre les vêtements de Natura, depuis les choses du ciel – zodiaque, planètes..., jusqu'aux espèces animales rangées selon l'élément que respectivement elles habitent ; leur évocation encyclopédique emplit le deuxième morceau du *De planctu,* le premier qui soit en prose[2] ; aux fleurs seules est réservé le court *metrum secundum.* À propos du zodiaque, qui compose une partie du diadème de Natura, notons une singularité. Alain en énumère les douze signes saison par saison, cela est normal. Mais commençant par l'été il passe aussitôt à la saison opposée, l'hiver, de là au printemps, enfin à l'automne. En outre il énumère les signes des trois premières dans l'ordre inverse de celui de leur montée à l'horizon : ainsi l'on a successivement, pour l'été le Lion, le Cancer, les Gémeaux ; pour l'hiver le Verseau, le Capricorne, le Sagittaire ; pour le printemps le Taureau, le Bélier, les Poissons ; mais les signes de l'automne viennent dans leur ordre normal : Vierge, Balance, Scorpion. Il y a donc deux ou trois choses qui surprennent : l'ordre dans lequel sont présentées les saisons, l'énumération rétrograde des signes pour trois d'entre elles, non pour les quatre[3].

1. *DPN,* IV, 821.3-6.

2. *Ibid.*, 808-19.

3. On ne peut se satisfaire de l'explication proposée prudemment par J.J. Sheridan (*Alan of Lille. The Plaint of Nature. Translation and Commentary,* Toronto 1980, 77) ; elle se fonde sur l'analogie supposée de « l'arrangement des signes du Zodiaque » exposé dans ce passage, avec le carré des oppositions de la logique aristotélicienne ; de ce fait elle place la moitié des signes sur les diagonales, ce qui ne correspond aucunement au texte d'Alain. Max Lejbowicz, consulté, m'a mis amicalement sur la bonne voie, je l'en remercie ; voici ce que j'ai retenu de ses explications. Dans le cercle qui représente le « diadème royal » de Natura, l'on imagine un carré analogue à celui dans lequel les astrologues médiévaux logeaient les signes relatifs à chaque horoscope. Ce carré aura deux *partes* et deux *latera.* Par convention, le premier côté, en haut, représentera la « partie avant » (*in anteriori parte, DPN,* 810.55) du diadème : on y voit successivement, de gauche à droite, le Lion, le Cancer, les Gémeaux. À l'arrière, et donc en bas et de droite à gauche, puisque maintenant nous sommes *in contradictoria parte* (811.68) : le Verseau, le Capricorne, le Sagittaire. Sur « l'un des deux côtés » (*alteri latere,* 811.77), celui de droite et de haut en bas (évitant ainsi de repasser sur la même *pars*) : le Taureau, le Bélier, les

Après ces tableaux, et quelques pages sur lesquelles on passe, la scène s'anime : dans le chapitre VI, en prose, Natura s'adresse à Alain, lui rappelle ce qu'elle lui a donné en tant qu'auxiliaire de Dieu créateur (*Dei auctoris vicaria*), à son corps, à son âme ; ce qu'elle a donné à l'univers, à l'homme ; elle décrit la structure du monde, l'œuvre de Dieu qu'elle relaie autant qu'il est en son pouvoir. C'est un assez long morceau (cent quatre-vingt dix-huit lignes) [1] où l'on pourrait recueillir beaucoup de touches qui compléteraient peu à peu, selon les sinuosités du texte, la figure de Natura. Plutôt que de suivre cette méthode, je préfère m'appuyer sur le morceau VII, qui suit cette scène : une ode en vers saphiques, un sommet, sans conteste, de la poésie philosophique et qui, à l'avis autorisé de Peter Dronke, « pourrait bien être le premier hymne à Natura depuis l'ancien hymne orphique » [2] ; je tenterai d'en commenter quelques données essentielles en me fondant sur l'ensemble du *De planctu.*

Douze strophes, donc, dont les quatre premières sont les plus denses, les plus chargées en données métaphysiques ; ce sont elles qui nous retiendront plus particulièrement. Les huit suivantes (V-XII) sont d'un contenu plus pittoresque ; elles illustrent les précédentes tout en résumant à l'extrême les descriptions antérieures de Natura et de ses vêtements ; dit d'une autre façon, le cosmos entier s'y reflète. La strophe V atteste le « tribut » que paient à Natura comme à leur maîtresse (*velut mundi domine*) chacune des choses (*singula*), représentées d'ensemble par les éléments, le ciel (*celum*) remplaçant à la fois le feu, peut-être aussi l'éther. Les cinq strophes suivantes (VI-X) ont en commun d'évoquer l'action diversifiée de Natura sur l'univers à ses divers étages : le ciel et les deux luminaires par lesquels elle fait s'enchaîner (*catenans*) le jour à la nuit (VI) ; les étoiles dont elle « dore » le ciel (*polum*), qu'elle emplit de leur armée : *varioque celum / Milite comples* (VII – on aura noté la résonance biblique des derniers mots [3]) ; les « figures » qui s'y renouvellent dans l'atmosphère – les météores et les nuages, sans doute – et les oiseaux dont elle est le domaine (VIII) ; les saisons représentées par le seul printemps (IX) ; la mer où Natura apaise et amplifie les tempêtes (X). On relèvera dans ces vingt vers les termes qui connotent la puissance de Natura : *mundi domine* (V) ; *tributum, tribuis* (V, VI) ; *donas / Legeque stringis* (VIII) ; *nutum* (IX). Les strophes XI et XII ramènent le lecteur au début de l'ouvrage : Alain y interroge à nouveau Natura sur la raison de sa venue sur la Terre et de

Poissons. Enfin « sur le côté opposé » (*in contradicenti latere,* 811.85) et de haut en bas pour suivre la diagonale, viennent la Vierge, la Balance, le Scorpion. L'on retrouve alors l'ordre traditionnel des signes, où la Vierge est sixième et le Lion, qu'elle jouxte dans cet arrangement, cinquième ; c'est cet ordre que suit Alain dans l'*Anticlaudianus* (PL 210, 529C-D), en commençant par le Cancer.

1. *DPN,* 824-31.

2. P. Dronke, « Bernard Silvestris, Natura, and Personification », in *Journal of the Warburg and Courtauld Institutes* 43 (1980), 28.

3. Cette formule est biblique, voir spécialement le livre d'Isaïe, 24, 21 ; 34, 4 ; 40, 26. On se rappelle que le prologue édité par F. Hudry contient un centon de textes de ce prophète, et l'on est donc tenté de le rapporter, comme elle le fait, à Alain lui-même.

ses pleurs (*fletus*) ; au passage il rend hommage à sa « déité » (XI). Ce morceau lyrique est en quelque sorte la vue en miroir, inversée donc, de toute la partie précédente du prosimètre : les strophes descriptives y suivent les strophes conceptuelles alors que l'apparition de Natura est, dès les premiers morceaux, développée en une vaste imagerie. Remontons à la première strophe :

O dei proles genitrixque rerum,
Vinculum mundi stabilisque nexus,
Gemma terrenis, speculum caducis,
Lucifer orbis.

O dei proles genitrixque rerum : les cinq premiers mots de l'ode disent en vers un double rapport de Natura à Dieu, exprimé plus en détail deux pages plus haut : *ille* (*i.e.*, Dieu, le Souverain Maître, *Summus Magister*) *mei opifex operis, ego opus artificis*[1] : « Il est l'ouvrier de mon œuvre, et moi je suis l'œuvre de l'ouvrier ». La formule n'a rien d'étrange dans un contexte philosophique et chrétien ; sa version en prose est la plus proche du récit biblique de la création : Dieu crée, il *fait ;* la version en vers a quelque saveur des théogonies païennes, autorisée en quelque mesure par la forme poétique latine. Située ontologiquement entre Dieu et les choses, Natura est en position de médiatrice (plus loin Alain l'appelle *omnium rerum mediatrix ;* mais le sens, comme la formule sont alors tout autres, ils font allusion à une fonction de Natura que nous retrouverons, celle de « marier » les êtres – et qui est aussi au cœur de l'ouvrage). Cette position l'autorise à se qualifier elle-même de « vice-Dieu » et sa « vicaire » : *Me igitur tamquam prodeam, tamquam sui vicariam*[2] ; on appréciera la mise au féminin du mot *deus.* Elle est donc inégale à celui dont elle est la déléguée et dont l'action lui est incompréhensible, puisque étant d'un autre ordre que la donation d'être attribuée ici à Natura : par celle-ci l'homme est (*per me a non esse vocatur ad esse*), et Dieu le porte de là jusqu'à un être meilleur (*per ipsum ab esse in melius esse producitur*) ; l'homme est « procréé » par Natura pour la mort et recréé par Dieu pour la vie ; mais cela reste pour elle un mystère, se produisant sans elle : *ab hoc secunde nativitatis misterio mee profesionis ministerium relegatur, nec talis nativitas tali indiget obstetrice sed potius ego Natura huius nativitatis naturam ignoro ;* « la fonction que j'exerce est bien éloignée de ce mystère d'une seconde naissance et une telle naissance n'a pas besoin d'une telle accoucheuse ; mais plutôt moi, Natura, j'ignore la nature de cette naissance »[3]; on aura remarqué la triple occurrence du mot *nativitas,* aussi la double occurrence du mot *natura,* et le surcroît de sens non dit qu'apporte cette homonymie. Cette perspective n'est plus philosophique, elle est purement chrétienne ; il convient de signaler que le passage d'où sont tirés ces mots commence par une phrase qui met « l'autorité de la faculté

1. *DPN* VI, *op. cit.*, 829.134.
2. *DPN* VIII, 840.224.
3. Voir le paragraphe entier : *DPN,* VI, 829.140-48.

théologique » (*auctoritatem theologice facultatis*) au-dessus des « raisons » de Natura[1]. – De ces quelques traits joints au portrait de Natura qui s'était esquissé précédemment se dégage une figure assez semblable à celle d'un ange, parmi les plus proches de Dieu, sinon le plus proche du moins par rapport à l'action créatrice, relayée ou spécifiée par la génération. De l'ange, Natura a notamment la délégation divine, la luminosité et la virginité – puisque l'Évangile nous apprend que ceux qui participent de l'*aiôn* à venir « n'épousent ni ne sont épousés, étant comme des anges, *isaggeloi* » (Luc, 20, 35-36).

Mais il n'est pas de génération que charnelle et Natura, « fille de Dieu », *Dei proles,* est aussi la mère d'une autre figure : Veritas ; elle l'est d'une étrange façon. Alain expose cela vers la fin de son œuvre[2], au moment où apparaît un nouveau personnage, nommé Genius, qui doit jeter l'anathème sur la sodomie et d'autres vices. Quand Genius entre en scène, on le voit occupé à peindre des images typiques : celles d'Hélène, pour la beauté, de Turnus pour le courage, etc., de la main droite ; et de la main gauche celles de Thersite pour l'ignominie (*turpitudo*), de Pâris pour la sensualité (*mollities*)… ; et il les fait « passer de l'ombre qu'est la peinture à la vérité de leur être » (*ab umbra picture ad veritatem sue essentie*[3]). Au bas de la même page nous apprenons qu'il est aidé en son activité par Veritas, dont il est le père. Or Veritas est issue non pas « du banal désir amoureux » (*ex pruritu Affrodites promiscuo*) mais « du seul baiser nuptial de Natura et de son fils, lorsque Ydea, l'éternelle, visita Ylè l'indigente, miroir des formes, en lui donnant un baiser par l'entremise supplétive d'Iconia, la médiatrice » (*ex solo Nature natique geniali osculo… cum Ylem formarum speculum mendicantem eternalis salutavit Ydea, eam Yconie interpretis interventu vicario osculata*)[4]. Voilà un ensemble de relations qui paraît bien complexe, essayons de le démêler en gardant Natura au centre de l'analyse.

Lisant ce morceau, nous constatons à la fois, que Veritas est fille de Genius et de Natura, et que celui-là est fils de celle-ci. Or il n'y a là nul inceste, fût-il métaphysique : Genius n'est le fils (*natus*) de Natura que sur un mode métaphysique, voire mystique. Nous lisons en effet, à un moment antérieur du récit, que Natura écrit une lettre destinée « à Genius, son autre soi-même » (*Genio sibi alteri*[5]) ; elle lui dit : « je trouve en toi comme en une similitude de Natura reflétée dans un miroir, une autre moi-même » (*in te velut in speculo Nature resultante similitudine inveniendo me alteram*[6]). Autrement dit, en la personne de Genius Natura n'est mère que de sa propre image, ou pour mieux dire de la représentation concrète qu'elle se donne de soi-même, et de la sorte elle est mère de Veritas d'une façon

1. *DPN* VI, 829.140-41.
2. *Ibid.*, XVIII, 875 *sq.*
3. *Ibid.*, XVIII, 876.71-72.
4. *DPN* XVIII, 877.94-97.
5. *Ibid.*, XVI, 871.187-88.
6. *Ibid.*, XVI, 871.190-91.

doublement sublimée. En somme Natura se pense elle-même et en s'attachant à cette pensée, c'est-à-dire à Genius, elle engendre Veritas – rien n'est étranger à Natura dans ce processus. G. Raynaud de Lage n'a pas tort de le rapprocher de la constitution de la Trinité chrétienne selon l'interprétation catholique du dogme[1]; cependant il va trop loin puisque dans celle-ci les Personnes ont un statut ontologique égal. Il a raison surtout quand il évoque, à propos de « ce passage obscur » (*i.e. cum Ylem formarum speculum,* etc.), « la théorie chartraine de la création ». On peut éclairer cette obscurité en posant qu'un même processus y est exprimé selon deux registres, le mythique et le philosophique; et celui-ci en un vocabulaire que l'on peut comparer à celui de Gilbert de Poitiers, contemporain d'Alain. Dans le premier registre, Natura redoublée de la pensée de soi-même devient *rerum genitrix,* elle engendre les choses en leur vérité; dans le second, la forme platonicienne, Ydea, moyennant la médiation d'une esquisse sensible appropriée, Yconia, fait surgir une chose du monde. D'une façon comme d'une autre nous voyons comment Veritas est la fille de Natura, en revenant à la scène où Genius (qui est, rappelons-le, la pensée de soi-même de Natura) « fait passer » les images qu'il peint « de l'ombre qu'est la *peinture* à la *vérité* de leur être »; en termes philosophiques cette peinture se nommerait donc Yconia.

Cette analyse nous conduit à reprendre l'ode un peu plus bas, à la strophe 4, et spécialement à ses deux premiers vers:

> *Que, Noys puras recolens ideas,*
> *Singulas rerum species monetas:*
> « Toi qui, familière des idées pures de Noys,
> Frappes chacune des espèces des choses ».

Nous y retrouvons l'Idée, rapportée cette fois à Noys, figure métaphysique reprise de la philosophie grecque à travers peut-être la *Cosmographia* de Bernard Silvestre; en même temps son apparition nous permet d'enrichir la figure de Natura, de préciser ses relations à d'autres figures cosmiques en rapprochant cette allusion de la dernière partie du prosimètre: le passage en prose qui porte le numéro XVIII. Nous y voyons apparaître Largitas, qui dans un discours relativement long[2] s'adresse à Natura comme à sa « soeur utérine » qu'a « produite l'Ousia éternelle, l'engendrant dans le baiser éternel de sa Noys » (de sa pensée, donc): *quam eterna Vsia eternali sue Noys osculo generando producens, michi sororem largita est uterinam*[3]. Ce passage très dense place à nouveau le *De planctu* dans la ligne de la philosophie grecque – et en particulier du *Timée* à cause de la connexion qu'il établit entre Dieu (l'Ousia éternelle) et Largitas: la générosité[4].

1. G. Raynaud de Lage, *Alain de Lille. Poète du XIIe siècle,* Montréal-Paris, 1951, 92.

2. *DPN* XVIII, 874.16-875.40.

3. *Ibid.*, 874.19-20.

4. *Timaeus* 29e, a Calcidio translatus..., ed. J.H. Waszink, *op. cit,* (Plato Latinus 4), 22.17-19: « rerum conditor fabricatorque geniturae... optimus erat, ab optimo porro invidia longe relegata est ».

Mais il évoque aussi – une fois encore – la Trinité chrétienne, la troisième personne n'étant ici ni l'Esprit saint ni Veritas, mais Largitas; rappelons toutefois qu'à l'Esprit est attribuée en particulier la Bonté (*benignitas* comme dit Abélard) et que la générosité est bien une manifestation de la bonté. Toutefois nous ne sommes pas tirés d'affaire puisque ici cette dernière personne procédante se dédouble en deux soeurs, Largitas et Natura; Alain nous présenterait-il une quaternité? Ce n'est pas aussi net, car Natura dit aussi que la native « union de conformité » entre ces deux soeurs « dépassant le fantasme de l'union, aspire à être une identité »[1]. D'autre part on rappellera, en suivant Abélard déjà cité, que l'Âme du monde des philosophes païens peut passer pour une représentation précoce de l'Esprit saint; or les fonctions de Natura telle que la dépeint Alain, et que nous sommes en train de considérer l'une après l'autre, la font singulièrement proche de l'Âme du monde; en présentant Natura et Largitas comme des soeurs qui en outre « aspirent à ne faire qu'une essence », il évoque tacitement la pluralité des aspects et fonctions reconnus ou attribuables à l'Esprit. Mais ce texte la donne maintenant comme une troisième Personne, issue de Dieu et de sa Pensée.

Le *De planctu Naturae* n'est pas un traité de théologie chrétienne ni un simple surgeon de la philosophie de Platon; c'est un poème où les conceptions propres à l'une et à l'autre tendent à se compénétrer dans le chatoiement qui est propre aux récits mythiques. Ainsi, peu après avoir décrit l'origine de Natura en des termes qui évoquent la procession de l'Esprit saint, Largitas termine son discours par une adresse où elle attribue à celle-ci des caractères propres à l'Âme du monde (nous y revenons donc), y compris la subordination au Principe supracéleste: elle l'appelle « principe originel de toutes choses engendrées, soutien spécifique de toutes choses, reine de la région du monde, fidèle vicaire du Principe supracéleste... »[2]. Voyons dans cette profusion de textes des représentations successives de principes décrits plutôt que définis et qui empruntent leurs traits à des sources diverses. Et, en manière de supplément de richesse, relevons enfin que Natura a également un frère utérin, Ymeneus; de Vénus celui-ci engendre un fils, Cupido, tandis que d'une union adultère de Vénus avec Antigenius naît Iocus, le jeu érotique[3]. Je n'ai pas trouvé d'indication qui permette de relier ce côté de l'arbre généalogique de Natura avec celui qui l'apparente, d'une même proximité, à Largitas. Mais qu'Hyménée soit le frère de Nature, cela est en plein accord avec le thème initial du *De planctu*: l'apologie de l'union de l'homme et de la femme. Quant à Iocus, Alain l'oppose à Ymeneus de diverses façons métaphoriques; il dit notamment qu'« il fréquente sans relâche des lieux condamnés à une éternelle stérilité (*ariditas*) »; mais cette notation ne le limite pas à un seul des deux sexes.

1. *DPN* XVIII, 874.24-27: « unitionis fantasia deposita ad idemptitatis aspirat essentiam ».
2. *DPN* XVIII, 875.42-44 *sq.*
3. *Ibid.*, X, 849.149-54.

Relisons les deux premiers vers, cités plus haut, de l'ode *O dei proles.* En quoi Natura est-elle « le principe des choses »[1], la strophe IV le dit en une nouvelle métaphore : « familière des idées pures de Noys, elle frappe chacune des espèces des choses » (*Noys puras recolens ideas, / Singulas rerum species monetat*[2]). Ce monnayage se retrouve en plusieurs endroits du prosimètre. Ainsi, dans quelques lignes du morceau VIII[3], Natura y dit que Dieu l'a « destinée à être la monnayeuse pour les genres des choses qu'il faut marquer d'un sceau » (*rerum generibus sigillandis monetariam*[4]) ; et un peu plus bas : « *ego... varia rerum sigillans numismata ad exemplaris rei imaginem, exempli exemplans effigiem...* »[5]: « moi, marquant du sceau les diverses pièces des choses, modelant l'effigie du modèle... ».

Cette métaphore a deux fonctions : la moins importante est d'appeler la notion de générosité, qui peut être associée à la monnaie. La principale est d'évoquer la relation de l'espèce aux choses singulières : de la singularité du type à la pluralité de ses instances, indéfinie, toujours susceptible de s'accroître – tels le coin et les pièces où il est marqué. Le fait d'autre part que Natura soit assidue à Noys et à ses Idées la rapproche d'un personnage important de la scénographie platonicienne : le Démiurge, qui dans son œuvre cosmique prend pour modèle « le plus beau des intelligibles »[6]. Mais une autre implication de la métaphore nous ramène au sujet initial du *De planctu,* du fait que monnaie implique dépense – et ici générosité devient excès. On lit dans le morceau XVIII, en prose, que Largitas se conforme exactement à la volonté de Natura (*a mee voluntatis examine tue discretionis libra tuam voluntatem non patitur aberrare*[7]) ; et quelques lignes plus bas, que le sodomite « se lâche en une excessive prodigalité, et abuse ainsi des dons de Natura » (*excedentis prodigalitatis effluxu Nature donis abutitur*[8]). En termes clairs : le gaspillage de sa semence tend vers l'extinction de l'espèce humaine – ou, pour filer la métaphore, la monnaie s'en tarira. On revient ainsi au tout premier début du prosimètre[9] : *Cudit in incude que semina nulla monetat,* « Il frappe sur une enclume qui ne monnaie nulle semence ». Dans le lexique codé de Natura, l'enclume signifie le sexe féminin – ici, le passif – et les marteaux l'actif. Cette image donne une consistance plus forte à celle de la frappe monétaire.

Une lecture réitérée de cette ode fait réapparaître à chaque fois des traits de Natura qui lui sont attribués ailleurs dans l'ouvrage. Ainsi, son caractère royal,

1. *Ibid.*, VII met. 4 v. 1, 831.
2. *Ibid.*, VII met. 4 vv. 13-14, 831.
3. *Ibid.*, VIII, 840, déjà citée.
4. *Ibid.*, 840.224-25.
5. *DPN* VIII 840.229-32.
6. Cf. *Timaeus,* 30d, a Calcidio translatus, 23.16-17 : « intelligibili substantiae praecellenti ».
7. *DPN* XVIII, 874.22-23.
8. *DPN* XVIII, 874.32-33.
9. *Ibid.*, I met. 1 v. 27, 807.

attesté par le mot *nutus,* ordre, au premier vers de la strophe IX, qui rappelle aussi l'affabulation du prosimètre :

> *Cuius ad nutum iuuenescit orbis,*
> *Silva crispatur folii capillo*
> *Et sua florum tunicata veste*
> *Terra superbit.*
> « Toi sur l'ordre de qui la Terre se rajeunit,
> La forêt ondule en sa chevelure de feuille,
> Et vêtue de sa tunique de fleurs
> La Terre se pavane ».

Natura s'impose aux saisons comme à d'autres aspects et moments du cosmos évoqués en d'autres strophes ; mais celle-ci met en scène le printemps – la saison précisément où Natura apparaît à Alain et comme l'avait énoncé le cinquième morceau (*metrum tertium*) : *Floriger horrentem Zephirus laxaverat annum / Extinguens Boree prelia pace sui* (« Zéphir, porteur de fleurs, avait délivré l'année grelottante, / Eteignant, pacifique, les combats menés par Borée »[1]; *ver erat,* « c'était le printemps »[2]). « Maîtresse du monde » (*mundi domine*[3]), recevant le tribut de chaque chose[4], Natura est aimée et respectée des quatre éléments, les vers 1 et 2 de la strophe 5 l'énoncent avec précision :

> *Cui favet celum, famulatur aer,*
> *Quam colit tellus, ueneratur unda*
> « Toi à qui va la faveur du ciel, le service de l'air,
> L'amour de la terre et la vénération de l'eau ».

Mais déjà les termes accumulés dans la deuxième strophe connotaient la royauté légitime et sa splendeur, on ne pourrait mieux faire que de la relire :

> *Pax amor uirtus regimen potestas*
> *Ordo lex finis uia dux origo*
> *Vita lux splendor species figura*
> *Regula mundi.*

Retenons-en les deux seuls qui forment un syntagme : *Regula mundi,* « règle du monde »[5]. D'une certaine façon ils récapitulent l'ensemble de l'ode, d'autant que le mot *regula* implique à la fois pouvoir, législation, et, dans la morale classique, la justice, pour autant que la règle lie et ordonne : *ordo, lex*[6]. Natura est ordre et loi, cosmique[7], terrestre[8]. Entre les deux régions du monde elle assure une liaison

1. *DPN* V met. 3 vv. 1-2, 823.
2. *Ibid.*, IV, 822.48.
3. *DPN* V met. 3, strophe 5 v. 3, 823.
4. *Ibid.* vv. 3-4.
5. *DPN* V met. 3, strophe 5 v. 4.
6. *Ibid.* v. 2.
7. Strophes 1 et 3.
8. Strophes 6 et 8.

de paix qui est, explicitement, un mariage : *pacis glutino maritas / Celica terris*[1]. Cette métaphore reprend le thème central du De *planctu* : Natura, en tant que *regula mundi,* impose au désir une règle, celle de l'union dans la différence. Formellement cette règle de la sexualité vaut aussi dans le langage – nous retrouvons ici un point que nous avions abordé en commençant et par lequel nous pouvons finir.

Alain, en bon *grammaticus,* passe adroitement du registre sexuel au registre grammatical ; à l'occasion il met en jeu la dialectique, ou la rhétorique – ou les trois arts du *trivium* (*artes sermocinales*), comme dans ce passage où il montre Vénus, pervertie par son adultère avec Antigenius, « se détruire elle-même dans les constructions grammaticales, s'invertir dans les conversions dialectiques, se décolorer dans les couleurs rhétoriques, transposer son art en figure et la figure en vice »[2]. Sans doute il se complaît ici en sa virtuosité, comme il le fait souvent ailleurs, et même dans des contextes différents de son thème central. Par exemple il décrit, dans le bestiaire qui couvre le manteau de Natura, le cygne qui en son chant « prédisait l'*apocope* de sa vie » (*vite vaticinabatur apocopam*[3]) ; le castor qui pour éviter la *diérèse* de son corps entier en *apocopait* les parties extrêmes (*ne ab hostibus tocius corporis patiatur dieresim, corporis partes apocopabat extremas*[4]) ; ou plus amusant, « l'âne qui, fatiguant les oreilles par des clameurs oiseuses et comme, par antiphrase, jouant de l'orgue, faisait barbarisme en musique »[5]. Ce sont là des fantaisies, des clins d'œil que nous aurions mauvaise grâce à juger pédantesques. Mais – et nous revenons par ce détour à notre sujet : le personnage de Natura et sa protestation contre ce qui s'oppose à elle – quand il s'agit de la sexualité, les métaphores empruntées à la grammaire ne manquent pas. Ainsi dans le texte VIII nous trouvons : une « Vénus solécistique »[6]; le genre humain qui « faisant un barbarisme dans la construction des genres (*in constructione generum barbarizans*), en invertissant les règles de Vénus se livre à un métaplasme trop irrégulier » (*Veneris regulas inuuertendo nimis irregulari utitur metaplasmo*[7]) ; pour la construction irrégulière des genres, rappelons le vers 5 du *metrum primum : Cum Venus in Venerem pugnans illos facit illas*[8] ; l'homme se révèle être « un sophiste falsigraphe » quand « il s'éloigne de la juste orthographe de Vénus » (*a Veneris... orthographia deviando*[9]). Ces exemples parmi beaucoup d'autres trouvent une formule générale dans quelques phrases et expressions : ainsi, dans le même morceau VIII, il est question de « la grammaire de Vénus », dont les

1. Strophe 3 vv. 3-4.
2. *DPN* X, 849.142-44.
3. *Ibid.*, II, 814.157-58.
4. *Ibid.*, II, 819.273-75.
5. *Ibid.*, II, 818.247-48.
6. *Ibid.*, VIII, 833.20.
7. *Ibid.*, VIII, 834.55-57.
8. *DPN* I, 806.
9. *Ibid.*, VIII, 834.58-59.

hommes se réclament, certains s'attachant seulement au genre masculin (*genus masculinum,* on notera le double sens du mot *genus*), certains au féminin, certains au genre « commun », *promiscuum,* on traduirait volontiers par « bisexuel » [1]. Aussitôt après apparaît la « logique de Vénus » qui a ses « conclusions », sa « mise en sujet » (*subjectio*), sa prédication [2]. Vénus avait pourtant été instruite par Natura afin que, dit celle-ci, « dans ses connexions elle observât les constructions régulières (*canonicas*) de l'art grammatical », qu'elle en appliquât les « règles » [3]: Natura s'est donc faite maîtresse de grammaire, on aura remarqué la présence du mot *regula* dans ce dernier passage.

Nous touchons ici un aspect très particulier de l'ouvrage, sur lequel je renvoie une fois encore à l'étude que je signalais en commençant. Je rappellerai seulement qu'Alain en cela illustre une catégorie herméneutique remarquable du Moyen Âge latin, déjà même en cet intervalle historique ambigu entre l'antiquité tardive et le premier essor de la spéculation médiévale, la « renaissance carolingienne ». Au IXe siècle Frédégise et Godescalc d'Orbais avaient appliqué l'analyse grammaticale de textes profanes ou révélés à la spéculation sur les choses. Cela se retrouve dans le *De planctu,* avec des moyens beaucoup plus élaborés et aussi d'un biais différent, plus rhétorique qu'exploratoire. Le postulat commun à ces auteurs est que le langage et la réalité sont structurés de même manière, plus spécialement chez Alain d'un point de vue syntactique. Ces deux ordres seraient donc, l'un et l'autre et ensemble, des faits de nature : en termes poétiques et mythiques ils sont également du ressort de Natura, et les fautes contre elle peuvent être assimilés à des solécismes.

Le second point que nous pouvons évoquer concerne le rapport entre le contenu du *De planctu* et le dogme chrétien. Une simple lecture de ce prosimètre le fera considérer comme un témoin d'une mythologie chrétienne – la *Cosmographia* de Bernard Silvestre en est un autre exemple. Le personnage central de l'ouvrage d'Alain a un statut difficile à concevoir. Fille de Dieu certes, mais plutôt de l'Usia première, elle a bien certaines caractéristiques de l'ange ; mais d'autre part elle se dédouble en sa propre image, et c'est la personne de Genius ; ensemble ils engendrent Veritas, qui n'a rien d'une abstraction et a sa place dans une hiérogamie encore plus complexe que celle de Vénus. Nous avons vu plus haut que Natura entrée en scène parée comme une divinité païenne, semble en fin de compte étrangement proche de l'Esprit saint. D'un autre côté, toute l'activité cosmique de Natura, les épisodes très compliqués du rêve, ou de l'extase, dans lequel elle apparaît à Alain, s'offrent aux tout derniers mots du *De planctu* comme étant la vision imaginaire d'une apparition mystique : *Huius igitur imaginarie uisionis substracto speculo, me ab extasis excitatum insompnio prior mistice apparitionis dereliquit aspectus* – ce que l'on peut essayer de traduire ainsi : « Le miroir, lieu

1. *Ibid.*, VIII, 835.83-85.
2. *Ibid.*, VIII, 835.87-88.
3. *Ibid.*, X, 846.35-42.

de cette vision imaginaire fut retiré, et je m'éveillai de mon rêve extatique, quand me quitta ce qui avait été d'abord le spectacle d'une apparition mystique »[1]. Dans le récit qui en avait été fait les souvenirs des croyances et des littératures antiques sont beaucoup plus nombreux que les allusions incontestables à la religion et la culture chrétiennes.

Celles-ci cependant sont bien loin d'en être absentes. On se souvient que « l'autorité de la faculté théologique » y est invoquée à propos de la différence entre l'*esse* que Natura donne à l'homme et le *melius esse* qui lui est conféré *Dei auctoritate,* en d'autres termes entre la vie *naturelle,* précisément, et la grâce ou le salut. D'autre part, les sodomites et d'autres pécheurs y sont l'objet d'une excommunication rituelle (*pretaxatam excommunicationis seriem*) prononcée par Genius revêtu d'ornements sacerdotaux, et approuvée notamment par Natura[2]; plus haut celle-ci avait dit que Genius la servait en tant que prêtre (*michi in sacerdotali ancillatur officio*[3]). Cette condamnation est « sous l'autorité de l'Ousia superessentielle et de sa Pensée éternelle », *auctoritate superessentialis Vsye eiusque Notionis eterne*[4]: ainsi la liturgie chrétienne emprunte ici son vocabulaire à la philosophie, qui paraît bien donner la note principale de l'ouvrage. Que la religion lui soit tout au plus associée, cela se révèle dans un détail fugitif mais évidemment réfléchi qui apparaît une vingtaine de pages plus haut dans un contexte moral, l'énumération des vices qui vont être condamnés; il s'agit alors de l'envie. Elle est dénoncée comme s'attaquant à qui est riche, avec Crésus; à qui est généreux, avec Titus, etc.; ou encore « à qui, avec Platon, médite sur la philosophie *facie ad faciem* »[5]. Si ce détournement de la célèbre formule paulinienne (I Cor. 13:12) a un sens, c'est de suggérer que l'Écriture sainte et le *Timée* ouvrent ensemble la voie vers Dieu – ce à quoi l'on objecterait sans doute que le Dieu qui donne un être supérieur à celui que donne Natura n'est pas le Dieu de Platon. Voilà un balancement dont, au siècle suivant, la scolastique tentera de mesurer exactement l'amplitude en s'aidant d'autres documents que ceux dont disposait Alain le théologien – mais peut-être Alain le poète y prenait-il un plaisir ambigu ? Plaisir de faire d'abord apparaître Natura dans les atours d'une déesse antique, mais participant plus tard à la plus désespérante des liturgies chrétiennes ? On peut l'imaginer. On peut aussi, et mieux sans doute, lui attribuer la satisfaction savante de cultiver la *concordia discors* entre deux ordres de figuration : d'une part celle de la théologie chrétienne, projetée dans la représentation d'un Dieu trine qui surplombe et vivifie un cosmos entièrement hiérarchisé, et d'autre part l'album

1. *DPN* XVIII, 879.164-65.
2. *Ibid.,* 878.138-43 *sq.*
3. *Ibid.,* XVI, 871.175.
4. *Ibid.,* XVIII, 878.141-42.
5. *Ibid.,* XIV, 861.60-61.

des philosophes platoniciens où figurent notamment le Démiurge et Philosophia, et qu'enrichit Alain lui-même dans ce mythe étrange qui ne doit rien à la Genèse, mais où l'institution ecclésiastique a sa place [1] ; illustré en outre à partir de traditions figuratives dont l'analyse dépasse ma compétence. On peut alors rattacher l'auteur du *De planctu* à une suite de philosophes de son siècle (où il serait à titre privé le théologien, étant l'auteur des *Regulae*) : celle que constituent Adélard de Bath, Bernard Silvestre, les avicenniens augustinisants, et où ne figureront pas les futurs averroïstes.

1. Examiner et analyser dans un complet détail les relations entre les deux théologies qui s'expriment au long du *De planctu Nature* serait l'objet d'un travail spécial, non d'une note. Relevons seulement un passage où elles sont exprimées par emprunt à des formules aux vastes échos : *in plerisque non adversa sed diversa sentimus ; ego ratione fidem, illa fide comparat rationem ; ego scio ut credam, illa credit ut sciat* (*DPN* VI, 829.152-55 ; c'est *Natura* qui parle).

Chapitre XIII

Y A-T-IL UN SUJET DE LA PENSÉE AU XIIe SIÈCLE ?*

Poser la question du sujet au Moyen Âge en général et au xiie siècle en particulier, on doit pour le faire ne pas se laisser arrêter par trop de scrupules ; sinon on reculerait devant l'évident anachronisme, car le sens dans lequel nous prenons usuellement ce mot est loin de celui du latin *subjectum*. Laissons donc de côté l'histoire du vocabulaire philosophique ; tenons-nous-en au sens de « substance qui se découvre à elle-même existante » comme l'écrit J. Henriot à propos de Descartes : acception où « s'identifient les deux notions de *subjectum* comme fondement et du *subjectum* comme *je* » (P. Ricoeur, cité par J. Henriot). Anachronique sans doute à la rigueur cette signification du mot en autorise du moins l'application aux conceptions de divers philosophes, théologiens, spirituels du xiie siècle ; on se permettra même de la détailler en sujet de la connaissance, sujet réflexif, sujet moral. Et comme la littérature théorique du Moyen Âge est, très largement, un tissu de commentaires en un sens extensif du terme, on abordera chacun de ces secteurs à partir de références reconnues : livres sacrés, *scripta authentica, sancti, auctores*... C'est à partir de là que les médiévaux travaillaient.

Commençant donc par le sujet connaissant, notre référence « authentique » sera Boèce, qui recueille lui-même la tradition aristotélicienne et celle du néoplatonisme alexandrin. Dans son second commentaire sur l'*Isagogè* de Porphyre un lecteur du xiie siècle trouvait une classification des puissances de l'âme. Ou, pour reprendre les termes mêmes de l'auteur, il pouvait lire que « dans les corps vivants on constate une triple vertu de l'âme... L'une procure aux corps la vie... Une autre fournit la discrimination par les sens (*sentiendi judicium*)... La troisième est fondée sur la puissance de l'esprit et la raison (*vi mentis et ratione subnixa est*) ». Boèce détaille ensuite ce premier aperçu, nous en tirons les données essentielles. Les sens, qui sont cinq, « saisissent les formes des choses dont ils

* « Y a-t-il un sujet de la pensée au xiie siècle ? », publié dans *Sciences, mathématiques et philosophie de l'Antiquité à l'Âge classique*, Oriens-Occidens, n° 4-2002, p. 113-126.

reçoivent l'impression en présence d'un corps sensible » ; mais en outre, quand la sensation a cessé (*abscedente sensu*) « les vivants chez lesquels les sens sont présents… conservent les images des formes que la sensation leur a fait connaître et ils en constituent le souvenir (*memoriamque conficiunt*) » ; dans le contexte immédiat apparaît le mot « imagination » mais au pluriel : *imaginationes.* Enfin « la troisième puissance de l'âme… consiste toute en la raison et s'applique à connaître très sûrement les choses présentes, ou à concevoir (*intelligentia*) celles qui sont absentes, ou à enquêter (*inquisitione*) sur celles qu'on ignore », achevant ainsi le travail de l'imagination : « par un acte complet de conception elle éclaircit et confirme ce que l'imagination a suggéré ». Boèce ajoute à cela deux choses importantes : l'une, que cette « puissance » (c'est l'*intelligentia*) « donne des noms » (*nomina indere*) aux choses qui ne sont pas sensibles ou qui sont absentes ; l'autre, c'est qu'elle peut savoir à propos de chaque chose « non seulement si elle est, mais aussi ce qu'elle est, quelle elle est, et aussi pourquoi elle est » (*an sit, quid sit, quale sit, cur sit*) – les quatre questions scientifiques de la tradition aristotélicienne [1].

Voilà donc un tableau assez précis de la connaissance intellectuelle ; un tableau, certes, plus qu'une analyse, mais cela pouvait fournir des éléments pour un travail ultérieur. Ces pages donnent aussi un vocabulaire, mais avec quelques flottements ; ainsi entre le singulier et le pluriel dans l'emploi du mot *intellectus :* au pluriel il signifie clairement « intellection », au singulier il fait hésiter selon les contextes entre « intellection » et « intellect ». Le mot *intelligentia,* employé toujours au singulier, semble signifier dans ce contexte « une conception ». C'est du moins le cas dans ce commentaire, mais il en va autrement dans la *Consolation de Philosophie,* V, prose 4. En cet endroit Boèce offre, brièvement mais nettement, une classification hiérarchisée des puissances de l'âme. En voici la traduction :

> Le sens (*sensus*) évalue (*judicat*) la figure qui est formée dans la matière qui en est le support ; l'imagination (*imaginatio*) évalue la figure seule, sans sa matière ; la raison (*ratio*) va plus haut et examine en la considérant universellement (*universali consideratione*) l'espèce même qui est dans les choses singulières ; l'œil de l'intelligence (*intelligentiae*) est plus noble, car dépassant le domaine de l'universel par le seul regard de l'esprit elle observe cette forme simple elle-même.

Ici l'« intelligence » est sans doute possible une instance noétique qui se superpose aux trois que le commentaire de l'*Isagogè* énumérait. Dans ce dernier on trouvait les éléments d'une psychologie de la connaissance et du fonctionnement des instances énumérées. Le second texte propose, comme le note M.-Th. d'Alverny, « une classification des puissances de l'âme qui se définit par son objet plutôt que par son sujet » [2]. Or l'objet ici va jusqu'à l'idée platonicienne, la « forme simple » ; ce passage de la *Consolation* sera souvent exploité au XIIe siècle par des philosophes

1. Anicii Manlii Severini Boethii, *In Isagogen Porphyrii Commenta,* G. Schepss, S. Brandt (éds), Vienne / Leipzig, 1906, p. 136-138.

2. M.-Th. d'Alverny, *Alain de Lille. Textes inédits avec une introduction sur sa vie et ses œuvres,* Paris, Vrin, 1965, p. 170.

et des spirituels épris de métaphysique. Dans le contexte de la remarque citée plus haut M.-Th. d'Alverny cite Alain de Lille, Hugues et Achard de Saint-Victor, Guillaume de Conches, Jean de Salisbury, Thierry de Chartres (ou l'auteur de deux commentaires à lui attribués par N.M. Häring), Isaac de l'Étoile. De l'un à l'autre on observe des différences, notamment à propos de l'*intelligentia* parfois remplacée par un autre terme boécien, *intellectus :* c'est le cas chez Jean de Salisbury et de Godefroy de Saint-Victor, tandis que Guillaume emploie l'un ou l'autre indifféremment ; Alain énumère tantôt quatre puissances tantôt cinq. D'autres ajoutent l'*intelligentia* en cinquième à la liste, après l'*intellectus :* Hugues, Thierry, Isaac ; elle consiste en une « participation à la substance intellectible » selon Hugues ; Thierry a une formule voisine ; selon Isaac elle reçoit les théophanies [1]. Quoi qu'il en soit de ces particularités le fait commun est que, au XIIe siècle, le « sujet connaissant », comme nous avons choisi de dire, s'ouvre au spectacle des plus hautes réalités dans un esprit que l'on peut mettre en rapport avec le renouveau du platonisme et l'apparition de formes de spiritualité nouvelles – deux traits qui caractérisent ce siècle sans nécessairement s'associer.

Abélard travaille sur un mode différent et les éléments qu'il ajoute à la tradition boécienne commune constituent un ensemble original ; on peut en reconstituer les grandes lignes à partir de données dispersées dans la *Logica Ingredientibus.* Il reprend la tripartition *sensus/imaginatio/intellectus,* chacune de ces « puissances de l'âme » supposant la précédente. Le *sensus* est commun à l'homme et aux animaux ; il ne perçoit que les accidents des choses et donc « touche légèrement » son objet. L'imagination « fixe l'esprit sur une chose », c'est dirons-nous l'aspect actif de son exercice, celui qui consiste à « appliquer la méditation à ce qui est senti » si la chose est présente, ou si elle est absente à appliquer la méditation à l'image qu'elle a conservée. Cependant elle reçoit la chose en son image d'une façon « confuse, et comme débile » ; elle peut aussi être « comme stupide et fascinée par elle ». Cette façon d'être de l'imagination a suffisamment intéressé Abélard pour qu'il en pousse l'analyse ; on ne peut ici qu'en noter quelques points. Retenons-en le mode d'être de l'image : c'est le portrait, le reflet (*instar*) de la chose ; on ne peut donc pas dire qu'elle soit une substance ni non plus une « forme » : elle n'est « absolument rien », *nil penitus.* Substitut de la chose « elle dirige l'esprit vers elle » ; soit par exemple une statue d'Achille, *ad achilleam rem imaginatio dirigit intellectum,* « l'imagination dirige l'esprit vers la chose achilléenne ». Autrement dit elle est là pour être traversée : *aliud in ipsa attendo,* « je fixe en elle quelque chose d'autre » ; imaginer est « se concentrer sur des choses à travers des images (*attentio rerum per imagines*) ». Le troisième degré de la connaissance est l'*intellectus,* l'intellection ; c'est le moment de l'abstraction – terme que l'on rencontre déjà chez Boèce. L'intellection considère à part dans une chose sa matière ou sa forme : quand nous pensons par exemple l'homme, la blancheur, le blanc, nous avons « une conception confuse de certaines formes ». De ce fait elle est en

1. M.-Th. d'Alverny, *Alain de Lille. Textes inédits, op. cit.*, p. 170-180.

relation directe avec l'imagination, et indirecte donc avec le sens : d'une certaine façon l'intellection peut être dite « une ressemblance de la chose » car elle conçoit une image, soit commune, à laquelle correspond l'intellection de l'universel ; soit propre, et c'est l'intellection du singulier. Mais rien de cela ne serait possible s'il n'y avait pas eu de sensation : de ce que l'on n'a pas perçu, on ne peut avoir qu'une opinion, non pas une intellection. Ainsi les sens sont « les guides de l'intellection », *duces intellectus ;* réciproquement les intellections « imitent les sens », *aemulatores sensuum.* Or on sait que les sens ne perçoivent que la surface des choses, c'est pourquoi Dieu seul conçoit les formes, génériques et spécifiques, à titre d'idées exemplaires, tandis que l'homme « ne s'élève qu'à peine ou jamais à cette intellection simple ; il ne peut concevoir purement les natures des choses, la surface sensible que constituent les accidents (*accidentium exterior sensualitas*) l'en empêche ». Dans cette même *Logica Ingredientibus,* Abélard présente aussi une classification des intellections selon leur nature : une intellection est simple ou composée, une ou multiple ; ou selon leur vérité : elle est saine (*sanus*) ou vaine (*cassus*) ; on ne peut entrer dans ces divisions sauf sur un point que l'on réserve pour le moment[1].

Les idées exposées dans le traité *Des intellections* (*De intellectibus*) ne diffèrent pas dans l'ensemble des données contenues dans ces *Gloses*[2]. La même distinction fondamentale y figure entre le sens, l'imagination, l'intellection. Abélard y ajoute la raison (*ratio*) et la rationalité (*rationalitas*), et compare leur différence à celle qui fait distinguer entre la puissance de courir et celle de courir facilement : seul possède la *ratio* l'esprit qui exerce facilement la *rationalitas* que possède tout esprit capable de discerner. De façon voisine il ajoute aussi l'*intelligentia* qui n'appartient qu'à très peu d'hommes, voire à Dieu seul ; il se réfère ici à la *Consolation* de Boèce. Plus remarquable est la présence dans cet ouvrage de l'*existimatio ;* P. Morin traduit ce mot par « estimative », au risque de quelque confusion ; en effet ce mot traduit usuellement *estimativa,* qui figure dans le *De anima* d'Avicenne en un sens tout différent de celui qu'Abélard donne à *existimatio*[3]. Celle-ci consiste dans le fait de croire, elle se distigue de l'*intellectus* en ce qu'on peut intelliger, *intelligere,* sans croire, mais non pas croire sans intelliger ; soit par exemple la proposition « l'homme est du bois », il faut la

1. Pour davantage de détails et des références précises, je me permets de renvoyer à l'Appendice de mes *Arts du langage et théologie chez Abélard,* Paris, Vrin, 2000^3, p. 365-374.

2. Abélard, *Des intellections,* édition, traduction et commentaire par P. Morin, Paris, Vrin, 1994. L'authenticité de cet ouvrage est maintenant admise ; C. Mews en place la composition à l'époque où Abélard enseignait au Paraclet, c'est-à-dire entre 1122 et 1126, entre la *Grammatica* perdue et la *Logica Nostrorum* (*Gloses de Lunel*) ; voir C. Mews, « On dating the works of Peter Abelard », *Archives d'histoire doctrinale et littéraire du Moyen Âge,* 52, 1986, p. 73-134 (93-94 ; 131).

3. Voir Avicenna Latinus, *Liber de anima seu sextus de naturalibus,* IV-V, éd. S. Van Riet, Louvain/Leiden, 1968, lexique s.v. *aestimatio* (p. 80-281) ; p. ex. :*...oportet inquirere... qualiter aestimatio apprehendat intentiones quae sunt in sensibilibus statim ut sensus apprehendit formas,* etc. (p. 36 *sqq.*).

comprendre pour refuser d'y croire. Il est donc préférable de traduire *existimatio* par « opinion », d'autant qu'une phrase d'Abélard lui-même y invite[1]. Cette apparition de l'*existimatio* est intéressante pour deux raisons. La première est que ce mot est rare chez Abélard ; il ne figure pas dans les *Gloses* éditées par B. Geyer. On le trouve cependant dans la *Dialectica* : « est probable ce qui a vraisemblance, c'est-à-dire ce qui est accordé facilement par l'auditeur ; mais cela peut être tantôt vrai tantôt faux, selon l'opinion de l'auditeur, *pro existimatione audientis* »[2]. La seconde raison est que Guillaume de Saint-Thierry vers 1140 fera reproche à Abélard d'avoir défini la foi comme une *existimatio rerum non apparentium,* et suggéré ainsi que la foi n'allait pas plus loin que « les opinions des philosophes de l'Académie, *opiniones Academicorum* ». Or, on vient de le voir, ce terme relève chez Abélard de la dialectique, il désigne l'état d'esprit de l'un des acteurs de la *disputatio* sans préjuger de la vérité ou la fausseté de la chose[3].

Ces deux raisons nous conduisent à une dernière remarque. Il y a chez Abélard un rapport étroit entre la psychologie de la connaissance d'une part, la grammaire et la logique de l'autre. L'exemple même qu'il donne dans ce contexte est celui d'une réaction mentale à un énoncé, la proposition fausse *homo est lignum.* Les cinq derniers chapitres de ce *Tractatus de intellectibus* portent sur les différences entre les intellections ; or dans chaque cas l'analyse passe par le langage. Les intellections diffèrent selon qu'elles portent sur un nom ou sur une phrase ; selon la présence ou l'absence de la négation, quant à un terme ou quant à la proposition ; selon les différences qui résultent des choses elles-mêmes, et qui sont analysées par le biais de leurs expressions verbales. Or ce fait n'est pas particulier à ce traité, on le rencontre également dans les *Gloses.* Déjà Boèce avait fait allusion au langage en traitant des modes de la connaissance. Mais Abélard va bien plus loin, les mots selon lui se situent dans une zone spécifique, distincte de celle des choses et de celle des intellections : *praeter rem et intellectum tertia exiit nominum significatio*[4]. Interface entre les choses et l'esprit, le langage constitue aussi bien le lieu de leur rencontre, celui où il faut se placer pour connaître les façons des unes et de l'autre : selon la *Dialectica* « le propre de la physique est de rechercher si la nature de la chose est conforme à son énonciation, si la propriété des choses est ou n'est pas ce qui en est dit »[5]. Abélard dit aussi dans ses *Gloses sur le Peri hermeneias* – et

1. «… l'estimative surtout paraît être la même chose que l'intellection, parce que nous disons parfois intelliger (*intelligere*) pour estimer (*existimare*), et le nom d'opinion (*opinionis*) – qui est la même chose que l'estimative – est parfois employé au lieu d'intellection » (trad. P. Morin, p. 43). Voir le *Petit Robert* : « Opinion :…attitude de l'esprit qui tient pour vraie une assertion ».

2. Petrus Abaelardus, *Dialectica,* ed. L.-M. de Rijk, Assen, 1956, 272, 2-4.

3. Voir J. Jolivet, « Sur quelques critiques de la théologie d'Abélard », *Archives d'histoire doctrinale et littéraire du Moyen Âge*, 30, 1963, p. 7-51 (25-26).

4. *Logica Ingredientibus,* éd. B. Geyer, 24, 29-30.

5. Petrus Abaelardus, *Dialectica, op. cit.*, 286, 33-35.

d'ailleurs en suivant Boèce et le précisant – que les mots signifient d'abord des intellections et secondement des choses. En fait donc en distinguant, littéralement, les trois sphères qu'on a dites, il associe étroitement l'intellection et les mots et introduit de quelque façon le langage dans le fonctionnement du sujet connaissant.

Ayant considéré le sujet qui est ouvert à l'extérieur et trouve ainsi un aspect de soi-même dans le processus de la connaissance et dans le langage qui l'exprime, il convient de considérer le sujet qui se retourne sur soi et suit ainsi le précepte antique du « connais-toi toi-même », bien connu des auteurs chrétiens. Ainsi Augustin, qui en suit le fil dans sa double direction : vers l'intériorité personnelle, vers l'intériorité structurelle. La première serait illustrée par les *Confessions* – encore que le nom de Socrate semble en être absent et qu'elles évoqueraient plutôt le « je trouve deux hommes en moi » paulinien. C'est la seconde direction que nous suivrons, celle qui mène vers la structure de l'esprit, et notre référence sera au *De Trinitate ;* plus particulièrement aux livres X et suivants. Ce sont des pages bien connues et il suffit d'en rappeler quelques passages.

Le livre X est consacré à des réflexions préparatoires sur la connaissance de l'âme par elle-même ; il se termine par une prise en compte spéciale de ces trois instances (*tria haec*) : la mémoire, l'intelligence, la volonté. « Elles ne sont pas trois vies, mais une seule vie », dit Augustin, « non pas trois âmes mais une seule âme ; par conséquent elles ne sont pas trois substances mais une seule substance… Au contraire elles sont trois, en tant qu'elles sont en relations mutuelles ; et si elles n'étaient égales, non seulement chacune à chacune, mais chacune à toutes, elles ne se contiendraient pas mutuellement » [1]. La page d'où sont tirées ces lignes contient en germe tout le riche contenu qui se déploiera dans les livres suivants. L'âme humaine étant une en trois instances qui sont en relations mutuelles et en pleine égalité, à ce titre est dans la création une image de la Trinité divine. Il est inutile ici d'en dire plus long sur la théologie trinitaire d'Augustin, le seul point à ajouter est que cette âme ainsi constituée n'est jamais absente de soi-même : « Lorsqu'on dit à l'âme : "Connais-toi toi-même", elle se connaît ; cela, pour la simple raison qu'elle est présente à elle-même » [2]. L'homme peut donc se tourner vers cette image de la Trinité divine aussitôt qu'il en reçoit l'avertissement ou qu'il se le donne lui-même : « C'est dans l'âme de l'homme… qu'il faut trouver l'image

1. *De Trinitate,* X, XI, 17 ; trad. P. Agaësse, *Œuvres de saint Augustin,* 16, Desclée De Brouwer, 1955, p. 154-155.

2. *Ibid.,* p. 144-145. Noter que le précepte delphique trouve aux yeux des spirituels son pendant dans le *Cantique des cantiques,* 1, 9 : *Si ignoras te, o pulchra inter mulieres, egredere et abi post greges sodalium tuorum ;* ou selon la Vulgate : *Nisi cognoveris te, o pulchra inter mulieres, egredere et abi post vestigia gregum, et pasce haedos tuos juxta tabernacula pastorum.*

du Créateur, immortellement greffée sur son immortalité »[1], dira plus loin Augustin.

Le *De Trinitate,* qui apparaît ainsi comme l'expression génialement développée des décisions du concile de Nicée, part donc d'une description de la structure de l'âme humaine pour donner un aperçu de ce qu'est la Trinité divine avec ses trois instances égales, en la présentant en quelques sorte dans ce miroir[2]. On entre avec lui dans une circularité, ou si l'on préfère dans un jeu de réciprocités telles que, en sens inverse, une réflexion sur les rapports trinitaires peut induire une perception plus précise de la nature de cette âme. Du moins c'est ainsi que l'on peut lire certaines pages du *Monologion* d'Anselme de Cantorbéry. À partir de l'image augustinienne il procède à une sorte de déduction de la Trinité, examinant successivement comment « l'esprit suréminent se dit par un Verbe éternel » (chap. 37) ; puis comment « dans la *mémoire* on comprend le Père comme dans l'*intelligence* on comprend le Fils ; et comment le Fils est l'intelligence ou la sagesse de la mémoire, mémoire du Père et de la mémoire » (chap. 48 ; de tels jeux de réciprocité sont déjà chez Augustin) ; puis comment « l'esprit suréminent s'aime, comme il se souvient de soi et se reconnaît » (chap. 49). Mais si l'on remonte vers le début de l'ouvrage on rencontre, après les chapitres qui traitent de Dieu créateur, le chapitre X qui prélude à toute cette déduction en partant précisément de la création, opérée selon « un exemple, une forme, une ressemblance, une règle » (chap. 9). Or, dit le chapitre X, « cette forme des choses qui précédait les choses à créer dans la raison du Créateur » est « une certaine parole disant les choses dans cette raison même à la manière dont l'artisan, sur le point de faire quelque œuvre d'art, la dit d'abord en lui-même par une conception de son esprit ». Cependant « nous pouvons parler d'une seule chose selon trois modes : ou par signes sensibles… ou en pensant insensiblement à l'intérieur de nous-mêmes ces mêmes signes… ou en disant intérieurement dans notre esprit les choses mêmes dans leur diversité, soit par l'imagination corporelle, soit par l'intelligence rationnelle »[3]. La suite du chapitre raisonne sur ces trois « variétés de la parole » (*loquendi varietates*) et leur conformité à la chose. Il n'est pas indifférent, ni surprenant, qu'Anselme se soit arrêté quelque peu sur ce point qui concerne la signification, et qu'il se trouve ainsi voisin d'Abélard : auteur du *De grammatico* il est, de ce fait, celui des théologiens médiévaux qui inaugure dès le XIe siècle la tournure théorique dans laquelle cette période de la pensée trouve son caractère propre. Mais ce que nous retiendrons ici, c'est que son *Monologion* est autant une réflexion sur la structure du sujet qu'un ouvrage de théologie.

1. *De Trinitate,* XIV, IV, 6 ; et aussi p. 355-356.

2. « Nous nous sommes donc efforcés, à partir de cette image que nous sommes, de voir en quelque façon, comme en un miroir, celui qui nous a faits » ; XV, VIII, 14 ; et aussi p. 456-457.

3. *L'Œuvre de S. Anselme de Cantorbéry,* 1, *Monologion. Proslogion,* introduction, traduction et notes par M. Corbin, s.j., Paris, éditions du Cerf, 1986.

Les deux avancées vers l'intériorité – la structurelle, la personnelle – se rejoignent et s'approfondissent mutuellement dans les expériences et les ouvrages des mystiques et des spirituels. On ne peut donc les ignorer dans une étude, fût-elle brève, sur le sujet au XIIe siècle. Il conviendrait même de leur y donner une place majeure; un plus savant le ferait, je me bornerai à quelques remarques. Notons d'abord que la référence à Augustin tient ici une grande place mais non toute la place. Prenons l'exemple de Bernard de Clairvaux. Observant comme Augustin le précepte de se connaître soi-même (*De Trinitate,* XIV, iv, 6) il déclare à sa suite « voir dans l'âme trois choses: la raison, la volonté, la mémoire » [1]. Mais, sous la garantie de la même parole divine: « Faisons l'homme à notre image et à notre ressemblance » (*Genèse,* 1, 26) il avance sa propre analyse: alors que pour Augustin l'*image* de Dieu est l'âme rationnelle et intellectuelle, elle est selon lui le *liberum arbitrium,* la liberté à l'égard de la nécessité; elle persiste dans l'homme en toutes circonstances et tous états; mais il peut s'y joindre à titre de *ressemblance* la liberté à l'égard du péché et la liberté à l'égard de la misère [2]. On retrouve chez Guillaume de Saint-Thierry cette même analyse, indivisiblement psychologique et spirituelle: la trinité dans l'âme, il l'appelle selon les lieux *mens, cogitatio, voluntas;* et *memoria, consilium, voluntas* [3]. On reconnaît chez lui, plus estompée, la distinction entre l'image et la ressemblance: « Quand on dit que l'homme a été fait à l'image de Dieu, c'est comme si l'on disait que Dieu a fait la nature humaine participante de tout bien, car Dieu est la plénitude de tous les biens et l'homme est l'*image* de Dieu. En tant qu'elle peut recevoir la plénitude de tout bien, l'image a une *ressemblance* avec l'exemple premier ». Et quelques lignes plus bas: « en tant que l'esprit est libre de toute nécessité… nous possédons une volonté capable d'atteindre par elle-même ce qu'elle désire – c'est la faculté du libre arbitre – en cela donc il exprime sa dignité » [4].

Cîteaux était, librement, augustinien; Saint-Victor l'était aussi. Citons seulement la constance de l'appel à se connaître soi-même, dans une intention mystique, chez Richard: « Pour l'esprit humain, monter au premier ciel c'est [...] tout simplement *revenir à lui-même,* tourner sa pensée et son action vers l'immortel, vers ce qui est digne de lui » [5]. Et encore: « premièrement passe du monde à toi-même (*de mundo ad teipsum*), secondement de toi-même en Dieu (*de teipso in Deum*) »; « Si tu t'apprêtes à scruter les profondeurs de Dieu, scrute d'abord les

1. *Sermon sur le Cantique,* XI, 3, 6; cité par A. Michel, *Théologiens et mystiques au Moyen Âge,* Paris, Gallimard, 1997, p. 252.

2. Outre l'ouvrage classique de Ét. Gilson, *La Théologie mystique de saint Bernard,* Paris, Vrin, 1934, voir J.-L. Marion, « L'image de la liberté », dans R. Brague (dir.), *Saint Bernard et la philosophie,* Paris, Presses Universitaires de France, 1993, p. 49-72.

3. Guilelmus de Sancto Theodorico, *De natura corporis et animae,* texte et traduction M. Lemoine, Paris, Les Belles Lettres, 1988, p. 190.

4. Guilelmus de Sancto Theodorico, *De natura corporis et animae, op. cit.,* p. 194.

5. Richard de Saint-Victor, *La Trinité,* Texte latin, introduction, traduction et notes de G. Salet s.j., Paris, éditions du Cerf, 1959, p. 57.

profondeurs de ton esprit »[1] ; en effet, « le miroir principal et principiel (*praecipuum et principale speculum*) pour voir Dieu, c'est l'âme rationnelle »[2]. Ce thème revient sans cesse : l'âme est l'image de Dieu, son créateur. Le précepte delphique et le récit de la création renvoient circulairement l'un à l'autre, la profondeur du sujet qui s'ouvre à soi-même est l'image en miroir du mystère de la Trinité[3].

Nous avons entendu saint Augustin évoquer ce précepte antique ; les auteurs dont nous avons cité les noms, et qui se réclament de lui diversement, Ét. Gilson les range dans un mouvement spirituel qu'il a appelé « le socratisme chrétien »[4]. Il est remarquable qu'on les voie produire également un verset du *Cantique des cantiques* (I, 9) où l'on peut lire que l'inconnaissance de soi-même ne peut mener qu'à la dissipation spirituelle[5]. Nous pourrions aussi bien – mais le fil est ici plus ténu – citer une nouvelle fois Boèce. Au livre I de la *Consolation,* Philosophie fait l'étiologie de la détresse du philosophe : « Je vois maintenant qu'il y a une autre cause, la plus grande peut-être, de ton mal : tu ne sais plus ce que tu es toi-même (*quid ipse sis, nosse desisti*) »[6]. Plus loin le thème est repris dans un poème : « Si du plus profond de son cœur l'homme cherche à la trace la vérité, s'il désire ne point s'écarter de la route, il doit tourner sur lui-même les regards intérieurs de son âme etc. »[7]. Avec ces textes et ces thèmes nous nous éloignons des considérations sur la structure de l'âme et des élévations spirituelles et nous tournons vers le sujet moral. La transition nous est offerte par Hugues de Saint-Victor : « la méditation sur les moeurs s'exerce à surprendre tous les mouvements qui naissent dans le cœur, pour savoir d'où ils viennent et où ils tendent »[8]. Cette phrase pourrait être d'Abélard et il est plaisant que ce soit un victorin qui nous ramène à cet adversaire de Guillaume de Champeaux.

1. Respectivement *De exterminatione mali,* 5 ; *Benjamin major,* 3, 8 ; cités par G. Salet, p. 56, n. 2 (p. 57).

2. *Benjamin minor,* 72 ; cité aussi p. 26, n. 3.

3. « Se connaître soi-même » est un thème de l'*Alcibiade* de Platon (128 d-e) : on perçoit ainsi la *sophia,* « la vertu de l'âme » et partie d'elle qui « ressemble au divin » ; « celui qui regarde cela voit tout le divin… et ainsi se connaît soi-même le mieux » (133 c). Faut-il ajouter à cela les lignes sans doute interpolées selon les quelles « ceux qui regardent vers le dieu ont en lui le meilleur miroir des choses humaines » (*ibid.*) ?

4. Ét. Gilson, *L'Esprit de la philosophie médiévale,* Paris, Vrin, 1944², chap. XI : « La connaissance de soi-même et le socratisme chrétien » ; voir aussi M.-D. Chenu, *L'Éveil de la conscience dans la civilisation médiévale,* Montréal-Paris, Institut d'études médiévales-Vrin, 1969.

5. Voir *De Trinitate, op. cit.*, p. 144-145.

6. Boèce, *Consolation de Philosophie,* I, prose 6 ; traduction A. Bocognano, Paris, Garnier Frères, s.d., p. 37 (latin p. 36).

7. Boèce, *Consolation de Philosophie, op. cit.*, III, mètre 11 (p. 142-143). Tels sont les premiers vers de ce poème écrit en sénaires iambiques :

Quisquis profunda mente vestigat verum
Cupitque nullis ille deviis falli,
In se revolvat intimi lucem visus…

8. Hugues de Saint-Victor, *La Méditation,* cité par A. Michel, *Théologiens, op. cit.*, p. 335.

Avec Abélard le changement de perspective est cependant notable. D'abord quant au fondement théorique même de la subjectivité, car il abandonne le thème de l'image trinitaire dans l'âme; dans aucune de ses trois *Théologies,* où les citations d'Augustin abondent et où celles du *De Trinitate* ne manquent pas, dans aucune donc ne figurent les textes où cette image est proposée et approfondie. Il critique la doctrine de Roscelin concernant la Trinité, qui implique une logique de la référence, et développe pour son compte une théorie des appropriations trinitaires qui fait de *Père* le nom de la puissance divine, de *Fils* celui de la sagesse, d'*Esprit saint* celui de la bonté – noms révélés par le Christ lui-même, précise-t-il. La logique qui sous-tend cette théologie est une logique de la signification, et une part des analogies qu'il propose pour suggérer les rapports internes à la Trinité exploite la relation de l'espèce au genre et leur implication non réciproque (ce qui d'ailleurs lui sera vivement reproché). Dès lors il n'y a pas lieu pour lui d'évoquer en cette matière l'âme rationnelle et sa structure. Le sujet est essentiellement pour lui – outre le sujet connaissant évoqué précédemment – le sujet moral, et cela de deux façons. D'abord dans le retour sur soi qu'a constitué la rédaction de l'*Historia Calamitatum.* Pour plusieurs raisons cet ouvrage n'est pas une autobiographie, comme on le croit et le dit hâtivement, mais plusieurs choses. Une « consolation à un ami », peut-être; un récit de sa formation scientifique où il y a au moins un trou: son passage par l'école de Roscelin; un plaidoyer *pro domo* et le règlement de comptes multiples, sûrement; mais c'est aussi un récit d'édification. Une preuve parmi d'autres en est une allusion muette à l'Écriture qui apparaît à un endroit où la narration bascule. Après avoir fait le récit de ses succès constants et avant d'aborder celui de ses amours avec Héloïse, Abélard commence par rappeler que « la prospérité enfle toujours les sots », *prosperitas stultos semper inflat,* écho évident d'un texte sapiential[1]. Mais après la chute la rédemption s'amorcera et Abélard deviendra « un philosophe de Dieu »[2], comme il dit, au prix de sa castration et de « persécutions » bien plus graves que n'avaient été les querelles avec ses maîtres et ses déplacements stratégiques autour de Paris qui en étaient résultés.

La seconde raison pour laquelle le sujet abélardien est sous l'un de ses aspects celui de la moralité est encore plus évidente: on la trouve dans cet ouvrage difficile dont l'un des titres est, de façon significative, *Scito te ipsum,* « Connais-toi toi-même »; on sait que l'autre titre est simplement *Ethica.* Voici réapparaître le précepte delphique avec pour point d'application principal les mouvements de l'âme, plus précisément de la « volonté », et leur rapport au péché. Rappelons brièvement, car ils sont bien connus, les éléments principaux de cette analyse morale et psychologique. Le vice n'est pas le péché, la volonté mauvaise ne l'est pas non plus, ni la concupiscence, ni l'opération même du péché, ni la délectation

1. Abélard, *Historia Calamitatum, op. cit.*, p. 70; cf. *Liber Proverbiorum,* 1,32: *Prosperitas stultorum perdet illos* (Vulgate).

2. … *nec tam mundi quam Dei vere philosophus, ibid.*, p. 81; la phrase où figurent ces mots suit immédiatement le récit de la profession d'Héloïse à Argenteuil.

que l'on peut y goûter (et qui ne l'accroît même pas). Le péché est uniquement le consentement à faire ce qu'on sait ne pas plaire à Dieu. Ainsi l'intention l'emporte en ce point sur les oeuvres et c'est elle qui les qualifie moralement ; il n'y a de péché que contre la conscience. Rappelons toutefois une implication qu'on serait porté à négliger : l'intention mauvaise suffit pour que l'on encoure la peine que mérite le péché, mais l'intention bonne ne suffit pas à nous en exempter. Si les bourreaux du Christ l'avaient épargné au mépris de leur conscience qui leur commandait de le tuer, ils auraient péché *plus gravement*, dit Abélard : ils ont donc bien réellement péché en le crucifiant. Ainsi l'écoute de la conscience – le recours au for interne, la subjectivité morale – ne suffit pas à connaître le bien et le mal, c'est la loi divine qui les définit. Cela dit, en deçà de ses tables l'analyse du comportement moral est un examen de conscience, un retour sur soi du sujet. Ici comme en d'autres matières cependant Abélard n'est pas d'une originalité totale, il porte à un niveau théorique supérieur un mouvement déjà présent dans son siècle : R. Blomme trouve dans les *Sentences* d'Anselme de Laon des textes qui mettent en avant le rôle de l'intention dans la qualification de l'acte, et ce de la part de Dieu lui-même – au rebours éventuellement des jugements que porteraient les autorités ecclésiastiques [1]. Abélard est l'un des sommets du XIIe siècle mais il est de la même roche.

Richard de Saint-Victor, le plus récent des auteurs cités ici, meurt vers le moment où Dominicus Gundissalinus et « Avendauth » (Abraham ibn Daud selon M.-Th. d'Alverny) traduisent le *De anima* d'Avicenne ; et l'on sait que le *Traité de l'âme* d'Aristote a été traduit par Jacques de Venise, au XIIe siècle donc [2]. Puis viendra le *Grand Commentaire* d'Averroès sur ce même traité. La mise en circulation de ces textes majeurs allait transformer la conception du sujet – tournant vers une grande route où nous ne nous engagerons pas.

1. R. Blomme, *La Doctrine du péché dans les écoles théologiques de la première moitié du XIIe siècle*, Louvain-Gembloux, Publications universitaires J. Duculot, 1958, p. 77-84.

2. Voir M.-Th. d'Alverny, « Translations and Translators », dans R.L. Benson, G. Constable (eds), *Renaissance and Renewal in the Twelfth Century*, Cambridge MA, Harvard University Press, 1982, p. 435 (repris dans M.-Th. d'A., *La Transmission des textes philosophiques et scientifiques au Moyen Âge*, Variorum, 1994). Une édition de cette œuvre de Jacques de Venise était en préparation il y a une dizaine d'années : voir G. Verbeke, « Les progrès de l'Aristote latin : le cas du *De anima* », dans J. Hamesse-M. Fattori (éds), *Rencontres de cultures dans la philosophie médiévale*, Louvain-la-Neuve-Cassino, 1990, p. 195-196 et n. 28.

Chapitre XIV

LA MATIÈRE ET L'IDÉE : BERNARD DE CHARTRES, BERNARD SILVESTRE *

Dans les écoles au XIIe siècle on s'instruisait sur les mots en lisant Aristote, sur les choses en lisant Platon. C'est que l'on connaissait, du premier, l'*Organon* seulement, plus ou moins complet, et du second le *Timée* ou plutôt sa première moitié. Il y manquait donc la théorie mathématique des éléments et les longs développements d'anatomie et de physiologie. Du moins y apprenait-on la façon dont selon Platon le démiurge avait façonné l'Âme du monde, et comment se présentait le lieu dans lequel il devait faire descendre les images du Modèle éternel et donner ainsi à l'univers sensible sa part d'existence – lieu paradoxal qu'on ne peut se représenter que par un « raisonnement bâtard » ; « nécessité », « réceptacle », qui reçoit pour nom celui de *hylè,* que le traducteur latin Calcidius rendra par *silva* : « matière » dans l'une et l'autre langue. L'esprit chartrain s'empara avidement de ce double héritage, aristotélicien et platonicien. Dans une assemblée où il a été question du travail manuel il a aussi, et nécessairement, beaucoup été question de la matière ; pour ma part j'essaierai de montrer comment Bernard de Chartres et Bernard Silvestre ont tenté chacun à sa manière d'en dessiner l'insaisissable visage ; et, plus succinctement, d'évoquer quel rapport à l'intelligible lui ont assigné ces deux philosophes.

Je ne retiens du *Timée* que quelques grandes lignes en m'efforçant de mettre en évidence le paradoxe de la matière : il s'agit en effet pour le personnage éponyme du dialogue de montrer comment celle-ci devait accueillir « les empreintes des réalités éternelles » (*Timée,* 50 d) – puisque les choses sensibles sont, à un certain degré, intelligibles ; et comment pourtant cette ductilité n'est

* « La matière et l'idée : Bernard de Chartres, Bernard Silvestre », publié dans *Vie spéculative, vie méditative et travail manuel à Chartres,* colloque international 4/5 juillet 1998, Association des Amis du Centre médiéval européen de Chartres, 142 p.

que relative – ces choses ne faisant que passer et n'atteignant pas à la netteté des figures géométriques. Ma lecture de Platon passera par Calcidius : sa traduction n'est pas littérale mais elle est fidèle au sens, elle transmettait assez bien aux lecteurs de son latin la pensée authentique de Platon, quitte à contourner tel point et à en accentuer tel autre. Donc, pour expliquer comment les choses sensibles soumises à la génération peuvent être les copies d'un modèle intelligible il faut poser « un troisième genre d'être » qui soit, des éléments de ce modèle, « le réceptacle et la nourrice » (*Timée,* 49 a). Cette comparaison s'explicite un peu plus loin : ce genre d'être est comme une mère, le modèle intelligible comme un père ; Calcidius l'a si bien assimilée qu'il la développe dans sa traduction : « dans son sein se forme ce qui est reçu » de ce modèle, *intra gremium ejus formentur quae recipiuntur* (48^{5} W) [1]. Notons ce mot *gremium,* nous le retrouverons en d'autres lieux et d'abord dans ce contexte même pour expliciter métaphoriquement encore ce qu'est ce réceptacle que Platon a dit « sans forme » : *subjecto prius informi aliquo corporum gremio* (48^{19} W), « un sein d'abord sans forme qui est le substrat des corps ». Mais ce qu'il est en lui-même n'est pas perceptible, seules tombent sous nos sens les choses qui s'y sont formées, les éléments ; il est donc « une espèce invisible », « une réceptivité sans forme », *invisibilem speciem, informem capacitatem* (49^{11} W), mais qui reste identique à soi-même sous les figures diverses qu'elle reçoit. Ce caractère est longuement traité par Platon (*Timée,* 50 a-d), il propose l'image de l'or qui reste de l'or sous la multiplicité des formes que l'artisan lui donne. De Calcidius retenons encore une expression que nous retrouverons elle aussi : il use de la préposition *ex,* « à partir de », pour exprimer la formation de figures variées, suggérant ainsi que la nature du réceptacle entre pour quelque chose dans le produit résultant – ce que n'aurait pas suggéré la préposition *in,* de sens purement spatial. Ici en effet nous touchons au paradoxe, déjà évoqué, de la matière, ce réceptacle qui n'est pas purement réceptif de l'action du Démiurge. Initialement il est désordre, il apparaît sous toutes les formes : *omniformem visu* ($51^{9\text{-}10}$ W), en un perpétuel écoulement (*fluctu,* 51^{13} W) où les éléments, *materias,* « sont happés dans diverses directions et se séparent les uns des autres » (*turbatas materias in diversa raptari discernique a se ; ibid.*), et dans leur agitation s'entrechoquent (*materiis agitantibus invicemque reciproco pulsu pulsare atque agitare materias ;* $51^{12\text{-}13}$ W) : situation confuse où « les traces des éléments sont dans cette laideur sordide qui apparaît là d'où la providence divine est absente » (*elementorum vestigia in eo squalore ac deformitate qui apparet in his quibus divina deest prospicientia ;* 51^{23}-52^{1} W) ; ici Calcidius noircit considérablement son modèle. La traduction s'interrompt quelques lignes plus bas que cette phrase, mais du moins les lecteurs médiévaux pouvaient mesurer la difficulté de concevoir ce qu'étaient selon

1. W renvoie à la traduction du *Timée* par Calcidius et au commentaire du même (*Timaeus a Calcidio translatus Commentarioque instructus,* éd. J.H. Waszink, *op. cit.*

Platon la matière et l'état où elle se trouvait tant que les formes n'y étaient pas descendues.

La partie de son commentaire que Calcidius consacre à la matière, *silva*, apporte quelques précisions au texte de Platon et y jette quelques éclaircissements. On prendra comme exemple le long passage où il examine d'une façon très scolastique le rapport de *silva* à la corporéité et à ce qui l'accompagne (p. 309-316 W, § 308-320). Commençant par une doxographie où il cite les pythagoriciens, les platoniciens, les stoïciens, Calcidius ensuite montre successivement que ce n'est pas *silva* qui change mais les qualités qui sont en elle ; que par sa nature elle n'a aucune qualité mais est pure potentialité, *possibilitas* – cela pouvant s'entendre soit comme une latence séminale soit comme une simple réceptivité. Tous cependant sont d'accord pour la considérer comme éternelle. Ne subissant ni augmentation ni diminution, ni expansion ni contraction, *silva* est d'autre part insécable puisque sans qualité. Elle n'est non plus aucun des quatre éléments, ceux-ci passant en elle par des conversions dont Calcidius détaille le processus et qui prouvent qu'elle est « le substrat primitif et principiel », *silva antiquissima et principalis subjectio* (314^{14} W). Après cet examen réglé sur les propriétés générales et spéciales des corps, dans les deux derniers paragraphes Calcidius passe à une analyse que l'on peut dire ontologique et qui se termine ainsi : « je pense que *silva* ne peut être dite absolument un corps ni quelque chose d'incorporel, mais que potentiellement elle est aussi bien un corps que de l'incorporel » (*neque corpus neque incorporeum quiddam posse dici simpliciter puto, sed tam corpus quam incorporeum possibilitate*; $314^{18\text{-}19}$ W). Plus haut (p. 78-79, § 28-29) il avait distingué deux sortes de substances : la substance indivise, *individua substantia*, qui est « la figure du monde intelligible », *species intellegibilis mundi*, et la substance divise, *dividua substantia* : *silva*, qui est « comme l'origine et la source des corps », *quae velut exordium et fons est corporum*. Les données présentes dans Platon/Calcidius fournissent des éléments qui peuvent entrer dans une représentation de la matière : du multiple opposé à l'un ; un substrat qui fonde la corporéité des corps sans en être un lui-même ; une substance ductile offerte aux formes descendues de l'intelligible mais qui en contrarie l'action ; chaos, laideur, misère, mais en même temps mère et nourrice du monde sensible qu'a façonné un Démiurge excellent (*Timée*, 29 a ; Calcidius : *fabricator optimus*, $21^{16\text{-}17}$ W). À partir de là commentateurs et créateurs pourront travailler.

Bernard de Chartres consacre à la question de la matière, *hylè*, une partie de son commentaire légèrement supérieure, à proportion, à la partie correspondante du texte de Platon. Le plus souvent ses gloses sont courtes, allusives seulement au détail des difficultés qu'il rencontre. On en exceptera une discussion scolastique sur la nature de *hylè*, où Bernard s'inspire de celle de Calcidius ; il y examine point par point les opinions de deux groupes de commentateurs qu'il ne nomme pas (228[259]-229[310] Dut[1]). Il en ressort que chaque interprétation présente des difficultés auxquelles on peut certes répondre, mais en tombant sur de nouvelles questions. Retenons seulement de cette page que pour Bernard il est extrêmement malaisé de dire ce qu'est *hylè: difficultas inextricabilis,* dit-il, « parce qu'on ne peut déterminer qu'à peine ce qu'elle est, voire pas du tout » (221[88-89] Dut). Ailleurs il précise : « elle ne peut être comprise (*concipi*) en soi ni par la sensation ni par un raisonnement véritable (*vera ratione*) » : le sens ne peut la croire une chose incorporelle, puisqu'il la voit colorée ; la raison ne la croit pas corporelle, puisqu'elle ne trouve pas en elle, selon sa nature propre, la qualité des corps (222[116-120] Dut) ; et un peu plus loin : « il est clair qu'elle n'est pas intelligible puisqu'elle est un corps ; il est clair qu'elle n'est pas sensible puisqu'elle n'est pas en soi un corps, mais qu'elle n'est telle *qu'à partir de ces choses qui en elle se transforment* » (comme le dit le texte de Platon/Calcidius : *quae ex his quae in ea commutantur*) – « c'est-à-dire qu'on la conçoit à partir des corps » (227[242-244]). Bernard peut donc dire, transposant une phrase de Platon, que *hylè* « mérite d'être désignée par des pronoms parce qu'elle persiste, toujours la même, en sa propre nature et n'a aucune qualité propre » (224[157-158] Dut, et aussi 224[166-167]). Rappelons ici Priscien : un nom signifie « une substance avec une qualité » et le pronom, « la seule substance » (*Institutiones grammaticae,* éd. Hertz, II, iv, 18 ; XVII, xiii, 82) : au XIIe siècle et chez les médiévaux en général la grammaire est toujours sous-jacente à la philosophie.

Un point que nous avons rencontré à propos de la traduction de Calcidius reparaît dans les gloses de Bernard de Chartres : faut-il dire que les corps apparaissent *dans* la matière ou *à partir d'*elle ? *In qua,* ou *ex qua ?* Bernard fait assez souvent allusion à cette question et lui consacre toute la première page de cette partie de son commentaire. Certains, dit-il, « disent que *hylè* n'est pas la cause principale des corps mais que les formes sujettes à la naissance » (les *formae nativae ;* Bernard reprend ici, en la modifiant, l'expression *species nativae* formée par Calcidius et dont l'origine première, mais non la lettre, remonte au *Timée,* 50 c) – que ces formes donc « jouent le rôle du père : car, de même que la semence du père produit un fils dans le ventre de la mère, de même les *formae nativae* venant dans *hylè* engendrent les corps » ; quant à *hylè* elle-même, tenant le rôle de la mère elle a été nécessaire à la génération du monde et pour cela on l'appelle *nécessité* (terme emprunté à la traduction de Calcidius). Mais alors, objecte Bernard, si *hylè* est seulement la matière dans laquelle, *in qua,* se produisent les corps, « dans quelle matière à partir de laquelle, *ex qua,* quelque chose se produirait, ces formes viendraient-elles donc pour effectuer les corps (*ad efficientiam corporum*) ? » (cette objection, notons-le, postule que de toute façon il y faut une matière qui ne soit pas un pur et simple lieu). On pourrait

1. Dut renvoie au commentaire de Bernard de Chartres au *Timée* (*Bernard de Chartres, Glosae super Platonem,* éd. P.E. Dutton, *op. cit.*

certes, dédoublant en quelque sorte la matière, en supposer une qui serait « mêlée à *hylè*, créée de rien ou éternelle (*origine carentem*) qui recevant les *formae nativae* se changerait d'abord en éléments épurés (*in eliquata elementa*), puis, recevant d'autres formes, en corps formés d'éléments (*in elementaria*) ». Mais, continue Bernard, l'usage est plutôt de dire que tous les corps se forment à partir de *hylè, ex hyle :* il vaut mieux dire qu'une statue est produite à partir de la cire, que dans la cire. « Donc *hylè* sera comme le père en tant qu'ayant reçu les formes elle se change en corps, et comme la mère en tant qu'elle reçoit les formes en soi. En tant que père elle sera cause principale des corps, après Dieu et les Idées ; en tant que mère, cause secondaire » (218[1]-219[22]). Cette page est importante car on y voit le commentateur se séparer de son auteur ; Platon compare la matière à une mère, nullement à un père ; mais Bernard ne peut concevoir une matière qui n'aurait pas une influence propre sur la formation des êtres. Il revient un peu plus loin sur cette conception : on a tort de dire que *hylè* est *materia in qua* et non *materia ex qua ;* « en effet il est plus exact de dire que le bronze nourrit les formes qu'il reçoit pour qu'une statue soit produite, ou même qu'il nourrit la statue elle-même, plutôt que de dire qu'il est ce en quoi la statue est fabriquée : de même *hylè* » (222[127]-223[130], Dut). En comparant la matière, le bronze en l'occurrence, à une nourrice, Bernard reprend une image de Platon (*Timée,* 49 a) ; si nous rapprochons cet exemple du bronze de celui de la cire, proposé plus haut, nous comprenons son argument : une statue de bronze risque moins de se briser ou de fondre qu'une statue de cire. C'est donc une expérience élémentaire, d'ordre technique, qui témoigne pour cette décision d'ordre ontologique : faire de la matière un principe actif à sa manière, et dans l'imagerie platonicienne privilégier le rôle nourricier de la matière plutôt que son gauchissement de la forme. Ainsi, et c'est aussi un point qui compte pour une théologie philosophique, au détour d'une glose *hylè* est élevée au rang d'une cause principale, la troisième après Dieu et l'Idée.

La matière a donc acquis, avec Bernard de Chartres, un statut supérieur à celui qu'elle avait chez Platon. Mais c'est Bernard Silvestre qui, retenant cette leçon, va brosser le portrait le plus ample, le plus foisonnant et le plus vivant de Hylè/Silva ; il recueille ces divers états de la tradition du *Timée* dans un prosimètre qu'on peut ranger sur le même rayon que les œuvres de Platon sans que ce soit incongru. Parmi les traits de la *hylè* platonicienne que Calcidius et Bernard de Chartres avaient relevés et analysés, ceux que cet autre Bernard met en relief sont les plus avancés, je veux dire ceux qui prennent le plus de distance avec Platon en insistant sur la positivité propre de la matière ; et ce relief est d'autant plus accusé que Bernard Silvestre est un véritable créateur de texte. Sa *Cosmographia* n'est autre qu'un poème didactique, certes, mais précisément c'est un poème ; la *hylè* y devient Ylè ou Silva, une personne mêlée à un drame cosmique. Elle est présente en particulier à chaque page ou presque de la première partie, intitulée *Megacosmus.* Son nom et son visage apparaissent d'emblée dans le morceau en vers qui l'ouvre. Nous allons commencer par lire quelques passages de ce poème dans la traduction de Michel Lemoine, ils seront précisés et complétés par quelques autres recueillis çà et là, et notamment dans le chapitre en prose qui succède à ce chapitre en vers. Introduisons donc ce portrait dans les termes mêmes du *Résumé de l'œuvre,* par Bernard lui-même : « Dans le premier livre de cet ouvrage... Nature, en se plaignant, introduit une requête auprès de Noys, c'est-à-dire la Providence divine, à propos de la confusion où se trouve la matière première, c'est-à-dire Ylè » (47 L ; 97 Dr [1]). Cela nous mène aux vers 17 et suivants du poème ; Ylè est appelée ici Silva, comme chez Calcidius :

> « Silva rigide, informe chaos, agrégat
> belliqueux, visage bigarré de l'Ousia,
> masse désaccordée d'elle-même, a choisi
> juste tempérament quand elle est turbulence,
> beauté dans la laideur, et enfin l'élégance,
> quoique grossière. Elle aspire à prendre congé
> du désordre d'autrefois, et part en quête
> des nombres créateurs et des liens musicaux » (I,1, v. 18-25; 52 L, 97 Dr).

Depuis toujours elle est dans ce désordre :

> « Pourquoi les fondements que la cause première
> posa dans l'éternel, se voient-ils harceler
> par les conflits innés, les guerres fraternelles ? » (v. 27-28 ; *ibid.*).

Un peu plus loin elle apparaît comme « la plus ancienne chose » (v. 35 ; 53 L, 98 Dr) et grosse de tout le futur :

> « On doit rendre à Silva honneur et gratitude
> puisqu'elle tient diffus dans son sein spacieux
> tout à l'état natif » (v. 37-39 ; *ibid.*).

Comment caractériser Silva, quand cela va de contraste en contraste ? Avant comme après cet honneur qui lui a été rendu, voici sa laideur et sa confusion : elle « effraie son créateur » (v. 31 ; *ibid.*) et c'est au point que l'on peut se demander si elle n'est pas le résultat du hasard plutôt que l'œuvre d'une providence :

> «... c'est son état,
> pour Silva, de tourner au creux d'un tourbillon
> et que de flous remous à nouveau la confondent.
> Paix, amour, ordre ou loi, elle ne connaît rien.
> Et, puisque tout cela fait défaut à Silva,
> doit-on lui décerner le nom d'œuvre divine,
> de frivole appareil, qu'une fortune aveugle,

1. Dr renvoie à la *Cosmographia* de Bernard Silvestre (*Bernardus Silvestris, Cosmographia,* éd. P. Dronke, *op. cit.*).

> à défaut d'un meilleur patronage, inventa ? » (v. 48-55 ; *ibid.*) ;

et déjà :

> «… livrés à l'incertain,
> les éléments sont entraînés par le hasard.
> L'amas est déchiré par des rapts insensés » (v. 30-32 ; 53 L, 97 Dr).

Bernard n'a pas inventé toutes les expressions qu'il emploie dans son poème et non plus tous les traits doctrinaux qu'il a accumulés dans son ouvrage ; les « témoignages » rassemblés par Peter Dronke aux p. 70-91 de son édition, les notes en bas de page de Michel Lemoine, en attestent suffisamment. Mais c'est bien lui qui les a relevés, choisis et combinés avec les siens propres, ils expriment donc sa pensée tout autant que ce qui est de son cru et qui constitue l'essentiel du texte ; ils disent bien de Silva ce qu'il souhaite qu'on en pense. Plusieurs passages du chapitre en prose qui suit ce chapitre en vers précisent ou commentent ce portrait. Par exemple, à propos de l'antiquité de Silva et de sa fécondité potentielle : « La plus ancienne figure de Nature était Ylè, infatigable sein de la génération, premier soubassement des formes, matière des corps, fondement de la substance. Tant il est vrai que sa capacité, que n'enferment ni bornes ni limites, a déployé des replis aussi nombreux, et, depuis l'origine, une contenance aussi grande que l'exigeait l'universalité des êtres » (II,4; 56 L, 100 Dr). À propos de son désordre et de sa labilité : « Ylè est sans repos, elle n'aurait pu se souvenir d'un jour où elle aurait été assaillie moins intensément par les formes de ceux qui naissent ou les reflux de ceux qui disparaissent » ; etc. (II,5; 57 L, 100 Dr). À propos même du mal originel et durable qu'implique ce désordre : « Aussi bien Ylè est-elle de condition ambiguë, placée qu'elle est entre le bien et le mal ; du fait que sa malignité l'emporte, son penchant l'incline plutôt à donner son assentiment à celle-ci » (II,2 ; 55 L, 99 Dr). « Il y a, en effet, dans cette pépinière, comme une touche plus ancienne de méchanceté, qui ne renoncerait pas facilement aux fondements de sa cause première. Dans ce monceau, les semences, hostiles les unes aux autres, les brûlantes aux glacées, les lentes aux rapides, dispersaient, en se rencontrant en mouvements contraires, la matière, la substance de leur soubassement » (II,6; 57 L, 100 Dr). Mais aussi elle a voulu passer à un état meilleur :

> « Voici que, derechef, la plus ancienne chose,
> Silva, désire naître en nouvelle origine
> et voir dans des tracés enfermer ses contours » (I, v. 35-37 ; 53 L, 98 Dr).

Induit par Noys, la Providence divine, le changement de Silva libère son caractère maternel : « Ylè, enveloppée dans la torpeur aveugle où elle avait langui, revêtit d'autres visages, une fois entourée par les marques des idées. Ainsi donc, quand la mère des espèces libéra, pour enfanter, ses entrailles reproductrices et son sein fécond, alors, depuis elle et en elle (*ex ea et in ea*), se produisirent, pour les essences, leur origine, et pour les éléments, leur naissance » (II,8; 58-59 L, 101 Dr). On note dans ce passage le mot *gremium,* « sein », qui fait écho au mot *uterus,* « matrice », qui apparaît deux pages plus haut pour qualifier Ylè ; déjà dans le poème initial elle était dite la nourrice du monde :

> « Le tendre monde pleure afin de s'éloigner
> du sein de sa nourrice, et de pouvoir quitter
> Silva qui l'a nourri » (I, v. 42-44 ; 53 L, 98 Dr).

On a reconnu des termes platoniciens. Passons sur le travail de Noys sur Silva, sur la production des éléments, l'émanation à partir de Noys d'Endelichia, l'Âme du monde et son épouse. Le chapitre en prose dont nous avons lu quelques passages raconte cela en détail ; il s'achève ainsi : « fortifiée par les bienfaits de l'Âme vivante, toute la série des êtres se déploya hors du sein de Silva, sa nourrice » (II,16; 63 L, 103-104 Dr). Ce déploiement est décrit dans les 500 vers du chapitre III, véritable encyclopédie dans laquelle nous n'entrerons pas.

Bernard Silvestre a donc construit un mythe des origines sur les bases que lui offrait le *Timée,* commenté par Calcidius et Bernard de Chartres. Tout au long de cette chaîne on reconnaît aisément les caractères de la *hylè :* originelle, désordonnée, encline au mal, et finalement mère et nourrice du monde. Mais la doctrine exprimée dans cette *Cosmographia* a aussi beaucoup de traits originaux ; nous nous bornerons à ceux qui concernent Silva et son rapport à la forme. On notera d'abord une contraction des rôles par rapport au mythe fondateur : le Démiurge et le Modèle éternel sont ici réunis en un seul personnage, celui de Noys, « Dieu né de Dieu, substance du Vrai, cours ininterrompu du conseil éternel » comme il est dit dans le premier poème (v. 5-6 ; 51 L, 98 Br), et aussi « science et décision de la volonté divine quand il s'agit de mettre en place les choses » (II,1; 55 L, 99 Br) : elle met donc en ordre ce chaos primitif qu'est Silva. Noys est un personnage féminin ; le texte de la première partie en fait apparaître trois autres qui procèdent d'elle par une sorte de parthénogenèse – il n'y a pas de père dans la *Cosmographia ;* il est bien question, au chapitre xi de *Microcosmus* (la seconde partie), d'un *genitor rerum* qui est un intellect ; mais cet *intellectus* est déjà apparu, bien plus haut, au chapitre ii de *Megacosmus :* et c'est Noys elle-même. Donc Noys a trois filles : Natura, Urania, Endelichia. Silva n'appartient pas à cette lignée, mais nous avons appris en lisant le premier poème qu'elle partage l'éternité de Noys, et la description qu'en fait Bernard est plus favorable que celle que fait Platon de la khôra sur laquelle œuvre le Démiurge ; elle en dit autant de mal mais aussi davantage de bien, on a pu le remarquer au passage. Bernard de Chartres avait souligné que les choses n'étaient pas produites *dans* la matière mais *à partir* d'elle : cette notation abstraite, reprise d'ailleurs par Bernard Silvestre, se déploie chez celui-ci en un ample tableau de la fécondité potentielle de Silva. Certes Bernard de Chartres dit aussi que la *hylè* est à la fois père et mère des choses et, par rapport à Platon qui la comparait seulement à une mère, lui confère donc une dignité supérieure – selon du moins l'idéologie patriarcale commune à l'antiquité et au Moyen Âge. Bernard Silvestre ne dit pas cela, Silva est chez lui la mère toute féconde ; sa cosmologie étant entièrement féminine, il ne partage pas la dite idéologie, lui qui a féminisé et le Modèle éternel et le Démiurge. En cela encore il a sa propre voie, ce n'est pas celle de Platon.

On observera enfin que le *Timée* place la constitution de l'Âme du monde avant la descente des images des idées dans la matière, c'est-à-dire avant la production des éléments et des choses ; Bernard Silvestre suit l'ordre inverse. Lisons le chapitre ii de *Megacosmus* : « Une fois fait le nécessaire concernant la matière, quand se tinrent debout l'ordonnance des éléments, solidement, leur apparence, gracieusement, leur connexion, miraculeusement, Noys déplaça les ressources de son talent de Silva vers la production de l'Âme » (II,12; 61 L[1], 102 Dr). Cette innovation est de grande importance pour le sujet qui est le nôtre ; à une théologie philosophique classique en somme – et qu'elle se décline au féminin et non au masculin ne la transforme pas en sa structure – voici appariée une cosmogonie où le corps du monde en précède l'âme. Cela ne subvertit pas la conception des choses, ce sont toujours les nombres qui en règlent l'essence : « les matières indisciplinées se virent imposer par la Providence l'égalité de leurs puissances respectives, l'union de leurs moyens (*medietatibus*), ainsi que les liens de leurs nombres » (II,7; 58 L, 100 Dr). Mais ce que Bernard bouleverse (est-ce à son insu ?) c'est l'ordre des hypostases néoplatoniciennes. Si nous les transposons dans sa dramaturgie nous énumérerons successivement l'Un : « l'unité est Dieu », dit Bernard à la fin de son livre (136 L, 146 Dr) ; puis l'Intellect intégrant à la fois l'intelligible et le Démiurge, c'est Noys ; puis la matière, Silva/Ylè ; puis l'Âme – Endelichia, sœur de la nature représentée par Natura et Urania. Quoi qu'il en soit des néoplatoniciens, c'est consciemment sans aucun doute que Bernard modifie l'ordre du processus décrit dans le *Timée* : pour lui le monde enfanté par Silva existe, avec ses éléments, avant même qu'Endelichia, son âme qui lui est donnée pour épouse, n'émane de Noys. Entre celle-ci et celle-là s'intercale cette matérialité déjà organisée par Natura, mais qui n'en témoigne pas moins du rôle principiel de Silva, dont l'éternité ne doit rien qu'à l'Usya Prima, au Créateur. Avec Mundus apparaît aussi le premier personnage masculin de cette cosmogonie ; apparu avant Endelichia il lui reste toutefois inférieur comme « l'hébétude » l'est au « raffinement », et leur union nécessite le moyen terme d'une harmonie musicale, c'est-à-dire numérique (II,15; 62 L, 103 Dr). Après cela tout est en place pour que se déploie le tableau naturel et historique décrit dans le second poème de *Megacosmus*.

On est frappé dans tout cela par la place éminente qu'y occupe la figure de la matière, et qui caractérise l'originalité de Bernard Silvestre. Il est original par

1. L renvoie à la traduction française de la *Cosmographia* (*Bernard Silvestre, Cosmographie,* trad. M. Lemoine, Paris, *op.cit.*).

rapport à Bernard de Chartres, qui lui avait en quelque sorte ouvert cette voie sans s'y engager aussi décidément ; il est original par rapport à Platon, car il a fait un pas vers les Fils de la Terre, comme celui-ci nommait les physiologues matérialistes. En outre il ajoute au mythe qu'il subvertit tous les éléments d'une théogonie : il y avait un dieu qui s'appelait Usia Prima, Tugaton ; de lui sortit sa fille première née, sa pensée, Noys ; lui qui est l'Unité « posa dans l'éternel » Silva, la Diversité confuse et qui souffrait de l'être ; celle-ci se plaignit donc à Natura, fille de Noys ; Noys confia à Natura la tâche de « polir » Silva ; et ainsi de suite. Bernard Silvestre redit et contredit Platon, mais à la façon dont aurait pu chanter Hésiode.

Troisième partie

ENCORE ABÉLARD

Chapitre XV

À PROPOS D'UNE CRITIQUE ABÉLARDIENNE DU RÉALISME*

Il ne s'agit pas ici d'analyser, d'ensemble ou en quelque détail, un grand thème abélardien, soit en logique et doctrine du langage, soit en théologie, ou encore en morale. Je voudrais simplement présenter d'abord quelques lignes peu remarquées des secondes gloses d'Abélard sur l'*Isagogè* de Porphyre, les *Glosulae super Porphyrium*, que Constant Mews situe au début des années 1120. Ensuite, relever chez d'autres auteurs des textes que l'on peut comparer au premier quant à la forme ou quant au contenu, exhiber ainsi la permanence d'un thème et d'un procédé de la pensée dans des contextes différents ; pointer en somme la présence d'Abélard sur l'un des nombreux chemins qui traversent la philosophie médiévale et classique. Précisons que la philologie n'a rien à voir ici : aucun rapport sur ce point précis n'est décelable, ni même vraisemblable, entre Abélard et les auteurs que nous considérerons après lui, dans l'un ou l'autre sens du temps : ni par influence exercée ni par rétrospection.

On sait qu'en une vingtaine d'années (de vers 1100 à vers 1120 selon Constant Mews) Abélard a glosé trois fois l'*Isagogè* de Porphyre. On sait aussi qu'à deux reprises : les deux dernières fois, il a critiqué plusieurs versions de la thèse réaliste, selon laquelle un universel – genre, espèce – est une chose. C'est un moment de la grande question proprement philosophique de l'époque (XIe-XIIe siècle), où l'on débattait du statut de l'universel – est-ce une chose, est-ce un mot ? – à partir d'un texte de Porphyre (IIIe siècle) traduit en latin par Boèce (VIe siècle). Prenons ce cadre historique pour suffisamment tracé, on en sait trop, mais aussi trop mal, pour en proposer ici une esquisse qui vaille. La forme la moins élaborée de la thèse réaliste est la première de celles qu'Abélard attribue à son maître Guillaume de Champeaux dans l'*Historia calamitatum* (« à propos de la communauté entre universaux, la thèse selon laquelle une chose essentiellement la même est tout

* « À propos d'une critique abélardienne du réalisme », publié dans *Pierre Abélard*, Actes du colloque international de Nantes, *Rhétorique et Poétique au Moyen Âge*, Actes du colloque organisé à l'Institut de France les 3 mai et 11 décembre 2001, sous la direction de Jean Jolivet et Henri Habrias, Rennes, PUR, 2001, p. 109-118.

entière dans chacun de ses individus à la fois, aucune diversité essentielle n'étant entre eux mais bien une variété, du fait de la multiplicité des accidents[1] »). Dans ses deuxièmes Gloses, d'une façon plus immédiatement claire que dans les *Glosulae* il la présente ainsi :

> « Dans des choses qui diffèrent entre elles par des formes il y a une substance essentiellement la même, essence matérielle des êtres singuliers en qui elle est... Si l'on ôtait ces formes il n'y aurait plus aucune différence entre les choses, qui ne se distinguent les unes des autres que par la diversité de leurs formes... Par exemple, dans chacun des hommes numériquement différents il y a la même substance de l'homme, qui devient Platon par ces accidents-ci et Socrate par ces accidents-là[2] ».

Suivent dans ces *Gloses,* où il critique pour la première fois le réalisme, de longs développements et discussions ; aux suivantes nous empruntons maintenant le début de la présentation de la thèse réaliste, et nous prendrons ensuite le début de la critique qu'en fait Abélard. Voici donc tout d'abord comment il résume la thèse de ses adversaires :

> « Certains posent qu'il existe dix choses naturellement diverses selon que se distinguent les dix prédicaments (autrement dit les genres les plus généraux) puisqu'ils disent qu'il existe dix choses universelles (c'est-à-dire naturellement communicables à plusieurs sujets), en ce sens qu'ils posent une même chose essentiellement la même dans plusieurs sujets. De cette façon, la même qui est dans cette chose-ci est essentiellement la même dans cette chose-là, pourvue cependant de formes différentes. Par exemple : l'animal, c'est-à-dire la substance animée et sensible de par sa nature, existe dans Socrate et dans Brunel[3], et dans d'autres, si bien que la même qui est dans Socrate, qui est devenue Socrate du fait des formes qui lui sont advenues, est aussi tout entière essentiellement dans Brunel ; ainsi Socrate n'est nullement différent de Brunel en essence, mais seulement en des formes, puisqu'une même essence absolument la même est en tant que matière occupée par certaines formes dans l'un, par certaines autres dans l'autre ».

Voici maintenant le latin[4] :

> *Non nulli enim ponunt decem res diversas esse naturaliter secundum decem praedicamentorum vel generalissimorum distinctionem, cum videlicet ita dicant res esse universales, hoc est naturaliter communicabiles pluribus, quod eandem rem essentialiter in pluribus ita ponunt, ut eadem quae est in hac re, essentialiter sit in illa, diversis tamen formis affecta. Verbi gratia ut animal, natura scilicet substantia*

1. Abélard, *Historia calamitatum,* éd. J. Monfrin, *op. cit.*, p. 65, 85-89.

2. *Peter Abaelards Philosophische Schriften,* éd. B. Geyer, *Beiträge zur Geschichte der Philosophie des Mittelalters,* 21, Münster i. W., 1919-1923, p. 10 ; traduction : J. Jolivet, *Abélard ou la philosophie dans le langage,* Éditions Universitaires, Fribourg, Suisse, Éditions du Cerf, Paris, 1994, p. 126.

3. Brunel (*Brunellus*) est le nom d'un cheval ; on se rappellera le début du « Premier jour » du *Nom de la rose :* « Brunel, le cheval préféré de l'Abbé ».

4. *Peter Abaelards, Réciter le latin, op. cit.*, p. 515, 14-25.

> *animata sensibilis, ita est in Socrate et Brunello et in aliis, quod eadem quae est in Socrate et per advenientes formas effecta est Socrates, et essentialiter tota est in Brunello ita, quod Socrates nullo modo a Brunello in essentia diversus est, sed in formis, cum eadem essentia penitus materialiter aliis formis in isto, aliis formis in illo sit occupata.*

La critique d'Abélard commence ainsi :

> « Nous y objectons ceci : s'il faut accorder cette thèse, à savoir s'il arrivait que des formes se séparent de la matière qui est leur sujet en telle sorte que les sujets soient absolument privés de ces formes, celui-ci et celui-là ne différeraient en rien absolument mais celui-ci et celui-là deviendraient entièrement le même. De ce fait ils (les dialecticiens "réalistes") tombent dans une hérésie abominable si cela est posé, puisque alors il faut bien que la substance divine, qui est étrangère à toutes les formes, soit exactement la même que la substance ».

Nous nous arrêtons ici ; voici cependant le latin [1] :

> *Quibus hoc obicimus: quod si hanc sententiam concedi convenit, quippe si formas contingeret a subjecta materia discedere, ita scilicet quod subjecta his penitus carerent, in nullo penitus hic et ille differrent, sed iste et ille omnino idem efficerentur. Ex quo scilicet pessimam heresim incurrunt, si hoc ponatur, cum scilicet divinam substantiam, quae ab omnibus formis aliena est, idem prorsus oporteat esse cum substantia.*

Le raisonnement d'Abélard est elliptique mais il n'est pas difficile d'en reconstituer le détail. Représentons-nous, étagés sur l'arbre de Porphyre, les universaux depuis les plus proches des individus – les espèces donc, jusqu'au plus éloigné. Au plus bas nous trouvons deux espèces entre autres : l'homme, animal qui parle (ou qui raisonne) et le cheval, animal qui hennit ; Socrate appartient à l'une, Brunel à l'autre. Ces deux espèces se distinguent l'une de l'autre dans le genre qui leur est commun – le genre « animal », du fait de ce qu'Abélard appelle ici des formes : disons des différences spécifiques ou, pour rester cohérents avec notre exemplification, des propres : parler, hennir. Le genre animal est susceptible de recevoir ces formes qui y constituent ces espèces, mais en lui-même il ne les a pas. Il peut à son niveau être comparé à d'autres genres : le végétal, le minéral. Ces genres se distinguent à leur tour, chacun par ses propres formes, au sein d'un universel supérieur, disons à la suite d'Abélard le genre « substance ». Par décision ontologique héritée d'Aristote c'est le genre suprême, qui n'en a aucun autre à son niveau et qui donc n'a aucune forme par laquelle il s'en distinguerait. Revenons à l'hypothèse réaliste ; selon elle chaque universel est présent *essentialiter*, par essence, dans les types de rang inférieur : l'espèce homme, dans chacun de ses individus, lequel ne se distingue d'elle que par ses formes, donc par quelque chose d'inessentiel qui en fait cet homme-ci, Socrate ; même rapport entre l'espèce cheval et ce cheval-ci, Brunel ; mais leur essence, à l'un et à l'autre, c'est leur espèce, l'universel, respectivement homme et cheval. Derechef l'essence de chacune de

1. *Peter Abaelards, Réciter le latin*, *op. cit.*, p. 515, 32-38.

ces espèces est le genre animal; et son essence, à celui-ci comme au genre végétal, c'est la substance. En redescendant nous trouvons ainsi que la substance est l'essence de chaque genre, puis donc de chaque espèce, et enfin, sous les formes génériques, spécifiques et personnelles dont ils sont « pourvus », de Socrate et de Brunel.

C'est ici que le scandale éclate parce que, dans la logique réaliste, on raisonne évidemment sur des *res,* des choses. L'universel n'est pas un concept, un contenu mental, comme le postule l'une des hypothèses envisagées par Porphyre; ce n'est pas comme pour Abélard un prédicat, un mot. La substance, selon les réalistes, est une chose; la substance suprême doit donc être la chose suprême, autrement dit: la substance divine. Ainsi fonctionne la dialectique d'Abélard et elle peut s'appuyer sur la théologie, puisque la seule substance qui n'ait de soi aucune forme est précisément la substance divine. Dans le traité *De l'unité et la Trinité divines,* qui date des mêmes années que les *Glosulae* comme l'a évalué Constant Mews, Abélard rappelle (pour de tout autres raisons) que selon la foi chrétienne « la substance de la déité est entièrement la même, unique, singulière et absolument simple, c'est-à-dire entièrement exempte de toute qualité ou propriété de forme [1] ». La doctrine réaliste que combat Abélard subit donc ici une critique *théologique* qui ne paraît pas éloignée de celle que rencontreront un siècle plus tard les thèses d'Amaury de Bène (mal connues d'ailleurs) et peut-être à travers lui celles de Jean Scot telles qu'on les interprétait: Abélard accuse ses adversaires réalistes d'ouvrir une voie au bout de laquelle on identifierait Dieu et la substance universelle – le monde si l'on veut.

En 1270, cent cinquante ans donc après qu'Abélard eut glosé ainsi Porphyre, Thomas d'Aquin compose un traité intitulé *De intellectu contra averroistas,* « De l'intellect, contre les averroïstes ». On n'entrera pas dans une élucidation complète de ce titre, notamment en ce qui concerne le groupe ou la tendance que l'on qualifiait d'averroïste; la question garde des zones d'ombre. Disons seulement que c'étaient des maîtres ès arts qui commentaient Aristote d'un point de vue purement philosophique, sans se préoccuper de théologie. Quant à la question de l'intellect, elle s'est développée, à partir de quelques lignes du *Traité de l'âme* d'Aristote, à travers les philosophies grecque, arabo-islamique, médiévale. Le point en litige examiné par Thomas est le suivant: chaque homme a-t-il en propre le couple d'intellects que postule Aristote: le passif et l'actif, engagés dans le processus de la connaissance; ou bien, y a-t-il pour toute l'espèce humaine un seul intellect actif et un seul intellect passif auquel l'homme « se joint », quand il pense, à l'occasion des images présentes à son âme? Cette dernière thèse était

1. *Theologia « Summi Boni »*, éd. E.M. Buytaert et C. Mews, *Corpus Christianorum, Continuatio Mediaevalis,* XIII, Turnhout, Brepols, 1987, p. 124, 262-266; les éditeurs citent ici en note quelques lignes de Guillaume de Champeaux dont le sens est le même que ce passage d'Abélard, et la formulation toute proche. Voir trad. fr. J. Jolivet, *De l'Unité et de la trinité divines*, Paris, Vrin, 2001.

celle d'Averroès[1] ; mais un théologien ne pouvait y souscrire, à cause des conséquences qu'elle aurait eues sur des points aussi importants que l'immortalité personnelle. C'est pourquoi Thomas est entré dans la controverse qui agitait alors l'université à ce sujet ; elle l'agiterait longtemps encore, l'averroïsme ou ce que l'on appelle ainsi devant durer sous des formes multiples jusqu'à la Renaissance. J'extrais du traité cité tout à l'heure un passage où Thomas résume puis réfute un argument averroïste en faveur de l'unicité de l'intellect. Voici d'abord la traduction de l'argument (on accordera l'usage d'un néologisme : le verbe *intelliger* et ses diverses formes, indispensable pour reproduire une série de paronymes latins) :

> « Les averroïstes pour conforter leur erreur... demandent si ce qui est intelligé en moi et en toi est absolument le même, ou s'il est deux en nombre et un en espèce. Si c'est un intelligé, alors il y aura un intellect ; si c'est deux en nombre et un en espèce, il suit que les intelligés auront en commun une chose intelligée (*intellecta habebunt rem intellectam*), car tout ce qui est deux en nombre et un en espèce est un intelligé parce qu'il y a une quiddité par le moyen de laquelle il est intelligé ; et ainsi on irait à l'infini, ce qui est impossible. Il est donc impossible qu'il y ait deux intelligés, numériquement, en moi et en toi ; donc il y en a un seul, et un seul intellect en tous ».

Voici maintenant le latin[2] :

> *Querunt enim utrum intellectum in me et in te est unum penitus, aut duo in numero et unum in specie. Si unum intellectum, tunc erit unus intellectus ; si duo in numero et unum in specie, sequitur quod intellecta habebunt rem intellectam : quecumque enim sunt duo in numero et unum in specie sunt unum intellectum, quia est una quiditas per quam intelligitur ; et sic procedetur in infinitum, quod est impossibile. Ergo impossibile est quod sint duo intellecta in numero in me et in te ; est ergo unum tantum, et unus intellectus numero tantum in omnibus.*

Passons à l'argumentation de Thomas :

> « Il faut demander à ceux qui pensent argumenter si subtilement, si le fait qu'il y ait deux intelligés en nombre et un en espèce est contraire au concept (*rationem*) d'intelligé en tant qu'il est intelligé, ou bien en tant qu'il est intelligé par l'homme. Il est clair, selon le raisonnement (*rationem*) qu'ils avancent, que cela est contraire au concept (*rationem*) d'intelligé en tant que c'est un intelligé ; en effet, il résulte du concept (*ratione*) d'intelligé en tant que tel, qu'il n'a pas besoin que quelque chose soit abstrait de lui pour qu'il soit intelligé. Donc en suivant leur raisonnement (*rationem*) nous pouvons simplement conclure qu'il y a seulement un intelligé, et non un seul intelligé pour tous les hommes. Et s'il y a seulement un intelligé il suit, selon leur raisonnement (*rationem*), qu'il y a seulement un intellect dans le monde entier et pas seulement chez les hommes. Donc notre intellect est non seulement

1. Cette thèse semble au moins autorisée par le texte d'Aristote, concis et difficile à interpréter ; voir *Traité de l'âme*, III, c. 5.

2. Thomas d'Aquin, *L'unité de l'intellect contre les averroïstes*. Texte latin. Traduction, introduction, bibliographie, chronologie, notes et index par A. de Libera, Paris, GF-Flammarion, 1994, p. 178-180.

une substance séparée mais en outre Dieu lui-même, et la pluralité des substances séparées est supprimée universellement ».

Voici le texte latin[1] :

> *Querendum est autem ab iis qui tam subtiliter se argumentari putant, utrum quod sint duo intellecta in numero et unum in specie, sit contra rationem intellecti in quantum est intellectum, aut inquantum est intellectum ab homine. Et manifestum est secundum rationem quam ponunt, quod hoc est contra rationem intellecti inquantum est intellectum; de ratione enim intellecti, in quantum hujusmodi, est quod non indigeat quod ab eo aliquid abstrahatur ad hoc quod sit intellectum. Ergo secundum eorum rationem simpliciter concludere possumus quod sit unum intellectum tantum, et non solum unum intellectum ab omnibus hominibus. Et si est unum intellectum tantum, secundum eorum rationem sequitur quod sit unus intellectus tantum in toto mundo, et non solum in hominibus. Ergo intellectus noster non solum est substantia separata, sed etiam est ipse Deus; et universaliter tollitur pluralitas substantiarum separatarum.*

La réfutation construite par Thomas se veut dialectiquement imparable ; elle suit pas à pas, en fait, l'argumentation adverse telle qu'il l'a résumée. Le fond du problème était de savoir si du concept d'intelligé on peut conclure à l'unicité de l'intellect. Les averroïstes posent le cas de deux hommes (*in me et in te*) qui, pensant la même chose, ont même concept ; aussi Thomas déplace-t-il la question, de l'intelligé par l'homme à l'intelligé en soi. Le premier avantage de cette manœuvre est de se mettre sur le propre terrain des adversaires et d'être même plus radical qu'eux en rappelant qu'on ne saurait parler d'une espèce commune à deux concepts identiques. Mais du même coup, 1) Thomas sape le point capital de leur démonstration, qui reprend l'argument dit « du troisième homme », fondé sur l'irrationalité d'une réitération infinie ; et 2) l'*intellectum* unique, laissé pour ainsi dire à lui-même, va remonter en vertu même du raisonnement adverse au-delà de la substance séparée qu'est l'intellect, jusqu'à Dieu. Ainsi tout le paysage de l'univers d'Aristote et d'Averroès est dévasté, il n'y a plus d'intelligences des sphères, d'intellects séparés, il ne reste que l'intellect divin et cette conséquence ruine la thèse averroïste qui en était la prémisse. – On peut cependant s'interroger sur la pertinence dialectique de cette conclusion censée réfuter la doctrine de l'unicité de l'intellect. Car un intellect divin qui recevrait un intelligible n'a pas de place dans la théologie qui est globalement commune à Aristote et Averroès. Pour le Philosophe Dieu ne pense que soi-même ; pour le Commentateur il connaît certes les choses du monde mais sur un mode qu'on ne peut se représenter, ni particulier ni universel. La conséquence à laquelle le théologien pense les acculer n'aurait eu pour eux aucun sens, et ne serait donc ni vraie ni fausse. Pour Thomas en revanche la chose est claire (ou aussi claire qu'il se peut). Sa *Somme contre les Gentils* énonce que « premièrement et par soi » Dieu ne connaît que lui seul (L.

1. Thomas d'Aquin, *L'unité de l'intellect contre les averroïstes*, *op. cit.*, p. 180 ; les traductions sont nôtres.

I, chap. 48), mais qu'il connaît les choses autres que lui parce qu'il en est la cause (chap. 49), et qu'il les voit « dans son essence » (chap. 50). Dès lors l'énormité de la conséquence arrachée aux averroïstes apparaît clairement. Du côté du connaissant, elle revient à assujettir la connaissance divine aux conditions de la connaissance humaine, puisque de celle-ci elle nous fait remonter à l'unique intellect divin en oubliant que Dieu connaît les choses en tant qu'elles sont ses effets. Du côté du mode de la connaissance elle revient à absorber notre connaissance humaine dans, précisément, cette connaissance de soi divine.

Quoi qu'il en soit, on relèvera la concordance formelle entre la réfutation abélardienne du réalisme et la réfutation thomasienne de l'averroïsme. Leurs contenus sont différents puisque celle-ci a pour champ la noétique et celle-là l'ontologie; leurs assises théoriques ne sont pas comparables, l'arsenal philosophique de Thomas étant bien plus riche que celui d'Abélard. Mais dans les deux cas la réfutation philosophique implique une théologie appuyée sur une révélation; dans les deux cas la manœuvre dialectique consiste à accoucher la thèse adverse d'un rejeton monstrueux dont elle aurait été grosse: la réduction des substances des choses en leur totalité à la substance divine; l'abolition des intellects finis dans la pensée divine. Ce que l'on appelle, d'un terme trop générique peut-être, le panthéisme.

Ni Abélard ni Thomas d'Aquin n'accusent les réalistes et les averroïstes d'absorber les choses ni les esprits en Dieu; simplement les critiques qu'ils leur ont opposées tendent à les faire apparaître comme compromis de fait avec de telles doctrines, sans le vouloir ni même y penser au sens précis du terme. D'autre part on ne voit pas ce qui aurait pu les y mener, ni les averroïstes qui étaient des aristotéliciens ni les réalistes dont nous savons tout au moins qu'ils étaient chrétiens. Mais si l'on a avancé le mot *panthéisme* qui est ici historiquement déplacé, cela doit nous inviter à retourner en quelque sorte la perspective et à nous mettre en face d'un panthéisme explicitement développé et revendiqué. Éclairant ainsi à contre-jour la critique abélardienne du réalisme nous pouvons espérer la replacer plus nettement dans le cours de la philosophie occidentale. Bien entendu l'on pense alors à Spinoza. Entre les XIIe-XIIIe siècles et le XVIIe le champ philosophique s'est modifié, et Spinoza travaille selon le paradigme cartésien. La norme du vrai est pour lui l'idée claire et distincte, la connaissance de la chose singulière qui passe par celle de sa cause. Telle est déjà la leçon du *Traité de la réforme de l'entendement* et cela sa déploie notamment dans l'*Éthique*. Les universaux – les *notiones universales* – sont causes d'erreur, étant les produits d'idées confuses formées à l'occasion d'objets aperçus « de façon mutilée, confuse et sans ordre », et retenues dans le langage (*Éthique*, II, prop. 40 et scolies I et II). Il se tient donc à l'opposé du réalisme; on ne le dira nominaliste qu'au sens où il refuse toute existence à l'universel logico-grammatical, mais en fait il n'a pas de position par rapport aux controverses des siècles médiévaux: le modèle mathématique est étranger au modèle logique commun à Abélard et saint Thomas. Quand on ne se fie pas aux universaux on ne se demande plus s'ils sont des choses ou non. Spinoza reste singulier dans la lignée cartésienne par sa doctrine de la substance unique, *Deus sive natura,* dont l'étendue et la pensée sont deux attributs parmi une infinité d'autres. « Hormis Dieu il ne peut être donné ni conçu de substance » (*Praeter Deum nulla dari neque concipi potest substantiam; Éthique,* I, 14). D'autre part il fait refluer la pensée humaine en un « être pensant » dont nous sommes « une partie » (*Traité de la réforme de l'entendement*) et qui n'est autre que Dieu : « La pensée est un attribut de Dieu, autrement dit : Dieu est une chose qui pense » (*Cogitatio attributum Dei est, sive Deus est res cogitans; Éthique,* II, 1). C'est cela même que Thomas veut faire avouer aux averroïstes. Nous voyons ainsi Spinoza cumuler les hérésies dialectiquement attribuées par Abélard et Thomas d'Aquin à leurs adversaires respectifs.

Mais il est remarquable que les conséquences qu'ils pensent tirer ainsi trouvent de fait une expression nouvelle et développée dans la critique passionnée du spinozisme qu'on lit dans le *Dictionnaire historique et critique* de Pierre Bayle (article *Spinoza*). Pas tellement celle de Thomas car celui-ci considère les concepts tandis que Bayle dans sa critique considère des sentiments et des propositions et peut ainsi reprocher à Spinoza de supposer en Dieu des pensées contradictoires. C'est plutôt Abélard qu'il rappelle quand il dit que l'« hypothèse » spinoziste « surpasse l'entassement de toutes les extravagances qui se puissent dire » ; et plus loin, parmi bien d'autres arguments : « dans le système de Spinoza tous ceux qui disent : "les Allemands ont tué dix mille Turcs" parlent mal et faussement à moins qu'ils n'entendent : "Dieu modifié en Allemands a tué Dieu modifié en dix mille Turcs" ». Au moins Abélard ne mettait en cause que Socrate et un cheval.

Le fond commun de ces critiques est l'opposition de philosophes et théologiens chrétiens au panthéisme, et l'on pourrait aussi bien citer ici Leibniz et son refus répété du système de Spinoza. Mais il est temps de revenir à Abélard après le circuit où nous a engagé sa réfutation dialectique du réalisme. Le résultat positif auquel parvient son enquête sur la nature des universaux est difficile à caractériser, d'autant que s'y entrelacent la grammaire, la codification de la technique logique, notamment dans l'étude de la syllogistique et de l'argumentation topique, le tout sur le socle d'un corpus logique aristotélicien encore incomplètement traduit. On sait qu'il refuse de considérer que l'universel soit une chose, pour lui c'est un mot : une *vox* dans ses premières et deuxièmes gloses, un *sermo* dans les dernières. Ce choix a des conséquences dans le domaine de la logique, on peut le constater en de nombreux endroits de son œuvre. Mais pour nous qui connaissons la suite de l'histoire, il devrait avoir aussi des conséquences en philosophie. Abélard refuse l'ontologie assez sommaire qu'implique le réalisme qu'il réfute, en élabore-t-il une autre ? En fait, non, c'est pourquoi il vaut mieux parler à son propos de *non-réalisme;* en somme, d'une ontologie en creux qui se définit seulement par ce qu'elle refuse, en même temps que d'une logique qui hésite encore [1]. En effet on ne peut pas même dire qu'il ouvre la voie au nominalisme futur, à peine en dégage-t-il les abords. Un examen détaillé de son œuvre y décèle ce qu'un nominaliste plus strict considérerait comme de graves compromissions avec le réalisme. Je rappellerai seulement quelques points que j'ai indiqués ailleurs [2]. Dans sa *Dialectica* il a, quand il traite de la topique, des formules clairement réalistes ; par exemple, « la substance du genre (*generalis substantia*) existe toute à la fois et la même dans toutes ses espèces » ; ou encore : « la matière du genre (*generalis materia*) peut exister tout entière à part de n'importe laquelle des formes inférieures et dans toutes, dans la simplicité de sa substance ». Certes la *Dialectica* est sans doute antérieure aux *Gloses*, on en remarque de plus en plus d'indices, mais les *Gloses sur les Catégories* évoquent des *choses* qui « subsistent en leur essence avant d'être reçues par un sujet ». Traitant du « statut d'homme » (*status hominis*), concept qu'il veut substituer à la *chose* qu'est l'espèce selon les réalistes, il y parle pourtant de « choses réalisées dans la nature de l'homme ». Dira-t-on que le mot *res* a aussi un sens neutre, on répondra que dans un contexte global de critique du réalisme il est au moins malheureux. Plus profondément on reliera ce glissement au fait que la sémantique d'Abélard est une sémantique du signifié, c'est-à-dire en fait de la « notion générale » toujours lestée de quelque résidu du platonisme. Le nominalisme médiéval se constituera sur une sémantique du référent, se détournant ainsi de ce chemin dangereux. On pourrait trouver dans l'œuvre d'Abélard d'autres difficultés théoriques analogues à celles que l'on vient de citer mais cela n'est pas davantage de notre sujet. Il s'agissait seulement, pour finir, d'évoquer le contexte abélardien global dans lequel se placent les quelques lignes d'où nous sommes partis : un contexte bien loin d'être simple et clair, voire contradictoire, comme il est naturel peut-être chez un philosophe qui travaille dans les débuts d'une longue histoire.

1. J. Jolivet, « Note sur le "non-réalisme" d'Abélard », dans H.S. Gill, G. Manetti (eds.), *Signs and Signification*, I, New Delhi, 1999, p. 7-15. Voir ici chap. XVII.

2. J. Jolivet, « Sur les prédicables et les catégories chez Abélard », dans J. Biard (éd.), *Langage, sciences, philosophie au XII*[e] *siècle*, Paris, Vrin, 1999, p. 165-175.

Chapitre xvi

SÉMANTIQUE ET POÉSIE CHEZ ABÉLARD*

La liste des œuvres d'Abélard comporte des rubriques diverses : maître en *artes sermocinales* il a composé une *Dialectique* que les hasards des bibliothèques ont malheureusement amputée de son premier livre, une *Grammaire* perdue, plusieurs séries de commentaires sur les traités de la *logica vetus*, partiellement transmises. Maître en *divinitas* il a récrit inlassablement sa *Théologie*, commenté plusieurs textes des Écritures, compilé des extraits des livres saints et des Pères ; il est l'auteur d'un traité de morale ; il a laissé aussi des lettres fameuses, et des sermons. Ce fut en outre un poète ; il aurait composé, selon son témoignage et celui d'Héloïse surtout, des vers d'amour dont l'on ne sait même pas s'ils étaient en français ou en latin ; auteur encore, pour nous, de plusieurs séries d'hymnes sacrées destinées au couvent du Paraclet, dont cent trente-trois ont subsisté ; de six *planctus,* déplorations de ou sur divers personnages bibliques ; d'une « plainte amoureuse » dont Paul Zumthor juge vraisemblable l'authenticité ; d'un *Carmen ad Astralabium,* poème moral en distiques élégiaques destiné à son fils et dont la lecture manque d'agrément. P. Zumthor, dans son introduction à son édition des *Planctus* [1] estime qu'ils constituent l'une des œuvres poétiques les plus représentatives du xiie siècle ; les plus « modernes » aussi pour son temps et les moins « bridées de conventions » (p. 24) ; il loue « l'inventivité » d'Abélard en matière de rythmes, la « richesse signifiante » de ces poèmes (p. 25-26). Quant aux Hymnes, Joseph Szövérffy dans le premier volume, introductif, de l'édition qu'il en a donnée [2], note également la richesse de leurs formes et de leurs rythmes (p. 54, 57).

* « Sémantique et poésie chez Abélard », dans *Réthorique et Poétique au Moyen Âge,* Actes du colloque organisé à l'Institut de France les 3 mai et 11 décembre 2001, édités par Alain Michel, Turnhout, Brepols, 2002, p. 81-90.

1. Pierre Abélard, *Lamentations. Histoire de mes malheurs. Correspondance avec Héloïse,* traduit du latin et présenté par Paul Zumthor. Note musicologique de Gérard Le Vot, Babel, Actes Sud, 1992, p. 24, 25-26.

2. *Peter Abelard's Hymnarius Paraclitensis.* An Annotated Edition with Introduction by J. Szövérffy ; I, *Introduction to Peter Abelard's Hymns* ; Albany, N.Y. and Brookline, Mass., Classical Folia Editions, 1975, p. 54, 57.

Or, pour nous en tenir aux deux ensembles principaux des œuvres d'Abélard, on voit bien ce qui unit ses traités de logique et ses traités de théologie. La nouveauté qu'il a introduite en cette dernière matière consiste à élaborer, à propos du dogme trinitaire, son sujet toujours repris, des formulations qui mettent en œuvre les instruments des *artes sermocinales*: des analyses sémantiques, des techniques dialectiques qui permettraient de répondre aux négateurs de ce dogme – des « pseudo-dialecticiens », dit-il, qu'il faut combattre avec leurs propres armes comme l'a fait David contre Goliath. Bien entendu on ne supposera pas que la croyance en la Trinité divine ait été refusée comme telle en ce début du XIIe siècle. Abélard a simplement en vue des théologiens qui en proposaient une expression jugée hérétique, notamment Roscelin son ancien maître (qu'il ne nomme pas dans ce contexte, mais il n'y a pas de doute là-dessus). L'occasion viendra d'en reparler. Redisons seulement que la cohérence entre l'œuvre logique et l'œuvre théologique d'Abélard est claire. Inversement on ne voit pas d'emblée si l'on peut saisir une relation entre ses conceptions philosophiques, c'est-à-dire son *nominalisme* selon l'expression usuelle, et son œuvre poétique. C'est cette question qu'il faut tenter de résoudre.

Il faut d'abord s'entendre sur ce que l'on peut appeler, faute de mieux, le nominalisme d'Abélard. Faute de mieux, parce que le sens de ce mot n'est pas simple. Les philosophes et logiciens contemporains qui se réclament du nominalisme ne forment pas un groupe homogène. De toute façon, à tant de siècles de distance on ne peut pas leur comparer Abélard, pas plus que l'on ne pourrait le comparer à des philosophes moins récents que l'on qualifie de nominalistes – tels Locke, Berkeley, Condillac – parce qu'ils font de l'expérience la source de toute connaissance et réduisent les idées générales à des noms; ces analystes qui travaillent selon un paradigme cartésien, cherchent le simple pour en recomposer le complexe, mais refusent les idées innées. Abélard était bien loin d'entrevoir de telles méthodes et de telles conceptions. Il conviendrait donc de respecter la différence historique et de le considérer dans son milieu culturel sans référence à quoi que ce soit d'ultérieur. Mais ici aussi le pas nous manque: il a bien existé des philosophes médiévaux qui ont été qualifiés de *nominales*, mais cela ne nous avance guère quand il s'agit de caractériser la doctrine d'Abélard. Autrement dit, on connaît bien Guillaume d'Ockham, mais des *nominales* du XIIe siècle on ne connaît pas grand-chose; on peut certes avancer des noms mais peu de textes; des témoignages que l'on a de la difficulté à raccorder et même à comprendre. Je renvoie sur ce point à un numéro de la revue *Vivarium* (XXX, 1, 1992) qui porte spécialement sur ce sujet; et pour un accès plus général au livre d'Alain de Libera intitulé *La querelle des universaux*[1]. On y lit que ce « nominalisme » est pour nous « une énigme »; que les historiens ne s'entendent pas à son sujet. Et pourtant dans ces travaux évoqués le nom d'Abélard apparaît souvent, comme dans les écrits de ses contemporains ou dans

1. A. de Libera, *La querelle des universaux. De Platon à la fin du Moyen Âge*, Paris, Éditions du Seuil, 1996, p. 133-136.

les témoignages qui le concernent directement ou indirectement; mais on n'a pas d'idée claire de son rapport à cette catégorie assez confuse de doctrines. Il y a longtemps que j'ai choisi d'appeler « non-réalisme » la conception abélardienne des universaux – par un terme indéfini donc, autorisé par le refus d'Abélard de voir dans l'universel une *res,* mais un terme qui s'abstient de caractériser positivement sa doctrine. Aussi bien, l'on trouve chez lui des pages qui ne sont pas d'un « nominaliste » authentique (ni même parfois d'un « non-réaliste »...). C'est le cas dans sa *Dialectica,* que l'on ne considère plus comme une œuvre de sa pleine maturité, mais comme datant d'une période relativement précoce; c'est de même le cas dans ses gloses dites *Logica Ingredientibus* qui datent de 1120 environ selon la datation de Constant Mews. L'on peut cependant préciser quelque peu sa pensée en la ramenant à son origine personnelle, c'est-à-dire à ses réactions à ses deux grands maîtres: Roscelin de Compiègne, Guillaume de Champeaux.

Quant à ce dernier, les choses sont assez claires car Abélard lui-même dit, dans son *Historia calamitatum,* avoir réfuté « sa doctrine surannée... sur l'être commun des universaux » (*antiquam ejus sententiam... de communitate universalium*); à ce propos, précise-t-il, « il cherchait à démontrer qu'une chose essentiellement la même inhère toute et en même temps à chacun de ses individus, lesquels ne diffèrent pas en essence et dont la variété ne tient qu'à la multitude des accidents ». En argumentant de la sorte Guillaume se rangeait dans l'un des deux camps qui se partageaient alors les dialecticiens: les uns commentaient l'*Isagogè,* le texte fondateur de Porphyre, *in re,* les autres *in voce.* Entendons par ces deux expressions intraduisibles que pour les uns, notamment pour Guillaume, les universaux étaient des choses, pour les autres des *voces,* c'est-à-dire des mots (le mot *vox* est ambigu, il désigne un son, une émission de voix, un mot aussi); c'est de ce côté que se rangeait Roscelin. Notons au passage que dans l'*Historia calamitatum* Abélard parle de Guillaume, non de Roscelin; dans la *Dialectica* il cite une seule fois son nom. Dans une lettre de ton très violent Roscelin a rappelé à Abélard l'époque où celui-ci était, dit-il, « aux pieds de moi, ton maître, le moindre des élèves » (*discipulorum minimus*). Est-ce le souvenir de cette situation, à cette époque, qui a retenu Abélard de l'évoquer? Quoi qu'il en soit, il est clair que la doctrine qu'il professerait plus tard au sujet de l'universel n'est pas celle de Roscelin; elle en était cependant moins éloignée que de celle de Guillaume.

À vrai dire on n'a que peu de données explicites sur le contenu de l'enseignement de Roscelin en dialectique. On sait qu'il était un disciple (*sectator*) d'un certain Jean surnommé le sophiste (ce mot n'ayant pas de sens péjoratif). Celui-ci exposait que la dialectique traitait de *voces: eamdem artem sophisticam vocalem esse disseruit.* Quelques détails moins imprécis sur la dialectique roscelinienne sont fournis par des adversaires: saint Anselme, Abélard lui-même, mais l'on ne peut entrer ici dans ce sujet. En analysant et recoupant des citations *ad sensum* énoncées dans des contextes de critique j'ai avancé à son sujet cette hypothèse: Roscelin aurait, le premier peut-être, conçu une sémantique de la référence, non pas de la signification.

Cela ne veut pas dire qu'il aurait anticipé dans le détail sur la logique terministe qui devait se mettre en place au XIIIe siècle, mais plus simplement que, en suivant une distinction avancée dès son époque, il aurait privilégié l'une des deux fonctions du nom : « appeler » les choses, et donc les remplacer dans le discours. Tandis que d'autres, parmi lesquels Abélard, ont privilégié l'autre fonction : contenir une information sur l'être des choses, constituer une interface entre l'esprit et elles – d'où, comme le dit Abélard : *praeter rem et intellectum tertia exiit nominum significatio,* « outre la chose et l'intellection surgit en tiers la signification des noms ». On peut préciser cela à partir d'un texte anonyme de l'époque, intitulé *Sententia de universalibus secundum magistrum R;* cette initiale peut bien désigner Roscelin, mais le principal ici est que la distinction que l'on a évoquée ait été avancée par des contemporains.

Voici le point qui nous intéresse, résumé à partir d'un développement complexe et parfois peu clair ; son vocabulaire est moins net qu'il ne le sera dans les textes de logique ultérieurs, et la difficulté est d'en faire une lecture qui ne soit pas anachronique. Donc : un mot général ou spécial (*vox generalis vel specialis*) peut être pris comme appellatif ou comme propre. Soit le mot *homme;* pris comme appellatif « il nomme chaque homme individuel et distingue et marque en eux une nature universelle, l'animal rationnel et mortel, qui leur est commune » ; propre, « il marque cette chose dans sa simplicité, sans la rapporter à ce qui lui est inférieur, et la pose en sujet comme si elle était singulière : par exemple, "*homme est une espèce*" ». Il est remarquable que l'on trouve aussi chez saint Anselme, dans son *De grammatico,* la même distinction présentée différemment. Le mot « grammairien », *grammaticus,* dans la phrase *homo est grammaticus,* « l'homme est grammairien », « signifie la grammaire » (selon un mode particulier) et « appelle l'homme » : il signifie ce qu'il n'appelle pas, il appelle ce qu'il ne signifie pas. Ainsi, à cette transition entre le XIe et le XIIe siècles, à l'époque donc où Pierre Abélard était un étudiant, on distinguait en ces termes la signification et la référence, le contenu intelligible d'un nom et l'usage que l'on en fait en le rapportant à tel ou tel sujet. À mon sens donc Roscelin se fondait sur une sémantique de la référence, et cela rend compréhensibles d'apparents paradoxes dont ses adversaires lui font reproche ; et aussi ce qu'en rapporte Anselme : il aurait affirmé que l'on dirait qu'il y a trois dieux, si l'usage le permettait. En fait Roscelin ne niait pas que la substance de la Trinité fût une et singulière, il signalait seulement, semble-t-il, que le nom *Dieu* est « appellatif » de chacune d'elles séparément. On peut imaginer qu'il citait le récit du baptême de Jésus (*Matthieu,* 4, 16-17), où chaque Personne apparaît sous une forme et à un endroit différents : Jésus lui-même, la colombe, la voix venant du ciel.

Donc l'on peut nier que l'universel soit une chose, affirmer qu'il est une *vox,* de deux points de vue différents : soit en voyant dans la *vox* sa propriété référentielle, c'est la position de Roscelin ; soit son signifié, c'est la position d'Abélard. La première est associée au nominalisme comme le montre l'histoire de la logique médiévale; quant à la seconde, la tentation du réalisme la guette. Abélard n'en est jamais aussi près que lorsqu'il travaille sur la sémantique des noms et notamment sur les prédicables – genre, espèce, propre. Inversement il se rapproche du nominalisme quand il travaille sur la syntaxe. Cela se constate aussi bien dans les *Gloses* que dans la *Dialectica,* on l'a déjà dit. Dans ses deuxièmes *Gloses sur Porphyre,* celles qui appartiennent à la *Logica Ingredientibus,* il est très net dans sa critique de toutes les formes de réalisme qu'il avait pu rencontrer, il la conclut en disant que l'on n'a plus qu'à « attribuer l'universalité aux seuls noms »; mais dans les *Gloses sur les Catégories* qui sont de la même série, il dit à propos des dix catégories aristotéliciennes, les « dix noms premiers » comme les appelle Boèce, qu'« elles signifient leur objet (*rem*) en essence... dans ce statut de l'essence qui est naturellement antérieur aux autres. En effet toute chose subsiste en son essence avant d'être reçue par un sujet » (*rem in essentia significant... Omnis enim res in essentia sua prius subsistit quam ab subjecto suscipiatur*). Le voici donc qui, au minimum, s'exprime comme un réaliste.

On pourrait produire d'autres textes qui montrent qu'Abélard, tout adversaire du réalisme qu'il fût, n'a cessé de se compromettre avec le platonisme – cela pourrait impliquer une ontologie qui sans doute déréalise l'essence, mais qui reste étrangère au nominalisme. Nous avons sans doute suffisamment parcouru ce côté de la dialectique abélardienne, mais on signalera cependant un dernier point. Dans ses dernières *Gloses sur Porphyre,* celles de la *Logica Nostrorum,* Abélard renonce explicitement à dire que les universaux soient des *voces,* il préfère dire qu'ils sont des *sermones* – terme que l'on ne peut traduire sans prêter au contresens et que je préfère garder tel quel. Voici ce qu'il dit: « l'origine des *sermones* ou noms est une institution humaine... Le son et le *sermo* sont le même quant à l'existence..., ainsi une pierre et une statue sont le même tout en étant l'œuvre d'auteurs différents: l'état de pierre ne peut être conféré que par la substance divine mais l'état de statue vient d'une élaboration humaine » [1]. Autrement dit, il faut distinguer dans le mot une couche physique, naturelle, et une couche signifiante, d'origine humaine. L'apport de cette précision, l'introduction d'un terme technique nouveau, est une avancée dans la suite chronologique des œuvres d'Abélard, mais ce n'est pas radicalement nouveau. Dans les *Gloses sur les Catégories* de la *Logica Ingredientibus* il avait déjà proposé une analyse voisine, distinguant le son (*vox*), qui est un sujet, étant de l'air, et la phrase qui en est un accident, en tant que *mensura aeris, tenor aeris,* « une mesure de l'air qui retentit ». Relevons chez lui cette attention constante à l'aspect matériel du langage en son exercice, qui va jusqu'à lui faire modifier son lexique sur un point aussi important que la doctrine de l'universel.

Avec cette remarque nous débouchons sur ce qui est notre sujet principal – car la poésie effective (non la rêverie poétique) est un acte de langage où le sens et le son ne peuvent se diviser l'un de l'autre d'une façon toute spécifique. L'attention qu'a portée Abélard au côté matériel de la parole ne résulte pas simplement de sa

1. Voir dans J. Jolivet, *Abélard ou la philosophie dans le langage, op. cit.*, p. 138-139.

conscience professionnelle qui lui souffle qu'il lui faut devant ses élèves commenter le texte d'Aristote jusque dans son détail. D'une part, elle s'accorde à ses dons de poète que l'on évoquait en commençant ; même si le commentaire est austère comme il convient peut-être qu'il soit, le commentateur est le même que l'auteur de chansons d'amour perdues et de l'hymnaire du Paraclet. Mais en outre il y a une cohérence moins immédiatement visible entre trois choses : ce détail didactique que l'on a noté dans les dernières *Gloses,* cet engagement personnel dans la pratique de la poésie, et la conception abélardienne de l'universel. Je m'explique.

Revenons à la distinction marquée précédemment entre la dialectique de Roscelin et celle d'Abélard – on peut dire maintenant celle de la *vox* et celle du *sermo.* Leur différence de fond est dans leur sémantique. Pour Roscelin et ses disciples un universel est principalement un nom dont l'on appelle des sujets que l'on peut « mettre en série » – je reprends ici une formule de Pierre Alféri à propos de Guillaume d'Ockham, qui forclôt la question du fondement de leur ressemblance[1]. Dans la future logique terministe ce nom tiendra, dans des propositions, la place des sujets, existants ou non, auxquels il conviendra, et qui pourront en être appelés : il « supposera » pour eux. Il a donc une fonction purement abstraite, il pourrait être remplacé par un substitut quelconque – un chiffre dans une liste par exemple. On rappellera à ce propos que selon Guillaume d'Ockham, déjà cité, le signe d'une chose n'est pas le mot qui la désigne, c'est le concept que l'on a d'elle ; le mot est simplement la marque, la notation, *nota,* de ce concept ; la signification n'est donc pas un fait de langage mais d'intellect. Une sémantique de la référence fait fonctionner le langage comme un système formel, telle est la contrepartie de sa rigueur et de sa sobriété philosophique. Faisant du nom la marque d'un concept elle se garantit des glissements de sens auxquels peut induire le vocabulaire, même s'il est spécial et attentivement contrôlé. On connaît la tentation du réalisme platonicien exercée par les substantifs, les connivences plus ou moins cachées qui traversent les réseaux des vocabulaires naturels où la philosophie ne peut éviter de se fournir.

Mais selon Abélard, nous le savons, le langage « surgit en tiers » entre l'esprit et les choses. Ce rappel, ces réflexions sur la sémantique de l'appellation, tracent en creux les affinités qu'une sémantique de la signification peut avoir de fait avec la poésie. Non pas qu'elle interdise au philosophe de régler sa pratique du langage, de veiller à ne pas confondre ce que les mots sont faits pour signifier et ce qu'ils suggèrent soit par l'usage qui en est fait soit par leur étymologie. Mais cette immersion dans le langage est aussi ce qui fait le poète. On ne s'engagera certes pas dans une psychographie d'Abélard, mais on peut suggérer que sa pratique de philosophe et sa pratique de poète sont deux aspects d'une même tendance profonde. On rappellera tout simplement que la poésie ne vit que dans le langage : aussi bien dans les *voces,* les sonorités – rythmes, rimes, allitérations, que dans les *sermones,* les significations, où germent les images, les métaphores où se nouent

1. P. Alféri, *Guillaume d'Ockham. Le singulier,* Paris, Éditions de Minuit, 1989, p. 18.

des alliances imprévisibles : oxymores, hypallages, ruptures calculées de l'ordre grammatical des mots pour créer des juxtapositions imprévues, comme cela peut se faire dans les langues où les flexions désinentielles libèrent en quelque sorte la phrase.

Ces indications sommaires gagneraient à être complétées ; l'essentiel était de mettre l'accent sur l'identité matérielle entre la poésie et les mots, donc sur l'affinité entre le souci des mots et l'engagement dans la poésie. Cela dit je n'ai pas la compétence qu'il faudrait pour analyser l'œuvre poétique d'Abélard selon les méthodes requises. J'ai reproduit en commençant quelques propos de P. Zumthor et de J. Szövérffy, je citerai pour finir un travail que Mme Annelies Wouters, de l'Université Harvard, a récemment consacré au *planctus* d'Abélard sur Abner[1]. Elle y marque entre autres choses l'importance que le nom de ce personnage a dû avoir pour Abélard : il est le premier mot du poème et il y réapparaît deux fois à des endroits remarquables ; elle note une « identité de sons » entre le nom d'Abner et celui d'Abélard en leurs débuts respectifs. Elle rappelle, plus généralement, « l'importance qu'a un nom pour Abélard... en rapport avec son intérêt constant pour la nomination » et elle cite à ce propos la conclusion cruellement satirique de la lettre fameuse à lui adressée par Roscelin : *sublata parte quae hominem facit, non Petrus sed imperfectus Petrus appellandus es,* « une fois supprimée la partie qui fait l'homme, tu ne dois être appelé Pierre, mais Pierre incomplet » ; on sait d'ailleurs qu'Abner fut frappé par Joab *in inguine,* au bas-ventre (II *Rois,* 3, 27). Mme Wouters signale aussi quelle est selon saint Jérôme la signification du nom d'Abner : *pater meus lucerna vel pater lucernae,* « mon père est une lumière ; ou : le père de la lumière », et elle cite un commentaire de Bède à ce propos, qui pouvait inciter Abélard à s'identifier à son porteur. Voici donc, groupées autour d'un même texte poétique, des remarques qui mettent en jeu l'étymologie, l'allitération, la nomination – et même la dissension avec l'ancien maître : autant de thèmes qui peuvent suggérer des relations entre l'option philosophique d'Abélard et sa poésie.

1. Note provisoire. Voir le prétirage *Pierre Abélard à l'aube des universités.* Actes de la Conférence Internationale, Université de Nantes, France, 3-4 octobre 2001, p. 91-100.

CHAPITRE XVII

NOTE SUR LE « NON-RÉALISME »[1] D'ABÉLARD[2]*

1.1. Victor Cousin avait vu dans la doctrine abélardienne des universaux un « conceptualisme » et cela n'était pas sans fondement, puisque Abélard niait que les genres et les espèces fussent des choses sans y voir pour autant des fictions sans correspondants réels. C'est bien ce qu'on peut lire dans des textes auxquels Cousin n'avait pas accès, notamment les *Gloses sur Porphyre* de la *Logica Ingredientibus.* Mais la qualification qu'il propose, ou plus exactement qu'il a imposée pour longtemps, n'est pas satisfaisante en rigueur historique. Elle est en effet doublement anachronique : d'une part la notion de conceptualisme telle qu'elle s'est réellement constituée n'a de sens que dans le cadre de la philosophie moderne ; d'autre part, si l'on accepte de la transposer à un fait de philosophie médiévale en la considérant d'un point de vue générique, elle nous fait remonter à la question des prédicables telle que l'avaient d'abord posée Porphyre puis Boèce : sont-ils des choses ou des concepts – *ea quae sunt* vs. *quae sola conceptione formantur,* selon les expressions de Boèce. Or nous savons que cette question se posait autrement au XIe-XIIe siècle : on enseignait la dialectique soit *in re* soit *in voce,* et c'est précisément un trait de la philosophie médiévale à ses débuts que d'avoir ainsi modifié la question de Porphyre.

* « Note sur le non-réalisme d'Abélard », initialement publié dans l'ouvrage *Signs and Signification,* Volume I, edited by Harjeet Singh Gill and Giovanni Manetti, New Dehli, Bahri Publications, 1999, p. 7-15.

1. Le Professeur H.S. Gill m'a demandé de présenter cette formule que j'ai proposée (en 1969 : 71, 89) pour caractériser la philosophie d'Abélard.

2. Les lecteurs qui attacheraient quelque intérêt à ce point d'historiographie philosophique pourront se reporter à trois textes parus en 1974 et recueillis dans J. Jolivet, *Aspects de la pensée médiévale : Abélard. Doctrines du langage,* Paris, Vrin, 1987 : « Comparaison des théories du langage chez Abélard et chez les nominalistes du XIVe siècle » ; « Abélard et Guillaume d'Ockham, lecteurs de Porphyre » ; « Non-réalisme et platonisme chez Abélard. Essai d'interprétation ». J'y renverrai par, respectivement, *Comparaison ; Abélard et Guillaume ; Non-réalisme.* Dans ce cas particulier on pourra voir le problème de la nomination des doctrines, de la pertinence des catégories historiographiques dans lesquelles on les range. J'aimerais placer cette note sous le patronage de mon maître Paul Vignaux, pour l'attention qu'il portait à leur pluralité, pour son souci, son programme d'historien, de « laisser voir la diversité rebelle » (1958: 11 ; 1987: 64).

Parler comme Cousin de conceptualisme à propos d'un auteur tel qu'Abélard c'est rabattre sur la gnoséologie une alternative qui à son époque se posait en fait sous une forme sémantique avec en même façon le poids d'ontologie plus ou moins explicite qui en est inséparable. On ne peut guère faire d'histoire avec des catégories rétrospectives, d'où la position qu'exprime Paul Vignaux en 1938 : « Laissons de côté le "conceptualisme" que les historiens du XIXe siècle ont prêté à notre dialecticien. Gardons les mots de l'époque. Dans les textes contemporains la thèse d'Abélard s'appelle *sententia nominum ;* ses disciples, *nominales* ; il faut déterminer le sens de cette "doctrine des noms", de ce *nominalisme,* peut-être sans rapport avec celui des modernes » (1938:44; repris identiquement dans 1958:49 et 1987:97). Cette décision est beaucoup mieux fondée que celle de Victor Cousin ; outre la référence à une nomenclature authentiquement médiévale elle pouvait s'appuyer sur les analyses que le même Paul Vignaux avait présentées en 1930 dans son article pionnier du *Dictionnaire de théologie catholique* consacré au nominalisme médiéval. Une phrase au moins dans son ouvrage de 1938 y fait écho : « Sa position (celle d'Abélard) devant le réalisme coïncide avec celle de Guillaume d'Occam » (p. 46 ; 1958:51 ; 1987:98-99) ; c'est la question de l'individualité qui est ici en cause). Abélard et Ockham marquent donc les deux étapes principales du nominalisme médiéval – cette expression ne souffrant toujours aucun doute quand il s'agit d'Ockham. Chez Vignaux cette qualification semble même remonter d'Abélard à Roscelin « On ne voit pas de différence entre le "nominalisme" d'Abélard et la *sententia vocum* qu'enseignait Roscelin » (1938:47 ; 1958:52 ; 1987:99). Mais le mot *nominalisme* a ici des guillemets et Vignaux cite aussitôt Jean de Salisbury, qui « oppose cependant les deux thèses comme *sermo* à *vox* » ; puis il évoque la *Logica Nostrorum* et l'apparition du mot *sermo* dont *nomen* peut être synonyme. De sa part ce n'est pas là vraiment un repentir, c'est du moins le pressentiment d'une difficulté ou du moins d'une complication ; c'est ce qui l'amènera à accepter, une douzaine d'années plus tard, l'expression « non-réalisme », dans la mesure où par rapport aux positions extrêmes de Roscelin et d'Ockham elle tire Abélard vers le centre. Il faut y voir aussi sur ces points particuliers la perception de cette « diversité rebelle » des doctrines qui pour lui caractérise éminemment la pensée médiévale. Nous laisserons pourtant cette distinction que marquait Jean de Salisbury, enregistrant ainsi une évolution interne à la pensée d'Abélard lui-même : le remplacement du mot *vox* par le mot *sermo* résulte d'une meilleure saisie des rapports entre le signifiant et le signifié et non pas un changement dans la conception de l'universel. Ne gardons que les guillemets que Vignaux accolait au mot *nominalisme :* nous verrons que la doctrine d'Abélard comporte des aspects qui auraient conduit Ockham, s'il l'avait connue, à la ranger parmi les réalismes ; c'eût été certes au nom de sa propre doctrine à lui Ockham mais au détriment de l'histoire – les arguments avancés par Vignaux en 1990 ne manquant pas de solidité. En deux mots, on ne peut nier qu'Abélard ait critiqué plusieurs formes de réalisme ; on ne peut pour autant en faire le représentant, déjà, d'une doctrine qui ne se développera que deux siècles plus tard dans un contexte doctrinal fort différent de celui dans lequel il a travaillé.

1.2. Une fois reconnu qu'Abélard est aussi intransigeant que l'est Ockham pour affirmer la singularité des choses et leur extériorité réciproque et pour refuser de voir dans les universaux des choses, il suffit de contourner cette position ontologique explicite pour mettre en question l'authenticité de son « nominalisme ». Un angle de perspective intéressant se propose, il consiste à examiner les conceptions du langage qui furent respectivement celles d'Ockham et d'Abélard. De la position d'Ockham retenons qu'il n'accepte pas les conceptions de la grammaire spéculative en tant qu'elles postulent le parallélisme des modes d'être, de concevoir et de signifier; il refuse les derniers et situe au niveau de l'intellect les structures essentielles du langage (sur ces point et d'autres voir *Comparaison,* p. 111-115). Abélard, bien entendu, n'a pas énoncé par avance les thèses des *modistes* mais il les annonce en quelque manière en ce qu'il reconnaît trois instances: « outre la chose et l'intellection surgit en tiers la signification des mots » (*Logica Ingredientibus,* p. 24). Signifier est engendrer une intellection, redit-il après Aristote et Boèce, et l'intellection « conçoit la chose », la « perçoit » et surtout, dirons-nous, « se dirige vers une forme ». Les mots: noms et verbes, signifient les choses d'une part, les intellections de l'autre; ils passent aux choses à travers les intellections; or l'intellection « tend vers une *nature* qui appartient aux choses ». Et encore, dit Abélard, les universaux – qui sont des noms – signifient des « formes communes » qui ne sont pas des choses ni des intellections. Or chaque forme signifiée par un nom universel correspond à une *conceptio Dei,* Dieu étant l'auteur des « statuts génériques et spécifiques de la nature ». Un statut, rappelons-le, est un *esse:* le *status hominis,* c'est l'*esse hominem,* cet *esse* n'est pas une chose mais il n'en implique pas moins une structure essentielle qui s'exprime par une relation entre des prédicables – genre, différence, espèce. « La rose est une fleur »: c'est là une proposition fausse s'il n'existe pas de roses au moment où elle est dite; en revanche est toujours vraie la proposition hypothétique: « s'il est une rose il est une fleur ». Mais Abélard ajoute que de telles hypothétiques sont elles-mêmes « précédées » par des propositions catégoriques « qui conservent pour l'éternité la nécessité de la consécution » (l'exemple donné par Abélard est ici: *animal est genus hominis*). En dernière instance les choses, tout individuelles qu'elles soient, sont comme structurées par des rapports éternels entre genres et espèces. La conception abélardienne de l'universel se sépare de l'ockhamienne comme une logique de la signification associée à la lecture de l'*Isagoge* se distingue d'une logique de la référence (sur ces divers points voir *Comparaison,* p. 117-123).

1.3. Le texte où s'analyse la signification, pour un médiéval, c'est le traité des *Catégories.* Au début des gloses qu'il lui consacre dans la *Logica Ingredientibus* Abélard dit des choses qui étonneraient de la part d'un nominaliste au sens qu'on donne le plus habituellement à ce mot. Si Boèce appelle les catégories des « mots premiers qui signifient les genres premiers des choses », c'est, dit Abélard entre autres raisons, parce qu'ils signifient leur objet « dans cet état d'essence qui est naturellement antérieur aux autres » ; la blancheur est avant le blanc ; les « noms premiers » nomment la chose « dans le premier état de son essence » : c'est la même chose que nomment les mots *homme, animal, corps, substance,* mais ce dernier la nomme « dans l'état d'essence qui est naturellement antérieur aux autres » (*Logica Ingredientibus,* p. 113). Ce texte se termine donc par une sorte de réalisation de l'arbre de Porphyre ; et d'un bout à l'autre, de la grammaire à l'ontologie, il fait étrangement penser au passage célèbre où Jean de Salisbury évoque Bernard de Chartres et son enseignement sur les paronymes, dont la série est parallèle à la diversité des états de l'idée ; ici Platon est simplement remplacé par Porphyre, l'image de la descente par la fixité des relations entre les genres. Sous cet aspect encore les prédicables acquièrent donc une sorte de consistance ontologique. Un lecteur de ces *Gloses* dans leur ordre normal, celui des traités qui composent l'*Organon,* commencerait par les *Gloses sur Porphyre ;* il y lirait la réfutation bien connue de toutes les formes de réalisme que connaissait Abélard. Il y lirait aussi des formules surprenantes. Par exemple, dans la réponse à la question de Porphyre sur la signification et la situation des universaux, un passage nominaliste au début mais qui l'est beaucoup moins à la fin. Abélard y explique, en suivant l'ordre du texte de Porphyre, que les noms universels signifient *per nominationem* les mêmes choses que signifient les noms singuliers ; qu'ils sont corporels en tant qu'ils signifient des choses sensibles et incorporels par leur mode de signification ; et qu'ils subsistent dans les sensibles parce que « ils signifient la substance intrinsèque qui existe dans la chose sensible à part des formes extérieures… *et la montrent naturellement séparée de la chose sensible* » [1]. Cette oscillation entre les deux pôles de l'ontologie est constante chez Abélard. Un examen un peu attentif y montre que cet adversaire du réalisme va du côté du platonisme quand il étudie des faits de langage qui relèvent de la signification ; il s'en éloigne quand il en étudie qui relèvent de la syntaxe. Il suffit ici d'évoquer ce fait que j'ai examiné plus en détail dans *Non-réalisme.* Mais, reprenant la question de savoir où se situe Abélard dans le champ philosophique, les textes que nous venons de citer ou d'indiquer pourraient aussi bien convenir à la doctrine porrétaine des « subsistances » et de leurs rapports structurels : les images des idées que pour Gilbert sont les formes donnent une consistance à l'arbre de Porphyre, même si, dans la perspective classique du problème des universaux, le *dividuum* (l'universel) n'est que le résultat d'une « similitude substantielle » [2].

1.4. Le portrait d'Abélard qui s'est ainsi brièvement dessiné en fait le tenant d'une sorte de platonisme qui refuserait l'existence à l'universel mais l'accorderait

1. *Logica Ingredientibus,* p. 27 ; voir aussi d'autres textes cités dans *Abélard et Guillaume* et dans *Non-réalisme.*

2. Voir les *Commentaires de Gilbert,* éd. Häring, Paris, 1958, p. 208-209 ; p. 269.

à des relations éternelles et à des entités internes aux choses. Mais à côté des textes qui l'éloignent du strict nominalisme figurent ceux, les plus généralement connus, qui l'éloignent des thèses réalistes soutenues à son époque et qu'il réfute dans la *Logica Ingredientibus* et la *Logica Nostrorum.* Il nie que les genres et les espèces soient des choses qui constitueraient « l'essence matérielle » des singuliers, qu'ils soient des collections, qu'ils soient des choses où des essences strictement individuelles « se rencontreraient ». À propos de l'individualité, précisément, il s'efforce de concilier l'universalité des différences spécifiques, qui fonde celle des concepts, et la radicale singularité de chacune : la *rationalité* de Socrate n'est identique à aucune autre, présente, passée, future ou possible. Abélard n'est donc réaliste en aucun des sens qu'on aurait pu reconnaître à ce mot en son temps ; s'il a d'autre part des traits qu'on peut dire réalistes c'est en un sens, ici aussi, anachronique (c'est bien pourquoi Jean de Salisbury le range en dehors du groupe *eorum qui rebus inhaerent, Metalogicon,* II, 17). Mais cela suffit pour qu'on refuse de le dire, tout uniment, nominaliste. On le refusera d'autant plus qu'il s'oppose à Roscelin sur des points qui évoquent le nominalisme futur, et dans ses argumentations figurent par moments des formulations, tout au moins, bien proches de celles de certaines thèses réalistes qu'il critique par ailleurs. Il semble que la dialectique de Roscelin puisse s'interpréter comme une logique de la référence alors que celle d'Abélard est principalement une logique de la signification. Abélard est d'autant moins nominaliste qu'il est plus éloigné de Roscelin – sans que pour autant on puisse qualifier Roscelin, tout uniment, de nominaliste, ne serait-ce qu'à cause du peu de connaissance qu'on en a, pour le moment du moins (Jolivet, 1992). L'engagement d'Abélard contre le réalisme de certains de ses maîtres et de ses contemporains, qui était un réalisme de l'universel, se fonde sur deux principes : une conception intransigeante de l'irréductibilité de toute chose à toute autre, et la définition de l'universel comme un prédicat. Mais dans une proposition vraie le prédicat est bien fondé. Ce dernier point, qui conduit, dans les *Gloses sur Porphyre* de la *Logica Ingredientibus,* à une remarquable théorie du *status,* suscite comme un conflit entre les deux principes quand il s'agit d'étudier les catégories et donc aussi les prédicables : il s'y préfigure en quelque manière les apories que plus tard, par l'effet d'un nominalisme extrême, Guillaume d'Ockham découvrira dans des doctrines qui retenaient les conceptions de philosophes qu'Abélard connaissait peu ou pas du tout : Aristote, Avicenne. C'est pourquoi la formule : « non-réaliste », m'a paru le situer assez exactement sur l'échiquier des doctrines ; l'étrangeté même de cette qualification indéfinie symbolisant avec celle de cette situation. En histoire de la philosophie c'est chose délicate que d'établir une nomenclature, notamment quand on s'y emploie par rétrospection et qu'on prétend embrasser une période aussi longue que celle qui sépare Abélard et Ockham. On peut avoir de bonnes raisons de les ranger sous la même rubrique du nominalisme, on n'en estompe pas moins alors des différences importantes dans le contenu, l'environnement spéculatif et les présupposés de leurs nominalismes respectifs : on ne peut éviter de passer du singulier au pluriel quand on les considère tous deux ensemble.

2.1. Si toutefois des documents d'époque invitent à ce genre d'entreprises classificatoires, il faut bien entendu remettre en question la maxime de prudence qu'on vient de rappeler. C'est le cas, précisément, à propos du moment médiéval dans l'histoire du nominalisme : il n'est pas indifférent que le nom de *nominales* ait été donné, d'un siècle à l'autre, aussi bien aux tenants de l'ockhamisme qu'à un groupe de logiciens de l'époque d'Abélard. Aperçus jadis (1935-36) par le Père Chenu, ces derniers ont fait l'objet depuis quelques années de tout un ensemble de recherches particulièrement stimulantes. Un numéro récent de *Vivarium* (30, 1, 1992) en fait le point et en enrichit considérablement le dossier. Il n'est pas question de même en résumer le contenu, et d'autant moins que les documents cités ne permettent pas de préciser toutes les connexions entre la série de faits qu'ils établissent. Il paraît certain que ce groupe de *Nominales* formait une école [1], caractérisée par un ensemble de thèses nettement déterminées : C.G. Normore [2] en énumère dix-huit. Les choses sont moins claires quand on en cherche la signification historique, et même dans les cas où des analyses théoriques se laissent pratiquer. Ainsi pour le nom même de cette école : renvoie-t-il à l'identification des universaux à des noms (thèses 1 et 2 de Normore) ? J. Marenbon [3] le pense ; mais selon Y. Iwakuma [4] la formule « les universaux sont des *nomina* » ne viendrait ni des *Nominales* ni même d'Abélard mais des réalistes et serait d'ailleurs « sommaire et inexacte ». Cette école a-t-elle été ainsi nommée à cause de la théorie de l'*unitas nominis,* selon laquelle des propositions où les verbes sont à des temps différents peuvent être toutes vraies selon le moment où elles sont énoncées (thèse 16 de Normore) ? Cette thèse, qu'Abélard a été le premier à soutenir, est selon Normore (p. 94-95) celle qui caractérise le mieux les *Nominales ;* selon Iwakuma (p. 100-101) et C.H. Kneepkens [5] ils n'en avaient pas l'exclusivité. Ces divergences entre spécialistes laissent intacte l'existence certaine d'une école aux doctrines bien identifiées. En outre, comme l'établit notamment Normore (p. 91), « pas une seule des thèses attribuées aux *Nominales* ne contredit une opinion soutenue par Abélard » ; il arrive même que telle thèse en soit rapportée explicitement à « Maître P. » (p. 73-74). Bref, on peut dire sans grand risque d'erreur, que les *Nominales*

1. S. Ebbesen, « What must one have an opinion about », *Vivarium*, 30 (1), 1992, p. 62-79, ici p. 67.

2. C.B. Normore, « Abelard and the School of the *Nominales* », *Vivarium*, 30 (1), 1992, p. 80-96, ici p. 83.

3. J. Marenbon, « Vocalism, nominalism and the commentaries on the categories from the earlier twelfth century », *Vivarium*, 30 (1), 1992, p. 51-61, ici p. 51.

4. Y. Iwakuma, « Twelfth-century Nominales. The Posthumus School of Peter Abelard », *Vivarium*, 30 (1), 1992, p. 97-109, ici p. 101-102.

5. C.H. Kneepkens, « Nominalism and Grammatical Theory in the Late Eleventh and Early Twelfth Centuries. An explorative Study », *Vivarium*, 30 (1), p. 34-50, ici p. 44.

ont été « engendrés par Abélard » (p. 92). Peut-on cependant avec le même traiter Abélard comme « a characteristic *Nominalis* » (p. 87) ? C'est une autre affaire.

2.2. Nous avons relevé deux côtés différents dans la philosophie d'Abélard. Le plus généralement connu est sa critique des réalistes qui lui étaient contemporains. C'est à cause de cette critique que P. Vignaux l'associait à Guillaume d'Ockham. C'est elle aussi qui permet de le rapprocher des *Nominales* car plusieurs de leurs thèses (les quatre premières dans la liste de Normore) en recueillent l'esprit, sinon peut-être le détail. Même si Normore est dans le vrai quand il dit que ce n'est pas leur doctrine des universaux qui a fait appeler ainsi les *Nominales* (il a « une légère préférence » pour la thèse de l'*unitas nominis*), il reste que cette doctrine leur a été associée « de bonne heure et longtemps » (p. 93-94). D'un autre côté Abélard admet des instances qui structurent les choses ou leurs *status*, des rapports entre prédicables exprimables par des propositions catégoriques « vraies pour l'éternité » : de ces deux façons l'arbre de Porphyre acquiert une garantie ontologique. Or parmi les thèses recensées des *Nominales* aucune ne correspond à ce côté de la philosophie abélardienne ; c'est plutôt chez les Porrétains qu'il faudrait chercher quelque chose qui y ressemble. De l'héritage d'Abélard les *Nominales* n'ont pas conservé cette partie, qui apparemment ne contredisait aucun courant doctrinal – sinon peut-être celui de Roscelin si notre interprétation de sa sémantique est fondée. Sous cet aspect Abélard ne peut être qualifié en aucune façon de nominaliste, qu'on se réfère (anachroniquement) à Guillaume d'Ockham, ou bien aux *Nominales*, voire à Roscelin. Avec les nominalistes de ces diverses sortes il ne lui reste en commun que, précisément, le non-réalisme.

CHAPITRE XVIII

SENS DES PROPOSITIONS ET ONTOLOGIE CHEZ PIERRE ABÉLARD ET GRÉGOIRE DE RIMINI *

Quand Victor Cousin écrivait que « la philosophie scolastique » était « tout entière dans la querelle du nominalisme et du réalisme », il allait plus vite et plus loin que ne le lui permettait l'état des connaissances à son époque. Il ne commettait pas pour autant une erreur foncière : les médiévaux se sont beaucoup arrêtés à ce croisement de la métaphysique et de la sémantique que détermine dès sa première page l'*Isagogè* de Porphyre et qu'ils ont réaménagé en remplaçant l'alternative choses *vs* concepts par l'alternative *res vs voces*. Or cette question ne concerne pas seulement les universaux, elle se complique à propos des phrases, mettant alors en jeu, outre le problème de l'universel, celui d'une signification globale de la proposition et d'un « état de choses », dirions-nous, qu'elle signifierait. On présentera ici à titre d'exemples les vues qu'ont exprimées à ce sujet deux auteurs significatifs. Ces vues sont fort voisines malgré les deux siècles qui les séparent et la grande différence de leurs environnements théoriques respectifs et donc de leurs outillages conceptuels. Abélard est un représentant éminent du premier siècle de la philosophie médiévale proprement dite ; c'est une époque de grande effervescence sur plusieurs chantiers et notamment sur celui de la logique, en prenant ce mot au sens large d'une exploration totale du langage, qui peut tourner en une véritable philosophie. À l'époque de Grégoire, le champ doctrinal est occupé par plusieurs grandes synthèses philosophiques-théologiques et voit le grand moment initiateur du nominalisme médiéval en sa forme accomplie qu'a engendrée Guillaume d'Ockham. C'est ce voisinage sur fond de contraste qui peut avoir quelque intérêt.

* « Sens des propositions et ontologie chez Pierre Abélard et Grégoire de Rimini » initialement publié dans *Théories de la phrase et de la proposition de Platon à Averroès*, textes édités par Philippe Bütgen, Stéphane Diebler et Marwan Rashed, Paris, Éditions Rue d'Ulm, 1999, p. 307-321.

Nous pouvons commencer par Grégoire qui offre un accès au sujet plus commode parce que plus strictement thématisé.

Son *Commentaire des Sentences*[1] a la forme d'une suite de « questions » posées et résolues en suivant l'ordre fixé par Pierre Lombard. Cette méthode qui substitue les problèmes à la glose est usuelle à l'époque où Grégoire travaille et date alors d'un siècle environ. La première question du Prologue demande « si au moyen d'un discours théologique on peut acquérir une connaissance proprement scientifique d'un objet théologique » (1, 3-4). C'est donc à une vérification épistémologique radicale que la théologie est soumise d'emblée. Cet examen s'articule en quatre « articles », dont le premier seul peut nous intéresser: on y demande « ce qu'est l'objet d'une science » (ou d'un savoir, *scientia*), « autrement dit ce qu'on sait au moyen d'une science acquise démonstrativement » (2, 6-8). L'objet d'une science est « ce qui est su et achève (*terminat*) l'acte de savoir » (2, 15-17). Grégoire cite alors Guillaume d'Ockham pour qui cet objet n'est autre que la conclusion même du raisonnement, c'est-à-dire *une proposition;* puis il critique cette thèse selon trois « conclusions » suivies d'argumentations minutieuses dont on ne gardera ici que l'essentiel. Selon la première, la conclusion d'une démonstration (c'est-à-dire, donc, la *proposition* qui la conclut) n'est pas l'objet d'une science acquise démonstrativement. En effet, dit plus loin Grégoire, en formant la proposition qui conclut un syllogisme on n'a pas la connaissance réflexive (*reflectitur*) de cette proposition en elle-même et pour elle-même, mais « on fixe son regard sur ce qu'elle signifie » (4, 10-15). D'autre part, savoir qu'une proposition est vraie n'est pas identiquement « savoir cette proposition » (5, 5-16): il y a là deux « actes de savoir » différents, ce n'est pas le même par lequel nous connaissons et la proposition, et qu'elle est vraie (*non eodem actu sciendi scitur utraque;* 6, 8). Deuxième conclusion: l'objet d'une science n'est pas « une chose extérieure », *res extra* (3, 32-4, 2). En effet, puisque l'existence et l'état de la plupart des choses ne sont pas nécessaires, beaucoup de savoirs auraient pour objets des choses qui pourraient être autrement qu'elles ne sont (*de contingentibus aliter se habere;* 6, 20-22). Or un savoir scientifique ne peut être qu'éternel et nécessaire, selon les termes mêmes d'Aristote (*Eth. Nic.* VI, 3, 1139 b 19-24). La proposition et la chose ainsi récusées, en troisième lieu Grégoire pose que « c'est le signifié total de la conclusion qui est l'objet de science » (*significatum totale conclusionis est objectum scientiae;* 4, 1-2). Selon un procédé usuel de la méthode scolastique, Grégoire soulève plus loin des objections à sa propre thèse et c'est en répondant à la première qu'il va s'expliquer sur le sens des propositions. Cette première objection, donc, se résume ainsi: ce « signifié total de la conclusion » est soit quelque chose (*aliquid*) soit rien (*nihil*). Dit-on qu'il n'est rien, la science n'a plus d'objet; si l'on dit qu'il est quelque chose – soit un être dans l'âme, soit un être hors de

1. Gregorii Ariminensis OESA *Lectura super Primum et Secundum Sententiarum*, éd. A. Damasus Trapp OSA, Venicio Marcolino, t. I, Berlin-New York, Walter de Gruyter, 1981.

l'âme (*ens in anima; ens extra animam*), chacune de ces thèses contredit des conclusions et arguments avancés précédemment (8, 4-11). Au total, on ne verrait pas ce que pourrait être le signifié d'une proposition si Grégoire n'exposait ce qu'en est selon lui le statut.

Admettant implicitement que ce *significatum totale propositionis* n'est pas rien mais « un quelque chose », *aliquid,* Grégoire examine le sens de ce pronom. *Aliquid,* de même que *res* et *ens* (« chose » et « être » au sens de « étant »), qui en sont des synonymes, peut être pris de trois façons:

> – ou bien, le plus communément, en ce sens que « tout ce qui peut être signifié de façon incomplexe ou complexe » (c'est-à-dire soit par un mot soit par une phrase ou un syntagme) « en vérité ou faussement, est dit une chose et un quelque chose (*res et aliquid*) » ; c'est ainsi qu'Aristote appelle *res* les signifiés des propositions (*Cat.*, chap. 10 et 12);
> – soit comme on vient de dire mais en se réduisant à ce qui est dit « en vérité », *vere;* Aristote, derechef, dit que *ens* et *non ens* équivalent en un certain sens à *verum* et *falsum* (*Métaph.*, IV, 7; *II Anal.*, 1, 2);
> – enfin ces trois mots synonymes peuvent être pris au sens de « une essence ou entité existante » (*aliquam essentiam seu entitatem existentem*).

Dans ces conditions, on dira que le signifié total d'une proposition est « un quelque chose » aux premier et deuxième sens de *aliquid,* mais non au troisième: un signifié n'est pas une chose existante. Grégoire ne peut le définir mieux que par cette négation et en donnant pour prédicats à des signifiés pris pour exemples des signifiés de même sens: *hominem esse animal* n'est pas une chose, c'est *hominem esse substantiam animatam, sensibilem, rationalem; hominem esse risibilem* est *hominem posse ridere.* Ce statut tout particulier du signifié, associé à la sémantique de *aliquid* et de *ens,* donne lieu à des précisions d'ordre logique. *Hominem esse animal* n'est pas un être (*ens,* étant); on peut en inférer qu'il est *nihil,* « rien », mais au sens précis où Aristote dit que *non ens est non ens,* et par opposition au troisième sens de *aliquid* (*entitas existens*). Il admet aussi qu'on puisse inférer que « *nihil* est objet de science », soit au sens affirmatif: « *non ens* est objet de science », soit au sens négatif: « aucun *ens* n'est objet de science », en prenant toujours *ens* au troisième sens. Mais on ne peut inférer que « la science n'a aucun objet »: elle a un objet qui n'est pas un être, *habet objectum quod non est ens* (8, 25-10, 15).

Ces identités et ces inférences admises et rejetées permettent de se représenter le statut que Grégoire attribue au signifié de la proposition, et la difficulté qu'il rencontre à le définir. Ce statut échappe à l'opposition binaire de l'existence et du néant: il est un *non ens* tout en étant l'objet de la science. Il échappe aussi à l'équivalence, logique ou sémantique, du couple vrai / faux avec le couple *ens / non ens,* puisque, tout en n'étant pas, il peut être vrai et que, même faux, il ne laisse pas d'être *aliquid* au premier sens. Les citations de l'Aristote latin que Grégoire produit laissent voir des subtilités de même ordre dans l'aristotélisme lui-même[1]. Mais pour Grégoire l'horizon doctrinal est dominé par l'ockhamisme, et ce qui nous retient surtout ici est le rapport entre, d'une part, la doctrine du *significatum propositionis,* de son *dictum* comme on peut dire aussi, et, d'autre part, le débat entre le nominalisme présent ici à travers la définition ockhamiste de l'objet de science et le réalisme dont relève en fait la thèse de Grégoire. Le résumé qui précède nous a montré qu'il s'agit pour lui de reconnaître une objectivité, une vérité, disons une consistance, à autre chose qu'aux entités existantes : cela le situe sur l'échiquier des doctrines, du moins sur ce point précis. Hubert Elie, qui dès avant la dernière guerre avait attiré l'attention sur le problème du « signifiable par complexe », écrit dans l'introduction du livre qu'il a consacré à ce sujet[2] : « Lorsque, dans les premières années du XXe siècle, le philosophe autrichien Alexis Meinong prétendit découvrir non pas l'existence, mais la subsistance d'une entité nouvelle qu'il appela "objectif" et qu'il considéra comme l'objet de notre connaissance [...] chacun pensa qu'une idée nouvelle venait d'être introduite dans les concepts fondamentaux de la logique. Le but de notre ouvrage est de montrer que tout ce que Meinong et ses contradicteurs ont dit en la matière, Grégoire de Rimini et ses adversaires l'avaient, à peu de chose près, dit avant eux. » Et le chapitre premier de sa deuxième partie s'intitule « Néo-réalistes du XIVe et du XXe siècles. Étude critique et comparative des doctrines de Grégoire de Rimini, de Meinong et de Russell[3] ». Revenant au XIVe siècle, nous rappellerons que, sur le point dont nous nous occupons, Grégoire s'oppose à Guillaume d'Ockham et à sa conception purement référentielle

1. Outre ces textes allégués par Grégoire, il faut relever un fait dont je ne suis pas certain qu'il l'ait été : l'affinité entre ces pages et un passage de l'Avicenne latin, *Liber de philosophia prima,* livre I, chap. 5. Avicenne y présente « ce qui s'imprime aussitôt dans l'âme par une impression première » : ce sont *res, ens, necesse* (éd. S. van Riet, 31, 2-3) ; un peu plus loin, « ce qui est commun à toutes les choses », et ce sont *res, ens, unum* (33, 25-26). Il dit aussi que *ens* et *aliquid* sont « des noms synonymes d'une unique représentation » (ou « d'un seul sens », *nomina multivoca unius intentionis*) (34, 51-52). On reconnaîtra dans le vocabulaire des deux auteurs la quasi-identité de deux séries de termes assez généraux pour être assimilés à des noms vides. On notera en particulier la ressemblance entre deux phrases : celle de Grégoire selon laquelle « tout signifiable est dit *res* et *aliquid* » et celle d'Avicenne où il est dit que « *res* est ce à propos de quoi un quelque chose (*aliquid*) peut être énoncé » ; Avicenne, sans le préciser mais ses lecteurs le savaient, emprunte cette définition au grammairien Sibawayh (non sans lui ajouter « en vérité », *vere*). Cela ne veut pas dire que Grégoire se soit délibérément inspiré d'Avicenne, encore qu'il est invraisemblable qu'il n'ait pas connu ce texte. En effet, et c'est ce qu'il faut remarquer surtout, ce passage de la *philosophia prima* introduit à la fameuse doctrine de l'essence qui de soi n'est ni une ni multiple, ni universelle ni particulière, ni dans l'esprit ni dans les choses, qui en un mot échappe à la grille de l'ontologie d'Aristote, et même de celle de Platon qu'Avicenne récuse explicitement. Il conviendrait peut-être de revenir sur la rencontre de ces deux auteurs à propos de problèmes de sémantique très proches.

2. H. Elie, *Le Complexe significabile,* Paris, 1937, 2e tirage *Le signifiable par complexe. La proposition et son objet. Grégoire de Rimini, Meinong, Russell,* Paris, Vrin, 2000, le passage cité est aux pages 7-8.

3. Le livre d'Elie est ancien ; pour des analyses et des termes de comparaison plus récents, voir P. Gochet, *Esquisse d'une théorie nominaliste de la proposition,* Paris, A. Colin, 1972.

de l'objet de la science. Dans son article pionnier [1] sur « les logiciens médiévaux et la signification de la *propositio* », Norman Kretzmann recense dix théories du *significatum* qu'il range par ordre croissant de réalisme : celle de Grégoire est la dixième. Autant dire que ce théologien est sur ce point fort loin des nominalistes. Mais nous aurons peut-être quelque surprise si, après avoir descendu les siècles jusqu'à Meinong, nous les remontons jusqu'à Pierre Abélard qu'on s'accorde, et non sans de bonnes raisons, à considérer comme le fondateur du nominalisme médiéval.

La question du sens des propositions n'est pas inconnue au XIIe siècle, elle est abordée dans l'*Ars Meliduna* (après 1150). Mais nous nous limiterons à Abélard qui l'étudie en détail. Avant d'examiner ce qu'il en dit, il convient de rappeler quelle ontologie se dégage du début de ses *Gloses sur Porphyre* (c'est-à-dire sur l'*Isagogè*) de la *Logica Ingredientibus ;* ou plutôt, quelle est l'allure de cette ontologie [2]. Dans l'*Isagogè* il s'agit, on le sait, des prédicables, et en premier lieu des genres et des espèces. Les « autorités » (les textes) d'Aristote et de Boèce ne permettent pas, dit Abélard, de déterminer si ce sont des choses ou des noms, puisque à la lettre elles semblent impliquer aussi bien l'une que l'autre des branches de cette alternative ; il faut donc trouver soi-même la solution du problème. Abélard réfute successivement plusieurs théories qui font d'un prédicable une *res :* soit une chose unique qui serait « l'essence matérielle » des individus, soit la collection des choses que sont ces individus eux-mêmes (nous laissons de côté les variétés des doctrines qu'il cite et le détail des réfutations qu'il oppose successivement à chacune d'elles). Le terrain ainsi déblayé, « il ne reste qu'à attribuer l'universalité aux *voces* » – aux mots, c'est-à-dire aux prédicats : un universel est ce que l'on prédique de plusieurs individus. Arrivés à ce point du texte, il nous est clair (mais pas nouveau !) que la doctrine abélardienne de l'universel se situe du côté du nominalisme.

Une fois reconnu que seuls des noms peuvent être universels, il faut encore se demander, entre autres choses, quel est le fondement de leur attribution à des individus distincts ; ou, pour reprendre les termes mêmes d'Abélard, « quelle est la cause commune selon laquelle un nom universel a été imposé » (19, 15-16). Il répond à cette question que « les hommes singuliers, différents les uns des autres, tout en différant aussi bien par leurs essences que par les formes qui leur sont propres [...] se rencontrent cependant en ce qu'ils sont des hommes ; je ne dis pas (qu'ils se rencontrent) *dans l'homme,* car *l'homme* n'est aucune chose sinon une chose individuelle, mais dans l'*esse hominem* (l'*être-homme*), qui n'est ni *l'homme* ni aucune chose » (19, 21-25). Plus loin, il précise que cette « rencontre » dans ce qui n'est pas une chose n'est pas une rencontre « en rien »,

1. N. Kretzmann, « Medieval Logicians on the Meaning of the "propositio" », *The Journal of Philosophy,* 67, 1970, p. 767-787.

2. *Peter Abaelards Philosophische Schriften, op. cit.*, p. 9-20 ; traduction partielle dans J. Jolivet, *Abélard ou la philosophie dans le langage, op. cit.*, p. 125-138.

in nihilo: elle se fait « dans le statut d'homme », *in statu hominis* (20, 1-4) : « ce statut d'homme est l'être-homme, qui n'est pas une chose, et il est le fondement de l'imposition du nom » à des hommes singuliers (20, 7-9). Ici Abélard tourne en rond, mais que peut-il faire d'autre ? Il *désigne* une instance indéfinissable, qui n'est pas une chose sans pour autant être un rien. Retenons de ces quelques pages le refus du réalisme, la connexion entre le nom, qui est l'universel, et cette catégorie ontologique apparemment inédite qu'est le *status;* et aussi son expression grammaticale par une proposition infinitive : *esse hominem.*

Nous pouvons passer maintenant à la signification des propositions. Abélard en traite en deux endroits : dans ses *Gloses sur le Peri Hermeneias* et dans sa *Dialectica.* La datation de ce dernier ouvrage a donné lieu à des recherches et à des hypothèses complexes ; il semble maintenant que sa rédaction ait été contemporaine de celle des *Gloses,* à quelques années près [1]. La chronologie nous laisse donc libres de commencer par l'un ou l'autre de ces textes. Nous verrons d'abord celui des *Gloses,* qui expose globalement la même doctrine que celui de la *Dialectica* mais l'introduit dans un meilleur détail. Ce passage [2] se situe dans le commentaire de *Peri Hermeneias,* chap. 4, qui porte sur le discours : λόγος, *oratio* selon la traduction de Boèce. On s'y demande ce que signifient les *orationes,* notamment les *orationes perfectae,* c'est-à-dire les propositions ; si les *orationes imperfectae,* comme les définitions et les descriptions, ont la même sorte de signification que les noms : signification de choses, signification d'intellections (*de rebus, de intellectibus*), de celles-là à travers celles-ci (365, 18-21). Pour Abélard, une proposition ne signifie ni les seules intellections de ses parties, ni les choses mêmes que celles-ci signifient ; mais « avec la signification des intellections, la proposition a une autre signification qui n'est absolument rien, *nil omnino ;* ainsi, *Socratem esse hominem, vel non esse* ». Une proposition signifie donc « l'intellection qu'elle engendre à propos des choses, et outre cela ce qu'elle propose et dit, à savoir *hominem esse animal, vel non esse* », cette expression infinitive ne signifiant « ni une essence ni plusieurs » (365, 31-38). Cette thèse une fois posée, Abélard l'argumente en plus de quatre pages serrées, parfois avec une grande minutie technique. Voici du moins quelques points de ce développement.

Vient d'abord une réflexion sur le fondement des conséquences nécessaires, telles que *si est rosa est flos,* « s'il est une rose il est une fleur ». Leur nécessité ne réside pas dans l'existence même de la proposition (*in essentia sui*), puisqu'elle est « transitoire ». Elle est donc liée à (*secundum*) sa signification. Signification d'intellection ? non, puisque l'intellection est « une action transitoire » ; signification de choses ? non plus, puisque la conséquence reste nécessaire même si les choses qu'elle signifie n'existent plus. Ce n'est pas non plus selon un

1. C. Mews, « On dating the works of Peter Abelard », *Archives d'histoire doctrinale et littéraire du Moyen Âge,* 52, 1985, p. 73-134.

2. Abélard, *Theologia* « Summi Boni », *op. cit.,* p. 365-370.

rapport (*habitus*) de consécution nécessaire que les choses conserveraient, même détruites : si ce rapport est un quelque chose (*aliquid*), ce sera soit les choses mêmes (rose et fleur) soit autre chose (*aliud*). Or les choses ne peuvent être nécessaires puisqu'elles sont transitoires, et cet *habitus* ne sera pas non plus quelque propriété inhérente à ces choses, puisque lorsqu'elles n'existent pas elles n'ont plus aucune propriété. Conclusion : puisque la conséquence susdite est nécessaire du fait de sa signification et que cette nécessité ne tient ni aux intellections ni aux choses, il faut qu'elle soit liée à son *dictum* – dont, ajoute Abélard, nous ne concédons pas qu'il soit une chose ni plusieurs (366, 2-27).

Un peu plus loin, Abélard reprend explicitement la théorie de la signification sous-entendue dans l'argumentation qu'on vient de résumer : les noms et les verbes ont une signification double, de choses et d'intellections ; de même donc les propositions, qui signifient des intellections composées de celles de leurs parties, mais aussi « ce qu'elles disent », leurs *dicta,* qui sont « comme les choses des propositions (*quasi res propositionum*), n'étant toutefois absolument pas des choses existantes », des *essentiae* (367, 9-13). On notera que *res* est à prendre au sens de corrélat réel de la proposition : c'est ici un terme qui relève certes de l'ontologie mais selon un biais sémantique caractéristique de la philosophie d'Abélard. Ce sens s'affirme dans un exemple inclus dans le passage qui suit : *verum est Socratem esse hominem* équivaut à *ita est in re quod est homo.* Ce passage exprime d'autre part l'idée importante philosophiquement que les valeurs de vérité des propositions, leurs rapports d'opposition, leurs modalités, sont liés à leurs *dicta.* Plus loin encore, un autre argument reprend la thèse nominaliste des *Gloses sur Porphyre* : « il est si vrai que les *dicta* des propositions ne sont pas des choses que, quand nous disons que Socrate et Platon se rencontrent dans l'être-homme, si nous comprenons cela en termes de choses (*si hoc in rebus accipimus*), aucune chose où ils se rencontreraient ne pourrait être désignée » (368, 26-30). Ainsi revenu sur ses pas, Abélard reste sur la même voie : comment des *dicta,* qui ne sont rien, peuvent-ils être l'occasion (*propter ea*) de ce que des propositions soient vraies ? Comment peut-on dire qu'est une cause ce qui n'est pas ni ne peut être ? Il répond par des exemples tels que : ne pas manger est cause de ce que l'on meurt ; ne pas bien agir, de ce qu'on est damné… (368, 40-369, 11). Retenons enfin deux points de ce long développement : on ne peut rien dire affirmativement du *dictum propositionis,* par exemple affirmer qu'il est un rien, *ipsum esse nihil,* mais seulement, par négation, qu'il n'est pas quelque chose, *non esse aliquid* (369, 37-39). D'autre part, il n'y a pas d'intellection des *dicta :* les propositions signifient des intellections en les présentant (*proponendo*) sans constituer d'autres intellections que celles de leurs parties à elles : « Il convient donc de dire, non pas que par les propositions les *dicta* sont intelligés, mais que des choses sont rassemblées (*complecti*) dans une intellection. » Mais un *dictum* peut bien être le sujet d'une proposition, par exemple d'une modale : *verum est Socratem currere,* sans qu'il en soit constitué d'intellection, pas plus que dans une construction impersonnelle : la proposition *ventum est ad ecclesiam* n'a pas de sujet dont elle constituerait une intellection (370, 5-22). – L'acquis de ce premier texte peut se résumer ainsi : ayant antérieurement exposé ce qu'est la signification des noms, Abélard complète sa doctrine en exposant ce que signifie la proposition : une intellection composée, mais aussi un *dictum* qui est sa *quasi res ;* tout en « n'étant pas quelque chose », c'est en lui, ou plus exactement selon lui, à partir de lui, que les propositions sont vraies ou fausses ; affectées des diverses modalités ; en rapports mutuels de consécution. Il nous manque encore une définition, ou au moins une désignation, de ce qu'est cette *quasi res ;* de savoir ce qui correspond à la proposition dans le réel, *in re ;* on pourrait dire, en termes anachroniques : dans le monde. C'est la *Dialectica* qui fournit des données plus précises sur ce point.

Comme les *Gloses,* mais selon un style d'exposé quelque peu différent, la *Dialectica* [1] suit l'ordre des traités qui constituaient la *logica vetus.* Les pages qui nous intéressent se placent presque au début du traité des propositions catégoriques (*De categoricis*). Après avoir cité et commenté la définition aristotélicienne de l'*oratio enuntiativa* – la phrase énonciative, celle qui affirme un prédicat d'un sujet, ou le nie – Abélard ajoute une définition de la proposition qu'il emprunte aux *Différences topiques* de Boèce : c'est « une *oratio* (un discours, un énoncé) qui signifie le vrai et le faux ». *Vrai* et *faux* sont des noms qu'on donne aux propositions selon leur double signification, à savoir d'intellections ou de choses ; on peut dire qu'une proposition est vraie ou fausse selon, à volonté, qu'elle « engendre une intellection vraie ou fausse » ou qu'elle « propose ce qui est dans la réalité (*in re*) ou ce qui n'y est pas ». Il faut ajouter qu'une proposition traite de choses et non d'intellections, ni de cette proposition elle-même. Au terme d'une assez longue démonstration de tout cela (153, 33-156, 21), Abélard conclut : « il reste donc que les propositions traitent des seules choses, soit qu'elles énoncent à propos de choses ce qui est dans la réalité, comme "l'homme est un animal", "l'homme n'est pas une pierre", soit qu'elles proposent ce qui n'est pas dans la réalité, comme "l'homme n'est pas un animal", "l'homme est une pierre" ». Selon cet éclaircissement du « signifier le vrai et le faux », on peut dire encore que « *vrai* et *faux* sont des noms de ces existences de choses (*existentiae rerum*) que disent les propositions » (156, 22-30). Ici se pose nécessairement une question à laquelle Abélard consacre un développement spécial : puisque « existences de choses » il y a, est-ce que ce sont des choses qui sont dites par les propositions (*utrum sint aliquae res ea quae a propositionibus dicuntur*) ? Et de préciser aussitôt : « ces "existences de choses" que disent les propositions font-elles partie des choses existantes, qu'on les suppose une seule ou plusieurs ? » : une seule, dans une tautologie comme « Socrate est Socrate » ; plusieurs, comme dans « Socrate est un homme » ou « Socrate n'est pas une pierre » (157, 13-21). Dans le premier cas, celui où la proposition « dirait » une seule chose, elle ne

1. Petrus Abaelardus, *Dialectica,* ed. L.-M. de Rijk, Assen, 1956, p. 157-160.

signifierait rien de plus qu'un nom ; un examen rapide suffit à montrer que ce n'est pas tenable. L'examen du second cas est plus long. Les arguments avancés contre l'hypothèse que la proposition dirait plusieurs choses reviennent tous à réfuter leur fondement commun : la thèse de l'*inhaerentia,* selon laquelle dans une proposition à trois termes le verbe *être* poserait, ou prédiquerait, l'inhérence du prédicat au sujet. On en conclut que les propositions ne disent pas des choses ; on le vérifie par le fait que les conséquences sont vraies et nécessaires « de toute éternité » ; de même, les propositions catégoriques sont possibles avant même l'existence de leur sujet. Et dans le cas des catégoriques fausses, telles que « Socrate est une pierre », quelle chose serait donc prédiquée ? De toutes façons, si les propositions « désignaient ou posaient » des choses, elles seraient des noms ; or elles posent que « un quelque chose est ou n'est pas autre chose (*aliquid esse vel non esse aliud*) » ; mais « qu'une chose soit ou ne soit pas, ce n'est pas là une existence de choses (*rerum essentia*) ». Conclusion dernière : « les propositions désignent la façon dont les choses se comportent entre elles, c'est-à-dire qu'elles expriment si elles sont compatibles ou non » – vraies ou fausses selon que, dans la réalité, il en est ou non comme elles le disent. « Donc ce qui est exprimé par les propositions est comme un certain mode de se comporter qu'ont les choses ; ce ne sont pas des choses qui seraient désignées » (160, 29-36).

Cette théorie abélardienne de la proposition, et plus exactement de son *dictum,* a des implications philosophiques évidentes. Il convient d'en dégager les grandes lignes car elles dessinent une figure spécifique dans l'histoire de l'ontologie. La première chose à noter est l'affinité du *dictum* avec le *status* d'une part et avec la *consequentia* de l'autre. Avec le *status : dictum* et *status* ne sont pas des choses, *res* ou *essentiae,* Abélard insiste vigoureusement sur ce point. Le *status hominis* n'est pas « l'homme » comme espèce réifiée, mais bien l'*esse hominem.* Le *dictum* de « Socrate est un homme » est *Socratem esse hominem,* qu'on ne saurait ramener aux correspondants réels (*res*) de cette proposition catégorique ni à l'intellection qu'on en a ; « ce que disent les propositions » n'est ni une chose ni plusieurs, c'est « un comportement mutuel des choses ». Or, selon Abélard, les conséquences telles que « s'il est un homme il est un animal » expriment des « rapports entre choses », *habitudines rerum* (*Dial.,* 283, 16-17), et nous avons vu que la nécessité de telles conséquences est fondée, précisément, sur les *dicta* correspondants – ce serait ici *hominem esse animal* – et non pas sur le fait, toujours contingent, que des hommes existent. La double solidarité du *dictum* avec les *status* et avec les conséquences se renforce d'une inadéquation, avec chacun des trois, de la chose, ou existence de chose, ou, comme dit aussi Abélard, *essentia.* Cela est encore vérifié par la neutralité existentielle qu'il attribue, explicitement et d'un même mouvement, au *dictum* et aux conséquences et qui leur garantit vérité et nécessité. Celle qu'il attribue au *dictum* se manifeste par le soin qu'il met dans la *Dialectica* à suggérer qu'il est, de soi, indépendant de toute position d'existence dans la proposition : celle-ci « dit », « exprime »,

« propose »… Mais voici la liste des verbes qu'il emploie à ce sujet : *dicere, loqui, proponere, enuntiare, agere de, exprimere.* La formulation du *status* au moyen du verbe « être » (*esse hominem*) ne doit pas faire illusion : selon Abélard, l'expression du jugement dans sa forme usuelle : S est P – proposition *de tertio adjacente* – est due simplement à la pénurie de verbes ; la présence du *verbum substantivum* n'est que la conséquence d'un fait de langage fortuit et de soi n'implique pas de relation avec l'existence [1].

Ainsi se dessine dans l'ontologie abélardienne, sur un versant différent de sa doctrine de la chose radicalement individuelle, une région des relations logiques et des structures logico-grammaticales qui transparaît dans l'usage réglé du langage sans être immergée dans l'existence et dans le temps. Ce qu'il faut noter ici, c'est que l'ensemble de ses conceptions ne résulte pas d'une décision philosophique explicitement conduite, mais d'une élaboration poussée très loin des techniques du langage – grammaire, dialectique, les *artes sermocinales* comme ne dit pas Abélard mais comme le disent du moins ses contemporains. Qu'il s'agisse de réflexion critique sur les prédicats universels ou sur la signification des propositions, c'est la sémantique qui se mue en une ontologie qui ne se construit pas pour elle-même et qui, à cette époque, ne pourrait pas même dire son nom. Reste à savoir si cette construction ainsi élaborée a une cohérence, et si oui laquelle.

Au départ donc, c'est-à-dire pour le lecteur qui se met à lire la *Logica Ingredientibus* en commençant tout naturellement par les *Gloses sur Porphyre,* Abélard est sur la voie nominaliste. Cela est bien connu et il n'y a pas à y revenir. Sur plusieurs points, sa critique du réalisme anticipe sur celle qu'en fera Guillaume d'Ockham, cela soit dit sans oublier la différence des modes d'élaboration philosophique entre le XIIe et le XIVe siècles. Mais déjà l'horizon change quand apparaît la notion de *status,* juste après la réfutation des diverses formes du réalisme. Cet « état », qui n'est pas une chose et qu'on ne désigne pas par un nom mais par une tournure infinitive, *esse hominem,* ne paraît concevable que s'il implique non seulement la « mise en série » d'individus singuliers [2], mais aussi une certaine consistance, fût-elle autre que celle d'une chose, de l'homme en tant qu'il tombe sous une définition. Or précisément, au début de ses *Gloses sur les Catégories,* Abélard propose une quasi-réalisation de l'arbre de Porphyre en évoquant un ordre d'antériorité naturelle entre le genre et l'espèce. Et déjà, selon les *Gloses sur Porphyre* elles-mêmes, « les statuts génériques ou spécifiques de la nature sont des œuvres de Dieu » (23, 2-3) ; quant à nous, nous concevons « la nature de l'homme » soit en un sujet déterminé, soit « simplement en soi », selon la façon dont nous disons ou entendons « cet homme » ou « l'homme » : *hic homo ; homo* (27, 27-29). Abélard redit certes que ce n'est là « aucune chose,

1. Abélard, *Theologia* « Summi Boni », *op. cit.*, p. 348.

2. Voir P. Alféri, *Guillaume d'Ockham. Le singulier, op. cit.*, II : « L'expérience comme mise en série ».

qu'elle soit matière ou forme » (27, 32-33) ; il récuse par là le réalisme, mais sans pour autant s'exprimer en nominaliste[1]. La « nature de l'homme » est encore évoquée dans la *Dialectica* au chapitre où Abélard traite des conséquences : la conséquence *si est homo est animal* exprime « la nécessité d'une consécution immuable » ; « ce que cette conséquence vraie propose est toujours comme cela est dit, que les seules choses dont il est question soient permanentes ou non ; et toutes les conséquences vraies le sont éternellement » : inversement, la vérité des propositions catégoriques commence et finit avec les choses dont elles expriment l'existence actuelle (279, 10-20). Abélard parle plus loin de catégoriques qui « exhibent la nature des choses » et « conservent pour l'éternité la nécessité de la consécution » : *animal est genus hominis* est de cette manière antérieur à *si est homo est animal* (282, 33-283, 19). Ces textes que l'on vient d'évoquer, qu'ils viennent de telle ou telle *Glose* ou de la *Dialectica,* s'appellent les uns les autres pour esquisser ensemble une forme d'ontologie que récuserait non seulement un nominaliste moderne (n'allons pas trop loin dans l'anachronisme) mais un nominaliste médiéval même, tel Ockham. Déjà le *dictum propositionis* – « façon dont les choses se comportent entre elles », comme dit Abélard ; « état de choses », comme pourrait dire un moderne – est problématique pour tout nominalisme rigoureux. Il n'est pas inutile de noter que Grégoire de Rimini, qui représente une forme du nominalisme médiéval, se sépare d'Ockham sur ce point où, inversement, il est lui-même proche d'Abélard.

On a pu montrer ailleurs que la philosophie d'Abélard est conçue et se développe dans la réflexion sur le langage ; et que, dans ce champ, quand Abélard traite de signification il tend vers une forme de platonisme qu'on pourrait appeler un platonisme sémantique ; quand il traite de faits de syntaxe, grammaticale ou logique, il tend vers le nominalisme[2]. Les éléments d'ontologie qu'on relève chez lui, irrécusablement, résident dans ses conceptions de l'universel et du *dictum propositionis :* le premier n'est pas une chose et ne peut l'être ; le second, en lui-même et en tant qu'il s'apparente pour l'expression et pour le fond au *status,* a une situation théorique beaucoup moins déterminable et brouille en quelque manière la pureté philosophique qu'on pouvait reconnaître à la doctrine de l'universel prise isolément. Appliquons à l'ontologie d'Abélard la pierre de touche que peut être l'ockhamisme. Cette doctrine a pour noyau une conception rigoureuse de l'individuel et pour instrument logique et dialectique le concept de *suppositio,* c'est-à-dire la fonction de représentation qu'assume un terme dans une proposition donnée : « homme » peut représenter, « supposer pour »

1. Voir J. Jolivet, « Abélard et Guillaume d'Ockham lecteurs de Porphyre », *Cahiers de la Revue de Théologie et de Philosophie,* 6, « Abélard », 1981, p. 31-54 ; repris dans J. Jolivet, *Aspects de la pensée médiévale : Abélard. Doctrines du langage,* Paris, Vrin, 1987, p. 233-256.

2. J. Jolivet, « Non-réalisme et platonisme chez Abélard. Essai d'interprétation », dans J. Jolivet (éd.), *Abélard en son temps,* p. 175-195 ; repris dans *Aspects de la pensée médiévale, op. cit.,* n. 12, p. 257-277.

(*supponere pro*), tout être humain (« l'homme est capable de rire »), ce mot lui-même (« *homme* est un nom »), un homme particulier (Napoléon III dans « L'homme a ri », titre hugolien). C'est ainsi que le nominalisme du XIVe siècle échappe aux fantômes réalistes que le lexique fait se lever. Comme l'a montré L.M. de Rijk [1], ce concept a commencé à se constituer au cours du XIIe siècle, mais Abélard n'en dispose pas. Certes il voit bien qu'un nom réfère à des objets extérieurs au discours, que ce soit par imposition, ou par désignation, ou par appellation (voir *Dialectica,* 562, 20-23 ; 563, 1-2 ; *Gloses sur les Catégories,* 112, 11-15). Cela pouvait l'induire à concevoir la supposition mais il n'a pas fait tout le chemin. Son attention première au langage l'a mené, au lieu de cela, à déterminer une région spécifique, différente de celle des choses et de celle de la pensée : *praeter rem et intellectum tertia exiit nominum significatio* (*Gloses sur Porphyre,* 24, 29-30), « outre la chose et l'intellection se dégage en tiers la signification des noms » ; cette phrase, jetée comme en passant, offre une des clés de la philosophie d'Abélard. Mais la façon dont il analyse le langage le porte à considérer les noms comme des signifiants plutôt que comme des suppléants. Et il n'est pas indifférent que Guillaume d'Ockham ait critiqué les théoriciens de la grammaire spéculative, qui précisément situaient les modes de signifier en face des modes d'être et des modes d'intelliger et qui, de cette façon, peuvent être rangés dans la postérité d'Abélard (même s'ils n'en ont pas eu conscience). Tout cela peut aider à saisir la façon dont celui-ci s'intéresse à la signification de la proposition, à ce qu'elle exprime en liant un prédicat à un sujet – et non pas à ce pour quoi ce sujet « suppose » – et comment il développe ainsi une doctrine du *dictum* proche de celle que Grégoire de Rimini oppose à la conception nominaliste du sujet d'une science.

Il ne suffit pas de l'absence d'un concept technique pour que se forme une philosophie ; celle d'Abélard ne résulte pas simplement d'un penchant de sa sémantique plus attentive à la signification qu'à la référence, au lexique qu'au contexte [2]. Réciproquement, l'usage du concept de *suppositio* n'est pas garantie de nominalisme ; et tout nominalisme ne répugne pas à admettre le *dictum propositionis,* le cas de Grégoire suffirait à l'attester. Ayant considéré séparément Grégoire de Rimini et Pierre Abélard, il convient maintenant de chercher l'élément qui, au-delà de leurs importantes différences doctrinales, les fait se retrouver dans une commune acceptation de ce concept. Chez l'un et l'autre il apparaît comme le garant de la nécessité que requièrent la conception et l'argumentation scientifiques : dans la perspective de la théologie chez Grégoire, et, pour Abélard, de la « physique », dont il parle fort peu et qui, selon lui, doit rechercher « si la nature de la chose correspond à ce qui en est énoncé, si la propriété des choses se comporte comme

1. L.M. de Rijk, *Logica Modernorum,* II, « The Origin and Early Development of the Theory of Suppositio », Assen, 1967.

2. Voir A. de Libera, « Abélard et le dictisme », *Cahiers de la revue de théologie et de philosophie,* 6, « Abélard », *op. cit.*, p. 59-92.

on le dit », tandis que le contrôle du langage est assuré par la logique (*Dialectica,* 286, 31-287, 5). En cherchant où peut résider cette nécessité, tous deux éliminent la proposition, de façons d'ailleurs différentes : Abélard, qui distingue le langage de la pensée, récuse successivement comme transitoires l'*oratio* proférée *hic et nunc,* puis les intellections qu'elle engendre ; Grégoire ne fait pas la même distinction, il considère seulement la conclusion « formée dans l'intellect » et qui, telle quelle, n'est pas l'objet d'une « réflexion » ; rappelons que, pour les ockhamistes, le langage est d'abord et fondamentalement mental. Tous deux récusent aussi les choses, « contingentes » dit Grégoire, « transitoires, et donc non nécessaires » dit Abélard. Des deux manières, la nécessité requise par la science est à chercher hors du temps et de la contingence qui s'y loge ; hors de la spontanéité non réflexive de l'intellect, ajoute Grégoire. Il faut donc lui désigner un lieu spécifique, où les énoncés qui fondent les rapports de consécution ne s'expriment plus à l'indicatif, mode qui pose le fait empirique selon les trois dimensions temporelles, mais à l'infinitif qui ne le pose pas. Tous deux l'installent donc dans l'éternité, et plus spécialement dans la pré-éternité, lieu où les vérités sont depuis toujours préservées des compromissions temporelles. Voici ce que dit Grégoire : « *hominem non esse asinum* est vrai, et *hominem esse asinum* est faux, même si aucune énonciation créée n'existait ; de tels énonçables peuvent à bon droit être dits vrais d'une vérité incréée », et d'évoquer Augustin et Anselme disant que « avant que le monde fût, il était vrai que le monde serait (*mundum fore*) et, si le monde périssait, il serait vrai que le monde aurait péri (*mundum interisse*) ; et ainsi encore, s'il n'existait aucune créature, il serait vrai qu'il n'existerait aucune créature, et (serait vrai) tout ce qui serait dénommé vrai du fait de la vérité première (*et quodlibet denominaretur verum a prima veritate*) » (*Lectura,* 11, 5-13). Deux siècles plus tôt, Abélard sait que selon Platon « Dieu eut en son esprit les formes exemplaires à la ressemblance desquelles on dit qu'il a ensuite produit les choses mêmes qui sont appelées des noms génériques et spécifiques » [1]: autrement dit les *status,* par exemple l'*esse hominem,* sont réglés sur des idées divines. Or, comme on l'a remarqué, les *status* s'analysent en prédicables et les rapports entre prédicables, plus précisément entre genres et espèces, sont régis « par la nécessité d'une consécution immuable », telle que *si est homo est animal,* « et toutes les conséquences vraies sont vraies de toute éternité » (*Dial.,* 279, 10-26), tout en reposant en dernière instance, nous l'avons vu, sur des catégoriques éternelles. Mais la science divine s'étend aux événements, Abélard le dit dans la *Dialectica :* « Dieu a vu d'avance de toute éternité que toutes choses seraient comme elles seraient (*omnia futura esse sicut futura erant*). » (217, 19-20). Ce thème de la prescience des événements, signifiés avant leur occurrence par des propositions à l'infinitif, Abélard y revient à la fin de la *Theologia Scholarium* [2]

1. Abélard, *Logica Nostrorum,* in *Peter Abaelards Philosophische Schriften, op. cit.*, p. 513, 19-514, 3.

2. *Petri Abaelardi Opera Theologica,* III, éd. E.M. Buytaert et C. Mews (*Corpus Christianorum. Continuatio Mediœvalis,* XIII), Turnhout, 1987.

d'une façon qui vaut d'être notée car il y conjugue ces infinitifs selon les relations temporelles entre ces événements. « Dieu a su jadis que j'allais naître (*me nasciturum esse*), il ne sait plus que je vais naître, sans toutefois qu'il ait su jadis quelque chose qu'il ne saurait plus maintenant (...) Avant que je naquisse Dieu savait que j'allais naître au temps précis où je naîtrais (*me nasciturum esse eo quidem tempore quo nasciturus eram*), maintenant il n'en sait pas moins la même chose (*idem*), à savoir qu'en ce même temps je suis né (*me natum esse*) » (526, 825-837). *Idem*: c'est la *res* du *dictum* qui apparaît ici, et dans ce cas la naissance d'Abélard: *idem de nativitate mea nunc etiam scit quod sciebat antequam fieret,* « ce qu'il sait maintenant de ma naissance est identique à ce qu'il en savait avant qu'elle se produisît ». Au futur et au passé, les verbes changent, mais non ce qu'ils « désignent ». Vue par Dieu, c'est la même naissance que signifient ces expressions dont le verbe est un infinitif diversement modulé. L'intérêt de cette page est double. D'une part, elle étend à la science divine de l'histoire l'éternité du *dictum* et des relations vraies entre prédicables; d'autre part, Pierre Lombard reprendra cette doctrine, et presque à la lettre le texte même d'Abélard, pour traiter de la prescience divine. Elle sera plus tard appelée « l'opinion des nominalistes », *opinio nominalium.* On touche ici à un sujet de recherche très actuel, beaucoup étudié sans être entièrement élucidé [1]. De toute façon, le nom de *nominales* attribué à des gens qui, autant qu'on sache, auraient suivi Abélard sur ce point qu'on a dit et probablement sur un ou deux autres, ne doit pas faire illusion quant à leur philosophie: ce n'est là qu'une appellation datant des XIIe et XIIIe siècles et le nominalisme d'Abélard lui-même fait question. Ce qu'il faut bien voir, en revanche, c'est l'inventivité des médiévaux; l'imprévu, pour qui les lit, de leurs constructions doctrinales. Nous avons constaté la chose à propos d'Abélard et de Grégoire.

Évoquons encore très brièvement le cas de Gilbert de Poitiers, contemporain d'Abélard. Ce platonicien, inspiré surtout par le *Timée* et par Boèce, considère que seuls existent des individus et non pas les universaux: l'universel est un *dividuum* par opposition à l'*individuum;* quant au sens des propositions, on rapporte de lui une doctrine très semblable à celle d'Abélard. En considérant cette diversité des philosophes du Moyen Âge, sur laquelle Paul Vignaux attirait opportunément l'attention, on se souviendra que l'ombre de Platon est toujours à leur mur, et surtout peut-être on reconnaîtra l'importance majeure qu'ils ont toujours reconnue à l'analyse du langage. On ne peut faire l'histoire de cette époque de la philosophie sans la prendre de ce biais, où se marque sans doute sa caractéristique majeure.

1. Le dernier état de la recherche se trouve dans *Vivarium,* 30 (1), 1992. Entièrement consacré à cette question, ce riche volume rassemble beaucoup de résultats intéressants mais encore ponctuels, où s'esquisse une figure d'ensemble dont le détail ne se dégage pas encore.

CHAPITRE XIX

ABÉLARD ET LA PROPOSITION INFINITIVE*

Mon propos est de parcourir successivement quelques lieux de l'œuvre d'Abélard pour vérifier s'il y a quelque cohérence, au moins implicite ou tendancielle, entre son ontologie et sa théologie. Le repérage de ces lieux se fera selon un critère grammatical : je m'y arrêterai selon que l'ancrage de la réflexion philosophique ou logique d'Abélard lui sera fourni par la construction que nous appelons proposition infinitive, comme *Socratem esse animal.* Je me garderai de détailler, et même de simplement relever, les divers problèmes philosophiques qui surgiraient d'eux-mêmes presque à chaque pas.

Nous pourrons commencer ce parcours en revenant sur un passage très connu et très commenté des *Gloses sur Porphyre* de la *Logica Ingredientibus.* Après avoir réfuté toutes les variétés du réalisme et montré ainsi que les universaux sont des *voces* et ne sont aucunement des choses, Abélard s'interroge sur la raison pour laquelle des noms universels sont donnés par exemple « à des hommes singuliers, distincts les uns des autres et différents aussi bien par les essences que par les formes qui leur sont propres »[1]. Cette raison, répond-il, est que « ils se rencontrent dans le statut d'homme », *in statu hominis;* et « nous appelons statut d'homme le fait même d'être homme (*ipsum esse hominem*), qui n'est pas une chose »[2]. Je n'insisterai pas maintenant sur l'ontologie d'Abélard mais sur le syntagme *esse hominem,* que nous appelons une proposition infinitive. Abélard fait ailleurs de cette tournure un cas d'*oratio imperfecta* en ce qu'il n'a pas de verbe à un mode personnel et n'est donc pas une proposition

* « Abélard et la proposition infinitive », Texte inédit.

1. *Peter Abaelards Philosophische Schriften. I. Die Logica « Ingredientibus »*, hg. von Dr. B. Geyer, *op. cit.*, $19^{21\text{-}22}$. [dorénavant Geyer].

2. Geyer, *op. cit.*, $20^{3\text{-}9}$.

(l'exemple sur lequel il raisonne alors est *Socratem currere*[1]). – Cette expression donc s'analyse à un premier abord en un verbe à l'infinitif, *esse,* et un nom à l'accusatif, *Socratem.* Elle ne désigne, dit Abélard, aucune chose, n'évoque aucune *essentia* (*ad nullam vocemus essentiam*), c'est-à-dire ici rien d'existant[2]; toutefois les « choses » singulières à qui ce nom d'*homme* est donné ont, chacune à chacune, des essences et des formes qui sans doute leur sont propres mais qui autorisent à les appeler des hommes. Nous reconnaissons que Socrate et Platon sont des hommes à ce qu'ils ont certaines « formes intrinsèques » que nous ne percevons pas par les sens et dont nous n'avons guère qu'une « opinion »; réciproquement les noms universels que nous leur attribuons en engendrent une intellection. Abélard énumère plusieurs de ces « formes intrinsèques »: *rationalitas, mortalitas, paternitas*[3]; notons la rationalité et l'animalité, ce sont des différences du genre *animal* qui caractérisent l'homme; ce genre est cité plus bas comme présent dans la nature de l'homme parmi ces « choses » que l'abstraction dégage mais qui n'existent pas séparément[4]. La connaissance que nous en avons est déficiente, c'est plutôt, nous l'avons dit, une « opinion ». Mais Dieu, qui en est l'auteur, en a « une intelligence simple »: « Dieu, à qui sont manifestes toutes les choses (*omnia*) qu'il a créées et qui les connaît avant qu'elles ne soient, distingue en eux-mêmes chacun des *status* »[5]. Nous reviendrons sur ce point, retenons pour le moment que le *status* qui fonde l'universel *homme* implique d'autres universalités: un genre, *animal,* et des différences, qui impliquent d'autres *status: esse animal, esse rationalem, esse mortalem.*

Plus bas, dans les pages consacrées au chapitre de la différence, nous lisons que « être affecté de la rationalité est la raison commune d'imposer à tel homme le nom de *rationnel* »[6]; c'est donc bien le concept de *status* qui est impliqué ici. Mais on y relèvera aussi que la différence se prédique certes universellement de l'espèce en tant qu'elle est un terme universel (*vocem universalem*), mais que selon le statut et l'existence des choses « il y a autant de rationalités que de « sujets rationnels » (*subjecta rationalia*) existants, et même davantage puisqu'il faut y ajouter les rationalités passées et futures, voire toute rationalité qui pourrait « naturellement » (*naturaliter*) excéder, à l'infini, « toute l'existence de toutes les rationalités »; et il en est de même pour tout universel[7]. On aura noté au passage l'allusion à la « nature » qui englobe au moins potentiellement une infinité d'hommes radicalement singuliers comme l'est toute *res,* bien qu'ils puissent selon le *status* qui leur est commun être appelés, tous et chacun,

1. Petrus Abaelardus, *Dialectica,* ed. by L.M. De Rijk, Assen, 1956, $150^{20\text{-}28}$. [dorénavant *Dial.*].
2. Geyer, *op. cit.*, 20, 6.
3. *Ibid.*, $23^{18\text{-}20}$.
4. *Ibid.*, $25^{17\text{-}37}$.
5. *Ibid.*, $23^{11\text{-}12}$.
6. *Ibid.*, 85^{7}.
7. *Ibid.*, 84^{19}-85^{16}.

des hommes et des êtres rationnels. On aura peut-être remarqué aussi la formule inattendue « être affecté de la rationalité », qui semble assimiler cette différence à un accident qui adviendrait à un sujet. Autrement dit, la prédication de la différence pourrait être à la fois « d'un sujet », *de subjecto*, en tant qu'elle est précisément un prédicable, l'une des cinq *voces;* et « en un sujet », *in subjecto*, qu'elle affecterait, donc comme une catégorie autre que la substance. De fait Abélard dit que « être prédiqué en tant que genre est être prédiqué *in quid*, et être prédiqué en tant que différence est être prédiqué *in quale* » [1]. Cette double référence, quelque peu surprenante, de la différence à la série des prédicables et à celle des catégories accidentelles remonte à travers Boèce (*In Isagogen*, ed. I[a]) à Ammonius et à Porphyre lui-même, qui dans son commentaire des *Catégories* donne la différence comme « une qualité substantielle ». Dans les *Gloses sur les Catégories* de la *Logica Ingredientibus* Abélard reprend ce thème en l'étendant à la substance elle-même : quand on prend les substances comme des noms « les substances secondes ne signifient pas les choses auxquelles elles correspondent (*res suas*) comme un sujet désignable (*ut hoc aliquid*) mais plutôt comme quelque chose de qualifié (*ut quale aliquid*) : en effet les substances premières sont imposées principalement à cause de leur caractère d'être distinctes des autres (*propter discretionem substantiae*), et les secondes sont imposées à cause de la qualité de la substance (*propter qualitatem substantiae*) » [2]. Ce dernier point nous éloigne du thème de la proposition infinitive ; mais il précise un double caractère du *status*, de l'*esse hominem :* d'une part sa « communauté », en tant que « raison commune d'imposition » à une pluralité de choses ; d'autre part la présence en lui, dans l'existence, d'une singularité essentielle, celle de la chose, marquée par la différence qui conjugue dans son concept l'universel et le singulier, le substantiel et l'accidentel (ou le quasi-accidentel).

Le second élément qui constitue le syntagme signifiant le *status* est le *verbum substantivum*, le verbe *esse;* il convient de le considérer à son tour. Abélard, aussi bien dans la *Dialectica* que dans les *Gloses sur le* De interpretatione, distingue les deux façons dont ce verbe peut être prédiqué. « Proprement et en premier lieu », joint tout seul à un sujet il y « conjoint la signification d'existence (*significationem essentiae*) », « il pose la chose dont il est prédiqué », comme dans *Socrates est*. S'il intervient en tiers dans la proposition (*tertium adjacens*) il joint simplement un prédicat au sujet : *Socrates est homo* [3]. Revenant au *status* on en induira que *esse hominem* transpose le groupe prédicatif *est homo* que l'on peut validement attribuer à Socrate et à Platon « en tant qu'ils sont des hommes » ; l'*esse hominem* exprime précisément le *status* qui fonde cette validité. Donc non seulement le *status* n'est pas en soi une chose existante

1. Geyer, *op. cit.*, $97^{23\text{-}24}$.
2. *Ibid.*, $157^{28\text{-}31}$.
3. Voir *Dial.*, 162-164.

mais la présence en sa formulation du *verbum substantivum* n'y introduit aucune connotation d'existence puisque ce verbe y intervient en tant que *tertium adjacens* et à l'infinitif. On peut ajouter à cela une remarque que fait Abélard dans les mêmes *Gloses*. Le verbe, dit-il, diffère du nom uniquement parce qu'il signifie un temps ; sinon, selon sa signification principale il n'en diffère pas : au nom « aimant », *amans*, correspond un verbe « qui désigne la même action » : « il aime », *amat*, comme au « nom substantif » *ens* correspond le « verbe substantif » *est*. Ainsi « tous les noms demanderaient des verbes de même signification s'il y avait des gens pour les imposer » : des verbes qui signifieraient *esse substantiam, esse quantitatem*... et encore « *vel corpus vel colorem vel* hominem » (je souligne) – « mais comme l'imposition des verbes dans la signification des noms est déficiente, ces verbes qu'on n'a pas inventés sont parfois remplacés par le nom lui-même, plus le verbe substantif : par exemple *doctus sum* » [1]. Ainsi le syntagme *esse hominem*, explicitement cité par Abélard, vient à la place d'un verbe qui n'existe pas dans la langue latine. Il nous est loisible de recourir au grec, qu'Abélard ignorait, et de remplacer *esse hominem* par *anthrōpizein* [2] : toute suggestion d'existence disparaît du *status hominis*, quant à sa formulation comme quant à son sens.

Qu'en est-il maintenant des propositions quant à leurs valeurs de vérité ? On entend ici par « proposition » aussi bien celles dont le verbe est à l'infinitif qu'à un mode personnel, aussi bien celles dont le prédicat est réduit à un verbe (*Socrates currit*) que celles où par déficience du lexique le « verbe substantif » intervient en tiers (*Socrates est homo*). Quant à *vrai* et *faux*, ils se prennent, dit Abélard, en trois sens (*triplicem significationem*). En effet ils peuvent être « des noms d'intellections » (*nomina intellectuum*) ; on dit qu'une intellection est vraie ou fausse selon que « elle concerne ce qui est dans le réel ou ce qui n'y est pas » (*de eo quod in re est vel non est*), exemples : « Socrate est un homme », « Socrate n'est pas un homme ». Ils peuvent être « des noms de ce qui existe dans le réel ou n'y existe pas » (*nomina existentiae rei vel non-existentiae*), ainsi nous disons : « il est vrai que Socrate court », ou « il est faux que Socrate court » (*verum est Socratem currere vel falsum*), ce qui équivaut à : « il en est ainsi dans le réel, que Socrate court » ou « il n'en est pas ainsi » (*ita est in re quod Socrates currit, vel non est in re*). Enfin *vrai* et *faux* peuvent être « des noms de propositions » : quand nous disons « une proposition vraie », « une proposition fausse », cela équivaut à dire « qu'elle engendre une intellection

1. Geyer, *op. cit.*, $348^{15\text{-}32}$.

2. Deux siècles après Abélard, incluant un siècle d'usage scolastique de la langue latine, Dietrich de Freiberg hésite à peine à user du verbe *hominare* : « *si sic liceret hanc, scilicet 'homo est homo', resolvere in istam 'homo hominat'* » ; voir son traité *De ente et essentia* publié et traduit dans Thomas d'Aquin-Dietrich de Freiberg, *L'Être et l'Essence. Le vocabulaire médiéval de l'ontologie*, par A. de Libera et C. Michon, Paris, 1996, p. 196 (ce volume reprend le texte des *Opera Omnia* de Dietrich, t. II, édité par R. Imbach, « Corpus Philosophorum Teutonicorum *Medii Aevi* », II, 2, Hambourg, 1980). Je remercie Joël Biard pour m'avoir signalé ce passage.

vraie », ou « une fausse » (*verum vel falsum intellectum generans*), ou encore que « elle énonce ce qui est dans le réel, ou ce qui n'y est pas » (*proponens id quod in re est vel quod in re non est*)[1]. – Notons que la formule *quod est in re* peut se prendre en deux sens ; il peut s'agir d'un fait actuel : *Socrates currit,* ce qu'Abélard appelle *existentia rei;* mais aussi d'un rapport qui transcende la différence des temps, comme nous l'apprenons en lisant à la page suivante : *si ita est in re quod omnis homo est animal, ita est in re quod omnis homo est corpus,* « s'il est ainsi dans le réel, que tout homme est un animal, il est ainsi dans le réel, que tout homme est un corps »[2]. Il faut prendre garde à cette ambiguïté qu'a le mot *res* si on le prend hors contexte (et quelquefois aussi dans le contexte même… ; et l'on peut en dire autant de *essentia*). Certes Abélard affirme très fortement qu'il n'existe que des choses et que toute chose est singulière ; néanmoins le rapport entre une espèce et son genre (« homme » et « animal »), *est in re.* Remarquons enfin que le traitement logique des propositions ne peut se faire que dans l'horizon de ce qui « est dans le réel » d'une manière ou d'une autre : les « façons de se comporter qu'ont les choses » comme dit aussi Abélard[3]. Cette position, ou non, dans le réel, est donc ce qui détermine la vérité ou la fausseté des propositions. Mais les prédicats *vrai* et *faux* ne leur sont attribués que dans des conditions grammaticales bien précises. D'après le passage que nous venons de voir une proposition où le verbe est à un mode personnel ne peut à la rigueur être dite vraie ou fausse : le prédicat « vrai » ne s'attache pas à *Socrates currit* mais bien à l'intellection que cette proposition engendre ; en revanche il s'attache à *Socratem currere*[4]. Cette tournure à l'infinitif, analogue à l'*oratio* qui signifie un *status,* exprime « ce que dit la proposition », le *dictum propositionis* qui peut être vrai ou faux selon qu'il correspond ou non à « ce qui est dans le réel »[5].

C'est encore ce *dictum* qui est en cause dans l'analyse des propositions modales que poursuit Abélard dans ses gloses sur le *De interpretatione. Socrates currit necessario,* « nécessairement Socrate court », est une proposition *de puro inesse,* d'où « descend » la proposition *necesse est Socratem currere,* proposition « proprement modale » où le sujet est l'infinitif, « Socrate » en étant « comme

1. *Dial.*, 154[3-20].

2. *Ibid.*, 155[27-28].

3. *Dial.*, 160[35].

4. Voir *Dial.*, 204[29]-205[1]. On peut certes dire qu' une proposition est vraie, *propositio est vera,* parce qu'elle signifie une intellection vraie ou l'existence d'une chose ; mais ici le prédicat s'attache au nom qui désigne généralement une proposition et non à la proposition même dont on dit qu'elle est vraie : pour ce faire il faudrait lui donner la forme infinitive : *Socratem esse hominem, verum est;* « que Socrate soit un homme, est vrai ».

5. Sur ce difficile concept voir notamment L.M. De Rijk, « La signification de la proposition (*dictum propositionis*) chez Abélard », *Pierre Abélard-Pierre le Vénérable,* Paris, CNRS, 1975, p. 547-555 ; K. Jacobi, C. Strub, P. King, « From *intellectus verus/falsus* to the *dictum propositionis:* The Semantics of Peter Abelard and his Circle », *Vivarium,* 34, 1996, p. 15-40.

la détermination », et le prédicat y est le mode [1]. Ce type de propositions peut se prendre *de re,* si l'on s'attache au sujet de la proposition *de inesse,* ici « Socrate » ; ou *de sensu* si l'on s'attache à la proposition à l'infinitif comme au sujet de la proposition totale [2]. Soit dans ce cas la proposition *necesse est Socratem currere* où, comme on l'a vu, « Socrate » est une détermination du sujet. Une telle proposition est « impersonnelle » (*enuntiatio impersonalis*) et de ce fait ne peut se convertir : elle n'est ni universelle ni particulière, ni indéfinie, ni singulière, puisque « nous ne rapportons pas la vertu de l'énonciation (*vim enuntiationis*) à la personne mais en somme à ce que dit la proposition », *ad propositionis dictum* [3]. Ainsi ce *dictum,* considéré en soi et même s'il est « déterminé » par le nom d'une personne, relève de l'« impersonnalité » ; il se situe dans une région qui échappe aux spécifications logiques propres aux propositions dont le verbe est à un mode personnel.

Retenons ce point. On a déjà noté que « ce que disent les propositions » ne réfère pas nécessairement à une situation des choses existantes au moment où telle proposition est énoncée : c'est même là un argument dont se sert Abélard pour démontrer que les propositions « ne disent pas des choses » mais bien des rapports entre les choses. Car, dit-il dans la *Dialectica,* si les choses en question n'existaient pas la nécessité des rapports de conséquence entre les propositions qui en traitent n'en serait pas affectée : la conséquence « s'il est un homme il est un animal (*si est homo est animal*) » est « vraie et nécessaire de toute éternité » [4]. Il reviendra plus longuement là-dessus dans les pages où il étudie la « division des lieux différences » (c'est-à-dire « des choses », *res,* « qui placées dans la conséquence possèdent la vertu de l'inférence » ; toujours la polysémie du mot *res !*). Il y dit ceci : « le sens que posent les propositions hypothétiques (*hypotheticarum sententia*) ne connaît ni fin ni commencement. C'est pourquoi, avant même que l'homme et l'animal eussent été créés, ou même après qu'ils auront entièrement disparu, persiste également dans la vérité ce qu'énonce cette conséquence : "*si l'homme est un animal rationnel et mortel, il est un animal*" [5]. Dans ses gloses sur le *De interpretatione* il montre que la nécessité d'une conséquence ne tient pas à l'existence de la proposition qui l'énonce, qui est transitoire (*non de essentia sui quae transitoria est*) », ni à celle de l'intellection car elle aussi est « une action transitoire », ni à celle des choses dont il est question et dont la disparition ne fait pas disparaître la nécessité de la conséquence : ainsi pour la conséquence « s'il est une rose il est une fleur ». Ce en quoi réside la nécessité de la proposition, c'est son *dictum* [6].

1. L. Minio-Paluello, *Twelfth Century Logic. Texts and Studies. II. Abaelardiana inedita,* Roma, *Edizioni di storia e letteratura,* 1958, 8^{8-17}. [dorénavant M.-P.].

2. M.-P., *op. cit.*, 14^{4-13}.

3. *Ibid.*, 14^{14-25} ; 15^{17-19}.

4. *Dial.,* 160^{17-21}.

5. *Ibid.*, 279^{20-24}.

6. Geyer, 366^{2-40}.

Or, dire que la nécessité d'une conséquence ne tient à rien de transitoire – énoncé, intellection, chose, cela revient à dire que les conséquences vraies sont éternelles. Abélard le confirme explicitement : « les conséquences vraies sont vraies de toute éternité, de sorte que de celles qui sont vraies on peut poser qu'elles le sont toujours, que les choses dont il y est traité existent ou non... Une nécessité ne peut être changée par aucune présence ou absence de choses » [1]. Au contraire de la proposition catégorique qui présente « l'inhérence actuelle des choses (*actum inherentiae rerum*) » la proposition hypothétique (« si... alors ») présente « la nécessité de la consécution ». Il serait cependant étrange que cette nécessité reposât sur une proposition conditionnelle et que toute catégorique dût se restreindre aux occurrences (*actum rerum*). En fait il faut « remonter des hypothétiques à d'autres catégoriques qui exhibent la nature des choses, qui gardent pour toujours la nécessité de la consécution ; ainsi "*animal* est le genre de *homme*" à l'égard de cette conséquence : "s'il est un homme il est un animal", et toutes celles qui désignent de tels rapports entre les choses, qui conservent la vertu de la consécution des hypothétiques qui les suivent » – ce qu'Abélard a appelé « la vertu (*vis*) inviolable de la nature » [2]. Voici donc désignée, mais sans plus, une nature où résident des rapports éternels.

Abélard pouvait-il, dans le contexte philosophique où il travaillait, supposer une éternité qui ne fût pas celle de Dieu, et qui lui fût coexistante ? On connaît la façon dont ailleurs il concilie la précarité des choses et la fugacité des événements avec l'éternité de la connaissance et de la providence de Dieu « qui sait toujours les choses qu'il sait en un certain moment... et ne perd jamais un savoir (*scientiam*) qu'il a eu une fois ». Par exemple « il a su jadis que je naîtrais (*scivit olim me nasciturum esse*) au moment où je devais naître ; maintenant il n'en sait pas moins la même chose, à savoir qu'à ce même moment je suis né (*me videlicet eodem tempore natum esse*) » ; mais sa science n'en est pas diminuée pour autant. Ce qui jadis était futur est maintenant passé, « mais il sait maintenant au sujet de ma naissance ce qu'il savait avant qu'elle eût lieu, bien que alors et maintenant il faille exprimer par des verbes différents cette science qui est sienne... Ce qui alors était futur est maintenant passé, c'est pourquoi ont changé les verbes qui devaient l'exprimer » [3]. Cette formule, caractéristique de cette école des *nominales* sur laquelle se concentre aujourd'hui la recherche, marque le décalage entre l'histoire du monde et l'éternité divine qui la surplombe. Mais il s'agit bien d'événements, d'*actus rerum* pour reprendre la formule d'Abélard – et pas exactement de *choses*, notons-le : ce n'est pas « ma naissance » que Dieu connaît, mais « ce qu'il a toujours su *de ma naissance* » ; l'expression propositionnelle d'un savoir est

1. *Dial.*, 282^{25-29}.

2. *Ibid.*, 282^{30}-283^{19}.

3. *Petri Abalardi Opera theologica, III, op. cit.*, $526^{825-837}$.

un *dictum* qui exprime « un rapport entre choses ». Ce que nous cherchons n'est pas précisément cela, c'est l'éternité des relations « naturelles » entre les choses et son rapport à l'éternité de Dieu. Pour le trouver il faut revenir au contexte même de notre point de départ, aux *Gloses* sur Porphyre : aux universaux et à la raison pour laquelle on les attribue à des sujets individuels différents. Abélard y cite un passage de Priscien où sont évoquées « les formes génériques et spécifiques des choses, qui sont constituées sur un mode intelligible dans l'esprit divin avant qu'elles ne passent dans les choses ». Il les interprète comme étant « les *status* génériques et spécifiques de la nature », ceux qui précisément fondent des *dicta* tels que *hominem esse rationalem;* « Dieu », dit-il, « à qui sont manifestes toutes les choses qu'il a créées et qui les connaît avant qu'elles ne soient, distingue en eux-mêmes chacun des *status* (*singulos status in se ipsis distinguit*) »[1].

Ainsi donc Dieu connaît éternellement et les faits singuliers et les relations éternelles entre les choses, et, comme nous l'avons dit plus haut, les *status* qui caractérisent les natures de ces choses et fondent leurs relations réciproques. Abélard peut de ce fait assurer une cohérence entre sa doctrine rigoureuse de l'individuel – il n'existe que des choses singulières, un universel ne peut être qu'un nom, aucunement une chose – et l'idée que les individus se laissent ranger sous des espèces et des genres. Eût-il renoncé à celle-ci, et étant donné que sa sémantique est fondée sur la signification et ne fait qu'entrevoir la référence, sa topique eût été ruinée dans son fondement même. En fait il tient les deux thèmes à la fois. En approfondissant la notion de *status*, en la dépassant analytiquement vers les conceptions qu'elle implique ou autorise et qui lui sont apparentées quant à leur expression grammaticale et à leur contenu, on constate que leur cohérence est fondée sur une théologie, plus précisément sur la doctrine de la science divine.

1. Geyer, 22^{28}-$23^{2-3;\,12}$. Curieusement ce passage a échappé à l'attention de J. Marenbon, dans un ouvrage qui marque une date dans l'interprétation de la pensée philosophique et théologique d'Abélard : *The philosophy of Peter Abelard*, Cambridge, Cambridge University Press, 1997, (p. 208, n. 14).

QUATRIÈME PARTIE

ARABICA

CHAPITRE XX

LE COMMENTAIRE PHILOSOPHIQUE ARABE*

Le commentaire philosophique arabe, comme tous les commentaires de même genre, offre à l'historien des doctrines un objet tout aussi digne d'intérêt que les œuvres apparemment autonomes. Il donne notamment l'occasion de réfléchir sur les rapports entre la rétrospection que constitue toute lecture, et l'élaboration philosophique : donc, de se demander dans quelle mesure cette forme de rétrospection n'est pas en fait, au moins dans des cas privilégiés, visée d'un avenir dans la théorie. Ajoutons, bien que ce ne soit pas l'essentiel du strict point de vue de l'épistémologie, que l'histoire de la philosophie en Occident doit aux commentateurs arabes (au sens large du mot commentateur) l'un des socles sur lesquels, à partir du Moyen Âge, elle a construit son édifice. Cela dit, l'indéniable importance du commentaire philosophique arabe en ces diverses façons reste malgré tout bien limitée si on le compare au commentaire coranique ; or la comparaison est inévitable du seul fait que ces deux structures théoriques relèvent de la même sphère spirituelle, l'une étant spéciale et l'autre, fondatrice. Il faudrait pour mieux exposer ce point un spécialiste du commentaire coranique[1]. Je n'en suis pas un, je ne peux cependant m'abstenir d'en dire quelques mots dans la mesure de ma compétence, car, à propos des trois concepts directeurs de ce colloque : commentaire, tradition, innovation, le commentaire coranique offre une réalisation particulièrement riche, on peut même dire inégalée.

Le corpus des écrits qui constituent le Nouveau Testament des chrétiens a mis plus d'un siècle à se constituer ; ce processus comprend la production d'un ensemble foisonnant de textes, puis le tri que les églises y ont opéré pour en retenir un canon définitif. Quant à l'islam, son Livre révélé apparaît d'emblée en une période d'une vingtaine d'années où se constitue parallèlement le premier noyau de la société islamique. Étant la parole même de Dieu ce Livre est indépassable et unique dans

* « Le commentaire philosophique arabe », initialement publié dans l'ouvrage *Le Commentaire entre tradition et innovation*, Actes du colloque international de l'Institut des traditions textuelles, Paris-Villejuif, 22-25 septembre 1999, Paris, Vrin, 2000.

1. A. Mérad, *L'exégèse coranique*, Paris, P.U.F., 1998.

sa lettre, tout en demandant explicitement à être médité. L'ensemble de l'élaboration religieuse en islam a donc consisté à l'aborder sous tous les angles possibles. Les sciences proprement islamiques se fondent toutes sur ce Livre et à son propos : sciences historiques, consistant à recueillir les faits et les dits du Prophète qui peuvent éclairer les endroits difficiles du texte, à déterminer d'autre part les moments successifs de la révélation (*asbāb al-nuzūl*) ; sciences philologiques : grammaire, lexique, rhétorique aussi puisque tous les genres d'écrits sont représentés dans ce Livre. Le genre « commentaire coranique » apparaît très tôt, avec, selon la tradition, Ibn ʿAbbās, mort en l'an 66 de l'islam (688 de l'ère commune) ; il se perpétue jusqu'à nos jours. Le droit islamique se fonde sur le commentaire ; la théologie est une manière d'expliciter les enseignements théoriques contenus tacitement dans le Livre, ce qui est une façon spéciale de le commenter. En un mot, le Livre imprègne, innerve, toutes les représentations et les institutions des sociétés islamiques, et la question qui s'est toujours posée explicitement à elles toutes est la façon de l'interpréter – selon tel moment des traditions successives, ou en faisant se développer les germes d'innovation qu'un commentaire peut y déceler. Dans cette mesure les principes de la société islamique, soit génériquement soit dans les formes successives qu'elle a prises dans l'histoire, peuvent être considérés comme des lectures, c'est-à-dire des commentaires vivants, du Coran. Cette thèse générale exigerait certes de nombreuses modulations empiriques, théoriques et critiques pour être adaptée à chaque cas particulier. En voilà assez sur ce point, pour le moment du moins ; passons au commentaire philosophique.

On sait que la philosophie arabo-islamique est apparue en héritière de la philosophie grecque, dont un grand nombre de documents ont été traduits en une période relativement précoce qui correspond en gros au IXe siècle de l'ère commune, IIe-IIIe siècle hégirien ; le syriaque et l'arabe sont les deux langues dans lesquelles furent faites ces traductions. Le détail nous importe peu ici, il est d'ailleurs imparfaitement connu. Il suffit de rappeler que la masse principale en est constituée par le corpus aristotélicien amputé de la *Politique* mais augmenté de quelques apocryphes. Ce qui nous concerne plus directement est que des commentaires des ouvrages d'Aristote ont été également traduits du grec en arabe et/ou en syriaque. Concernant ce secteur particulier de l'entreprise générale de traductions, voici l'essentiel de ce que nous apprend al-Nadīm, biobibliographe qui vivait à la fin du Xe siècle (ère commune) ; on ne peut affirmer que chacun de ces commentaires ait été effectivement ou facilement disponible à son époque [1]. Avaient donc été traduits :

1. Les listes qui suivent sont établies à partir de al-Nadīm, *Kitāb al-Fihrist*, éd. Riḍā Taǧaddud, Téhéran, 1971, p. 309-323 ; traduction anglaise par B. Dodge, *The Fihrist of al-Nadīm*, II, New York-London, Columbia University Press, 1970, p. 598-633.

– d'Alexandre d'Aphrodise : des commentaires sur les *Premiers Analytiques* et les *Seconds*, sur les *Topiques*, la *Physique*, *Génération et corruption*, les *Météores*, la *Métaphysique* ;

– de Porphyre : *sur le Peri Hermeneias*, la *Physique*, la « Morale » (al-Aḫlāq) ;

– de Jamblique : sur les *Catégories ;*

– d'Ammonius : sur l'*Isagogè*, les *Topiques ;*

– de Thémistius : sur l'*Isagogè*, les *Premiers et les Seconds Analytiques*, les *Topiques*, la *Physique*, sur *Génération et corruption*, le *Traité de l'âme*, la *Métaphysique*, la « Morale » (al-Aḫlāq) ;

– de « Jean le Grammairien », Jean Philopon : commentaires sur l'*Isagogè*, le *Peri Hermeneias*, les *Premiers Analytiques*, les *Topiques*, la *Physique*, sur *Génération et corruption* ;

– d'Étienne d'Alexandrie : sur l'*Isagogè* et le *Peri Hermeneias ;*

– ajoutons Galien et Théophraste sur le *Peri Hermeneias,* Simplicius sur les *Catégories* et le *Traité de l'âme,* Syrianus sur la *Métaphysique.*

Je n'ai rien à dire sur ces commentaires en eux-mêmes, je laisse deux ou trois noms difficiles à identifier sous leur transcription arabe et malmenés sans doute par les copistes. Je mentionne seulement que plusieurs de ces commentaires sont notés comme « incomplets », et aussi que certains de ceux qui étaient traduits en arabe l'avaient été à partir d'une traduction en syriaque, d'autres directement sur le grec. Ce qui me paraît à retenir est l'effet global, l'effet de masse peut-on dire : ces commentaires concernent bon nombre de titres d'Aristote et d'autre part ils sont dus principalement à Alexandre d'Aphrodise, à Thémistius et à des philosophes d'Alexandrie : Ammonius, Philopon, Étienne, aux œuvres desquels il faut ajouter un commentaire du *Traité de l'âme* attribué à « des alexandrins » anonymes – probablement un recueil d'extraits, un vade-mecum constitué à des fins pédagogiques ou autres. D'autre part cette liste pourrait être recoupée de diverses façons par d'autres témoignages. Concluons de cet aperçu que les savants arabes épris de philosophie étaient aussi avides de consulter des commentaires des ouvrages d'Aristote que de lire ces ouvrages eux-mêmes. Notons encore, avant de revenir plus au fond sur ce point, que les commentateurs grecs cités fournissaient des exemples de méthodes diverses. Soient par exemple sur le seul cas du *Traité de l'âme* (et sans rien dire encore d'Alexandre) les travaux de Thémistius et de Simplicius : on sait que celui du premier est une paraphrase et que celui du second suit et commente lemme par lemme la totalité de l'ouvrage ; ces méthodes se retrouveront, avec d'autres, dans la pratique des commentateurs arabes.

Consultons maintenant le même témoin aux fins de savoir quels étaient les ouvrages d'Aristote qui à son époque avaient été commentés par des arabes. Avant de passer aux philosophes nous commencerons par les traducteurs. Nous constatons que, selon le recensement d'al-Nadīm, dans un premier temps Ibn al-Biṭrīq avait commenté le *Traité de l'âme;* Ibn Bihrīz, les *Catégories* et le *Peri Hermeneias.* Ces deux traités ont été commentés, au tournant des IXe et Xe siècles de l'ère commune, par Isḥāq b. Ḥunayn; Ṯābit b. Qurra commente le *Peri Hermeneias* et la *Physique;* Abū Bišr Mattā, l'un des premiers maîtres d'al-Fārābī, est crédité d'un grand nombre de commentaires: sur les *Catégories* et le *Peri Hermeneias* encore, sur les *Premiers Analytiques* et les *Seconds,* sur les *Topiques,* sur la *Physique.* À la jointure entre le groupe des traducteurs et celui des philosophes, et en remontant le cours de l'histoire, nous trouvons Ibn al-Muqaffaʿ (mort en 757); il donne un résumé de la logique d'Aristote [1] en usant de termes techniques qui tomberont en désuétude. Son cas est intéressant pour cette antériorité sans doute, mais aussi parce qu'avec lui se pose un problème qui n'est pas propre à l'histoire de la philosophie arabo-islamique: où sort-on du genre « commentaire »? Un abrégé est-il déjà une œuvre originale à cause du choix que son auteur opère dans l'œuvre dont il traite? Un commentaire suivi ne tient-il pas de l'œuvre originale dans la mesure où son auteur jette sur l'ouvrage commenté une lumière qui lui est personnelle, dès lors qu'il ne s'en tient pas à une simple glose et qu'en lui posant ses propres questions il s'avance sur le même terrain? – Mais voyons plutôt quels sont les philosophes arabes dont al-Nadīm nous dit qu'ils ont commenté Aristote. Il cite:

– al-Kindī pour des commentaires, petits ou grands, sur les *Catégories,* les *Premiers* et les *Seconds Analytiques,* la *Sophistique,* la *Poétique* (uniquement donc sur des traités de l'*Organon* tel que l'avaient déterminé les alexandrins);

– al-Rāzī (mort en 925): *Catégories, Peri Hermeneias;*

– Abū Yaḥyā al-Marwazī, maître de Mattā b. Yūnūs, pour les *Seconds Analytiques;*

– al-Fārābī: *Catégories, Peri Hermeneias, Seconds Analytiques, Topiques, Rhétorique* – encore des traités de l'*Organon,* et l'on s'étonne de ne pas voir cité ici le commentaire de la *Métaphysique* qui aurait ouvert la compréhension de ce livre à Avicenne, selon le témoignage de ce dernier.

Nous avons choisi pour guide al-Nadīm et lui seul parce qu'il suffisait pour donner une idée générale de l'état des traductions et des commentaires à la fin du Xe siècle, sans dissimuler qu'il n'en fait pas une revue complète: c'est ainsi encore qu'il attribue à Ibn al-Ṭayyīb des commentaires des *Catégories* et du *Peri Hermeneias* sans citer ceux qu'il a composés sur l'*Isagogè* de Porphyre et sur la *Physique* d'Aristote.

De tous les commentaires philosophiques dont al-Nadīm crédite al-Kindī, aucun ne nous est parvenu. Toutefois, parmi celles de ses œuvres qui sont arrivées jusqu'à nous, on en trouve deux qui sont des commentaires – mais d'un genre de commentaire tout particulier. Elles impliquent en effet le Coran et la philosophie à la fois sans exprimer à proprement parler une lecture philosophique du Livre

1. *Al-Manṭiq li-ibn al-Muqaffaʿ — Ibn Muqaffaʿ, al-Manṭiq* (*Logic*), éd. Muḥ. Taqī Dāneshpazhūh, Téhéran, 1398/1978.

– j'entends par là une sorte d'exégèse selon laquelle le texte coranique formulerait sous forme de symboles des concepts que le philosophe s'emploierait à dégager. En termes empruntés à un autre contexte culturel, ce texte n'y est pas considéré comme un *integumentum*, comme l'« enveloppe » imagée d'un contenu philosophique.

Le premier de ces textes est l'*Épître à Aḥmad b. al-Mu'taṣim pour expliquer ce qu'est la prosternation du corps extrême et son obéissance à Dieu, le Puissant, l'Exalté*[1]. Al-Kindī s'y emploie à répondre à une question posée par le fils du calife : que signifient ces quelques mots du verset 6 de la sourate *Al-Raḥmān* (la 55e du Livre), *wa-l-naǧmu wa-l-šaǧaru yasǧudāni*, « l'étoile et l'arbre se prosternent » ? Sur le premier des deux noms, *al-naǧmu*, les commentateurs du Coran sont en désaccord : les uns comprennent que c'est « l'herbe », le végétal ; d'autres que c'est « l'étoile » comme al-Kindī qui d'ailleurs n'évoque pas l'autre sens. Le philosophe commence par une analyse sémantique, selon la méthode même des commentateurs. Le terme auquel il s'attache est *yasǧūdāni*, « se prosternent ». Il montre successivement que la forme qu'affecte le verbe dans cette phrase implique qu'il y signifie « l'obéissance », *ṭā'a*. Ce mot a lui-même plusieurs sens en arabe, al-Kindī les énumère ; celui qu'il retient est « se conformer à l'ordre de celui qui ordonne ». Donc « les êtres d'en-haut », les sphères célestes, obéissent à l'ordre de Dieu ; voilà ce que nous apprend ce passage du Coran, et al-Kindī développe son interprétation en dressant un vaste tableau cosmologique, il démontre que la sphère extrême est un être vivant, doué de raison, toujours en acte, et qu'elle « imprime la vie à ce qui est au-dessous d'elle ». On passera les détails, inférés successivement selon une méthode rigoureuse au long de cette épître. Celle-ci s'achève sur le thème de la correspondance entre le monde et l'homme – « on ne peut nier que la Puissance vraie et parfaite a fait ressembler l'univers à un animal unique dans lequel se trouve tout ce qu'on trouve dans l'univers, et aussi un homme en qui se trouve tout cela. D'autant plus que le message de Muḥammad, le véridique, sur lui soit le salut… ne contredit pas cela ». Cette dernière phrase caractérise la méthode d'al-Kindī en son entreprise : l'analyse serrée d'un verset du Coran – et la rigueur ici est d'abord philologique – permet de retrouver des résultats établis d'autre part selon les voies de la philosophie.

Le second cas connu de commentaire kindien se trouve dans l'épître intitulée « À combien se montent les livres d'Aristote (*Fī kammiyya kutūb Arisṭūṭālīs*) et sur ce dont il est besoin pour accéder à la philosophie »[2]. Elle se compose de trois parties dont la première et la troisième traitent respectivement des deux sujets annoncés par le titre, mais dans l'ordre inverse. La deuxième, centrale donc, est un développement qui relève à la fois de la théologie et de l'épistémologie, sur la différence entre ce qu'al-Kindī appelle « la science divine » et « la science humaine ».

1. *Œuvres philosophiques et scientifiques d'al-Kindī*, vol. II : *Métaphysique et cosmologie*, par R. Rashed et J. Jolivet, Leiden, E.J. Brill, 1998, p. 173-204.

2. *Rasā'il al-Kindī al-falsafiyya*, I, éd. Muḥ. al-Hādī Abū Rīda, Le Caire, 1369/1950, p. 363-384.

Celle-ci s'est constituée par des recherches laborieuses menées par des hommes; celle-là est donnée d'un seul coup aux prophètes par Dieu qui en ces dispensations dit en quelques mots ce que les hommes ne peuvent exprimer que par de longs discours. À titre d'exemple al-Kindī commente un à un les versets 78 à 82 de la sourate *Yā Sīn* (la 36e, il s'en compte 83) ; résumons le propos du philosophe. Le point de départ en est le mot d'un incrédule qui demande au Prophète : « Qui fera revivre des os une fois désagrégés ? » (v. 78, traduction J. Berque). Réponse : « Dis : Celui-là les fera revivre qui une première fois les a mis au jour. Il est de toute création Connaissant. / C'est Lui qui pour vous loge du feu dans des fragments de l'arbre vert, et voici que vous en tirez la flamme » (vv. 79-80). Chacun des versets cités est suivi d'un commentaire philosophique : ainsi celui qui évoque le feu et l'arbre, par un exposé de la théorie des contraires et de leur provenance l'un de l'autre. La fin de l'extrait du Coran évoque la création : « Quoi ! Celui qui a créé les cieux et la terre ne serait plus capable d'en créer la pareille ? Mais si : puisqu'Il est le Créateur Connaissant. / Son ordre, quand Il veut une chose, tient à ce qu'Il dise : Sois, et elle est » (vv. 81-82). Dans son commentaire al-Kindī se comporte en philologue comme il fait dans l'épître citée précédemment : l'adresse à ce qui n'existe pas – la chose qui n'est pas encore créée – est, dit-il, une tournure courante dans le parler des arabes ; et il cite en garantie un vers d'Imru' l-Qays où le poète s'adresse à la nuit et en fait une description où l'on reconnaît celle d'un animal qui s'étire.

De ces deux exemples on peut faire une même analyse. Formellement il y a dans l'un et l'autre un contraste entre la brièveté des textes coraniques cités et la longueur des exposés philosophiques qui les suivent. La seconde épître explicite cette différence en insistant sur la concision des propos que Dieu tient au Prophète : or mettre l'accent sur cette concision est un des lieux du commentaire coranique, car elle est l'un des aspects selon lesquels le Livre est inimitable. D'un point de vue théorique ces exemples illustrent un point qu'al-Kindī expose dans le premier chapitre du *Livre de la Philosophie première*[1] : à propos, dit-il, de l'unicité et de la souveraineté divines – c'est-à-dire en matière de théologie ; à propos des vertus et de l'éloignement du mal – c'est-à-dire en matière de morale, les philosophes enseignent la même chose que « les prophètes véridiques ». Mais ils ne sont parvenus à ces résultats que par un effort collectif et séculaire : le programme, pour al-Kindī, est de parachever la philosophie. Que faut-il entendre par là, sinon retrouver par ses moyens propres non certes la totalité de la science de Dieu, mais ce qui en est contenu dans la densité inégalable de sa parole ? Ainsi, ce qui constitue le commentaire philosophique propre à al-Kindī ne consiste pas – du moins par ce que nous en connaissons – à expliquer un philosophe, Aristote ; cela prend une forme particulière de commentaire coranique et se mène un peu à la manière de celui-ci et beaucoup selon la méthode de la philosophie. Comme on l'a souligné déjà, ce n'est pas là une exégèse symbolique, le Livre ne cache pas des concepts

1. *Œuvres philosophiques et scientifiques* d'al-Kindī, *op. cit.*, p. 14-15.

sous des images ; il dit, en des phrases formées de quelques mots propres, ce qui ne peut se dire autrement qu'au prix de longues déductions. Les concepts ne donnent pas le « sens vrai » des versets, ceux-ci n'ont pas d'autre sens que ce qu'ils disent ; les concepts monnayent ce sens d'une façon appropriée à l'esprit des hommes soucieux d'accéder au vrai d'une façon dianoétique. En somme, c'est le Coran qui contient déjà la vérité de la philosophie.

Al-Fārābī prendra sur ce point la position exactement inverse. Dans plusieurs de ses ouvrages – *Livre de la religion, Livre des lettres, Vues des habitants de la cité excellente,* il expose ce qu'est selon lui la religion propre à une cité, et particulièrement à celle qui surpasse les autres (*fāḍila,* excellente) [1]. A l'origine de sa constitution le législateur reçoit de l'Intellect agent, qui est l'Intelligence de la dernière sphère, « les universaux théoriques et pratiques » selon lesquels il élaborera les lois qui régiront cette cité ; en cela il est un philosophe au sens platonicien du terme. Mais pour rendre sa législation assimilable au peuple il lui faut l'exprimer dans une forme qui soit accessible aux esprits communs, et qui soit aussi affectivement persuasive. Grâce à la force particulière de son imagination, qui est l'une de ses caractéristiques, il la transpose en images qui auront cette fonction, et en cela il est prophète. Ainsi la religion « suit » la philosophie, selon la propre expression d'al-Fārābī ; puis vient le théologien qui sur le texte fondateur construit ses propres élaborations : il se fonde donc sur des images et non sur des concepts. Le véritable sens des paroles sorties de la bouche du prophète, ce sont les intelligibles qu'il a d'abord reçus de l'Intelligence céleste. En un certain sens il n'y a donc pas de contradiction entre la philosophie et la religion pourvu que l'on prenne celle-ci pour ce qu'elle est : le vêtement fabuleux d'une structure intellectuelle. Ses qualités rhétoriques ou poétiques ne garantissent pas une origine transcendante au texte pris en sa lettre, mais bien le génie personnel du prophète-philosophe. Cela dit, al-Fārābī, qui par ailleurs est sévère à l'égard de la théologie (le kalām), n'est pas un critique de la religion instituée comme l'était al-Rāzī : une page de son *Livre des Lettres* [2] évoque sans la nommer une religion (*milla :* « ensemble d'opinions et d'actions déterminées ») qui « suit une philosophie parfaite ». La difficulté réside dans le fait que la communauté (*umma*) à qui elle est transmise prend ces images pour « la vérité » ; de là des dissensions avec les philosophes ; l'allusion à la société dans laquelle vivait al-Fārābī est transparente, et cela implique aussi que pour lui l'islam est la religion la meilleure, comme telle.

En fait de commentaires philosophiques al-Fārābī, si l'on suit al-Nadīm, aurait commenté très partiellement l'*Organon* alexandrin, omettant l'*Isagogè,* les *Premiers Analytiques,* la *Sophistique* et la *Poétique.* Mais dans son étude restée classique sur

1. Al-Fārābī, *Kitāb arā' ahl al-madīnat al-fāḍila,* éd. A. Nader, Beyrouth, 1959 ; Al-Fārābī, *Idées des habitants de la cité vertueuse,* trad. R.P. Jaussen, Y. Karam et J. Chlala, Le Caire, 1949.

2. Al-Fārābī, *Kitāb al-ḥurūf,* éd. M. Mahdi, Beyrouth, 1969, p. 155 ; Farabi, *Deux traités philosophiques : L'harmonie entre les opinions des deux sages, le divin Platon et Aristote,* et *De la religion,* intr., trad. et notes par D. Mallet, Damas, 1989.

ce philosophe M. Steinschneider ajoute à la liste d'al-Nadīm plusieurs titres, de sorte que seule la *Poétique* en serait exclue [1]. Les commentaires aristotéliciens auraient donc représenté une part importante de l'œuvre de ce philosophe ; mais en ce point précis nous rencontrons une difficulté récurrente de nomenclature : que faut-il appeler « commentaire » ? Au sens strict du mot nous ne posséderions que son commentaire du *Peri Hermeneias* [2]. Selon F.W. Zimmermann, son traducteur, l'analyse montre qu'il dépend à la fois de la tradition inaugurée par Alexandre, connue à travers Porphyre, et de celle d'Ammonius ; s'y joignent plus ponctuellement les influences d'autres commentaires connus sans doute par des extraits et des notes marginales [3]. Quant à sa forme on notera deux points qui signalent aussi sa dépendance à l'égard des commentaires grecs. D'abord il commence par une série de rubriques qui remontent aux commentateurs alexandrins : il expose, commente ou justifie successivement ce que fut l'intention dans laquelle Aristote a composé le traité en cause ; ses parties ; son titre ; son rapport à l'ensemble de la philosophie ; son utilité ; sa place dans le corpus aristotélicien ; la méthode d'enseignement que l'auteur y suit. Second point : al-Fārābī se conforme au modèle fourni par le grand commentaire alexandrin : le texte est découpé en lemmes de longueurs variables (le plus souvent ici ils sont courts) et chacun d'eux est suivi d'une explication détaillée. On relèvera qu'al-Fārābī compare assez souvent, à des fins d'explication sans doute mais aussi d'élaboration doctrinale, la langue grecque à l'arabe ; on trouve notamment dans ces passages des considérations sur la façon de rendre la copule dans cette dernière langue. Nous retiendrons surtout ici qu'il se conforme à une sorte de modèle canonique venu de la tradition grecque.

Il se montre beaucoup plus libre dans son *Court traité sur le De interpretatione d'Aristote* [4], dont Zimmermann a joint la traduction à celle du Commentaire. C'est un résumé du *Peri hermeneias* qui ne va pas jusqu'au bout mais s'arrête à l'explication des noms des modes, c'est-à-dire à la page 19 du grec. On y trouve des digressions, par exemple vers le traité des *Catégories,* ou par des références à la langue arabe. Est-ce donc encore un commentaire ou déjà un ouvrage personnel ? D'un point de vue méthodologique général, comment qualifier chaque lieu de l'intervalle qui sépare deux genres extrêmes : la glose juxtalinéaire et l'œuvre indépendante ? Une grande part des ouvrages de logique d'al-Fārābī ressortissent à des genres intermédiaires et sont difficiles à classer. Prenons cet exemple : son « Introduction à la logique » (*al-Tawṭi'a fī l-Manṭiq*) porte ce sous-titre : « Commentaire du livre de l'Introduction » – c'est-à-dire de l'*Isagogè* (*Tafsīr Kitāb al-madḫal*), et aussi cet autre : « Épître par laquelle al-Fārābī fait commencer son livre sur la logique »

1. F.W. Zimmermann, *Al-Farabi's Commentary and Short Treatise on Aristotle's* De interpretatione, Oxford, Oxford University Press, 1981, p. XXIII.

2. *Šarḥ al-Fārābī li-Kitāb Ariṣṭūṭālīs fī l-'ibāra,* éd. W. Kutsch et S. Marrow, Beyrouth 1986[2] ; éd. Dāneshpazhūh, *al-Manṭiqiyyāt li-l-Fārābī,* II, Qom, 1409, p. 1-259.

3. F.W. Zimmermann, *Al-Farabi's Commentary, op. cit.* n. 2, p. LXVIII-CV.

4. F.W. Zimmermann, *Al-Farabi's Commentary, op. cit.*, p. 240-247 ; *Kitāb Bārī Irmīniyās wa-ma'nāhu al-Qawl fī l-'ibāra,* dans *op. cit.*, 1, Qom, 1408, p. 83-114.

(*Risāla ṣaddara bi-hā Abū Naṣr... kitābahu fī l-manṭiq*)[1]. « Introduction », « Commentaire », « Épître », cette multiplicité de termes a un sens, celui d'une indétermination que nous n'avons pas fini d'interroger. Mais il y a dans l'œuvre farabien quelque chose de plus remarquable encore de ce point de vue : c'est son « Livre des Lettres » (*Kitāb al-ḥurūf*), que Muḥsin Mahdi, son éditeur, considère comme un commentaire de la *Métaphysique* d'Aristote « bien que les deux livres ne se correspondent pas dans tous les sujets qu'ils traitent » (nous avons rencontré plus haut un exemple de ce fait : al-Fārābī y analyse les rapports entre la religion et la philosophie) ; ces différences, dit-il, tiennent à la différence de langues, d'époques et de religions entre les deux philosophes, et à ce qu'al-Fārābī considère quant « au sens et au contenu de ce livre et aux intentions dans lesquelles Aristote l'a écrit »[2].

Bien qu'ayant vécu un siècle après al-Fārābī (de 980 environ à 1043) le philosophe nestorien Abū l-Farağ b. al-Ṭayyib (cité par al-Nadīm, on l'a vu) est l'auteur d'un commentaire sur l'*Isagogè* de Porphyre[3] qui par sa forme au moins n'offre guère de différence avec celui de son grand prédécesseur sur le *Peri hermeneias*. La méthode en est la même, le texte est réparti en lemmes dont chacun est suivi d'une explication parfois très longue. Lui aussi est précédé d'une introduction copieuse. Elle traite d'abord de l'existence de la philosophie puis en donne six définitions qu'elle explique l'une après l'autre ; elle dit ensuite quelles sont les méthodes de la démonstration ; demande si la logique est une partie de la philosophie. Viennent enfin plusieurs rubriques qui diffèrent quelque peu de celles que l'on trouve dans le commentaire cité d'al-Fārābī : intention de l'auteur du livre ; utilité de ce livre ; son caractère ; sa place dans l'ensemble de la logique ; ses parties ; son auteur ; la méthode d'enseignement qu'il pratique ; la partie de la science à laquelle il appartient. La différence principale entre les deux commentaires réside dans la première partie de ces prolégomènes. Or elle tient à ce que Ibn al-Ṭayyib y suit simplement les pas des commentateurs grecs : le corpus des œuvres d'Aristote commençant par l'*Isagogè* de Porphyre, il était naturel que celui-ci fût précédé de l'introduction générale à la philosophie, suivie d'une introduction spéciale à la logique qui formait la première partie du corpus ; ensuite seulement on passait à l'*Isagogè*. La structure globale de ce commentaire montre qu'à cette époque le modèle alexandrin était toujours prégnant, comme il le sera encore chez les médiévaux latins qui le connaissaient par l'exemple de Boèce avant de le retrouver chez Averroès.

À propos d'Avicenne nous nous contenterons de trois remarques, mais qui touchent au fond des choses puisqu'elles concernent la pratique du commentaire et son sens méthodologique. Première remarque : Avicenne a pratiqué à l'occasion le commentaire philosophique du Coran. Cela peut être ponctuel quand, dans

1. *Šarḥ al-Fārābī li-Kitāb Arisṭūṭālīs fī l-'ibāra, op. cit.*, 1, p. 11.

2. Abū Naṣr al-Fārābī, *Kitāb al-ḥurūf, op. cit.*, p. 30-34.

3. Abū l-Farağ b. al-Ṭayyib, *Tafsīr Kitāb Īsaġūğī li-Furfūriyūs — Commentary on Porphyry's Eisagoge*, éd. Kwame Gyekye, Beyrouth, 1986.

son traité *De l'âme rationnelle,* il fait simplement correspondre un concept philosophique à une expression du Coran: au « Trône de Dieu » (Coran, 9, « Le Repentir ou la Dénonciation », v. 129) correspond la sphère céleste extrême, à son Marchepied la sphère des étoiles fixes; ou quand il dit que l'Intellect agent, l'intermédiaire de l'émanation divine, « est appelé l'Ange dans le langage de la Révélation ». Cela est plus systématique quand il retrouve le détail de sa noétique dans le texte entier du « verset de la Lumière » (Coran, 24, « La Lumière », v. 35) [1]. Selon cette pratique le texte coranique, tel ou tel de ses éléments, serait la formulation imagée d'un intelligible ou serait inclus dans une structure conceptuelle: on pourrait alors passer de celui-là à celle-ci comme d'une métaphore à l'idée qu'elle inclut tout en la voilant. C'est ainsi encore qu'Avicenne, en situation d'auteur et non plus de lecteur, a composé ses récits symboliques (Ḥayyi b. Yaqẓān, *L'Oiseau, Salamān et Absāl*). C'est la notion d'*integumentum* qu'il convient d'évoquer ici, en distinguant bien son principe de celui de la méthode mise en œuvre par al-Kindī. Selon cette dernière le texte est à prendre dans sa littéralité, on ne le décrypte pas selon une grille philosophique, on en tire seulement les conséquences qu'autorisent la langue et son usage; on n'y retrouve pas un sens qui y serait caché, on en développe le sens immédiatement formulé. Entre al-Kindī et Avicenne il y a, historiquement, la doctrine farabienne de la prophétie et de la religion, cela met une différence radicale entre leurs manières respectives de porter sur le texte coranique un regard de philosophe [2].

La deuxième remarque résulte de la chronologie de l'œuvre avicennienne. Aux approches de la soixantaine Avicenne composa un ouvrage intitulé « Le jugement équitable » (*al-Inṣāf*), dans lequel il commentait l'ensemble des œuvres d'Aristote et la *Théologie* à lui attribuée (en sachant d'ailleurs que son authenticité n'était pas établie). Ce livre est perdu à quelques fragments près. Son auteur y examinait les interprétations d'Aristote qu'avaient proposées les philosophes, qu'il répartit en deux groupes, les occidentaux et les orientaux; il tranchait par un « jugement équitable » entre celles qu'il considérait comme exactes et les autres. Nous retiendrons la forme et le détour que prend alors son intention philosophique: l'examen critique de commentaires sur le corpus aristotélicien, alors qu'il avait composé antérieurement une quantité considérable d'ouvrages selon les méthodes, plus courantes, de l'exposé personnel. Le genre du commentaire est ainsi mis sur le même pied que les autres genres philosophiques. Cela devrait impliquer, pourrait-on penser, qu'il reconnaissait à Aristote le statut d'une autorité définitive. Mais il n'en va pas ainsi et ce sera l'objet de notre troisième remarque.

1. Sur ces deux passages voir D. Gutas, *Avicenna and the Aristotelian Tradition,* Leiden, E.J. Brill, 1988, p. 305 et 165.

2. Toutefois il conviendrait ici de prendre en compte les commentaires d'Avicenne sur trois sourates du Coran; leur style est d'un philosophe, il est alors plus proche d'al-Kindī que dans les lieux que l'on a cités. On peut se reporter au livre de L. Gardet sur *La pensée religieuse d'Avicenne,* Paris, Vrin, 1951, au chap. IV notamment.

Juste avant d'écrire son *Jugement équitable* Avicenne avait terminé son œuvre la plus célèbre, le « Livre de la guérison » (*Kitāb al-Šifā'*), qu'il avait mis sept ans à composer. Il dit dans son prologue que ce livre contient tout ce qu'ont découvert les anciens et qu'il y a ajouté ses découvertes personnelles, surtout en physique, en métaphysique et en logique. De fait cette œuvre est une encyclopédie qui d'une certaine façon prend la suite du corpus des œuvres d'Aristote et, d'une autre façon, s'en sépare. Le rapport d'Avicenne à Aristote est très nuancé et a varié d'une époque à l'autre de sa vie, comme l'a marqué Dimitri Gutas dans le livre magistral que l'on a déjà cité (voir n. 16). Je voudrais noter en ce point que le cas d'Avicenne rappelle d'une façon plus massive ce que d'autres cas nous avaient suggéré : le rapport complexe entre le commentaire et l'œuvre personnelle. Qu'est le *Šifā'*, sinon un palimpseste ? Avicenne l'a écrit en surcharge du texte d'Aristote, il ne s'est pas contenté des interlignes et des marges, comme c'est le fait des glossateurs d'abord, des commentateurs ensuite ; il en a suivi l'ensemble et non pas isolé un livre ou quelques pages. Selon ces deux aspects de sa manière il se rapproche et se distingue d'Aristote – et donc d'Averroès.

On présume qu'à s'occuper du commentaire philosophique arabe on doit nécessairement déboucher sur une étude détaillée d'Averroès. Cependant l'objet ici est moins de faire des inventaires que de réfléchir sur la nature d'un genre et sur sa signification. Rappelons donc tout uniment qu'Averroès a consacré la plus grande partie peut-être de son activité à commenter l'ensemble du corpus d'Aristote, ce à quoi l'avait engagé un souverain almohade. Rappelons aussi que depuis Renan au moins on répartit ses commentaires en trois catégories : les grands, les moyens (appelés aussi « paraphrases ») et les petits (« abrégés », « épitomés »). Cette terminologie devenue classique, et donc la pluralité de genres qu'elle désigne, sont évidemment antérieures au philosophe andalou [1]. Les termes arabes correspondants – respectivement *tafsīr* (ou *šarḥ*), *talḫīṣ*, *ǧawāmiʿ* – figurent déjà chez Ibn al-Nadīm, mais l'usage qu'il en fait est encore incertain [2]. Quoi qu'il en soit de ces trois méthodes leur pratique est courante chez les philosophes arabes. Outre les cas que nous avons aperçus citons seulement celui des commentaires de la *Rhétorique* d'Aristote tels que Maroun Aouad en dresse le tableau. Il en recense deux « grands commentaires », l'un d'al-Fārābī, l'autre d'Ibn al-Ṭayyib ; le « commentaire moyen » d'Averroès, précisément, qu'il rapproche, quant à la méthode, de la partie du *Šifā'* qu'Avicenne a consacrée à la rhétorique ; et un grand nombre d'« abrégés » cités par les biobibliographes, mais disparus : ceux d'al-Kindī, de Muḥammad b. Mūsā, de Ǧābir, d'Ibn Badr,

1. Quoi qu'en dise Renan : « La forme du grand commentaire appartient en propre à Ibn-Roschd. Les philosophes qui l'avaient précédé, Avicenne et Alfarabi, n'avaient employé que la paraphrase » (*Averroès et l'averroïsme,* 9e éd., s.d., p. 59). Rappelons le cas d'al-Fārābī cité ici même.

2. R. Arnzen, *Aristoteles' De Anima. Eine verlorene spätantike Paraphrase in arabischer & persischer Überlieferung,* Leiden-New York-Köln, E.J. Brill, 1998, p. 143-145.

d'Ibn al Hayṯam, de ʿAbdallaṭif al-Baġdādī, plus « un abrégé du grand commentaire d'Ibn al-Ṭayyib ». D'autres ouvrages de même allure ont été conservés, ils sont dus à al-Fārābī, Avicenne, Abū l-Barakāt al Baġdādī, Averroès [1].

Le mot « allure » n'est pas ici de hasard, car en règle générale les ouvrages qualifiés de « petits commentaires » ne sont guère superposables les uns aux autres, à la différence des *tafsīr,* le seul genre qui depuis les grecs soit canonique. Les limites mêmes entre le moyen et le petit commentaire sont difficiles à déterminer, le seul exemple d'Averroès suffit à le montrer. En 1950 Ahmed Fouad El Ahwānī en publiait un commentaire du *Traité de l'âme* qu'il désignait comme un *talḫīṣ,* un moyen commentaire; en 1994 Alfred A. Ivry en publie un *middle commentary,* différent de celui-là qu'il considère comme étant en fait un « épitomé », un petit commentaire [2]. En 1997 Charles E. Butterworth concluait une étude sur une collection de « petits commentaires » d'Averroès sur la logique, par cette formule désabusée: « there is no single paradigm for a short commentary » [3]. En 1987 Josep Puig, dans l'introduction à sa traduction espagnole de *l'Épitomé de la Physique,* avançait à ce sujet un certain nombre de remarques. Notamment, il faut intégrer, dit-il, à la liste des travaux d'Averroès deux autres genres: des « résumés », et des *masā'il* où il traite de « questions », précisément, qui lui paraissent particulièrement importantes. Ce ne sont pas à proprement parler des commentaires, mais elles en sont proches, car elles ont même objet: restituer dans sa pureté la pensée authentique d'Aristote [4]. Plus récemment Abdelali Elamrani-Jamal cite deux listes, publiées par Renan, des genres littéraires dans lesquels Averroès s'est exprimé. L'une, anonyme, en énumère neuf: l'épitomé (*ǧāmiʿ*), l'abrégé (*muḫtaṣar*), la paraphrase (*talḫīṣ*), le grand commentaire (*šarḥ*), le livre (*kitāb*), les questions (*masā'il*), l'opuscule (*maqāla*), le propos (*kalām*), la glose (*taʿlīq*). L'autre liste, due à Ibn Abī Usaybiʿa, n'en retient que six [5].

1. M. Aouad, « Les fondements de la Rhétorique d'Aristote reconsidérés par Averroès dans l'abrégé de la rhétorique, ou le développement du concept de "point de vue immédiat" », dans W.W. Fortenbaugh et D.C. Mirhady (eds), *Peripatetic Rhetoric after Aristoteles,* New Brunswick (U.S.A.) – London (U.K.), 1994, p. 261-313 (262-265).

2. Abū l-Walīd Ibn Rušd, *Talḫīs Kitāb al-nafs — Averroes' Middle Commentary on Aristotle's de Anima,* éd. A.L. Ivry, Le Caire, 1994, p. 20, n. 15; même opinion déjà dans J. Vennebusch, « Zur Bibliographie des psychologischen Schrifttums des Averroes », *Bull. Phil. Med.* 6, 1964, p. 92-100 (95). Voir aussi A.L. Ivry, « Averroes' "Short Commentary" on Aristotle's "De anima" », *Documenti e studi sulla tradizione filosofica medievale* 8, 1997, p. 511-549. Autre exemple: le commentaire des *Parva Naturalia* édité par plusieurs érudits séparément (A. Badawi, H. Gätje, H. Blumberg) est considéré par tous comme un épitomé, un petit commentaire, bien que le titre du manuscrit unique le donne pour une paraphrase, un moyen commentaire (*talḫīṣ*).

3. C.E. Butterworth, « Twelve Treatises in Search of a Title. Averroes' Short Commentaries on Aristotle's Logic », dans A. de Libera, A. Elamrani-jamal, A. Galonnier (éd.), *Langages et Philosophie. Hommage à Jean Jolivet,* Paris, Vrin,1997, p. 99-108.

4. Averroes, *Epitome de Fisica* (*Filosofia de la naturaleza*), traduction et étude de J. Puig, Madrid, Consejo Superior De Investigaciones Científicas, 1987, p. 24-25,

5. A. Elamrani-Jamal, « Averroès, le Commentateur d'Aristote ? » dans M.A. Sinaceur (éd.), *Penser avec Aristote,* Toulouse, s.d. (1991), p. 643-651 (644).

En fait cette variété ne doit pas décourager l'analyse, pourvu qu'on ne regarde pas de trop près à la nomenclature : dans tout cela, liberté et constance ne s'excluent pas l'une l'autre. En pratique le petit commentaire fonctionne plutôt à un niveau pédagogique, le moyen laisse une plus grande marge au commentateur. Dans l'« épitomé » traduit par J. Puig, Averroès suit dans l'ordre les huit livres de la *Physique*, mais il y choisit les chapitres sur lesquels il insiste ; le « petit commentaire » (c'est le même genre) sur la *Métaphysique* en répartit la matière en quatre livres et en un ordre qui n'est pas celui du grec. Le commentaire édité par El Ahwānī résume d'abord des données empruntées à diverses œuvres d'Aristote, suit dans l'ordre le *Traité de l'âme*, puis critique Alexandre et Ibn Bāǧǧa pour leurs vues sur l'intellect. Des historiens ont relevé, entre les trois commentaires sur ce même ouvrage, des différences quant au statut de l'intellect matériel ; il en résulte, à propos de la chronologie relative du grand et du moyen, des débats en cours ; ce n'est pas le lieu de les analyser [1].

Ne retenons de cela que la plasticité du commentaire tel que l'ont pratiqué les philosophes arabes : elle exprime l'initiative du commentateur par rapport à son auteur, sa situation historique propre, les fins qu'il se propose, c'est-à-dire la façon dont il se représente la situation de la philosophie et son avenir. Ici s'impose une comparaison brève entre Avicenne et Averroès. Le premier, au point où il en était arrivé à la fin (imprévue) de sa vie, avait déjà cherché en composant le *Šifā* à dépasser Aristote ; cette œuvre que j'ai appelée un palimpseste supposait l'écrit à surcharger et remplacer en une philosophie nouvelle en même temps qu'héritière. Averroès voulait remettre la philosophie dans l'état où l'avait construite Aristote, « cet homme (qui) fut dans la nature une norme, un modèle que la nature a inventé pour montrer jusqu'où pouvait aller la perfection humaine au sein des éléments » [2]. Aristote était pour lui indépassable. Ainsi le palimpseste d'Avicenne est progressiste, le commentaire d'Averroès est réactionnaire, ou, si l'on préfère, fondamentaliste. Mais par un retour des choses, par le mouvement de l'histoire plutôt, Averroès deviendra chez les latins l'éponyme d'un mouvement de pensée qui sera progressiste pendant quelques décennies du moins.

1. H.A. Davidson, « The relation between Averroes' Middle and Long Commentaries on the De anima », *ASPh* 7, 1997, p. 139-151 ; A.L. Ivry, « Response », *ibid.*, p. 153-155, et article cité *supra* n. 2 p. 243 ; A. Elamrani-Jamal, « Averroès : La doctrine de l'intellect matériel dans le *Commentaire Moyen* du *De Anima* d'Aristote. Présentation et traduction, suivie d'un lexique-index du chapitre 3, Livre III : *De la faculté rationnelle* », dans *op. cit.* (*supra*, n. 3 p. 243), p. 281-307 (283-292).

2. « Credo enim quod iste homo fuit regula in Natura, et exemplar quod Natura invenit ad demonstrandum ultimam perfectionem humanam in materiis », *Averrois Cordubensis Commentarium magnum in Aristotelis De anima libros*, ed. F.S. Crawford, Cambridge (Mass.), 1953, p. 433, l. 142-145.

Chapitre XXI

VARIATIONS SUR LE THÈME DU TEMPS CHEZ AL-KINDĪ *

Il est malaisé d'étudier la forme et le contenu d'un concept chez un philosophe dont l'œuvre est perdue pour la plus grande part, et tel est le cas d'al-Kindī. La liste de ses œuvres telles que les biobibliographes arabes la transmettent [1] dépasse très largement les deux cents titres ; les deux tiers d'entre eux relèvent des sciences – d'une grande variété de sciences ; le dernier tiers relève de la philosophie. Parmi les ouvrages de cette dernière catégorie une vingtaine à peine nous sont connus ; encore le principal d'entre eux, le *Livre de la Philosophie Première,* ne l'est-il que par sa première partie ; la suite en a disparu sans qu'on puisse en évaluer l'importance. La victime de ce désastre avait pourtant tenu un rôle capital dans le développement de la philosophie puisqu'il est le premier à en avoir traité personnellement en langue arabe. Ce fut dans cette période brillante (IIe-IIIe siècle de l'hégire, IXe de l'ère chrétienne) où les sciences et la philosophie grecques furent introduites dans le monde arabo-islamique sous la caution des califes, voire à leur instigation [2]. Al-Kindī, savant et philosophe, prit une part active à cet élargissement culturel : non seulement il organisa des travaux de traduction mais il entreprit de s'assimiler le savoir venu des Grecs pour le réorienter et le porter à sa perfection, c'est-à-dire lui faire retrouver par ses propres voies les données transmises par la Révélation. – Donc, qui veut étudier tel ou tel point de la philosophie d'al-Kindī ne peut se fonder sur l'ensemble de ses écrits. On n'est pourtant pas aussi démuni dans cette tâche qu'on ne l'est devant les présocratiques ; il n'est pas impossible de repérer dans ce qui subsiste du corpus kindien des passages, voire des ouvrages plus ou moins développés qui offrent pour cela une matière plus ou moins suffisante.

* « Variations sur le thème du temps chez al-Kindī », initialement publié dans la *Revue Philosophique de Louvain*, Tome 101, mai 2003, p. 306-318.

1. Une traduction anglaise de celle que donne al-Nadīm dans son *Kitāb al-Fihrist* se trouve dans G.N. Atiyeh, *Al-Kindī : the Philosopher of the Arabs,* Rawalpindi, 1966, p. 148-210.

2. Voir l'ouvrage magistral de D. Gutas, *Greek Thought, Arabic Culture* (London, Routledge, 1998), qui notamment fait justice de fables largement répandues (notamment sur la fondation de *bayt al-ḥikma* et le « songe d'al-Ma'mūn »).

Ainsi pour le thème du temps : brièvement traité en lui-même – du moins selon ce qu'on connaît – il apparaît dans la cosmologie d'al-Kindī, et aussi dans ce qu'il évoque de l'histoire de la culture, dans son astronomie ou astrologie, en morale, eschatologie, théologie ; parfois en de longs développements, parfois par des indications brèves mais assez précises pour que l'on puisse en inférer au moins des éléments de doctrine.

Si l'on cherche dans les listes des ouvrages d'al-Kindī des titres qui évoquent expressément le temps, on ne trouvera que peu de chose : une *Épître sur la quiddité du temps, du moment et de la perpétuité* – perdue ; on a aussi un *Livre des cinq essences,* connu en traduction latine seulement, dont une partie porte sur le temps. Rien apparemment dans cette œuvre, donc – et si l'on se fie aux titres, mais comment faire autrement ? – qui puisse rappeler ni les analyses de Plotin ni les méditations augustiniennes. À la lecture des œuvres connues on se persuadera volontiers que le temps auquel al-Kindī s'intéresse est principalement le temps de l'univers. Cet univers est celui d'Aristote : un monde fini, sphérique, sans rien, ni vide ni plein au-dehors de lui [1] ; il comporte deux parties, l'une qui va de la sphère des étoiles fixes à celle de la Lune, l'autre au-dessous de celle-ci. Il n'est pas composé d'atomes comme le postulaient les théologiens contemporains mais de cinq éléments, quatre pour notre environnement sublunaire, le cinquième pour la partie supérieure [2].

Mais il faut voir d'abord les deux pages où sont posés quelques principes : la section *De tempore* du *Liber de quinque essentiis* [3]. Al-Kindī critique d'abord la thèse selon laquelle le temps ne serait pas autre chose que le mouvement. Le mouvement, dit-il, se spécifie selon les propriétés de la chose mue, alors que le temps se trouve en toutes choses selon une espèce unique et un mode unique ; en outre la rapidité et la lenteur du mouvement ne sont connues et nommées que par l'intermédiaire du temps. La courte analyse qu'il en donne commence par « l'instant », qui, situé entre le passé et le futur, n'a pas de consistance (*non habet constitutionem*). Il n'est pas le temps ; mais deux instants sont les limites entre lesquelles se place un temps. Le temps est de l'ordre de l'antérieur et du postérieur, c'est un nombre (il est *ex numero continuo*) qui mesure le mouvement.

1. Au chapitre 2 de sa *Philosophie Première,* pour montrer que chaque partie du savoir a sa méthode propre al-Kindī prend pour exemple la démonstration de ce point de cosmologie : elle procède par raisonnement pur, sans recourir à l'imagination (*Œuvres philosophiques et scientifiques d'al-Kindī. Volume II, Œuvres philosophiques, I,* par J. Jolivet et R. Rashed, Leiden, E.J. Brill, 1998, p. 20-23) [dorénavant Jolivet-Rashed].

2. Al-Kindī a écrit une épître *Sur la cause pour laquelle les anciens ont rapporté les cinq figures aux éléments ;* il s'agit des cinq solides inscriptibles dans la sphère. Ce point remonte au *Timée* de Platon, peut-être plus haut s'il est vrai qu'il fut inauguré par Philolaos. Le texte de cette épître est dans *Rasā'il al-Kindī al-falsafiyya,* II, éd. Abū Rīda, Le Caire, 1372/1953, p. 54-63. À la fin du VIIIe siècle ou au début du IXe al-Biṭriq a traduit soit le *Timée* lui-même, soit le résumé composé par Galien.

3. *Ibid.*, p. 8-35 ; le *Sermo de tempore* est aux p. 33-35 (texte latin et version arabe en regard). – J. Jolivet, « Al-Kindī, vues sur le temps », *Arabic sciences and philosophy,* 3, 1, 1993, p. 55-75, aborde d'une façon différente la question traitée ici.

Ce court passage s'achève par cette définition du temps : « un instant conçu, qui unit ce qui s'en est écarté et ce qui est futur » (*instans meditatum quod conjungit* (ou *continuat*) *inter praeteritum ex eo et inter futurum*). On ne s'étonnera pas de la répétition du mot *inter*, ce n'est là qu'un arabisme respecté à la lettre par le traducteur ; en revanche on comprend mal comment le temps peut être défini par l'instant, alors que les deux concepts ont été dissociés un peu plus haut. Quant au mot *meditatum* il est peut-être l'écho de la phrase d'Aristote selon laquelle sans l'âme il n'y aurait pas de temps car « rien ne peut compter par nature, sinon l'âme » [1]. Laissons à la sagacité du lecteur cette phrase et l'ensemble de ce texte énigmatique, comme le sont souvent dans leur détail les traductions latines des textes arabes ; les allusions évidentes à la théorie aristotélicienne du temps qu'il contient ne suffisent pas à l'éclairer.

C'est surtout dans le chapitre 2 du *Livre de la Philosophie Première* qu'il est question du temps. Sa notion, prise formellement, n'implique pas de différence avec celle qu'en propose Aristote, mais il est pris ici d'un point de vue cosmologique sur lequel al-Kindī se sépare du philosophe grec. Le temps, dit-il, « est le temps du corps de l'univers, je veux dire son extension » [2]. Le long développement où figure cette phrase retourne Aristote contre lui-même puisqu'al-Kindī veut y démontrer que le monde n'est pas éternel. Prenant appui en quelque sorte sur la conception aristotélicienne selon laquelle le mouvement accompagne la grandeur et que le temps est proportionnel au mouvement, il en conclut que le temps est nécessairement fini. En effet il ne peut exister de quantité infinie en acte, tout corps est donc fini ; or le temps est un accident du corps et il est aussi la mesure du mouvement ; donc « le corps, le mouvement et le temps ne se précèdent pas l'un l'autre ». Reprise en diverses façons cette démonstration conclut à la non-éternité du monde, corrélative de sa finitude [3]. Si d'autre part le monde était sans commencement, c'est-à-dire si le temps était infini *a parte ante*, et comme avant toute division du temps il y en a une autre, alors, si cette régression était infinie, on ne pourrait situer un moment déterminé. En outre on ne parviendrait jamais à un moment défini, le moment actuel par exemple, puisque de l'infini antérieur supposé jusqu'à ce moment il y a la même distance qu'entre ce moment et l'infini, en remontant ; mais on ne peut franchir l'infini. Comme l'a montré H.A. Davidson [4] ces deux dernières preuves reprennent des argumentations de Jean Philopon dans son *Contre Aristote* (cet

1. *Physique*, IV, 14, 223 a 21-28.

2. Jolivet-Rashed, *op. cit.*, p. 30-31.

3. Trois épîtres d'al-Kindī reprennent ce thème de façons diverses, plus ou moins proches du texte de la *Philosophie Première ;* ce sont l'*Épître sur l'unicité de Dieu et la finitude du corps du monde*, l'*Épître sur la quiddité de ce qui ne peut être infini et de ce qu'on appelle* infini, l'*Épître pour expliquer la finitude du corps du monde ;* voir Jolivet-Rashed, respectivement p. 136-147 ; 150-155 ; 158-165 ; le développement de la *Philosophie Première* est aux p. 30-38.

4. Voir H.A. Davidson, *Proofs for Eternity, Creation and the Existence of God in Medieval Islamic and Jewish Philosophy*, New York, 1987.

ouvrage est perdu mais Simplicius en a reproduit des extraits). On peut aussi rapprocher d'un épitomé de son *De contingentia mundi* [1] la démonstration que fournit al-Kindī pour prouver que le temps est fini aussi bien dans l'avenir : chaque fois que l'on ajoute un temps fini à un temps fini on obtient un temps fini dont les extrémités sont le premier instant du premier et le dernier du second ; les deux autres limites, celles où les deux temps se sont joints, sont confondues dans la ligne résultante, ou plutôt le segment puisque la première et la dernière extrémités sont déterminées. Deux quantités finies ne font pas une quantité infinie, deux segments ne font pas une demi-droite.

Le temps tel que le considère al-Kindī n'est donc pas une forme pure ni même simplement l'une des variétés de la quantité continue : étant un « accident », il est le temps de quelque chose, d'une substance qui est le corps du monde. Dès lors il est impliqué dans son existence, et ici la cosmologie prend un tour théologique, car le monde n'est pas un donné premier mais une créature. Pour Aristote tout mouvement suppose un mouvement antérieur, donc le monde est éternel ; al-Kindī conserve la prémisse mais nie la conséquence ou plutôt la transpose : tout mouvement en suppose un autre, certes, mais, pour un univers dont on a démontré la finitude sous tous les rapports, le dernier des mouvements impliqués dans cette régression est « le mouvement de la création », « le mouvement de l'existentiation », selon deux formules qui figurent dans l'œuvre d'al-Kindī [2] ; ou, pour citer un auteur postérieur, le philosophe a ajouté à la liste d'Aristote un cinquième mouvement, « le mouvement de la genèse » [3]. Qu'il reprenne donc des concepts aristotéliciens, qu'il emprunte des arguments à Jean Philopon, soit, mais il faut observer surtout que cela s'intègre à un corps doctrinal où la philosophie grecque et la révélation coranique doivent se rejoindre. Or selon la symétrie déjà notée le mouvement cosmique, qui a commencé, finira ; tandis que dans le monde éternel d'Aristote les individus ne peuvent durer toujours, mais « le genre des hommes est toujours, et celui des animaux et celui des plantes » [4]. De nombreux passages du Coran avertissent que Dieu fixe le terme de l'existence de tout homme, des nations, des communautés, de l'univers lui-même. Ce thème revient souvent chez al-Kindī, il rappelle que les espèces vivantes, les astres et la sphère céleste eux-mêmes « dureront jusqu'au terme que leur Créateur leur a fixé ». On lit cela en ces termes ou en des termes voisins dans l'épître *Sur la prosternation du corps*

1. G. Troupeau, « Un épitomé arabe du "De contingentia mundi" de Jean Philopon », dans E. Lucchesi et H.D. Saffrey (éd.), *Mémorial André-Jean Festugière*, Genève, 1984 (édition, p. 79-83 ; traduction, p. 84-88).

2. Jolivet-Rashed, *op. cit.*, p. 96 ; en arabe (p. 97), *ḥarakat al-tahawwī*.

3. Al-Tawḥīdī, *Al-Imtā' wa-l-mu'ānasa*, éd. Aḥmad Amīn, Aḥmad al-Zayn, Beyrouth, 1373/1953, III, p. 133. Le syntagme arabe est *ḥarakat al-kawn*. Le mot *kawn* est employé usuellement par les traducteurs pour rendre le terme aristotélicien *genesis*, « génération » ; le contexte fait préférer ici de le comprendre comme signifiant « genèse ».

4. *Génération des animaux*, II, 1, 731 b 35 ; 732 a 1-2.

extrême, dans celle *Sur la cause agente prochaine de la génération et de la corruption,* dans la *Démonstration que la nature de la sphère céleste diffère des natures des quatre éléments*... C'est là un corollaire théologique de la finitude du corps du monde et des accidents qui lui sont attachés : le mouvement et le temps ; à moins que, si l'on passe de l'ordre de la déduction à celui de l'élaboration, cette thèse cosmologique ne soit un pont jeté entre la révélation et la philosophie.

Aristote niait que l'histoire, traitant du particulier, ait une valeur philosophique, à la différence de la poésie dont l'objet est universel[1]. Cette idée est cohérente avec celle de l'éternité du monde et des genres, notamment du genre humain ; elle ne l'est pas avec les enseignements des livres – Bible, Coran – qui parlent de création, de missions prophétiques et de fins dernières ; ni avec une philosophie qui prouve la finitude du temps. Celui-ci a ainsi des dimensions ou tout au moins des aspects que ne pouvait apercevoir Aristote, qui raisonne sur des essences et des changements réglés par des lois immuables. Quant aux changements et au déclin des civilisations, il ne les ignorait pas mais il en neutralise l'historicité en les soumettant à une manière de retour éternel : plusieurs fois, dit-il, la civilisation s'est perdue et s'est reconstituée et cela adviendra encore[2]. Il ne semble pas qu'al-Kindī ait recueilli cette idée d'Aristote ; à l'inverse il s'est inspiré de plusieurs passages du livre α de la *Métaphysique* qui évoquent le progrès historique du savoir. Ces emprunts (qu'il laisse anonymes) forment un élément important du chapitre I de la *Philosophie Première,* sorte de manifeste et de programme philosophique. Il faut être reconnaissants, dit-il, envers ceux qui ont fait avancer le savoir, fût-ce de peu ; et il ajoute : « pas un homme, dans l'effort de sa recherche, n'a pu atteindre le vrai autant que le vrai l'exige, tous ensemble ne l'ont pas atteint », mais « si l'on rassemble le peu qu'a atteint chacun de ceux qui ont atteint le vrai, la somme en est quelque chose d'imposant... Tout cela n'a pu se rassembler que dans les siècles précédents qui se sont écoulés, siècle après siècle, jusqu'au temps qui est le nôtre »[3]. L'*Épître sur les livres d'Aristote* marque le contraste entre la science que Dieu communique d'un coup aux prophètes, et la science des hommes qui ne peut se constituer que dans un effort collectif et séculaire[4]. Dans la *Philosophie Première* les passages inspirés d'Aristote préludent à l'énoncé d'un programme philosophique qui s'ouvre vers le dehors de l'arabité et de l'islām : « Nous ne devons pas rougir de trouver beau le vrai, d'acquérir le vrai d'où qu'il vienne, même s'il vient de races éloignées de nous et de nations différentes », et la voie à suivre sera la suivante : « ce que les anciens ont dit complètement, l'exposer... ; ce qu'ils n'ont pas dit complètement, le compléter en suivant la coutume de la langue et l'usage

1. *Poétique,* 9, 51 b 5-7.
2. Voir *Du Ciel,* I, 3 ; *Météores,* I, 1 ; *Métaphysique,* Λ, 8 ; *Politique,* II, 5 et VII, 10.
3. Jolivet-Rashed, *op. cit.*, p. 10-13.
4. *Rasā'il al-Kindī al-falsafiyya,* I, Le Caire, 1369/1950, p. 363-384 (p. 372-373).

du temps »[1]. Le temps, ici, ce n'est pas un accident du corps du monde, c'est un moment de l'histoire : celui précisément que vit al-Kindī, où se développe, en partie de son fait, l'appropriation de la pensée grecque, restée inachevée et qu'il faut « compléter », car tel est le processus selon lequel le savoir se développe. C'est un contenu concret du temps que mesure le mouvement des astres, et c'est pour al-Kindī le lieu et le rôle historiques qu'il assume. Nous ne dirons pas qu'il y a chez lui une philosophie de l'histoire, mais la conception du progrès du savoir qu'il emprunte pour une part à Aristote a chez lui une profondeur qu'elle ne pouvait pas avoir chez le philosophe grec : chez le philosophe arabe elle est intégrée, fût-ce tacitement, à une vision eschatologique du monde qui colore aussi sa morale.

Il faut revenir sur cette idée. Le temps des civilisations n'est pas celui des astres, sans doute, mais il n'est pas non plus sans rapport avec lui. Un livre d'al-Kindī portait ce titre : *Épître sur ce qui est relaté des gens du temps passé et sur ce qui en diffère en ce temps-ci.* Cet ouvrage est perdu, mais il est clair qu'il relevait en quelque façon de l'histoire ; or il est rangé par les biobibliographes sous la rubrique des livres d'astronomie. Cela n'est pas étonnant ; l'*Épître sur la cause efficiente prochaine de la génération et de la corruption*[2] détaille entre autres choses l'influence des planètes sur la vie organique des humains, sur leurs caractères et leurs mœurs : les mouvements célestes augmentent ou diminuent le chaud et le froid, l'humidité et la sécheresse ; ces variations des qualités élémentaires ont des conséquences sur leur équilibre dans les corps et donc sur les comportements des hommes, selon aussi la région de la Terre où ils vivent et son exposition aux mouvements des astres. Cette épître se rattache donc à la fois à l'astronomie et à la médecine : dans la biobibliographie d'al-Kindī on note, sous la rubrique des livres de médecine, une *Épître sur les vapeurs qui purgent l'atmosphère de ses miasmes ;* son titre invite à la rapprocher de celle qu'on a citée précédemment et aussi à la rattacher à la tradition hippocratique. Quoi qu'il en soit de ce dernier point, pour al-Kindī les mouvements du Ciel, dont le temps est la mesure, influent sur l'existence des hommes pris individuellement ou en groupes. Faut-il citer encore une épître restée longtemps inédite, qui traite des moments des prières ? Littéralement et complètement, *Épître sur la détermination, au moyen de l'astrologie, du moment où l'on espère que sera exaucée la prière et l'imploration à Dieu le Très Haut*[3]. Le titre paraît doublement monstrueux dans le contexte religieux d'al-Kindī : les cinq prières

1. Jolivet-Rashed, *op. cit.*, p. 12-13. Al-Kindī expose ailleurs le même programme : voir *Livre sur les causes des diversités dans la perspective,* dans *Œuvres philosophiques et scientifiques d'al-Kindī. Volume I. L'optique et la catoptrique,* par R. Rashed, Leiden, E.J. Brill, 1997, p. 438-441 ; *Fī l-ṣināʿat al-ʿuẓmā,* édition ʿAẓmī Ṭāhā Aḥmad al-Sayyid, Chypre, 1987, p. 129-130.

2. *Rasāʾil al-Kindī al-falsafiyya, op. cit.*, p. 214-237.

3. Éd. M. Mahdi, dans *Al-Fārābī wa-l-ḥaḍārat al-insāniyya, Waqāʾiʿ mahraǧān al-munʿaqad fī Baġdād min 29/10/1975-1/11/1975* (Al-Fārābī et la civilisation humaine. Actes du colloque tenu à Bagdad du 29/10/1975 au 1/11/1975), Bagdad, 1975-1976, p. 272-274.

rituelles de l'islām se font à des moments déterminés une fois pour toutes par Dieu et, si l'on envisage les prières surérogatoires, la disposition des planètes ne saurait avoir d'influence sur l'agrément divin. En fait ce petit texte relève de l'histoire des religions [1], un genre qu'al-Kindī a aussi pratiqué et qu'a pratiqué après lui son disciple Aḥmad al-Saraḫsī [2]. Il reste qu'il concerne lui aussi le temps : le temps astronomique par son sujet, le temps humain par son genre.

Parmi les œuvres de morale composées par al-Kindī il nous reste, outre l'*Épître sur les propos de Socrate,* doxographique, la longue *Épître sur le moyen de chasser les tristesses* [3]. La morale, c'est, formellement et quel qu'en soit le contenu, la détermination d'un bon usage du temps : or l'épître citée contient plusieurs passages qui ont précisément le temps pour objet explicite. Elle est marquée d'une forte empreinte stoïcienne [4]. Ce n'est pas ce point qui nous retiendra spécialement ici, mais bien des propos dont certains sont comme des échos de remarques déjà faites ; d'autres précisent l'arrière-plan de la morale kindienne sous ce même aspect. Retenons d'abord, dès le début, une opposition entre le monde de la génération et de la corruption et le monde de l'intellect. Le premier n'offre que des objets sensibles, transitoires, qu'on ne peut empêcher de se corrompre, de disparaître, de se transformer ; l'autre est le monde de la stabilité et de la durée, et c'est vers lui que doivent aller nos aspirations [5]. L'amour et la haine des choses sensibles sont des faits d'habitude, il faut donc acquérir des habitudes inverses, c'est-à-dire nous éduquer à trouver joie et consolation dans les choses intelligibles. Plus loin al-Kindī compare en un long détail « les gens qui sont de passage dans ce lieu périssable » à des voyageurs descendus d'un navire en escale et qui doivent user bien du temps qu'ils passent à terre – notamment ne pas s'y complaire au point d'oublier de remonter dans le navire quand le pilote les rappellera, ou même simplement d'y remonter trop tard pour y être bien placés. Al-Kindī a beaucoup soigné « cette allégorie de notre passage en ce monde vers le monde de l'intellect » ; il en traite encore dans une autre épître parénétique intitulée bizarrement *Discours sur l'âme, résumé du*

1. En fait al-Kindī expose dans ce texte les doctrines à ce sujet des « philosophes monothéistes » qui considèrent les planètes comme médiatrices entre les hommes et le créateur, leur bâtissent des temples, et leur font des offrandes tel Socrate à ses derniers moments ; de leurs successeurs, qui font des planètes des idoles ; enfin des astrologues, dont il énumère les diverses opinions sur la détermination des moments propices aux invocations selon les positions des planètes.

2. Voir F. Rosenthal, *Aḥmad b. Aṭ-Ṭayyib as-Saraḫsī,* New Haven, Connecticut, 1943, notamment p. 40-53.

3. Éd. H. Ritter et R. Walzer, Rome, 1938, avec une introduction et une traduction en italien ; A. Badawi, dans *Rasā'il falsafiyya,* Beyrouth, 1400/1980[3], p. 2-32.

4. Voir F. Jadaane, *L'influence du stoïcisme sur la pensée musulmane,* Beyrouth, 1968.

5. Sous cette opposition on pourrait soupçonner à la fois la division majeure introduite par Platon et transformée par les néoplatoniciens en bipolarité, et les propos pessimistes d'Aristote sur le temps qui est agent de destruction (ainsi, *Physique,* 4, 12).

livre d'Aristote, de Platon et des autres philosophes[1]. L'âme, expose-t-il, est une substance simple venue « de la substance du Créateur comme la clarté du Soleil vient du Soleil »[2]. Jointe au corps, elle doit lutter contre les « puissances » du désir et de la colère qui en procèdent et cohabitent en elle avec « la puissance intellectuelle ». Appelée à se séparer du corps elle doit en cette vie se préparer à passer « dans le monde du Vrai, où est la lumière du Créateur », au-delà de la sphère qui enclôt le monde. Elle y passera directement si elle s'est affranchie des puissances corporelles ; sinon elle devra séjourner successivement dans les sphères des planètes avant de « traverser la sphère » ultime. Ainsi l'*Épître sur le moyen de chasser les tristesses,* dont l'allure est largement stoïcienne, et le *Discours sur l'âme,* principalement platonicien, nous instruisent sur ce que l'on peut appeler le temps de l'âme, celui de sa vie terrestre et de sa dissipation ou de son ascèse, celui de sa purification éventuelle à travers le système cosmique. – Mais, symétriquement en quelque sorte, l'existence de l'âme ne commence pas avec la naissance terrestre, elle a une existence antérieure. Les biobibliographes citent une *Épître sur ce que l'âme se rappelle quand elle est dans le monde de l'intellect avant d'être dans le monde des sens;* G. Endress a édité, traduit et amplement introduit et commenté, une épître dont le titre est sensiblement plus long mais qui est sûrement la même : *Épître pour expliquer ce que l'âme se rappelle, de ce qu'elle avait dans le monde de l'intellect, quand elle passe dans le monde des sens ; et ce qu'elle se rappelle, de ce qu'elle avait dans le monde des sens, quand elle passe dans le monde de l'intellect*[3]. Ainsi l'âme a trois sites successifs, son existence commencée dans le monde de l'intellect s'y poursuit après un séjour dans le monde sensible : en un langage qui reprend celui de la *Théologie d'Aristote* c'est la doctrine platonicienne de la réminiscence qui apparaît ici. Aussi bien le souvenir qu'a l'âme « de ce qu'elle avait dans le monde des sens », une fois dans le monde de l'intellect, n'est pas un souvenir de choses sensibles, « d'objets extérieurs à l'âme », mais de formes. G. Endress montre comment cette vue est cohérente avec la doctrine kindienne de la connaissance intellectuelle, selon laquelle « l'intellect de l'âme » devient identique aux formes universelles. Retenons de cela que l'âme a un temps qui n'est certainement pas celui du mouvement de la sphère céleste – disons une durée occupée par l'intelligible.

Ces diverses données relatives au temps s'articulent toutes (sauf la dernière, qui relève de la métaphysique) à un pivot théorique commun : la corrélation

1. *Rasā'il al-Kindī al-falsafiyya, op. cit.*, p. 272-280 ; voir Ch. Genequand, « Platonism and Hermetism in al-Kindī's *Fī al-nafs* », *Zeitschrift für Geschichte der Arabisch-Islamischen Wissenschaften,* 4, 1987/88, p. 1-18 ; J. Jolivet, « La topographie du salut d'après le Discours sur l'âme d'al-Kindī », dans M.A. Amir-Moezzi (éd.), *Le voyage initiatique en terre d'islam,* Louvain-Paris, 1996, p. 149-158.

2. Cette formule surprend à cause du mot « substance », employé à propos de Dieu ; mais voir d'autre part la dernière page de la *Philosophie Première,* où il est dit que Dieu « existencie les sensibles par son existence » (Jolivet-Rashed, *op. cit.*, p. 96-97).

3. « Al-Kindī über die Wiedererrinerung der Seele », *Oriens,* 34, 1994, p. 174-221.

du temps, du mouvement et du corps – cela même qui fonde la grande démonstration de la finitude du corps du monde. Or le mouvement, qui dans cette corrélation est le moyen terme, consiste en le passage d'un contraire à l'autre selon l'une des catégories de quantité, de qualité, de lieu ; et dans le cas de la génération le changement consiste en le passage d'un contradictoire à l'autre et n'est donc pas un mouvement au sens propre ; telle est la doctrine d'Aristote. Al-Kindī met en œuvre ce concept dans la partie centrale de son *Épître sur les livres d'Aristote*[1]. Pour illustrer la différence entre la « science divine », c'est-à-dire celle que Dieu communique aux prophètes d'une manière non discursive et en des formules d'une incomparable densité, et la « science humaine » acquise à grand effort et à longueur de temps, il commente plusieurs versets de la sourate *Yā Sīn;* notamment, sur le point qui nous intéresse, les versets 79 et 80 : « Dis : Celui-là les[2] fera revivre qui une première fois les a mis au jour. Il est de toute création Connaissant. / C'est Lui qui pour vous loge du feu dans les fragments de l'arbre vert, et voici que vous en tirez la flamme » (traduction J. Berque). Le premier de ces versets, explique al-Kindī, désigne le passage du non-être à l'être : c'est la création, symétrique de la mort qui est le passage de l'être au non-être. Le second atteste par un appel à l'expérience qu'une chose vient nécessairement de sa contradictoire – le feu, du « non-feu » – dans une opposition donc qui n'admet pas de milieu ; car si une chose venait de sa propre essence elle existerait perpétuellement. Ces versets donc, dont al-Kindī a mené l'analyse philosophique avec une rigueur dont notre résumé ne peut suivre le détail, montrent que, comme la mort succède à la vie, la vie, et donc la résurrection, succède à la mort. Les deux suivants poursuivent en l'infléchissant cet enseignement : « Quoi ! Celui qui a créé les cieux et la terre ne serait plus capable d'en créer la pareille ? Mais si : puisqu'il est le Créateur Connaissant.../ Son ordre, quand Il veut une chose, tient à ce qu'Il lui dise : "Sois" et elle est » (même traduction). Ces versets, et surtout le dernier, poursuit al-Kindī, répondent à ceux qui nient la création « à cause de la longueur du temps qu'ils y supposent en la comparant aux actions des hommes... puisque les plus grandes des choses que l'on perçoit sont celles qui demandent le plus de temps pour être faites ; mais Dieu n'a pas besoin de temps pour créer ». Nous voici ramenés à la fois au « mouvement de la création », au temps de l'effort humain et donc au progrès séculaire de ses œuvres. Le monde est en mouvement depuis la création mais ce mouvement n'est pas de Dieu, il est de la créature : « Dieu n'a pas besoin de temps pour créer ». L'homme, qui est et qui œuvre dans le temps, n'aurait pas pu concevoir tout cela de lui-même, mais la révélation le lui enseigne et la tâche du philosophe consiste à transposer en concepts cet enseignement et à « achever » ainsi la philosophie. Le *Livre de la*

1. *Rasā'il al-Kindī al-falsafiyya, Op. cit.*, p. 363-384 (373-375).

2. Il s'agit des « os désagrégés », dont un incroyant avait demandé à Muḥammad : « qui les fera revivre ? ».

Philosophie Première montre, avec bien d'autres choses, que Dieu est un et éternel. Aux dernières pages du dernier chapitre al-Kindī résume cet enseignement en écartant successivement de « l'Un vrai » (c'est Dieu) tous les prédicats qui impliquent de la multiplicité, énumérant tout ce qu'il n'est pas, puis tout ce qu'il n'a pas. Retenons-en ceci : « L'Un vrai n'a ni matière, ni forme, ni qualité, ni relation… *Il ne se meut pas…* Il est l'Un par essence… et ne se divise par aucune des espèces de division, ni quant à son essence ni par rapport à un autre que lui, *ni par un temps,* ni un lieu… » [1].

Il n'est pas surprenant que le concept de temps se retrouve aux endroits les plus divers de la philosophie d'al-Kindī, traité soit pour lui-même soit dans son rapport à d'autres termes. Sa forme est fort classique, reprise d'Aristote. Plus intéressante est la fonction qu'il assume suivant les sujets à propos desquels al-Kindī le met en œuvre. En cosmologie le temps dénonce d'un même coup sa propre finitude, celle du mouvement et celle du monde, parce que les trois sont indissociables ; en morale et en eschatologie cette finitude, prise comme acquise, le met à haut prix parce qu'il est le milieu ou s'opèrent l'acquisition des mœurs salutaires et la purification des tendances, gages d'un avenir extra-mondain à propos duquel al-Kindī reste fort allusif. Généralement parlant le temps est le lieu des créatures, Dieu les touche par des actions où le temps est comprimé à l'extrême : création (« Sois ! et elle est »), densité inégalable des paroles adressées aux prophètes. En somme le temps est l'un des aspects de la multiplicité inhérente à toute créature, il en marque la différence essentielle par rapport à l'Un vrai ; mais il est aussi le moyen et la voie du salut. C'est là un thème auquel bien des philosophes et des théologiens ont apporté chacun ses variations personnelles, avant ou après al-Kindī. Aussi bien ce sont les siennes propres qu'il s'agissait d'indiquer ici, sans chercher à lui supposer une singularité qui, sur ce point du moins, serait illusoire, tout en en soulignant la remarquable spécificité.

1. Jolivet-Rashed, *op. cit.*, p. 94-95.

Chapitre XXII

DIOGÈNE LE CYNIQUE DANS LA DOXOGRAPHIE ARABE*

À titre préliminaire il me paraît utile de fournir une indication bibliographique fondamentale pour ce thème du Diogène arabe : un article de Dimitri Gutas intitulé « Sayings by Diogenes preserved in arabic »[1]. Cet article rassemble, traduits en anglais, des propos attribués à Diogène relevés dans sept ouvrages arabes et qui ne sont pas connus en grec ni en latin, soit entièrement soit dans leur formulation. L'auteur les a rangés selon l'ordre suivi par G. Giannantoni dans ses *Socraticorum reliquiae.* On lira dans son introduction tous les détails désirables d'un point de vue philologique et éditorial. Je retiendrai quelques chiffres significatifs dans les statistiques qui concluent cette introduction : aux 592 textes grecs et latins rassemblés par Giannantoni, l'arabe (qui ne les connaît pas tous, mais plus que n'en transmet le latin) en ajoute 126, soit 18 %; on ne tient pas compte de six textes manifestement apocryphes et de vingt-quatre qui le sont peut-être. J'observe sur ce point qu'il concerne l'historien de la philosophie grecque plutôt que de l'arabe : ce dernier s'intéressera à Diogène tel qu'il apparaît dans les ouvrages arabes, qu'il soit identique ou nouveau par rapport à la tradition antique. Quant à moi, je le considérerai dans les diverses sources arabes selon leur ordre chronologique, en y relevant à chaque fois ce qui me paraît essentiel. Encore une remarque : il entre beaucoup de hasard dans la transmission des textes d'une époque à l'autre ; davantage d'une culture à l'autre ; davantage encore, sans doute, quand il s'agit d'anecdotes et de propos. En voici un exemple : un des traits les plus célèbres de Diogène, est qu'il s'abritait dans un tonneau ; or, ce tonneau, la doxographie arabe l'attribue unanimement à Socrate. De même, selon A. Loewenthal, l'éditeur de la traduction hébraïque

* « Diogène le cynique dans la doxographie arabe », initialement publié dans l'ouvrage *Exempla docent. Les exemples des philosophes de l'Antiquité à la Renaissance*, Actes du colloque international 23-25 octobre 2003, Université de Neuchâtel, Paris, Vrin, 2006.

1. Dans M.O. Goulet-Cazé et R. Goulet, *Le cynisme ancien et ses prolongements,* Actes du Colloque International du CNRS (Paris, 22-25 juillet 1991), Paris, 1993, p. 475-517.

médiévale des *Aphorismes des philosophes* de Ḥunayn b. Isḥāq (que nous considérerons bientôt), beaucoup d'aphorismes attribués à Socrate dans cet ouvrage reviennent à Diogène – tout comme le fameux tonneau. Ces confusions ne manquent pas de
sens, puisque les cyniques se réclamaient de ces deux philosophes. Il pourrait certes y avoir un Diogène masqué circulant dans la tradition arabe, et l'on y rencontre parfois un Diogène prétendu à qui l'on attribue des traits qui appartiennent à un autre ; mais ce qui nous intéresse est ce qui y apparaissait sous son nom : la figure arabe, donc, de Diogène.

Le premier des grands traducteurs du grec à l'arabe, Ḥunayn b. Isḥāq (ob. 260/873) est l'auteur, entre autres ouvrages, d'un recueil gnomologique où il fit entrer nombre de traits rapportés de – ou attribués à – des philosophes grecs notamment. Cet ouvrage fut remanié, abrégé, par un certain Muḥammad b. ʿAlī al-Anṣārī ; il porte des titres différents selon les manuscrits ou les auteurs qui le mentionnent : *Propos rares des philosophes et des sages* (*Nawādir al-falāsifa*), *Vues des philosophes* (*Ārā' al-falāsifa*), *Aphorismes des philosophes* (*Ādāb al-falāsifa*). Le regretté Abd al-Rahman Badawi en procura une édition sous ce dernier titre (Kuwayt, 1406/1985). Avec cet ouvrage Ḥunayn inaugurait un genre philosophique qui fut très en vogue plus tard. Il offre au lecteur un certain nombre de données générales sur la philosophie et les philosophes (25 pages), puis (sur 100 pages) des aphorismes, voire des textes, d'une vingtaine d'entre eux ou de personnages assimilés à eux, tels Hippocrate, Galien, Homère, Euclide, et même Hermès et « les djinns philosophes » ; et encore, chose notable, Luqmān, dont le nom figure au titre de la sourate 31 du Coran, où Dieu dit : « Nous avons donné la sagesse à Luqmān » (v. 11) ; les « Aphorismes de Luqmān le Sage » se lisent aux pages 129 à 132, entre ceux de Ptolémée et ceux d'Hermès. Dans cette liste figure Diogène. Ḥunayn le cite une première fois au cours de son introduction générale sur les écoles philosophiques ; il dit ceci : « Ceux qui sont connus sous le nom de *chiens* (*kilāb*), ce sont les adeptes de Diogène ; s'ils sont appelés de ce nom, c'est parce qu'ils attachent peu d'importance à ce sur quoi on s'accorde en société, et parce qu'ils aiment leurs proches et leurs amis et haïssent ceux qui leur sont étrangers, et ce sont précisément les mœurs que l'on observe chez les chiens » (Badawi p. 38). Quand dans la suite il en arrive à Diogène (p. 112-115), il en cite vingt-cinq propos ; certains ont des sources grecques, d'autres non ; certains, dans d'autres recueils, seront attribués à d'autres philosophes. On notera d'emblée l'absence en cette collection des traits d'impudence et d'agressivité auxquels on pourrait s'attendre, s'agissant d'un cynique ; tout au plus il lui attribue un sans-gêne un peu poussé. Ainsi : « Il vit un vieillard qui avait teint sa barbe et il lui dit : "Vieillard, en cachant ton âge avec une teinture, comment peux-tu cacher ta décrépitude ?" » (113) ; et encore : « Il vit un garçon qui ressemblait à son père et il lui dit : "Quel bon témoin tu es pour ta mère !" » (113). Pour le reste, on y remarque surtout des lieux communs de la morale classique, tels les jeux d'opposition entre riches et pauvres, entre sages et rois. Exemple des premiers : « Des gens riches blâmaient la vie que menait Diogène, et il leur dit : "Si je voulais vivre votre vie, je le pourrais ; si vous vouliez vivre ma vie, vous ne le pourriez pas" » (114) ; dans un autre recueil ce mot est attribué à Socrate. Voici l'autre opposition : « Il dit : "Je suis plus riche que le roi de Perse et d'esprit plus tranquille que lui" ; on lui demanda : "Mais comment cela ?" Il répondit : "Parce que j'ai peu et que cela me suffit, et qu'il a beaucoup et que cela ne lui suffit pas ; je ne m'inquiète de personne et il est inquiet" » (114). Ces deux propos existent en grec, de même que cet éloge par contraste de la culture (*adab ;* nous reviendrons sur ce mot) : « Il vit un jeune homme qui était beau mais inculte (*lā adab lahu*), et dit : "Quelle maison, si elle avait des fondations !" » (112). Viennent aussi du grec quatre propos misogynes (la misogynie est un trait récurrent dans la tradition de Diogène). Je n'en citerai qu'un, qui d'ailleurs a été aussi attribué à Aristippe : « Il vit une belle femme et il dit : "Peu de bien, beaucoup de mal" » (113). On trouvera une inspiration plus riche dans quatre propos qui n'existent qu'en arabe. Le premier (c'est aussi le premier du chapitre) évoque l'intériorité, l'intention : « Si tu fais le bien dans le seul but d'être loué pour cela, tu n'es pas meilleur que celui qui fait le mal en voulant par là en être loué – car beaucoup de gens font le mal pour en être loués » (112). Deux autres évoquent la raison (*'aql*), l'un énumère les cinq conditions de son « salut » : bonne constitution, santé solide, bonnes mœurs, étude de la science, conversations avec les savants (113) ; le second commence ainsi : « Nulle richesse n'est plus abondante que la raison, nulle pauvreté n'est plus pénible que l'ignorance » (113) ; enfin : « le meilleur outil dans les malheurs est la patience (*ṣabr*), car celui qui cherche à fuir ce qui arrivera ne fait que tomber aux mains de son poursuivant » (113).

Ces quelques exemples de propos de Diogène (ou attribués à lui) expriment assez fidèlement déjà l'esprit des autres collections en arabe ; et de ce fait, celui de la philosophie arabe en général, en tant qu'elle brasse des éléments venus de deux sphères historiques et culturelles différentes et en réalise un complexe original. Car les derniers propos cités n'ont rien qui diffère, en un sens, de la sagesse grecque ; mais d'une part on ne leur y en a pas trouvé d'antécédent ; et d'autre part le vocabulaire des trois derniers est lourd d'implications nouvelles, au temps et au lieu où travaillait Ḥunayn : la raison, c'est l'enjeu et l'instrument de la *falsafa ;* et la patience, *ṣabr,* c'est dans le Coran une vertu capitale – et que Ḥunayn ait été un chrétien importe peu, si ses lecteurs trouvaient dans son ouvrage davantage qu'il n'y en avait peut-être mis – lui ou le réviseur de son livre : de toute façon c'est ainsi qu'ils étaient portés à voir Diogène.

Grâce à Ḥunayn et aux autres traducteurs les philosophes grecs entrent dans la culture arabo-islamique, ils y rencontrent, déjà installés, les prophètes ; nous n'entrerons pas dans les problèmes que devait poser cette cohabitation.

Disons que pour le philosophe al-Kindī leurs enseignements respectifs ont même contenu ; le dāʿī ismaélien Abū Ḥātim al-Rāzī dira la même chose deux générations plus tard avec quelques nuances, distinguant les « philosophes sages et véridiques » des « innovateurs ». Mais le style proprement philosophique des premiers philosophes arabes ne les disposait pas à accueillir Diogène. En revanche, au siècle qui suit celui de Ḥunayn on commence à voir apparaître des ouvrages du même style que ses *Ādāb al-falāsifa* : des compilations d'anecdotes et d'adages provenant de cultures diverses. L'idée commune à leurs auteurs est qu'une « sagesse éternelle », pour reprendre le titre d'un de ces ouvrages, s'est exprimée depuis le début de l'histoire en diverses langues chez divers peuples, dont ont participé prophètes, sages, philosophes. Cette conception, ces ouvrages, ne sont pas articulés comme ceux des *falāsifa* – al-Kindī, al-Fārābī ; mais Diogène y a sa place, et nous allons le chercher dans plusieurs d'entre eux.

On peut considérer ces livres comme constituant de fait une collection véritable car ils se recoupent et se reprennent les uns les autres, avec des environnements, des intentions et des contenus plus ou moins différents. L'un des premiers et des plus connus peut être situé dans les trente premières années du XIe siècle de l'ère commune, soit, environ fin du IVe et début du Ve siècles hégiriens. Il s'intitule *Ṣiwān al-ḥikma* (*Le coffret de la sagesse*) et c'est, pour parler bref, une sorte d'histoire de la philosophie depuis ses débuts en Grèce jusqu'à des auteurs contemporains de la composition de l'ouvrage. Il a quelque chose de mythique du fait que l'on ne connaît pas vraiment son auteur ; on l'attribue à Abū Sulaymān al-Siǧistānī, philosophe connu par ailleurs ; mais le fait qu'il y est cité complique la question de son attribution et suggère des accroissements successifs. On en connaît deux abrégés différents : le *Muntaḫab Ṣiwān al-ḥikma,* « Abrégé du *Ṣiwān al-ḥikma* » et l'autre *Muḫtaṣar Siwān al-ḥikma*, même sens . Ils ne font que se recouper, chacun d'eux comprend, avec des éléments communs, des choses qui ne figurent pas dans l'autre ; il arrive aussi que l'on rencontre ailleurs telle citation du *Ṣiwān* que l'on ne trouve dans aucun d'eux. Le premier a eu deux éditions assez récemment (je me réfère à celle de A. Badawi, Téhéran, 1974), le second est encore inédit. Nous allons parcourir dans l'un puis dans l'autre ce qui y concerne Diogène, soit vingt-deux propos ou anecdotes dans le *Muntaḫab,* cinquante-et-un dans le *Muḫtaṣar ;* trois seulement leur sont communs.

Les quelques pages (169-172) que le *Muntaḫab* consacre à Diogène commencent par évoquer le personnage, ce qui manquait chez Ḥunayn : « Diogène fut un sage éminent ; s'étant adonné à l'ascétisme (*taqaššuf*), il n'acquérait rien ni ne se retirait dans une maison ; il n'avait en sa possession que ce qui cachait son sexe et couvrait son corps. Il prenait sa nourriture au jour le jour ; quand il avait faim il mangeait du pain là où il en trouvait, de nuit ou de jour, chez un roi ou chez des sujets ; il ne blâmait personne » (p. 169) ;

suit aussitôt une anecdote : « On dit qu'un jour il passa près d'un boulanger qui faisait son pain, il en prit et le mangea ; puis il y passa le lendemain, trouva le boulanger faisant son pain et il en prit pour le manger. Le boulanger lui dit : "Tu as déjà mangé hier" ; Diogène répondit : "Et je mange aujourd'hui aussi, puisque tu fais du pain chaque jour et que moi j'ai faim chaque jour" » (169). L'auteur du *Ṣiwān* esquisse ainsi un portrait du philosophe, avant d'expliquer un peu plus loin d'où vient son surnom de « chien » : il reprend en termes voisins les raisons données par Ḥunayn, sinon qu'il cite nommément les pratiques sociales auxquelles les cyniques se refusaient : se marier, construire, commercer, acheter (169). Deux autres propos détaillent ces explications mais l'on ne peut s'arrêter à tout. Citons plutôt un trait de mépris caractéristique du cynisme : « Il cria : "Hommes, venez tous !" Beaucoup de gens vinrent à lui et il dit : "Je n'appelle que des hommes, pas vous" » (171). Deux anecdotes rappellent sa familiarité avec le roi Alexandre (170 ; 172), je retiens seulement qu'à la fin d'une troisième le roi dit à Diogène : « Ô maître (*Yā muʿallim*), je voudrais être comme toi » (172) ; c'est là-dessus que s'achève le chapitre du *Muntaḫab* consacré à Diogène. Ainsi, à suivre ce recueil, Diogène a eu pour disciples d'une part des anonymes, d'autre part Alexandre – et il en a même un troisième, inattendu : un philosophe que les historiens arabes de la philosophie appellent « le Vieillard grec » (*al-Šayḫ al-yūnānī*) – c'est Plotin qui se cache sous cette appellation – à qui le chapitre suivant est consacré. L'auteur l'introduit ainsi : « Ayant mentionné au début de ce chapitre (précédent) le rapport particulier qu'avait le Vieillard grec avec Diogène, nous l'évoquons de suite dans un chapitre qui contient quelque peu de son enseignement » (172) ; en effet Diogène en aurait été « le compagnon et le maître » (169). On se souvient que Ḥunayn rangeait Diogène entre Alexandre et Pythagore ; le *Muntaḫab,* donc, entre Alexandre et le Vieillard grec ; mais le *Muḫtaṣar,* l'autre abrégé du *Ṣiwān,* le met entre Alexandre et Théophraste. Cette présence constante d'Alexandre parmi les philosophes demanderait quelques explications, mais ce n'en est pas le lieu. Passons plutôt au *Muḫtaṣar* (Ms Fātiḥ 3222, Bibl. Sulaymaniya, Istanbul).

Le chapitre du *Muntaḫab* concernant Diogène comporte, rappelons-le, vingt-deux rubriques (propos ou anecdotes) ; celui du *Muḫtaṣar,* cinquante-et-une. Trois seulement sont communes aux deux ouvrages : le numéro 5 du *Muntaḫab,* qui est le 1 du *Muḫtaṣar* (30 v) : Diogène habite une maison qui est le monde ; le 6 du *Muntaḫab,* 2 du *Muḫtaṣar* (30 v) : « On lui demanda : "Veux-tu boire, Diogène ?" Il répondit : "Par Dieu, je ne suis pas satisfait de ma raison (*ʿaql*) quand elle est rassemblée, comment le serais-je si elle était dispersée ?" » ; et le 19 du *Muntaḫab,* 10 du *Muḫtaṣar* (31 r) : « On lui demanda : "Quelle différence y a-t-il entre le roi et toi ?". Il répondit : "Le roi est l'esclave de ses désirs, et moi j'en suis le maître" ». On voit que les deux collecteurs ont fait dans l'ensemble des choix assez différents ; on ne peut dire qu'il en résulte pour nous deux Diogènes arabes ; dans l'un et l'autre des recueils il y a un bon nombre de dits et anecdotes qui sont, au vrai, du lot de la morale commune aux sages grecs. Pour seul exemple, ce propos (33 r) : « Il remarqua un jeune homme, beau de visage et de forme, qui étudiait la philosophie, et lui dit : "Jeune homme, c'est bien agi à toi de faire passer la beauté de ton corps à la bonté de ton âme" » ; est-ce de Diogène, ou de Platon citant Socrate ? Mais dans l'un et l'autre des recueils circulent des traits caractéristiques de Diogène (ou du moins des cyniques). Ainsi son rapport privilégié avec Alexandre : c'est dans le *Muḫtaṣar* que l'on voit le philosophe demander au roi de s'ôter du soleil (31 r) ; là aussi que l'on trouve une transposition d'une anecdote célèbre : « Il disait : "Tant que tu pourras creuser ta main, ne prends pas de cruche" » (31 r). Le Diogène du *Muḫtaṣar* est misogyne (comme celui du *Muntaḫab* et des autres doxographes) : « Il vit une fille qui apprenait à écrire et dit : "Cette flèche s'enduit de poison pour être lancée sur un peuple" » (33 v-34 r) ; pessimiste : « Celui qui voyage le plus longtemps, c'est celui qui voyage à la recherche d'un ami » (34 r) ; pacifique : « Il passa près d'un groupe d'imbéciles, l'un d'eux sauta sur lui et lui donna un coup de pied ; ses disciples en furent en colère et lui dirent : "Permets-nous de lui donner un coup de pied" ; il leur dit : "Si ceux-ci sont des ânes, alors, vous, ne leur ressemblez pas" » (30 v-31 r). Il met la sagesse au-dessus des institutions sociales : « On lui demanda : "Quelle est la supériorité de la sagesse sur l'institution judiciaire (*qaḍā'*)?". Il répondit : "Celle-ci se prononce sur les hommes et la sagesse se prononce sur elle, donc la sagesse est plus puissante et supérieure" » (32 v). Plusieurs propos lui attribuent une certaine religiosité : « Un jour un homme le rencontra et lui demanda : "Qu'est-ce que tu demandes, Diogène ?" Il répondit : "Le repos" ; [l'autre] lui demanda : "L'as-tu trouvé ?" [Diogène] répondit : "J'ai trouvé que je ne le trouverai pas ici-bas" » (*fī l-dunyā :* ce mot est coranique ; 34 r). Font écho à ce propos un autre où il est question de quelqu'un (non nommé) qui (en un temps non précisé) demandera compte au voleur de ce qu'il aura dérobé (33 r) ; celui-ci encore : « La richesse, c'est celle qui est toujours à son possesseur, celle qui ne peut lui être ravie et qui lui reste après la mort ; non pas la richesse qui lui reste un court moment et qui n'est plus à lui après la mort » (34 v ; c'est le dernier propos du chapitre). Citons encore ceci : « On lui demanda : "Les rois des Grecs sont-ils plus nobles que les rois de Perse ?" Il répondit : "Ceux qui règnent sur leurs désirs et sur leurs humeurs (*aḥwālahum*) et s'y comportent justement, sont les successeurs de Dieu sur ses serviteurs (*ḫulafā' Allah ʿalā ʿibādihi*)" » (31 r). Ces divers propos sont en accord avec ce récit qui figure dans le *Muntaḫab :* « Il était malade, ses disciples vinrent le visiter et lui dirent : "Comment te trouves-tu, maître ?" Il répondit : "Je me trouve le plus près de Dieu parmi vous, et plus loin de moi que vous" » (Badawi 170-171). – Ainsi le Diogène du *Ṣiwān al-ḥikma* nous apparaît comme un grec, un cynique authentique certes, mais avec des traits, des expressions, qui en font un sage sans illusion sur le monde (c'est le cynique), et tourné vers l'au-delà ; et ainsi il incarne en quelque sorte, à l'instar des autres philosophes, un pacte entre la sagesse grecque et l'islam.

Abū Ḥayyān al-Tawḥīdī, l'un des grands contemporains d'al-Siğistānī, a recueilli une vingtaine de propos attribués à Diogène, en plusieurs endroits d'une énorme compilation intitulée *Vues perspicaces et traits mémorables* (*al-Baṣā'ir wa-l-daḫā'ir;* édition Wadad al-Qadi, Beyrouth, 1408/1988). Les sept derniers (t. VIII, p. 493) sont référés, sans plus de détail, à « un philosophe » ; mais on y retrouve à la lettre des emprunts à la tradition commune du cynique : on les lui restituera donc, avec D. Gutas, et notamment le seul qui ne figure pas dans les autres recueils. Il signifie que la chose la plus importante, dans la vie, est de la conserver : « Il vit une femme qui pleurait sur un mort, et il lui dit : "Si tu envisages de revenir au manger et au boire, alors ne pleure pas ; et si tu envisages d'en endurer la privation, alors il te faut pleurer" ».

On aperçoit encore un portrait de Diogène (et qui a curieusement échappé à D. Gutas) dans deux pages d'un petit traité dont on ne sait pas grand chose – œuvre d'un auteur inconnu, au VIIe siècle de l'hégire – intitulé *Fragments des sages et propos rares des anciens et des savants* (*Fiqar al-ḥukamā' wa-nawādir al-qudamā' wa-l-'ulamā'*) édité par A. Badawi en 1400/1980 dans un volume intitulé *Traités philosophiques* (*Rasā'il falsafiyya*). Il commence ainsi : « A ce que l'on rapporte de lui, [Diogène] disait à ses disciples : "Le plus noble des propos, c'est la remémoration de Dieu le Très Haut (*ḏikr Allah ta'āla*) ; multipliez donc sa remémoration, exagérez sa louange et sa glorification..." etc. » (243). On n'y trouve guère, à part cela, que des préceptes moraux qui n'ont rien de spécifique ; mais aussi, une définition de l'amitié qui se rencontre ailleurs dans la gnomologie de Diogène (« Les amis sont une seule âme dans des corps différents », 243) ; deux traits de misogynie (244), en voici un autre : « Toute bête est fuyarde, toute femme est trompeuse » (244) ; un éloge de la langue : « La beauté de l'homme, c'est la langue ; que serait l'homme sans la langue, sinon une image imitée ou un bétail sans attache ? » (244) ; plus (244-245) un conte où il est question d'une gazelle et d'un renard.

Les Propos spirituels dans les aphorismes grecs (*al-Kalim al-ruḥāniyya fī l-ḥikam al-yūnāniyya*) d'Ibn Hindū (ob. 420/1029), édition de Mustafa al-Qabbani al-Dimashqi, Le Caire, 1318/1900, citent à propos de Diogène quatre-vingt-trois propos et anecdotes. On y trouve la même variété, les mêmes tendances que nous avons vues ou aperçues chez les auteurs précédents ; un fond commun y est constamment repris avec parfois des variantes de détail de l'un à l'autre et, bien entendu, des manques et des ajouts des uns par rapport aux autres. Les traits hérités de la morale antique en général et de Diogène en particulier finissent par faire une sorte de bruit de fond dont il serait lassant de reprendre les sons dans le détail. On sourit parfois à surprendre une répétition que le collecteur ne signale pas ; ainsi p. 106 : « On interrogea Diogène sur le moment de prendre sa nourriture, il répondit : “Pour celui qui le peut c’est quand il a faim, pour celui qui n’en a pas c’est quand il en trouve” » ; il y revient en termes presque identiques p. 113 ; mais cela n’a pas grand intérêt. Revenons plutôt à la présentation de Diogène dans le *Muntaḫab Ṣiwān al-ḥikma*, on se rappelle ce détail : « il prenait sa nourriture au jour le jour, etc. ». Le lecteur éventuel de ces deux textes à la suite comprendra que le cynique menait (à l’occasion peut-être, mais quand même) la vie d’un pauvre ; du coup, ses propos contre la richesse en prennent un sens plus concret. Dans le recueil d’Ibn Hindū on retrouve la misogynie de Diogène ; j’en citerai un seul trait – que j’aurais pu citer ailleurs – à cause du contexte qui est ici le sien. Voici : « Il vit des gens qui enterraient une femme, et il dit : “Quel bon gendre vous avez là !”. L’auteur dit : Quelle rencontre d’idées surprenante ! On rapporte de ʿAlī, sur lui soit le salut, qu’il a dit : “Quel bon gendre que le tombeau !” ». Cela n’est pas la seule note religieuse que l’on rencontre chez Ibn Hindū ; le syntagme *Allah taʿālā*, « Dieu le Très Haut » se lit à deux reprises p. 107. Mais la page 107 y mêle une ambiguïté : « On demanda à Diogène : “À quoi ressemblent les sages ?” Il répondit : “Si on les compare aux hommes ils sont comme les dieux (*ka-l-āliha*), si on les compare à Dieu ils sont comme les anges” » – ainsi Diogène tiendrait-il à la fois au paganisme et à l’islam. Ibn Hindū d’ailleurs n’est pas sans quelque connaissance des choses grecques ; pas tellement parce qu’il dit que Diogène était un *faylasūf*, cette transposition du grec *philosophos* était bien implantée en arabe depuis les traductions. Mais la page 106 va plus loin : « On lui demanda quel est le plus grand poète des grecs ; il répondit : “Chacun selon soi-même, Homère selon l’avis commun” » ; cela dit, Homère, on le sait, figure dans les collections de faits et dits des philosophes. Terminons avec un propos de la page 105 : « Il vit un gamin (*ġulām*) qui lançait une pierre et il lui dit : “Ne lance pas, tu pourrais atteindre ton père sans le savoir” ». On y reconnaît une variante du propos misogyne rencontré ailleurs (« Quel bon témoin pour ta mère »), mais il s’y ajoute ceci : « L’auteur dit : “Les poètes arabes ont transmis cette idée” ; et il dit : “Ne te moque pas de plus âgé que toi, peut-être / Te moquerais-tu de ton père sans le savoir” ».

Le philosophe Miskawayh (Abū ʿAlī Aḥmad b. Muḥammad), mort en 421/1030 (donc, un contemporain d’Avicenne), est l’auteur, notamment, d’un ouvrage intitulé *La sagesse éternelle* (*al-Ḥikmat al-ḫālida*), édité par A. Badawi (Beyrouth, 1983, 2e éd.), qui reprend et remanie un recueil persan de propos de sagesse. Il y a rassemblé des aphorismes et de courts écrits attribués à des Perses, des Indiens, des Arabes, des Grecs, des « philosophes de l’islam » : toutes les sagesses de la Grèce et de l’Asie, proche et plus éloignée, s’y rencontrent. Les Grecs y sont présents par une petite dizaine de noms, parmi lesquels Diogène, entre Hermès et Ptolémée. La seule page 216 lui est consacrée, occupée pour moitié par deux anecdotes mettant en scène Alexandre. Elles sont précédées par un inventaire rapide de ses mœurs, qui n’ajoute rien à ce que nous avons vu déjà – sinon un trait inattendu pour une part : « Chacun l'aimait, tout le monde lui témoignait de l'amitié parce qu'il était un homme de vérité et qu'il parlait sincèrement de soi ». Certes Diogène avait des amis, la tradition est unanime sur ce point ; qu'il ait été aimé de tout le monde, cela surprend. Quant à la formule *sagesse éternelle,* elle peut désigner un vaste mouvement culturel qui commence au IVe/Xe siècle et qu'illustrent notamment plusieurs des ouvrages que l'on parcourt ici. Pour les rapports entre l'Islam et l'hellénisme à l'époque de Miskawayh et d'Ibn Hindū (qui est aussi celle d'Avicenne), et sous le signe de Diogène, on citera un passage curieux du grand Bīrūnī dans son livre *Sur l'Inde :* « On dit que Diogène, grâce à la finesse de son ouïe, eut le privilège d'entendre le son produit par le mouvement du ciel » (*Taḥqīq mā li-l-Hind,* éd. Ali Ṣafā, Beyrouth, 1403/1983, p. 34). La confusion avec Pythagore est d'autant moins étonnante que, quelques lignes plus haut, Bīrūnī disait que la conception de la musique des sphères était commune aux deux philosophes.

Abū l-Wafā'al-Mubaššir b. Fātik composa vers le milieu du Ve/XIe siècle un ouvrage intitulé *Choix d'aphorismes et de belles maximes* (*Muḫtar al-ḥikam wa-maḥāsin al-kalim ;* édition Badawi, Madrid 1377/1957). Sa préface commence par une page de louange à Dieu, avant qu'il n'y formule son propos qui est (je résume beaucoup) de recueillir, par les enseignements des sages et notamment des grecs, tout ce qui peut aider à notre salut ; il le justifie par des passages du Coran, des propos du Prophète et de ʿAlī, mais aussi de sages qu'il ne nomme pas (mais que l'on reconnaît plus loin à la lecture de son livre). Il précise qu'il laissera de côté ce qui dans ces sources est contraire à la règle de la révélation (*al-šar*ʿ) et de la raison (*al-*ʿ*aql*) – notons au passage cette double référence. Nous aurons donc à voir si cette méthode peut s'appliquer à Diogène. Celui-ci apparaît comme le dixième du recueil, entre Pythagore et Socrate, dans un chapitre qui commence par quelques données le concernant (*aḫbār,* p. 72-74) suivies par une longue série de quatre-vingt-neuf aphorismes (*ḥikam,* p. 74-82). Dès le titre de la première partie l'auteur donne Diogène comme un *mutağarrid,* un homme « qui vit dans le dépouillement » ; par la suite il le dira abstinent (*zāhid*), solitaire, ou renonçant (*mutaḫallī*), qui « se contentait de deux vêtements de laine » (*min al-ṣūf ;* ce détail quant à la matière de ses vêtements n'est sans doute pas négligeable, si on le rapproche du mot *soufi*). Ajoutons qu'il est aussi qualifié de « physicien » (littéralement, « l'un de ceux qui parlent des natures », *min al-mutakallimīn* ʿ*alā l-ṭabā'i*ʿ*;* 75). Dans les *aḫbār* il est question presque uniquement de ses rapports avec Alexandre – lequel, précise Mubaššir, n'est pas celui que l'on connaît comme « l'homme aux deux cornes », un roi du temps d'Aristote, mais bien « celui qui était roi au temps de Diogène » (74). Si j'entre dans ces détails « historiques » à leur manière, c'est pour vérifier si le programme d'al-Mubaššir, consistant en fait à se situer au plus près de la religion, n'est pas ici en défaut. Car l'homme aux deux cornes est l'Alexandre dont il est question dans le Coran (sourate 18, verset 98) et qui « professe l'éthique monothéiste » (J. Berque); d'autre part l'auteur dit beaucoup plus loin (p. 225) que le roi Alexandre, élève d'Aristote, propageait « la doctrine de l'unicité et de la justice [divines] » – c'est ainsi que l'on résume la théologie mu'tazilite. Si donc Diogène était en accord avec la religion, ce n'est pas du fait de sa relation avec le roi Alexandre de son temps à lui, qui n'aurait eu sans doute rien à y voir. Les *ḥikam* nous instruiront-ils sur ce point ? Il y est peu question de Dieu, sinon pour un ou deux propos; selon l'un (que l'on peut lire ailleurs), « Diogène entendit un homme qui médisait de lui, et lui dit : "Ce que Dieu le Très Haut sait de nous est plus que ce que tu dis" » (p. 80) ; c'est, quant au fond, un propos d'origine grecque (voir Gutas, n° 429.1) islamisé. Nous lisons aussi : « Diogène vit un homme qui priait Dieu de lui donner la sagesse, et il dit : "Si tu avais fait effort pour acquérir la science, tu en aurais été favorisé" » (p. 76) ; mais ici le Diogène d'al-Mubaššir serait-il en désaccord avec le Coran, qui enseigne que « Dieu donne la sagesse à qui il veut » (sourate II, v. 269), et notamment à Luqmān, on l'a vu ? À moins que l'on ne rappelle l'importance que les mu'tazilites reconnaissaient à l'assistance divine dans la production par l'homme d'un acte bon. – Fermons cette parenthèse ; l'ensemble de ces dits attribués à Diogène par al-Mubaššir n'ont rien d'original par rapport à ceux que l'on peut lire ailleurs, ce sont d'honnêtes conseils de morale et de bon sens – sauf sans doute quant à la note misogyne que l'on retrouve chez lui : « La femme est un dommage auquel on ne peut échapper » (p. 81) ; et quant à la brutalité toute cynique qui fuse dans la réponse de Diogène à son roi Alexandre qui lui demandait : « Qui t'ensevelira quand tu mourras ? » ; « Il répondit : "Celui qui sera contraint d'écarter de son voisinage la puanteur" » (p. 74).

Dans les années vingt-trente du VIe siècle de l'hégire et du XIIe de l'ère chrétienne, Abū Bakr Aḥmad al-Šahrastānī compose son *Kitāb al-milal wa-l-niḥal* (éd. Badrān, II, Le Caire, 1375/1955) ; *Livre des religions et des sectes* – dans notre traduction (deux volumes, 1986 et 1993) D. Gimaret, le père G. Monnot et moi sommes tombés d'accord pour traduire le mot arabe *niḥla,* au pluriel *niḥal,* par « secte » au sens classique du mot, « groupe organisé de personnes qui ont la même doctrine au sein d'une religion » (voir *Le petit Robert,* s.v.). Né en 479/1086, mort en 548/1153, ce théologien, commentateur du Coran, philosophe, compte parmi les grands auteurs arabo-musulmans. Le livre dont il va être question fait l'histoire des religions et philosophies de l'antiquité grecque et de l'Orient; il les range dans un ordre systématique selon leur éloignement de plus en plus grand par rapport à la vérité, c'est-à-dire l'islam. Il se divise en deux grandes parties ; la première traite des écoles théologiques islamiques, des « gens du Livre » (les juifs et les chrétiens), des mazdéens et des dualistes ; la deuxième, des sabéens, des philosophes (les grecs et les « philosophes de l'islam » représentés par le seul Avicenne), enfin des arabes et des indiens. Diogène y figure parmi « les derniers sages des Grecs », une suite de neuf philosophes qui commence par Aristote et finit par Porphyre ; il y occupe la troisième place, entre « l'Alexandre byzantin » (al-Iskandar al-Rūmī) et le Vieillard grec ; ce double voisinage est sans surprise. Sont cités ici vingt faits ou dits. On y relèvera le huitième (p. 1011), sur l'autonomie du sage : « Le roi Alexandre le convoqua un jour à son conseil ; [Diogène] dit au messager : "Dis au roi : ce qui t'empêche de venir à nous, nous empêche d'aller à toi ; ce qui t'empêche, c'est que tu peux te passer de moi grâce à ta puissance ; ce qui m'empêche, c'est que je peux me passer de toi grâce à mon indépendance" ». Un autre numéro (le 15, p. 1012) est assez inattendu : « Il vit un jeune garçon avec une lanterne, et lui demanda : "Sais-tu d'où vient ce feu ?" Le garçon lui répondit : "Si tu me dis où il va, je te dirai d'où il vient" ; ainsi il le fit rester coi, ce que personne jusque là n'avait pu ». Et p. 328 de ma traduction, note 18, ce propos cruel, dans la veine de celui que nous avions trouvé chez al-Mubaššir : « Il vit une femme qui riait, et lui dit : "Si tu savais ce qu'est la mort tu ne rirais jamais plus" ». Mais le plus intéressant dans cette notice est la façon dont au début (p. 1009) al-Šahrastānī présente Diogène : « c'était un sage vertueux qui menait une vie austère, ne possédait rien et n'avait pas de maison où s'abriter. On pourrait croire qu'il était un philosophe qadarite, car sa doctrine suivait une voie qui tendait vers le libre arbitre (*qadar*) » ; *qadar* est un terme de théologie qui désigne dans un contexte précis la puissance sur ses propres actions, doctrine caractéristique des théologiens muʿtazilites, appelés aussi *qadarites ;* et al-Šahrastānī continue : « Il disait que Dieu le Très-Haut n'est pas la cause des iniquités, il est au contraire la cause des bonnes actions, des vertus, de la générosité, de la raison ; Il les a placées au milieu de sa création. Celui qui les acquiert les donne, car par elles seulement on parvient à bien agir ». Ces allégations sont en accord avec la doctrine commune aux muʿtazilites, selon qui Dieu agit toujours selon le bien ; ils enseignent aussi que l'homme « crée » son acte. De leur côté les cyniques insistaient sur la nécessité et l'efficacité de l'effort et sur la liberté du sage. Le propos suivant (n° 2) maintient Diogène dans la sphère théologique : « Un jour Alexandre lui demanda : "Comment acquiert-on la Récompense ?" Il répondit : "Par les œuvres bonnes ; et toi, ô roi, tu peux acquérir en un jour ce que tes sujets ne peuvent obtenir dans toute une vie" ». Le mot « Récompense » traduit l'arabe *ṯawāb,* qui dans le Coran désigne le paradis et dont la notion y est associée à celle d'« œuvre bonne » (voir Coran, III, 145, 148, 195… ; IV, 134 ; XXVIII, 80). Dans les ouvrages relevant du courant général de la « Sagesse éternelle » dont nous avons parcouru quelques pages, les affinités entre les religions et les philosophies sont notées, proclamées, à partir de critères assez larges. Mais ce chapitre d'al-Šahrastānī va plus loin – comme il convient à un théologien de sa force ; il entre, sans y insister mais clairement, dans un détail précis d'options doctrinales et d'affinité de pensées entre un sage grec connu comme moraliste plutôt que comme théologien, et un courant du *kalām* : le mu'tazilisme. La proximité entre la philosophie grecque et la théologie mu'tazilite est un fait connu, illustré dès les débuts de la philosophie arabe par al-Kindī.

On ne trouve que peu de chose chez le biobibliographe al-Qifṭī (VIIe–XIIIe siècle) sur Diogène, il y a une petite place entre Démocrite et Dioscoride dans son *Histoire des sages* (*Ta'rīḫ al-ḥukamā'*; édition J. Lippert, Leipzig 1903) où les noms se succèdent selon l'ordre alphabétique. A vrai dire il ne cite, de Diogène, aucun trait personnel, propos ou anecdote. En revanche, il donne quelques détails sur « les pratiques auxquelles il exerçait ses disciples, et par lesquelles il différait du bon usage de ses concitoyens » ; à savoir : « chacun déféquait sans se cacher des gens, coïtait sur le chemin quand il voulait éjaculer, embrassait les jolies femmes devant tout venant, sans se déranger » (p. 182) ; c'est la première fois que nous lisons des détails sur l'impudeur des cyniques. Ceux-ci d'autre part appelaient la logique en renfort, car « Ils disaient : "Nécessairement, ou ce que tu fais est absolument mauvais et ce ne peut être bon dans un lieu mais non dans un autre, sous une forme mais non sous une autre ; et si c'est quelque chose de bon dans un lieu mais non dans un autre, sous une forme mais non sous une autre, alors c'est de convention, non de nécessité, et je ne m'y arrête pas" » (p. 182).

Nous terminerons cette enquête cursive par l'ouvrage de Šams al-Dīn Muḥammad b. Maḥmūd al-Šahrazūrī, *Le plaisir des esprits et le jardin des joies dans l'histoire des sages* (*Nuzhat al-arwāḥ wa-rawḍat al-afrāḥ fī ta'rīḫ al-ḥukamā'*); éd. Ḫuršīd Aḥmad, Hyderabad, 1396/1976. Cet auteur est le plus tardif de ceux que nous aurons consultés, il est né entre 600/1203 et 640/1242. Diogène figure dans son livre (I, p. 206-217) parmi trente-neuf sages antérieurs à l'islam (qui en précèdent quatre-vingt-treize de l'époque islamique). Il en est le vingt-septième, entre Zoroastre qui le sépare du Vieillard grec, et Hippocrate ; Alexandre le Grand y est trente-deuxième, mais comme déjà chez al-Mubaššir ce n'est pas l'Alexandre de Diogène. Dans sa collection de soixante-seize propos, D. Gutas n'en a repéré que quatre qui ne figurent pas déjà chez les auteurs qu'il a examinés. Ce petit nombre nous incite à les lire tous.

> p. 212 – « Un homme lui demanda : "Est-ce que tu veux nous parler ?" Il répondit : "Non" ; [l'autre] demanda : "Pourquoi ?" Il répondit : "Parce que vous êtes trop hauts pour ma subtilité et que je suis trop subtil pour votre hauteur" ».
> p. 212 – « Il vit un homme gras qui avait un teint vermeil. Il lui dit : "Homme, tu portes un vêtement tissé par tes dents" ». Ces deux propos relèvent la présence d'esprit et le bien-dire que l'on reconnaît à Diogène.

Le suivant évoque un trait de la sexualité cynique qui jusqu'ici, sauf erreur de ma part, n'apparaît que chez le seul al-Qifṭī :

> p. 213 – « Diogène se retira sur la montagne dans une solitude, puis il eut un vif désir de coïter et il fit demander qu'une femme vînt coucher avec lui d'urgence ; mais son membre s'enflamma tant qu'il éjacula ; quand la femme arriva il ne fit pas attention à elle et lui dit : "J'ai trouvé un moyen de me passer de toi" ».

Voici le quatrième et dernier propos :

> p. 213, ap. cr. – « Un plaisantin lui demanda : “Quelle nourriture consommes-tu ?” Il répondit : “Ce que vous dédaignez” ; l’autre demanda : “Et pourquoi cela ?” Il répondit : “Parce que vous mangez ce que moi je dédaigne. – Il s’agit là de la sagesse et de l’ignorance” ».

Le point d’histoire de la culture qui nous a retenus jusqu’ici est le suivant : que peut devenir la figure d’un sage antique, un représentant, et même le fondateur, de cette école très particulière qu’est le cynisme, telle qu’elle est dessinée dans des écrits grecs, quand elle apparaît à des lecteurs imprégnés des cultures orientales d’une part, et de l’autre fidèles de l’islam ? Il semble que cette mise en perspective permette de mettre de l’ordre dans les contenus des recueils que nous avons parcourus – contenus voisins mais non pas exactement superposables.

1) Les lecteurs arabes totaux que nous pouvons supposer trouveront dans la doxographie de ce sage des traits piquants, des propos de bon sens ; un personnage pittoresque, à l’esprit vif, railleur, sans illusions sur la société et l’humanité, jaloux de son indépendance à l’égard même d’un roi qui le protège ; un mixte de sagesse et de littérature, propre à faire ranger les recueils de ses faits et bons mots dans des livres d’*ādāb.* Il a aussi des aspects âpres – misogynie, brutalité, absence de pitié du moins dans sa parole, qui le préservent de l’édification et de la fadeur.

2) Ces mêmes lecteurs peuvent aussi repérer chez Diogène des traits propres à inspirer des méthodes de formation : liberté intérieure, frugalité, détachement des biens et des aises. Un éducateur en ce sens, et la morale à demi-littéraire et facile se durcit en une maîtrise de soi exigeante ; Diogène est alors considéré comme un ascète.

3) Dans cet esprit et celui du mouvement culturel et spirituel de la « sagesse éternelle », ses propos sur les dieux se transforment en des vues proches de celles de l’islām, exprimées à l’occasion en des termes propres à cette religion. Diogène devient en quelque façon un vrai adorateur en des temps d’ignorance.

4) Reste ce en quoi les cyniques ressemblent à des chiens de la façon la plus scandaleuse : leurs pratiques sexuelles. Il en est très peu question dans notre corpus ; pourtant ce n’en est pas totalement absent. On aura remarqué que ce sont les collecteurs les plus récents qui en font état, comme si Diogène avait perdu alors quelque chose de sa figure de sage ; le scrupule historique, peut-on supposer, ne pouvait occulter entièrement un trait qui déjà n’était pas assimilable pour la morale grecque commune et qui l’est encore moins pour celle de l’islam. Mais l’image de Diogène y gagne en complexité, au risque assumé de compromettre ce qu’elle pouvait avoir d’exemplaire en quelque façon.

Chapitre XXIII

LES YEUX DES CHAUVES-SOURIS

« L'intellect de notre âme est, envers ce qui dans la nature est suprêmement évident, dans une situation semblable à celle où sont les yeux des chauves-souris envers l'éclat du Soleil » [1]. Averroès avait à peine commencé de commenter le Livre α de la *Métaphysique* d'Aristote, qui dans son *tafsīr* est le premier, qu'il devait rendre compte de cette phrase. Ainsi le Philosophe avertissait d'emblée de la difficulté de leur entreprise « ceux qui cherchent à contempler le vrai »; ou du moins il la leur rappelait: tel est ce monde difficile où le plus éclatant est pour nous le plus obscur. Et le Commentateur d'expliquer que « notre difficulté à percevoir les choses suprêmement vraies, qui sont le premier Principe et les Principes séparés, exempts de la matière, est de notre fait et non de la leur »:

* « Les yeux des chauves-souris », initialement publié dans l'ouvrage *Autour du regard. Mélanges Gimaret*, édité par E. Chaumont, Leuven, Peeters, 2003, p. 53-62.

1. Averroès, *Tafsīr mā ba'd al-ṭabī'a*, éd. M. Bouyges, I, Beyrouth 1956[3], p. 4, à la fin du premier *textus*. Ce passage correspond à Aristote, *Métaphysique* α 1, 993 b 9-11 : « Ce que les yeux des chauves-souris sont à l'éclat du jour, l'intellect de notre âme l'est aux choses qui sont, de toutes, les plus naturellement évidentes » (trad. J. Tricot, Aristote, *La Métaphysique*, I, Paris, Vrin, 1953, p. 107-108). Cette comparaison fait écho à un passage des *Seconds Analytiques*, I, 2, 71 b 34-72 a 5: « Il n'y a pas identité entre ce qui est antérieur par nature et ce qui est antérieur pour nous, ni entre ce qui est plus connu par nature et plus connu pour nous. J'appelle *antérieurs* et *plus connus pour nous* les (objets) les plus rapprochés de la sensation, et *antérieurs* et *plus connus d'une manière absolue* les (objets) les plus éloignés des sens. Et les (causes) les plus universelles sont les plus éloignées des sens, tandis que les (causes) particulières sont les plus rapprochées, et ces (notions) sont ainsi opposées les unes aux autres » (trad. J. Tricot, Aristote, *Organon. IV. Les Seconds Analytiques*, Paris, Vrin, 1947, p. 10; entre parenthèses les concepts suppléés par Tricot). – À ce propos on voudra bien nous permettre un commentaire homérique à la mode néoplatonicienne, c'est un plaisir qui ne s'offre pas tous les jours. Donc: pour échapper au gouffre de Charybde, Ulysse saute de son radeau jusqu'aux « longues branches » d'un figuier et « s'y cramponne *comme une chauve-souris* » (*Odyssée*, XII, 433; trad. V. Bérard). Il est donc *la tête en bas*, et voyant ainsi les choses à l'envers il symbolise la situation épistémologique décrite par Aristote dans les *Seconds Analytiques*, et d'autant mieux qu'il est comparé à la chauve-souris de la *Métaphysique*.

étant séparés, ceux-ci sont « intelligibles en eux-mêmes par nature et non parce que nous les ferions devenir tels ». Mais il ajoute à sa paraphrase quelques lignes qui tempèrent la rigueur du texte : « cela ne prouve pas qu'il soit impossible de concevoir des choses séparées comme il est impossible aux chauves-souris de regarder le Soleil ; car s'il en était ainsi la nature aurait agi en vain en rendant ce qui en soi-même est intelligible pour un autre, inintelligible pour qui que ce soit – comme si elle avait fait que l'éclat du Soleil fût imperceptible à toute vue »[1]. Or, presque à la fin de la *Métaphysique*, au Livre Λ, Aristote expose que « ce qui se comprend soi-même, c'est l'intellect quand il acquiert l'intelligible, car il devient intelligible au moment où il touche et comprend, et ainsi l'intellect et l'intelligible sont une seule chose »[2]. Averroès commente ainsi : « Notre intellect s'intellige soi-même au moment où il s'attache intimement à l'intelligible et le conçoit en acte – ce n'est pas au moment où il est en puissance, avant de concevoir l'intelligible – parce que lorsqu'il conçoit l'intelligible il devient une seule chose avec lui ; comme si Aristote voulait dire qu'il distingue entre la puissance qui est celle de l'intellect quand il existe tantôt en puissance et tantôt en acte, et d'autre part l'Intellect qui existe perpétuellement en acte – c'est celui qui n'est pas dans une matière ; et pour cette raison notre intellect ne se pense soi-même qu'un instant, non pas perpétuellement »[3].

Aristote traitait de la pensée de Dieu, *ho theos*, dans un contexte où il est question des sphères célestes et des Intellects qui les meuvent. Mais à l'occasion de ce contexte Averroès nous invite tacitement à nous tourner vers la noétique qu'il expose dans son *Grand Commentaire* au *Traité de l'âme* d'Aristote : l'Intellect agent joint à l'Intellect patient devient la forme de notre intellect *in habitu* et ainsi il se joint à nous, progressivement, à mesure que nous acquérons la connaissance complète des êtres, « quand les intelligibles théoriques existent en nous » ; ainsi s'achève cet acheminement vers la jonction et, « selon ce mode l'homme est donc, comme dit Thémistius, semblable à Dieu, car il est d'une certaine manière tous les êtres et il les connaît en quelque manière »[4]. Ainsi pourrait se résoudre la difficulté posée au Livre α et s'ouvrir la voie de la « vie théorétique », la meilleure des vies possibles selon l'*Éthique à Nicomaque* : « Une telle vie », dit Aristote, « serait au-dessus de la vie selon l'homme, car ce n'est pas en tant qu'homme qu'il vivra ainsi mais selon qu'il a en lui quelque chose de divin… Si par rapport à l'homme l'intellect est quelque chose de divin, alors

1. *Tafsīr*, p. 7-8.

2. *Ibid.*, III, p. 1614 ; Aristote, *Métaphysique*, *op. cit.*, Λ 7, 1072 b 19-21 : « L'intelligence se pense elle-même en saisissant l'intelligible, car elle devient elle-même intelligible en entrant en contact (avec son objet) et en (le) pensant, de sorte qu'il y a identité entre l'intelligence et l'intelligible » (trad. J. Tricot, *op. cit.*, II, p. 681-682 ; parenthèses ajoutées).

3. *Tafsīr*, *op. cit.*, p. 1617.

4. Voir *Averrois Cordubensis Commentarium Magnum in Aristotelis De anima libros*, éd. F. Stuart Crawford, Cambridge Mass. 1953, l. III, com. 36, notamment lignes 599-622 ; trad. A. de Libera, *Averroès. L'intelligence et la pensée*, Paris, GF-Flammarion, 1998, p. 167.

aussi la vie selon lui est divine par rapport à la vie humaine. Il ne faut pas, comme on le conseille, penser des choses humaines parce qu'on est homme, ni de mortelles parce qu'on est mortel ; il faut se faire immortel autant qu'il est possible, et vivre selon ce qu'on a en soi de plus haut »[1]. Voilà, exprimé par le Philosophe, ce vers quoi selon le Commentateur nous nous dirigeons en passant du non-savoir au savoir, de l'obscurité à la vision intellective, qui est le salut. Le platonisme sous-jacent à la philosophie d'Aristote transparaît aux deux extrémités du *tafsīr*, dans cette lecture qui en est comme le révélateur : le contenu et une part des métaphores de la gnoséologie exposée dans la *République* reparaissent transposés sur ce versant de l'œuvre roshdienne, et l'on a pu parler, à propos d'Aristote et aussi d'Averroès, d'un « mysticisme rationnel »[2]. Mais à partir du second on peut remonter l'histoire de la philosophie arabe et retrouver à sa naissance même l'analogie du Soleil et de l'intelligible, des chauves-souris et de l'intellect humain, dans une œuvre où les conceptions néoplatoniciennes coexistent ouvertement avec celles d'Aristote.

En effet les chauves-souris n'attendirent pas Averroès pour se lever au ciel de la philosophie arabe, elles le firent, paradoxalement, dès son matin. Al-Kindī les trouva chez Aristote au même endroit qu'Averroès à travers une traduction dont on connaît très mal la lettre[3]. Dans les premières pages du deuxième chapitre du *Livre de la Philosophie Première* il distingue deux façons de percevoir, l'une par les sens l'autre par l'intellect. La première a pour objet « les individus singuliers et matériels » ; chaque perception de cette sorte est accompagnée d'une image que le « sens universel » produit dans l'âme ; une distinction dans ce qui est perçu, par exemple celle de la figure par rapport à la couleur, apparaît soit dès le moment de la perception soit à celui de l'image, et l'on peut donc dire que « tout ce qui n'a pas de matière, mais est perçu avec la matière, est représenté dans l'âme non par une image, mais par une intellection qui accompagne ce qui est senti ». Mais ce qui n'a pas de matière et n'a aucun rapport avec elle est perçu au moyen des « enquêtes intellectuelles », et sans image. C'est pourquoi « le vrai est à la fois facile et difficile à atteindre » ; en effet « quiconque cherche à imaginer l'intelligible pour le percevoir de cette façon, malgré sa clarté pour l'intellect sera aveugle à son égard comme l'œil des chauves-souris est impuissant à atteindre les objets qui nous apparaissent clairement dans les rayons du Soleil »[4]. Or le vrai est l'objet même du philosophe, qui « cherche à atteindre le vrai dans sa science, à agir selon le vrai dans son action » : al-Kindī l'a écrit dès les premières

1. Aristote, *Éthique à Nicomaque*, X 7, 1177 b 26-34.

2. Voir Ph. Merlan, *Monopsychism, Mysticism, Metaconsciousness*, The Hague, Martinus Nijhoff, 1963.

3. Voir *op. cit. supra*, la traduction d'Usṭāt.

4. Voir Jolivet-Rashed, *Œuvres philosophiques et scientifiques d'al-Kindī. Volume 2. Métaphysique et cosmologie, op. cit.*, p. 18-23 (p. 22-3, la phrase sur les chauves-souris). Noter que la citation (muette) que fait al-Kindī ne reproduit pas littéralement la traduction d'Usṭāt, selon laquelle « la situation des yeux des chauves-souris à l'égard de la clarté du jour est comme celle d'un intellect humain… » (la suite est altérée).

lignes de la *Philosophie Première*[1]. La réalisation, dans les deux sens du terme, de la philosophie résulte donc d'une perception particulière, entièrement différente de celle qui s'obtient pas les sens. L'œil qui n'est pas aveugle au vrai est, précisément, « l'œil de l'intellect ». Cette expression apparaît chez notre philosophe dans ce contexte même : il y recommande au destinataire de son ouvrage – Aḥmad b. al-Muʿtaṣim, le fils du calife – de retenir les éléments de gnoséologie qu'il vient d'exposer afin que « ce préliminaire (lui) soit un astre qui écartera de l'œil de (son) intellect les ténèbres de l'ignorance et le nuage des perplexités »[2].

Mais d'autre part plusieurs passages du corpus kindien (tel qu'il nous est parvenu, c'est-à-dire très partiellement) nous instruisent sur des sortes de perceptions différentes de celles que procurent les sens, indépendantes des « enquêtes intellectuelles » et ouvrant sur de tout autres régions. Dans son *Épître sur la quiddité du sommeil et de la vision*[3] al-Kindī décrit des activités de l'imagination[4] différentes de celles que cite la *Philosophie Première* mais qui restent du même ordre. Durant le sommeil, où le vivant cesse naturellement d'user de ses sens, peut se produire une vision (*ru'yā*) ; cela est possible aussi pendant la veille quand l'homme absorbé dans sa pensée cesse progressivement de percevoir ce qui l'entoure, mais c'est bien dans le sommeil que la vision est la plus claire et la plus forte. Dans cet état « l'imagination nous présente, à l'état dépouillé, les formes des choses ». Il ne s'agit plus ici d'un moment nouveau de l'abstraction imaginative ni d'un premier moment amorcé dès la perception, mais bien d'un exercice spécifique de l'imagination. Celle-ci peut combiner des formes isolées et nous présenter par exemple un homme qui vole ou un lion qui parle. Outre cette activité banale en somme, certaines sortes de visions ont des particularités remarquables : ainsi celle qui « nous avertit de la chose elle-même avant qu'elle ne soit », la vision allusive (*rāmiza*), elle communique des signes qu'il faut interpréter mais qui sont tantôt véridiques, tantôt trompeurs[5]. Mais quelle qu'elle soit la vision, son nom l'indique en français comme en arabe, *fait voir;* c'est cela qui nous importe. Il faut rappeler qu'elle se produit à des

1. Jolivet-Rashed, *Œuvres philosophiques et scientifiques d'al-Kindī. Volume 2. Métaphysique et cosmologie, op. cit.*,p. 8-9.

2. Voir Jolivet-Rashed, *Œuvres philosophiques et scientifiques d'al-Kindī. Volume 2. Métaphysique et cosmologie, op. cit.*, p. 22-23 ; cette formule se lit encore dans l'*Épître sur l'unicité de Dieu et la finitude du corps du monde,* dédiée au poète Muḥammad b. al-Ǧahm : « considère ces idées de l'œil brillant de ton intellect » (*ibid.*, p. 146-147).

3. *Rasā'il al-Kindī al-falsafiyya,* éd. M.H. Abū Rīda, I, Le Caire, 1369-1950, p. 293-311 (295-306).

4. Définie ici comme « la faculté qui nous fait percevoir les formes des choses individuelles, sans matière, c'est-à-dire sans que leurs sujets soient présents à nos sens » (*op. cit.*, p. 295).

5. Les visions de ce genre, dit al-Kindī, sont appelées *aḍġaṯ :* soit, d'après les dictionnaires, « javelles » ou « fagots » ; voir Coran XII, 44, *Qālū aḍġaṯ aḥlām,* « Ils dirent : Brassées de songes ! ».

moments où l'âme est jointe au corps [1]. Or l'anthropologie d'al-Kindī rassemble des éléments de provenances diverses : aristotéliciens sans doute – dans son *Épître sur les livres d'Aristote* il cite plusieurs titres des *Parva Naturalia* [2], dont le texte consacré au sommeil et à la vision se fait l'écho en plusieurs endroits [3]. Mais il se réfère aussi à Platon, notamment pour traiter du sort de l'âme qui s'est détachée du corps pour un moment ou définitivement.

Cela forme le sujet principal de son *Discours sur l'âme, un abrégé du livre d'Aristote, de Platon et des autres philosophes* [4]. C'est un ouvrage d'exhortation morale, qui décrit d'abord la situation de l'âme quand elle est jointe au corps et doit en refréner les tendances mauvaises ; il décrit ensuite le bonheur dont l'âme pourra jouir, si elle en est digne, quand elle en sera séparée. Ce *Discours,* qui traite donc principalement dans la seconde partie du sort heureux de l'âme dégagée du corps, la considère selon deux états : pendant la vie, après la mort. Au premier sont consacrées une dizaine de lignes de l'avant-dernière page. Al-Kindī y relate, en se référant à Aristote [5], ce qui arriva à un roi grec qui « fut ravi en son âme et resta longtemps ni vivant ni mort ; quand il revint à lui il communiqua aux gens quelques chapitres de la science de ce qui est caché (*ʿilm al-ġayb*) et leur fit le conte des âmes, des formes (*ṣuwar*) et des anges qu'il avait vus » [6]. On constate qu'il n'est pas question ici des formes que prélève l'imagination

1. Dans ces pages al-Kindī est prodigue en explications d'ordre physiologique à propos des divers phénomènes psychologiques qu'il décrit.

2. Abū Rīda, p. 363-84 (368). Dans l'*Épître sur la quiddité du sommeil et de la vision* al-Kindī traite notamment de la perception de formes sensibles durant le sommeil grâce à l'opération de la « faculté imaginante », et donc de la vue (Abū Rīda, 300), ainsi que des diverses sortes de visions (303-6). Cela demanderait une analyse spéciale.

3. Voir l'introduction d'Abū Rīda, p. 291.

4. Abū Rīda, p. 272-280.

5. *Risāla fī l-qawl fī l-nafs, al-muḫtaṣar min kitāb Arisṭū wa-Flaṭūn wa-sā'ir al-falāsifa,* Abū Rīda, p. 272-80 (279). Ce récit serait tiré de l'*Eudème,* voir W.D. Ross, *Aristotelis Fragmenta Selecta,* Oxford, 1952, p. 23. Ch. Genequand ne partage pas cette opinion, voir son article intitulé « Platonism and Hermetism in al-Kindī's *Fī al-nafs* », *Zeitschrift für Geschichte der arabisch-islamischen Wissenschaften,* 4, 1987-88, p. 1-18 (10). – Ce roi se serait donc trouvé dans une situation comparable à celle du Pamphylien Er fils d'Arménios (Platon, *République,* X, 614 b-621 b), mais en un autre endroit et il vit d'autres choses ; *cf.* Ph. Merlan, dans A.H. Armstrong (ed.), *The Cambridge History of Later Greek and Early Medieval Philosophy,* Cambridge, 1967, p. 33 : « In Plotinus, indeed, we find the strange structure of the second hypostasis : it contains ideas, intellects, and *gods* » (je souligne) ; on sait que les dieux des textes grecs deviennent volontiers des anges dans les traductions arabes.

6. Deux pages plus haut (p. 276-277) al-Kindī parle de l'âme purifiée qui éprouve une jouissance « divine, spirituelle, angélique » ; ces trois adjectifs conviennent bien avec le récit du roi et les êtres spirituels qu'il a vus. Il y a toutefois ici un point que l'on s'explique mal. Quand l'âme, dit-il, est devenue de plus en plus pure, « la connaissance des choses se manifeste à elle et en elle », et il précise qu'elle ne dort pas ; puis il ajoute que « lorsqu'elle est parvenue à l'extrême de la pureté elle voit *dans le sommeil* des songes merveilleux » et c'est alors que sa jouissance est ce qu'on a dit. Mais peut-être n'y a-t-il pas là d'inconséquence : al-Kindī explique en effet que lorsqu'on dort et que l'on rêve on n'a pas conscience de dormir. Comprenons donc que l'âme qui a ces songes sait qu'elle est dans un état exceptionnel et que l'homme alors « ne dort pas », puisqu'il a cette conscience : voir Ch. Genequand, *op. cit.*

sur les perceptions sensibles et qu'éventuellement elle combine : les âmes et les anges qui accompagnent celles que vit ce roi sont bien d'un monde autre que le visible. C'est pourtant un homme « ni vivant ni mort » qui les voit ; al-Kindī a d'ailleurs noté plus haut que, dans une âme « encore attachée au corps » qui abandonne les désirs et se purifie, peuvent « apparaître les formes de toutes les choses et leur connaissance, comme les formes sensibles de toutes les choses sensibles apparaissent dans un miroir poli »[1]. Mais le véritable moment des hautes visions ne vient qu'après la mort ; son lieu est « au-delà de la sphère céleste », là où est « la lumière du Créateur » – ces deux mots, *nūr al-Bāri'*, reviennent plusieurs fois dans chacune des six dernières pages du *Discours*. Ce lieu est appelé aussi, d'un terme coranique, le Malakūt, le Sublime Malakūt. L'âme qui y est passée « s'applique (*ṭābaqat*) à la lumière du Créateur » et c'est alors qu'elle *voit* – le mot « voir » apparaît lui aussi très souvent dans ces pages, sans compter des termes plus abstraits qui désignent la connaissance, le savoir. L'âme y *voit* les formes des choses, elle *voit* « des merveilles du Malakūt[2] », et même elle *voit* Dieu : « elle est proche de son Créateur, elle est proche de sa lumière et de sa miséricorde et elle le voit d'une vision intellective, non pas sensible »[3].

Nulle chauve-souris ne traverse ces pages, ces êtres incertains ne hantent pas les lieux supracélestes. Leur domaine est la Terre, le lieu où travaille Aristote : l'intelligible que, selon la *Métaphysique*, nous avons peine à percevoir, est sans doute pour lui, dans ce contexte, celui des principes des sciences[4]. La *Philosophie Première* d'al-Kindī n'a pas non plus pour objet de nous élever jusqu'aux visions

1. Ch. Genequand, *Op. cit.*, p. 276.

2. *Ibid.*, p. 279. Pour ce dernier mot voir Cor. VII, 185 ; XXIII, 88 ; XXXVI, 83 ; et spécialement pour notre contexte, VI, 75 : « Ainsi nous avons fait voir à Abraham le *malakūt* des cieux et de la terre ».

3. Al-Kindī attribue cette description à un philosophe où l'on pourrait reconnaître Pythagore (*Afsqwr al-ḥakīm*) ; elle pourrait poser un problème théologique, mais il l'assume sans rien en dire. Noter que plus haut (275, 13), selon le texte d'Abū Rīda, on lit que « l'âme qui a passé dans le monde de l'Intellect, au-delà de la Sphère céleste, passe dans la lumière du Créateur et *voit* le Créateur, Puissant et Exalté ». Mais selon l'apparat critique le manuscrit n'a pas *ra'at*, « elle voit », mais *ḏāt*, « essence », ce qui donne : « l'âme passe dans la lumière et l'essence du Créateur », ce qui est tout aussi surprenant. En tous cas le rejet de la leçon retenue nous prive d'une occurrence du *voir*. – On peut se demander si ces métaphores du *voir* chez al-Kindī s'accordent en quelque façon avec sa théorie de la vision ? Pour lui – comme pour Platon, pour Euclide – la vision implique une activité de l'œil : « Une puissance lumineuse se disperse à partir de la pupille de l'œil et imprime dans tout l'air qu'elle rencontre une luminosité conique étendue » (*Œuvres philosophiques et scientifiques d'al-Kindī. Volume I. L'optique et la catoptrique*, par R. Rashed, *op. cit.*, 1997, p. 162-3). Dans le *Discours* l'initiative serait sans doute du côté de la lumière du Créateur et le rôle de l'âme serait de se purifier et de se détacher du corps pour s'en rendre réceptrice ; c'est du moins l'impression que laisse la lecture du texte. Ou faut-il penser que ce serait d'aller à la rencontre de cette lumière, de s'y « appliquer », comme il est dit un peu plus haut ?

4. Pour une interprétation mystique d'Aristote, voir Ph. Merlan, *Monopsychism, Mysticism, Metaconsciousness, op. cit. supra.*

de la lumière divine, mais bien de retrouver, à force de raisonnements logiques sur les prédicables et les catégories et sur la notion de *un,* celle de l'Un Vrai et Premier qui confère à toute chose, avec l'unité l'existence. Au-delà du corps de l'univers il n'y a rien, ni plein ni vide[1]; aussi bien ne doit-on pas supposer que l'itinéraire céleste de l'âme en voie de purification, partiellement balisé dans le *Discours,* ait avec le Ciel des astronomes autre chose de commun que les noms des planètes. À considérer la narration et l'imagerie de ce texte, seul est pénible l'effort par lequel l'âme se détache du corps[2] – à moins qu'elle ne soit favorisée d'un ravissement comme celui dont bénéficia le roi grec. Al-Kindī puise ici au platonisme et à l'hermétisme[3], il faut penser en le lisant – connût-il ou non ces ouvrages – au *Phèdre* et même à la *République*[4] où l'on retiendra l'histoire d'Er plutôt que l'ascension intellective vers les Idées et le Bien; penser aussi au *Poimandrès.* Toute vue est là-haut[5] pure réceptivité de lumière; il se peut qu'on y rencontre les anges que rencontra le roi, mais les anges et les chauves-souris font monde à part.

Comme le *Livre de la Philosophie Première* d'al-Kindī, comme la première *maqāla* de la *Métaphysique* arabe, la première Question du *Petit Livre du Salut* de Miskawayh commence en évoquant les chauves-souris. Si la vérité, dit-il, qui est lumineuse, est obscure pour nous, « cela est dû à la faiblesse de nos intelligences... Le Sage en a donné un exemple en disant: l'intelligence est atteinte par la lassitude quand elle regarde le Vrai primordial, comme il en est de l'œil de la chauve-souris quand elle regarde le disque solaire »[6]. Une page plus loin il cite la *Physique* d'Aristote: « Ce qui est premier dans la nature est

1. Voir *op. cit. supra.*

2. L'âme ne risque pas d'enfer, même provisoire comme il l'est dans la *République* et les écrits hermétiques; voir J. Jolivet, « La topographie du salut d'après le *Discours sur l'âme d'al-Kindī* », dans M.A. Amir-Moezzi (dir.), *Le voyage initiatique en terre d'islam. Ascensions célestes et itinéraires spirituels,* Louvain-Paris, Peeters, 1996, p. 149-58 (157-8).

3. Voir Ch. Genequand, « Platonism and Hermetism in al-Kindī's *Fī al-nafs* », *Zeitschrift für Geschichte der arabisch-islamischen Wissenschaften, op. cit.*

4. Au *Phèdre* à cause du lieu « au-dessus du Ciel », « en dehors du Ciel » (647 b; *cf.* al-Kindī: *fawqa l-falak, ḫalfa l-falak*); à la *République,* malgré la distance maximale entre l'au-delà du Ciel et l'enfer, mais à cause d'Er qui, « étant mort (*teleutēsas*)... puis revenu à la vie (*anabious*) » (614 b et d), rappelle le roi qui « resta sans vivre ni mourir (*makaṯa lā ya'īš wa-lā yamūt*) », et qui lui aussi « vit des âmes ».

5. L'*Épître sur les moyens de chasser les tristesses,* qui évoque, très sobrement, « le monde de l'Intellect » (*'ālam al-'aql*) et « le séjour intellectif » (*al-maḥall al-'aqlī*) où l'âme peut accéder, ne dit rien de ce que, éventuellement, elle y verrait. Seule est évoquée à ce propos la notion de « perception », *mušāhada,* sans précision aucune.

6. Miskawayh, *Le Petit Livre du Salut, Al-Fawz al-aṣġar,* éd. Ṣāliḥ 'Uḍayma, trad. Roger Arnaldez, Tunis, Maison Arabe du Livre, 1987; p. 35 arabe/15 français. Nous reproduisons ici la traduction Arnaldez. Un peu plus loin (36 ar./16 fr.) on trouve la formule « les yeux de notre intellect ». [dorénavant Arnaldez].

dernier à nos yeux, et ce qui est dernier dans la nature est premier à nos yeux »[1]. Mais dans l'intervalle il avait obliqué de fait vers Platon, en attribuant au même Aristote une pédagogie à l'usage des apprentis philosophes qui rappelle celle de la *République*: il convient, disait-il, de les « entraîner par des exercices... jusqu'à ce qu'il leur soit possible de jeter un coup d'œil sur ce Vrai, autant qu'une créature peut jeter un coup d'œil sur son Créateur »[2]. Cependant selon Platon les prisonniers extraits de la caverne et forcés d'ouvrir les yeux au jour voient progressivement « les vivants, les astres et enfin le Soleil lui-même » ; et de même par la pratique de la dialectique on en arrive à « saisir par la pensée ce qu'est le Bien »[3]. Or Miskawayh n'ambitionne pas de voir le Vrai mais bien de « jeter un coup d'œil » sur la Réalité suprême : est-ce là une allusion, fort peu compromettante au demeurant, à telle controverse théologique ? Ou plutôt le souvenir d'une page embarrassante des *Plotiniana arabica* où on lit successivement que le Premier Principe n'est ni nommé ni connu – il n'y a de lui, selon Plotin, ni *logos* ni *epistēmē* (*Ennéades,* IV, 7) ; mais aussi, dans un passage qui ne figure pas dans le texte grec, qu'il est le premier des intelligibles[4] ? Quoi qu'il en soit, selon Miskawayh « l'œil de l'intellect » est donc bien, par rapport à cet intelligible suprême, dans la situation décrite ou évoquée par Aristote et Plotin, non dans celle que postulent comme un idéal Platon et les néoplatoniciens arabes responsables pour une part des *Plotiniana arabica*: un idéal de vision extracosmique. Encore faut-il distinguer entre les représentants de la première hypothèse : car si Aristote entend par « ce qu'il y a de plus intelligible » des principes qui restent de l'ordre du savoir, on n'est pas fondé à assimiler sa position à celle de Plotin ; mais d'autre part accepter cette assimilation ferait resurgir d'une certaine manière la question de l'*Aristoteles mysticus* évoquée plus haut.

La position théorique de Miskawayh paraît moins nette que celle de son déjà lointain prédécesseur, al-Kindī ; certes ce dernier manie lui aussi les deux outillages conceptuels, l'aristotélicien et le néoplatonicien ; mais du moins il le fait en toute clarté, commençant la *Philosophie Première* avec des concepts qui lui viennent d'Aristote, la continuant avec ceux que lui offre le néoplatonisme, puis associant les deux avec maîtrise. Pourtant sur certains points Miskawayh semble travailler avec l'œuvre d'al-Kindī à portée de main, plusieurs passages de cette même Question le montrent. Comparons les pages 37-38/16-17 du

1. On peut penser que Miskawayh combine ici plusieurs passages de la *Physique* d'Aristote (voir p. 95, la note 4 d'Arnaldez). En fait la citation qu'il fait est plus proche du passage des *Seconds Analytiques* cité *supra* n. 1.

2. Arnaldez, p. 35 ar./p. 15 fr. ; voir Platon, *République,* VII, 521 c-531 c, à propos des sciences préparatoires à la dialectique.

3. *Ibid.,* 532 a-b.

4. Voir C. d'Ancona, « Divine and Human Knowledge in the Plotiniana Arabica », in J.J. Cleary (ed.), *The Perennial Tradition of Neoplatonism,* Leuven, University Press, 1997, p. 419-42 (422-5). Le passage en question est dans l'*Epistola de scientia divina.*

Petit livre du salut et les pages 18/21 de la *Philosophie Première*[1]. Il y est traité des deux ordres de la perception humaine, la sensible et l'intellectuelle ; le détail du vocabulaire diffère parfois[2] mais les idées paraissent reprises de l'un à l'autre, certaines phrases sont même identiques. La différence est dans le traitement du fait : Miskawayh insiste sur l'inévitable mélange des deux ordres de perception et la difficulté que l'on éprouve à éliminer de l'intellectuel le sensible ; al-Kindī met une distinction plus nette et procède à une analyse plus fouillée de la perception sensible et du début d'abstraction qui s'y opère. Comme exemple d'un raisonnement qui doit repousser toute intrusion de l'imagination, Miskawayh, comme al-Kindī, montre qu'il n'y a ni vide ni plein hors de l'univers, mais d'une argumentation détaillée il ne retient que la conclusion. Il ajoute que pour parvenir à de tels résultats il faut « se soumettre à des exercices » qui « ouvrent les yeux de l'intellect » ; ces deux mots figurent dans le contexte immédiat chez al-Kindī mais celui-ci parle d'« enquêtes intellectives » et non d'« exercices ». Là-dedans se dessine une diversité de références philosophiques, d'autant qu'un peu plus loin Miskawayh esquisse un programme d'études au terme duquel, s'étant « déshabitué des représentations imaginatives » on atteint enfin « le Paradis, le voisinage de Dieu avec les anges » ; ce programme consiste à « pratiquer les mathématiques et à s'y exercer, puis passer à la logique qui est l'instrument de la philosophie, puis à la métaphysique »[3]. Certes c'est le même cursus que prescrivait al-Kindī dans son *Épître sur les livres d'Aristote*[4], la priorité des mathématiques en est l'élément caractéristique. Mais les deux philosophes diffèrent en ce qu'al-Kindī ne dit pas que le salut soit l'aboutissement de la philosophie ; à l'inverse ou presque il distingue, dans la partie centrale de cet ouvrage, la « science divine », celle que Dieu communique aux prophètes, de la « science humaine » qu'on acquiert par patience et efforts. Ici encore le platonicien et l'aristotélicien divergent, mais ce dernier parallèle conforte l'hypothèse que Miskawayh démarque al-Kindī plutôt qu'un texte plus ancien qui aurait été connu des deux[5].

« Un homme qui n'est pas un homme jette et ne jette pas une pierre qui n'est pas une pierre contre un oiseau qui n'est pas un oiseau ». L'animal que

1. Cf. *supra* Miskawayh, *op. cit.* ; cf. *supra* al-Kindī, *op. cit.*

2. Ainsi, quand Miskawayh use des mots *idrāk, bahīma* pour parler de la perception et de l'animal, al-Kindī emploie *wuǧūd* et *ḥayawān.* Mais il arrive qu'une phrase soit identique de l'un à l'autre ; et encore, pour dire que la perception sensible se fait instantanément et sans effort mais qu'elle est dans un flux continuel, Miskawayh reproduit une expression d'al-Kindī (*bi-lā zamān wa-lā ma'ūna*) puis use comme lui de mots des racines SYL et BDL.

3. Arnaldez, *op. cit.*, p. 39 ar./p. 18-9 fr.

4. Ed. Abū Rīda, *op. cit. supra*, p. 363-84 ; éd. M. Guidi et R. Walzer, « Studi su al-Kindi. I. Uno scritto introduttivo allo studio di Aristotele », *Atti della Reale Accademia Nazionale dei Lincei,* 334, 1940, coll. « Memorie delle Classe di Scienze Morali, Storiche e Filologiche », 6, p. 375-419 (avec une traduction italienne).

5. Comme ce peut être le cas dans leurs développements respectifs sur l'imagination, la perception, le songe et leurs mécanismes.

poursuit la méchanceté maladroite de cet eunuque (mais pourquoi jette-t-il une pierre ponce ?) est, on l'a deviné, une chauve-souris. Après avoir lu Aristote, al-Kindī, Miskawayh, on allongerait volontiers l'énigme antique : «… qui voit et qui ne voit pas ». Entre l'extase et le découragement le philosophe et la chauve-souris s'évertuent dans le demi-jour.

CINQUIÈME PARTIE

DE L'ARABE AU LATIN

Chapitre XXIV

LES TRADUCTIONS DE L'ARABE AU LATIN AU XIIe SIÈCLE ET LES PRÉMICES D'UNE NOUVELLE PHILOSOPHIE DE L'ESPRIT *

L'intitulé de ma communication en définit exactement les limites et de ce fait même en suggère déjà le contenu – soit, en ce cas, la façon dont au XIIe siècle latin les esprits spéculatifs concevaient le mode et le sens de la connaissance intellectuelle, d'une part; et d'autre part une certaine nouveauté y survenant: les traductions de l'arabe au latin de plusieurs textes à ce sujet – quelles conséquences ont-elles résulté de la confrontation entre ces deux conceptions globales? Il s'agira de se placer autant que possible au moment premier de cette coprésence – le moment où s'offre et va s'installer un nouveau paradigme; non pas de considérer en détail les conséquences qui en auront résulté dans la suite des temps (ainsi je ne dirai rien d'Averroès, apparu au XIIIe siècle, et qui ouvre un champ de problèmes tout nouveaux, qui n'a pu s'instaurer qu'à l'intérieur de la scolastique sous ses deux aspects institutionnel et théorique). Le plan est donc clair d'avance: 1) évoquer ce qui représentait, au XIIe siècle latin, ce que l'on peut appeler, non sans anachronisme, une philosophie de l'esprit; 2) énumérer les éléments principaux de la noétique contenue dans les textes arabes introduits successivement dans ce champ. Quelques remarques sur les conséquences futures ne seront que des notations rapides.

Premier tableau

Concernant, au XIIe siècle, la vie de l'esprit, l'autorité la plus considérable est bien entendu celle d'Augustin; à cause des *Confessions* pour une part mais aussi, et surtout pour notre objet précis, à cause du *De Trinitate,* livre X. Ce livre est

* « Les traductions de l'arabe au latin au XIIe siècle et les prémices d'une nouvelle philosophie de l'esprit », dans *Les relations culturelles entre chrétiens et musulmans au Moyen Âge. Quelles leçons en tirer de nos jours ?,* Actes du colloque organisé à la Fondation Singer-Polignac le mercredi 20 octobre 2004, édités par Max Lejbowicz, p. 45-55.

consacré à des réflexions préparatoires sur la connaissance de l'âme par elle-même, et se termine par une prise en compte particulière de « trois instances », *tria haec :* la mémoire, l'intelligence, la volonté. Retenons qu'elles sont rangées sous les catégories de *vie* et d'*unité :* « elles ne sont pas trois vies, mais une seule vie ; non pas trois âmes mais une seule âme ; non pas trois substances mais une seule substance. » Elles sont trois en tant qu'elles sont en relations mutuelles ; égales chacune à chacune, chacune à toutes, elles se contiennent mutuellement[1]. Le point important pour nous est que la mémoire ici n'est pas considérée pour elle-même, analytiquement pour ainsi dire, mais dans son unité ontologique avec l'intelligence et la volonté ; à rebours donc de ce que l'on pourrait appeler toute distinction scolastique au sens général de ce dernier mot, et notamment à rebours de ce que vont apporter les traductions de l'arabe. Les théologiens chrétiens auront à s'arranger avec cette diversité de sources et de points de vue, mais ils n'en sont pas encore là.

Le second héritage doctrinal au XIIe siècle est contenu dans les œuvres de Boèce, auteur original et transmetteur de la tradition gréco-latine – plus précisément, la tradition aristotélicienne et celle du néoplatonisme alexandrin. Comme l'a bien montré Alain de Libera[2], Boèce, quand il rencontre les problèmes de la connaissance intellectuelle en commentant les classiques de la logique (*Isagogè* de Porphyre, une partie de l'*Organon* d'Aristote), n'en élabore pas de véritable solution. Il n'en décrit, sommairement, les conditions et les processus que pour autant qu'il peut ainsi expliquer des textes ayant pour objet de clarifier la logique à l'œuvre dans le langage, telle que l'ont analysée les auteurs classiques. Ainsi son second commentaire de l'*Isagogè* proposait au lecteur du douzième siècle un tableau de – pour reprendre ses termes – « la triple vertu de l'âme » : l'une procure au corps la vie, une autre fournit « la discrimination par le sens », *sentiendi judicium;* la troisième « est fondée sur la puissance de l'esprit et la raison », *vi mentis et ratione subnixa est.* Parallèlement, leurs objets sont « les formes des choses », leurs images et leurs souvenirs ; enfin la raison « s'applique à connaître les choses présentes, ou à concevoir par l'*intelligentia* celles qui sont absentes ou celles que l'on ignore » ; elle « éclaircit et confirme ce que l'imagination a suggéré. » On retrouve dans la *Consolation de Philosophie* une classification hiérarchisée des puissances de l'âme, mais l'*intelligentia* y apparaît nettement comme une instance noétique autonome superposée à la triade sens, imagination, raison ; en d'autres termes, à une psychologie de la connaissance sensible et discursive se superpose une instance qui saisit « la forme simple », l'idée platonicienne sans doute. Ce passage sera souvent exploité au XIIe siècle par des philosophes et des spirituels épris de métaphysique : Alain de Lille, Hugues et Achard de Saint-Victor, Guillaume de Conches, Jean de Salisbury, Thierry de

1. Augustinus, *De Trinitate,* X, xi, 17, éd. bénédictine, Paris, 1955 (*Œuvres de saint Augustin,* 16), p. 154-155.

2. A. de Libera, *L'Art des généralités. Théories de l'abstraction,* Paris, 1999 (Philosophie).

Chartres, Isaac de l'Étoile... De l'un à l'autre on observe des différences, notamment à propos de l'*intelligentia;* parfois elle est désignée par un autre terme boécien, *intellectus;* d'autres l'ajoutent en cinquième à une liste qui sans elle s'arrêterait à l'*intellectus:* ainsi chez Hugues, selon qui elle consiste en une « participation à la substance intellectible » ; selon Isaac elle reçoit les théophanies [1].

Ainsi ces lecteurs de Boèce se retrouvent sur des chemins déjà frayés d'une autre façon par Augustin et qui, bien entendu, ne leur étaient pas inconnus. Les psychologies augustinienne, boécienne, ouvrent sur la spiritualité, mais ces auteurs ne constituent pas une théorie vraiment articulée de la connaissance au sens profane du mot, si l'on peut dire ; ils se contentent de descriptions qui certes ne sont pas fausses mais manquent de rigueur théorique. On peut en dire autant d'Abélard ; la *Logica Ingredientibus* recueille des éléments doctrinaux qui ne sont pas différents de ceux de la tradition commune : tripartition de *sensus, imaginatio, intellectus,* avec quelques notations pénétrantes (par exemple sur l'*imaginatio* « fascinée par l'image », qui elle-même n'est ni une substance ni une forme mais « absolument rien », *nil penitus,* et n'est là que pour être dépassée : *aliud in ipsa attendo*) ; quant aux formes elles-mêmes, Dieu seul les connaît. Le traité *De intellectibus* ajoute à cette énumération la raison et la rationalité (*ratio, rationalitas*), la première consistant en l'exercice facile de la seconde ; il emprunte à la *Consolatio* de Boèce l'*intelligentia,* qui appartient à peu d'hommes, voire à Dieu seul. Plus remarquable est la présence dans cet ouvrage de l'*existimatio,* l'opinion (et non l'« estimative », comme traduit à tort le dernier éditeur de ce traité). Surtout est remarquable le rapport étroit qu'Abélard établit entre la psychologie de la connaissance d'une part, la grammaire et la logique de l'autre. Les cinq derniers chapitres de l'ouvrage portent sur les différences entre les intellections, et dans chaque cas l'analyse se fonde sur celle du langage. Les intellections diffèrent selon qu'elles portent sur un nom ou sur une phrase ; selon la présence ou l'absence d'un *non* devant un terme ou dans la proposition ; les différences qui résultent des choses elles-mêmes sont analysées par le biais de leurs expressions verbales. Or déjà dans ses gloses Abélard donnait le langage comme étant l'interface entre le réel et l'esprit : *inter rem et intellectum tertia exiit nominum significatio* [2]. Cela me paraît lui être propre, et doit, même isolé, être noté dans un tableau fût-il sommaire des conceptions de la connaissance intellectuelle au douzième siècle.

1. Sur ces points, voir M.-Th. d'Alverny, *Alain de Lille. Textes inédits avec une introduction sur sa vie et ses œuvres,* Paris, Vrin, 1965 (Études de philosophie médiévale, LII), p. 170-180.

2. Petrus Abaelardus, *Logica Ingredientibus* dans *Peter Abaelards Philosophische Schriften*, I, éd. B. Geyer, *op. cit.*, 24, l. 29-30.

Deuxième tableau

Des œuvres de philosophes arabes sont arrivées dans le monde latin ; je dis : sont arrivées ; je me place dans un certain état de l'histoire de la philosophie en me les représentant simultanément présentes ; je propose de regarder le paysage intellectuel nouvellement occupé, finalement constitué. Il serait oiseux, probablement impossible de suivre le cheminement précis, dans la sphère considérée, des concepts véhiculés par les ouvrages d'al-Kindī, d'al-Fārābī, d'Avicenne apparus alors. Je les considérerai donc dans leur suite historique propre ; je ne fais d'ailleurs que suivre ainsi dans ses grandes lignes l'article pionnier d'Étienne Gilson sur les sources gréco-arabes de l'augustinisme avicennisant [1]. Les deux traductions latines de l'épître d'al-Kindī sur l'intellect ont été éditées et publiées par Albino Nagy en 1897 [2]. L'une de ces traductions est l'œuvre de Gérard de Crémone, l'autre est anonyme, on peut penser qu'elle a pour auteur Jean d'Espagne [3]. Une comparaison sommaire de ces deux versions commence dès leurs titres respectifs : *Verbum Jacob Alkindi de intentione antiquorum in ratione,* selon Gérard ; dans l'autre traduction, *Liber Alkindi de intellectu et intellecto.* Selon l'histoire longue des concepts la *ratio* de l'un et l'*intellectus* de l'autre, qui traduisent le même mot arabe (*al-'aql*) signifient le *nous* aristotélicien et néoplatonicien. Pour un lecteur du XIIe siècle cette dualité devait mettre en cause la classification boécienne où les mots *ratio* et *intellectus* désignaient deux niveaux de la connaissance. Ce serait là un premier choc contre les données traditionnelles ; cela dit, nous n'userons dorénavant que du seul mot *intellect* en ce cas précis. – Quoi qu'il en soit de ce point (important) et de quelques autres différences (secondaires), un lecteur médiéval de l'une ou l'autre de ces versions y apprenait que la doctrine qui y était exposée était « celle de Platon et d'Aristote » ; qu'il y avait quatre espèces (*species*) d'intellect : la première est la cause de tout ce qui est rationnel, chez Gérard ; ou bien elle est l'intellect toujours en acte selon l'autre traducteur. La deuxième espèce est l'intellect, ou la raison, « en puissance dans l'âme », selon les deux. Puis vient celui (celle) qui passe en l'âme de la puissance à l'acte (*exit in anima de potentia ad effectum*). Enfin, celui (celle) « qu'on appelle *démonstratif* (*ve*) – *demonstrativum* (*vam*) – ce mot est, dans les deux versions, la traduction (hasardeuse) d'un mot difficile à déchiffrer qui est sans aucun doute *ṯānī,* « second ». Notre philosophe médiéval lisait ensuite une comparaison de l'intellect (ou de la raison) avec le sens, impliquant qu'il existe deux sortes de formes : les formes matérielles, les formes sans matière ; que dans la connaissance la forme et l'âme s'identifient l'une à

1. Ét. Gilson, « Les sources gréco-arabes de l'augustinisme avicennisant », *Archives d'histoire doctrinale et littéraire du Moyen Âge,* IV (1929-30), p. 5-149.

2. A. Nagy, *Die philosophische Abhandlungen des Jaqūb ben Ishāq Al-Kindī,* Münster, 1897 (Beiträge zur Geschichte der Philosophie und Theologie des Mittelalters, II, v). [dorénavant Nagy].

3. Nagy, *Die philosophische Abhandlungen des Jaqūb ben Ishāq Al-Kindī, op. cit.,* p. 22, n. 1.

l'autre. Enfin (je vais vite, trop peut-être) venait une nouvelle énumération des sens du mot intellect (ou raison), qui reprend la première avec des précisions supplémentaires ; avec aussi quelques différences entre les deux versions ; et encore, commun aux deux, le fait qu'elles ne laissent pas sentir suffisamment qu'entre le début et la fin de son épître, l'analyse menée par al-Kindī a affiné la doctrine et que donc les deux énumérations, l'initiale et la finale, ne se superposent pas vraiment. Il arrive que le sens de ce passage reste inaperçu, de nos jours mêmes. Abrupte en soi, même dans l'original ; mal servie par les traductions, surtout par celle de Gérard de Crémone, l'épître ne pouvait être d'un grand profit pour ses lecteurs médiévaux. Du moins elle apportait deux nouveautés importantes par rapport à l'héritage doctrinal précédemment résumé. D'une part, l'entrée en scène personnelle dans cette région de la philosophie, de Platon et d'Aristote ; entrée largement symbolique d'ailleurs, surtout pour Platon : il ne représente là qu'une ascendance lointaine ou une présence diffuse dans la tradition néoplatonicienne, dont participe aussi l'Aristote ici évoqué. Nouveauté plus instructive, le processus de la connaissance y est analysé par analogie avec la perception sensible ; les moyens termes de cette comparaison sont les concepts de forme (dans la matière ou dans l'âme) et de passage de la puissance à l'acte. Certes cette analogie n'est pas une nouveauté entière ; mais, décrire la connaissance intellectuelle comme un cas particulier d'une sorte de mécanisme ontologique à portée générale, et sous l'autorité de Platon et d'Aristote, cela donnait du relief aux indications de Boèce en ce sens ; ouvrait d'autre part des perspectives différentes de celles qu'avait ouvertes Augustin. C'était installer à côté de la spiritualité et de l'introspection une spéculation proprement philosophique, on n'ose dire positive ; une description fonctionnelle de la connaissance, qui mettait en jeu un système d'intellects selon une échelle d'actes et de puissances couronnée par un « intellect premier », « spécificité des choses », « toujours en acte ». Si et comment ce mode de pensée a pu se former, de fait, chez les lecteurs latins d'al-Kindī, on n'en affirmera rien ; toujours est-il qu'il était préparé ou installé par ce texte court, et peu clair sous sa forme latine notamment.

L'article cité de Gilson comporte un Appendice intitulé « Le texte latin médiéval du *De intellectu* d'Alfarabi » ; il édite le texte en question à partir d'un manuscrit du XIIIe siècle, où le nom du traducteur n'apparaît pas [1]. On sait cependant que Dominique Gundisalvi a traduit cet ouvrage, et il serait satisfaisant de savoir si c'est ou non sa traduction que nous avons entre les mains. Retenons seulement que, si ce n'est pas le cas, sans doute le texte dont nous disposons ne doit pas différer fondamentalement de celui qui se lisait au XIIe siècle.

Ce *Traité de l'intellect* résume à très grands traits tout ce qu'Aristote a pu dire sur ce sujet, en insistant davantage sur ce qui concerne la noétique. Il commence par énumérer les sens que prend ce mot selon les contextes : le sens

1. Ét. Gilson, *Les sources gréco-arabes de l'augustinisme avicennisant*, *op. cit.*, p. 108-141 : Appendice, « Le texte latin médiéval du *De intellectu* d'Alfarabi » et, aux p. 115-126, l'édition du texte.

courant (quand on dit: cet homme est intelligent); le sens très lâche que lui donnent les théologiens (*locutores*: les *mutakallimūn*); le sens qu'il a dans les *Seconds Analytiques* (*in libro demonstracionum*): à savoir, la puissance de l'âme qui acquiert les principes; dans l'*Éthique* (*in tractatu VI° in libro de moribus*); dans le *Traité de l'āme;* enfin l'*intelligencia agens quam nominavit Aristoteles in tercio tractatu libri de anima.* Ces diverses rubriques sont plus ou moins développées. Dans la partie qui concerne le *Traité de l'āme*[1], on note la nomenclature transposée de la tradition des commentateurs grecs: *intellectus in potentia, in effectu, adeptus,* enfin l'*intelligencia agens,* « forme séparée »[2], qui est étudiée longuement[3]. On arrive ainsi à la *Métaphysique* comme il était annoncé dans le prologue; al-Fārābī présente brièvement la hiérarchie qui range sous l'*intelligencia prima* les *intelligencie* de second ordre qui sont les moteurs des corps célestes[4]. Ainsi, ce traité *de intellectu et intellecto* rompt avec la tradition augustinienne et boécienne: il esquisse une philosophie complète, impliquant ce que l'on pourrait appeler une « cosmonoétique », et même une morale. Car chemin faisant al-Fārābī a désigné la « fin dernière » (*finis ultimus*) de l'homme, qui est de se rapprocher de l'intelligence agente: « c'est ce que l'on entend par "l'autre vie", *haec est intentio de vita alia* »[5]. Cette dernière expression est sans doute un contresens, le traducteur aura lu *al-ḥayāt al-aḫara* au lieu de *al-ḥayāt al-aḫira,* « la vie dernière », formule coranique bien connue mais qu'il n'aura pas identifiée. Gilson a senti qu'il y avait là une difficulté; à l'endroit correspondant de sa traduction, il met en note: « le latin est ici dénué de sens »[6]. Louis Massignon, dans des *Notes sur le texte original du De intellectu d'Al Farabi* qui suivent l'article de Gilson[7], ne fait aucune remarque sur ce point; cependant, la traduction latine d'une traduction hébraïque de l'ouvrage, dont il reproduit un fragment à la suite de son propre article, a *vitam coelestem,* « la vie céleste », à l'endroit parallèle. On sait que selon al-Fārābī le prophète est un législateur qui transpose en images ce qu'il conçoit en tant que philosophe, et c'est pourquoi on a insisté quelque peu sur ce point: la « vie dernière » du Livre révélé est, en fait, l'activité intellectuelle suprême, la vérité du texte coranique est ici dans la philosophie d'Aristote. Cela dit, il se peut fort bien que les lecteurs latins n'aient pas eu l'occasion d'apercevoir, à la lecture du *De intellectu,* cet aspect de sa doctrine. Toutefois cet opuscule, plus long et plus explicite que celui d'al-Kindī, marque mieux que lui l'entrée dans la sphère chrétienne latine de la noétique élaborée par les philosophes arabes à partir de l'œuvre d'Aristote et de ses commentateurs. En ce sens il fait date.

1. Ét. Gilson, *Les sources gréco-arabes de l'augustinisme avicennisant, op. cit.*, p. 117-121.
2. *Ibid.*, p. 121.
3. *Ibid.*, p. 121-125.
4. *Ibid.*, p. 125.
5. *Ibid.*, p. 123.
6. *Ibid.*, p. 139, n. 2.
7. *Ibid.*, p. 151-158.

Un exposé historique complet devrait sans aucun doute faire apparaître ici un « Troisième tableau » dans ce même XIIe siècle, prenant en compte d'autres textes essentiels : les traductions d'Avicenne – c'est-à-dire pour nous la partie du *Šifā'* consacrée à l'âme, et à sa suite celle d'al-Ġazālī (la partie correspondante des *Maqāsid*). En fait ce n'est pas nécessaire pour notre propos, car les traités beaucoup plus succincts d'al-Kindī et d'al-Fārābī contiennent déjà en leur substance toute la noétique qui va s'imposer dans la culture latine savante. Il faut cependant noter que le *Liber de anima* d'Avicenne replace en outre la doctrine de l'âme dans le cadre encyclopédique du corpus aristotélicien – la noétique s'y présente comme une partie de la physique. Ce *De anima* peut bien se terminer par des considérations sur l'Intellect et les Intellects, avec deux majuscules, et sur cette sorte de mystique de l'intelligible mise en place par les commentateurs grecs et les philosophes arabes ; le fait bibliographique oblitère une certaine parenté entre ces lancées et la spiritualité spéculative latine. Les documents arabes se rangent d'eux-mêmes d'un côté qui n'est pas celui de l'antiquité chrétienne : du côté des philosophes, non de celui des saints. Boèce, le commentateur d'Aristote et l'*alumnus* de Philosophia, est dépassé sur sa gauche. Les théologiens auront plus tard à gérer les relations entre ces autorités diverses, l'« augustinisme avicennisant » de Gilson représente au mieux une combinaison instable. En termes d'institutions – fussent-ils ici anachroniques – et en nous reportant à notre point de départ, disons qu'au siècle suivant Augustin sera pour la faculté de théologie, Aristote et Avicenne pour la faculté des arts. Le tournant des deux siècles, sous le signe de la noétique arabe, inaugure toute une période de la philosophie occidentale, et c'est pourquoi on a insisté quelque peu sur ce point.

CHAPITRE XXV

L'« AUGUSTINISME AVICENNISANT » AU XIIe SIÈCLE : UN EFFET DE MIRAGE*

L'objet de cette étude est d'examiner le bien-fondé d'une notion historique introduite par Étienne Gilson il y a trois quarts de siècle. Je voudrais en examiner la pertinence et les limites exactes, examiner, en ce qui concerne spécifiquement le XIIe siècle, les exemples qui en ont été présentés par l'éminent médiéviste ; voir, à l'occasion d'un débat qui a précocement résulté, si l'on ne peut inverser la formule et parler plus vaguement mais – ce qui est paradoxal – plus exactement, d'un *avicennisme augustinisant.* Il s'agira donc d'historiographie et d'histoire. Le lieu initial de la recherche se situe dans la seconde moitié du XIIe siècle (période avant laquelle on ne pourrait parler d'avicennisme dans le monde chrétien, l'Occident) ; et, dans une certaine mesure, dans le début du treizième. Est-il utile de préciser que je n'ai aucunement l'intention de minimiser, s'agirait-il d'un point spécial et limité, le travail d'Étienne Gilson ? Ce sera bien plutôt une manière de recueillir son exemple que d'analyser quelques textes pour se demander s'il faut s'en tenir, à leur sujet, à la caractérisation qu'il en a imaginée ; ou s'il ne faut pas plutôt rectifier la perception qu'il en a pu avoir. Nous commencerons par une chronologie historiographique qui constituera une première partie ; ensuite nous passerons à quelques textes-clés désignés par Gilson lui-même.

La formule « augustinisme avicennisant » apparaît pour la première fois dans un texte mémorable, l'article liminaire du premier volume des *Archives d'histoire doctrinale et littéraire du Moyen Âge ;* il est écrit par Étienne Gilson et intitulé « Pourquoi saint Thomas a critiqué saint Augustin » (p. 5-127) [1]. D'emblée

* « L'"augustinisme avicennisant" au XIIe siècle : un effet de mirage », Chôra, 2/2004, p. 5-20.

1. Le titre de cet article est provocant ; l'un de ses enjeux est de souligner les différences de fond entre les synthèses scolastiques élaborées au cours du XIIIe siècle et les stratégies *philosophiques* qu'elles impliquent, indépendamment de leur révérence commune pour saint Augustin. L'arrivée dans le monde latin de l'ensemble du corpus d'Aristote et de ses deux grands exégètes « arabes » avait remis en cause l'ensemble des références des théologiens du siècle précédent, dont les principales étaient un Platon

son auteur insiste sur l'importance historique de ce sujet: « on s'accorde généralement », écrit-il, « à considérer la substitution d'une nouvelle synthèse doctrinale à celle de saint Augustin comme l'événement philosophique le plus important qui se soit produit au cours du XIIIe siècle »; et il désigne aussitôt ce qui est à son avis le point critique où s'effectue la dissociation entre « l'ancienne scolastique » et la nouvelle: c'est la « théorie de la connaissance » (p. 5). Le syntagme « augustinisme avicennisant » donne son titre à la 3e section de la partie III de l'article, laquelle est intitulée « L'avicennisme » (p. 80; la 4e section s'intitule « La critique thomiste de l'augustinisme avicennisant »). Je ne résumerai pas cet article dans son ensemble et me bornerai, pour l'instant, à en présenter très brièvement ce qui est nécessaire à la suite de mon analyse. Je relève d'abord que l'attention de Gilson avait été éveillée par un point particulier de la critique thomasienne de l'avicennisme: celle qui est dirigée contre Guillaume d'Auvergne (évêque de Paris en 1228, mort en 1249). L'essentiel en est que Guillaume, en niant que l'âme humaine dispose d'un intellect agent propre, se conforme à ce sujet à la doctrine d'Avicenne; mais qu'il s'en sépare aussi en ce qui concerne le dispensateur de l'illumination: ce n'est pas selon lui l'Intellect agent, l'intelligence de la dernière sphère céleste, qui nous confère les intelligibles, c'est Dieu – et ici il se range du côté d'Augustin. Poursuivant son enquête, Gilson, dans cette troisième section de la troisième partie, examine les doctrines de plusieurs théologiens postérieurs à Guillaume sur le point précis que l'on vient de dire. Ainsi Alexandre de Halès, Jean de la Rochelle, saint Bonaventure représenteraient plus ou moins nettement un « augustinisme aristotélisant ». D'autre part – et même en admettant qu'il est « fort difficile de trouver un philosophe qui ait enseigné, sans réserve et expressément, la doctrine de Dieu intellect agent » (p. 104) – Gilson attribue cette thèse, sous cette clause, à Roger Bacon, lequel se range explicitement aux côtés de Guillaume d'Auvergne, de Robert Grosseteste, d'Adam de Marsh. Selon l'avant-dernier cité les anges relaient Dieu pour la création et l'illumination des âmes; Jean Peckham est difficile à situer. Mais de Roger Bacon, Gilson cite (p. 105, n. 1) des formules très claires: « l'illumination des philosophes en sa totalité vient de Dieu »; « l'intellect agent, c'est Dieu à titre principal et, secondairement, les anges qui nous éclairent » (*a Deo est tota philosophorum illustratio; intellectus agens est Deus principaliter, et secundario Angeli qui illuminant nos*). Il reproduit aussi un éloge d'Avicenne par Roger Bacon qui le donne comme « celui qui a le mieux exposé la doctrine d'Aristote, et le plus grand de ses épigones » (*Avicenna... praecipuus Aristotelis expositor et maximus imitator* p. 105, n. 1). La dernière section de la quatrième partie de l'article (p. 111-127) analyse, on l'a dit, « la critique thomiste de l'augustinisme avicennisant » et en infère

très mal connu, et Augustin; il incombait donc aux historiens d'analyser les effets de cette redistribution. Étienne Gilson a joué, on le sait, un rôle capital dans ce travail essentiel de mise au point.

la raison profonde pour laquelle Thomas d'Aquin s'oppose à Augustin : les métaphysiques de Platon et d'Aristote étant « rigoureusement antinomiques, on ne peut être avec l'une sans être contre tous ceux qui sont avec l'autre, et c'est pourquoi saint Thomas reste avec Aristote contre tous ceux qui se rangent du côté de Platon » (p. 126). L'existence d'un « augustinisme avicennisant » l'aurait averti d'une collusion possible entre la doctrine d'Augustin et celle d'Avicenne : car, pour reprendre les termes de Gilson au début même de son étude (p. 7), « on ne voit… guère de raison pour que l'augustinisme dût être jamais mis en échec, à l'intérieur du christianisme même, à moins que son sort ne se soit trouvé lié par les circonstances à celui d'une philosophie non chrétienne, qui l'ait entraîné dans sa propre condamnation »[1].

Le quatrième volume des *Archives…*, daté de 1930, commence par un article d'Étienne Gilson intitulé « Les sources gréco-arabes de l'augustinisme avicennisant » (p. 5-107)[2]: ainsi cette notion historiographique y est à nouveau présente, et puisqu'il est question de *sources,* doit en être consolidée historiquement. L'origine de ce texte est une remarque d'ordre paléographique qu'avait faite son auteur : certains manuscrits médiévaux latins groupent des traités *de intellectu* composés par différents auteurs : les ouvrages, à ce sujet, d'Alexandre d'Aphrodise, d'Alkindi, d'Alfarabi, le *De anima* d'Avicenne, semblent s'appeler les uns les autres et se compléter mutuellement (p. 5)[3]. L'étude se répartit en cinq chapitres : « Alexandre d'Aphrodise » (p. 7-22) ; « Les prédécesseurs d'Avicenne : Alkindi, Alfarabi » (p. 22-38) ; « Avicenne » (p. 38-74) ; « Première conjonction de la pensée arabe et de la tradition chrétienne : Algazel et Gundissalinus » (p. 74-92) ; « La synthèse d'Avicenne et du néoplatonisme chrétien » (p. 92-102) ; vient enfin une « Conclusion » (p. 102-107). Ce sont les deux derniers chapitres qui nous retiendront et, dans le quatrième, ce qui concerne le *De anima* de Dominicus Gundissalinus, considéré traditionnellement comme étant à la fois le traducteur du *De anima* d'Avicenne, à Tolède, dans la seconde moitié du XIIe siècle, et l'auteur de plusieurs ouvrages originaux (p. 79-92). Dans son propre traité « de l'âme », dit Gilson – qui n'y voit qu'une « médiocre compilation » –, Gundissalinus s'efforce de constituer, à la suite d'Algazel qu'il avait également traduit, « une synthèse… dont le point culminant, au lieu d'être une doctrine de la prophétie par union de l'âme avec l'intellect agent, serait une doctrine mystique de l'extase par union de l'âme avec Dieu » (p. 79). On le voit ainsi prouver

1. L'enjeu théologique était en l'occurrence la place, ou non, dans la créature, des causes autres que l'activité divine ; l'article analyse dans ses deux premières parties les critiques dirigées par saint Thomas contre les théologiens musulmans et contre Ibn Gabirol.

2. L'article proprement dit est suivi de deux appendices : « Le texte latin médiéval du *De intellectu* d'Alfarabi » (p. 108-141) et « Jean Scot Érigène source du Pseudo-Avicenne » (p. 142-149) ; et encore, de « Notes sur le texte original arabe du *De intellectu* d'Al Farabi », par Louis Massignon (p. 151-158).

3. La note 1 renvoie sur ce fait à G. Théry, *Autour du décret de 1210 : II. Alexandre d'Aphrodise. Aperçu sur l'influence de la noétique,* Kain, 1926 (et non 1226 !), p. 69-74.

l'existence de l'âme en suivant Avicenne ; en donner une définition qui joint au modèle avicennien des aspects venus de Platon et d'Aristote ; dans les chapitres qui traitent de l'immortalité de l'âme et des ses facultés, Avicenne toujours. Gundissalinus reprend à son compte la doctrine avicennienne de la connaissance en son entier, y compris le rôle de l'Intellect agent qui irradie sa lumière sur l'intellect humain en puissance. Mais par une subtile analyse Gilson montre qu'en ce point Gundissalinus est « brusquement sorti d'Avicenne » et revenu à la tradition augustinienne. Ce passage s'opère moyennant la distinction commune entre d'une part la science, *scientia,* où opèrent l'imagination et l'intellect, et d'autre part la sagesse, *sapientia,* où l'intelligence « comprend » l'âme, les intelligibles et Dieu. C'est « l'ambiguïté du terme *intelligentia,* qui a un sens chez Avicenne et un autre chez Augustin », qui permet l'opération par laquelle Dieu est substitué à l'Intellect agent : ce qui caractérise précisément l'augustinisme avicennisant (p. 86). À partir de là Gundissalinus pourra donc, accordant les doctrines, passer à une description d'un « moment mystique » où il reprend, semble-t-il, des expressions venues du *De diligendo Deo* de saint Bernard (p. 90). Ainsi Gundissalinus s'intègre-t-il à ce courant dont le nom figure dans le titre même de l'article. Il faudrait lire de la même façon un *Liber Avicenne in primis et secundis substantiis et de fluxu entis* publié à Venise en 1508. En effet, dit Gilson, l'auteur inconnu de ce pseudépigraphe « manifeste le souci constant de se mettre en règle avec le dogme chrétien » (p. 92) ; « dès le début du traité nous sommes en plein néoplatonisme arabe » (il s'agit des émanations à partir de l'Un), « bien que l'auteur interprète en chrétien les doctrines qu'il utilise » (p. 93). Je ne suivrai pas dans son détail l'analyse complète de ce *Liber,* qui occupe dix pages de l'article (p. 93-102), car nous aurons l'occasion de revenir sur certains points. Je passerai également sur la conclusion de l'article (p. 102-107), consacrée à une défense de la formule « augustinisme avicennisant » contre une critique de M. de Wulf, et à des questions d'historiographie qui ne nous concernent plus guère. Je n'y relèverai que la référence faite par Gilson à son article sur « Avicenne et le point de départ de Duns Scot » [1]: l'influence d'Avicenne sur la scolastique est une donnée historique et théorique de première importance et qui est, elle, bien établie.

Étienne Gilson avait donc construit la notion d'augustinisme avicennisant en deux forts articles (120 et 100 pages respectivement) parus à quatre ans d'intervalle [2]. Quatre ans après le second paraît chez le même éditeur que les *Archives* un livre intitulé *Notes et textes sur l'avicennisme latin aux confins des*

1. *Archives d'histoire doctrinale et littéraire du Moyen Âge,* 2 (1927), p. 89-149.

2. Je laisse de côté deux articles qui ne concernent pas directement notre thème car ils ont pour sujets des théologiens du XIIIe siècle : « Avicenne et le point de départ de Duns Scot », *Archives d'histoire*

XIIe-XIIIe siècles, par le Père R. de Vaux, O.P. (Paris, Librairie philosophique Joseph Vrin, 1934). Le titre en est provocant, la doctrine d'Avicenne n'y apparaît pas, comme chez Gilson, sous la forme d'un adjectif accolé à un nom qui réfère à une tradition vénérable : elle accède à la dignité du substantif qui laisse pressentir l'existence d'un corps étranger, non chrétien, apparu dans la « pré-scolastique ». L'avant-propos, très bref (p. 5-6), est modéré, fait surtout de questions et de suggestions programmatiques. Questions : à côté de l'augustinisme avicennisant détecté par Gilson n'y eut-il pas « un autre courant moins visible, qui en serait comme une déviation ? » Certes « les théologiens avicennisants empruntaient au philosophe arabe ce qu'ils pouvaient légitimement assimiler à leur christianisme », mais « n'y en eut-il pas aussi qui le suivaient là-même où il était en opposition avec le dogme ? » Le Père de Vaux en décèle des « indices » : certaines attaques que Guillaume d'Auvergne dirige contre Avicenne ; « d'autres sondages » ont, dit-il, « fourni de nouveaux textes » et « confirmé ce soupçon », « aggravé… par l'étude du petit traité pseudo-avicennien *De causis primis et secundis* ». Mais ici, poursuit-il, on ne peut offrir encore que « un croquis provisoire » ; viennent alors quelques suggestions : chercher si des auteurs de la première moitié du XIIIe siècle ne critiquent pas des collègues qui seraient des avicenniens (comme Roger Bacon le fera plus tard, voir Gilson) ; fouiller les bibliothèques… On aura noté au passage le défi implicitement lancé à Étienne Gilson : le *Liber* dont il avait fait un témoin de l'« augustinisme avicennisant » est devenu, sous un titre légèrement différent, un témoin de l'« avicennisme latin ».

L'ouvrage lui-même se compose de la façon que le titre indiquait : les « Notes », ce sont sept chapitres ; les « Textes » sont deux. Il n'est pas nécessaire de résumer les chapitres ; on constate cependant que le premier (p. 9-15) enfonce le clou engagé par l'avant-propos. Il s'intitule : « Y a-t-il eu un *avicennisme latin ?* » L'auteur y relève les raisons doctrinales pour lesquelles Avicenne devait être « sympathique » aux chrétiens ; il montre comment un courant issu de ce philosophe pouvait paraître englober, comme « un essai d'explication totale », les trois courants traditionnels qu'étaient l'augustinien, le dionysien, l'aristotélicien, qui pouvaient se partager les esprits. De Vaux en déduit que la compétition inévitable entre Augustin et Avicenne pouvait logiquement se régler soit comme Gilson l'avait dit, soit à l'inverse : diminuer au profit d'Avicenne l'écart entre les deux doctrines. Le *Liber* serait un témoin de ce parti – lequel d'ailleurs disparaîtrait vite, absorbé par le courant averroïste dès le milieu du XIIIe siècle. Les chapitres suivants présentent et analysent des textes témoignant qu'un avicennisme latin a bien existé « aux confins des XIIe et XIIIe siècles » : il y en a des traces chez Guillaume d'Auvergne, qui lui-même, dit de Vaux, n'était pas un avicennien (chap. II) ; on en trouve des témoignages

doctrinale et littéraire du Moyen Âge, 2 (1927) ; et « Roger Marston : un cas d'augustinisme avicennisant », *Archives d'histoire doctrinale et littéraire du Moyen Âge,* 8 (1933).

dans les décrets parisiens de 1210 et 1215 (chap. III), chez Guillaume d'Auvergne (chap. IV), chez Albert le Grand (chap. V) ; « le cas de Roger Bacon » (chap. VI), sur lequel Gilson et de Vaux sont d'accord, clôt cette revue des témoignages.

Le chapitre VII fait la jonction entre les *notes* et les *textes;* il a pour titre « La date, les sources et la doctrine du *Liber de causis primis et secundis* » (p. 63-80). De Vaux date cet ouvrage des dernières années du XIIe siècle ou du premier quart du XIIIe. De l'analyse relativement longue qu'il en donne je retiens quelques points seulement. Cet ouvrage, dit de Vaux, « s'inspire principalement d'Avicenne » et puise abondamment, aussi, à d'autres sources – ainsi, à Jean Scot Érigène, mais en démarquant tout ce qui y est mention de la Trinité : chaque nom d'une personne divine est supprimé, ou remplacé par un équivalent philosophique : *Filius,* ou *Verbum,* par *sapientia, principium, forma sapientialis.* Une citation importante d'Augustin est amputée de sa partie spécifiquement chrétienne (p. 70 ; le texte est à la p. 132). Sur beaucoup de points certes l'auteur anonyme est infidèle à Avicenne, et de Vaux le signale, mais il conclut le chapitre de façon fort nette : ce *Liber,* « M. Gilson l'a interprété comme un cas limite de "l'augustinisme avicennisant". Nous sommes contraints d'y voir un "avicennisme" caractérisé... Les passages les plus osés d'Avicenne sont reproduits sans retouche ; par contre on a vu comment il dépouillait Érigène et Augustin de leur signification doctrinale... Oui, les textes d'Érigène et les rappels de Denys semblent réintégrer le cosmisme avicennien dans une synthèse chrétienne. Apparence plutôt que réalité. Vraiment, l'esprit est tout autre, et si dans le monde que conçoit le pseudo-Avicenne, il y a bien place pour les Intelligences séparées, on peut se demander s'il en reste pour les Hiérarchies célestes » (p. 79). De la même façon « notre incapacité à connaître Dieu », reconnue à la conclusion de l'ouvrage, n'a rien à voir avec ce qu'en ont dit Denys et saint Augustin, car l'auteur « s'en satisfait » et se contente de ce que lui enseigne la raison humaine. En un mot, « il y eut vraiment aux confins des XIIe-XIIIe siècles ce que l'on peut bien appeler un "avicennisme latin" » (p. 79-80).

Le second des textes publiés dans l'ouvrage du Père de Vaux n'est autre que l'un de ceux que citait Gilson à titre de témoignage pour un augustinisme avicennisant : le *De anima* de Gundissalinus ; plus précisément, son dernier chapitre, « De virtutibus quae proprie sunt hominis ». Cette édition clôt le livre, précédée d'une courte « Introduction » consacrée principalement à la datation du traité et aux problèmes qu'elle posait alors : cette question ne nous concerne plus, car la date de l'activité de Gundissalinus (bien qu'on y rencontre encore des problèmes d'attribution complexes) a été reconsidérée et retardée, par rapport à ce que l'on supposait, à la seconde moitié du XIIe siècle ; et les rapprochements que suggère de Vaux sans oser les soutenir en sont, de fait, étayés. Seule la dernière page de cette introduction exprime un jugement doctrinal: le *De anima* de Gundissalinus est « un bel exemple de collusion entre le système d'Avicenne et la doctrine chrétienne », dont, de ce fait, il dévie (moins toutefois que ne fait le *Liber*). De Vaux cite deux passages qu'il juge significatifs: Gundissalinus accorde aux Anges, qui sont les Intelligences d'Avicenne, un rôle dans la création des âmes; et il professe une théorie radicale sur la perte, après la mort, des dispositions acquises par l'âme au cours de la vie; or saint Thomas condamne ces deux thèses, qu'il attribue à Avicenne[1].

Donc, le Père de Vaux avait en 1934 édité et analysé, notamment, le dernier chapitre du *De anima* de Gundissalinus; en 1940 ce même traité est édité en son entier, et à partir de cinq manuscrits (de Vaux n'en avait eu qu'un seul), par le Père J.T. Muckle, C.S.B., aux pages 23 à 103 du volume II des *Mediaeval Studies* de l'Institut de Toronto, avec une introduction en anglais par Étienne Gilson (p. 23-27). Celui-ci y examine d'abord diverses interprétations de l'ouvrage: celle d'A. Loewenthal (1891), qui construit à son propos un roman compliqué, n'aboutissant qu'au quatrième épisode à la rédaction de Gundissalinus; celle de C. Bauemker (1898), qui affirme qu'il a bien pour auteur le traducteur tolédan procédant à la manière accoutumée, la compilation; celle de J. Teicher (1934), qui nie que la doctrine de ce traité relève de l'augustinisme avicennisant et rattache à la doctrine de Plotin, transmise à travers des intermédiaires islamiques, l'élément mystique qui en marquerait la conclusion. La dernière interprétation examinée est celle du Père de Vaux; la critique que Gilson lui consacre est plus longue qu'aucune de celles des trois autres (mais elle vaut aussi bien contre la précédente). Son argumentation porte d'ailleurs sur les deux textes publiés par de Vaux; elle se concentre en quatre phrases (p. 25-26) dont la suite développera le fond, et dont voici la traduction: « L'auteur du *Liber de Causis Primis et Secundis* n'est pas l'un d'eux » (*i.e.*, l'un des chrétiens qui auraient soutenu la thèse de l'illumination par l'Intellect agent avicennien). « Selon sa conception, Dieu nous illumine à travers les Intelligences, mais le texte des *Soliloques* qu'il cite atteste que son Dieu est bien, sans aucun doute, celui de saint Augustin. Une doctrine dans laquelle Avicenne est combiné, non seulement avec Érigène mais avec Augustin même, peut-elle être qualifiée d'*avicennisme* pur et simple? Quant à Gundissalinus et son *De anima,* ils présentent un problème analogue. »

C'est donc sur un passage précis du *Liber de causis primis et secundis* que pivote l'ensemble de l'analyse, par Gilson, à la fois de l'esprit de cet ouvrage et de celui du *Liber de anima* de Gundissalinus. Voyons donc sur pièces comment s'articule ce texte décisif.

1. On ne voit pas sur quoi est fondée l'imputation de la seconde thèse à Avicenne; voir sa *Philosophia Prima,* éd. Van Riet, p. 518-521, où le contraire est très clairement professé.

Liber, de Vaux, 124, 1-7:

Intelligentia enim inter creata est lumini primo similius, et propter hoc tria invenimus in ea: quod est, quod fulget, quod illuminat...

Unde illa disciplinalia sive in disciplinis tradita, quae verissime esse nulla dubitatione concedis, non possunt intelligi nisi ab alio, hoc est ab intelligentia, quasi suo sole illustrentur.

Soliloquia, I viii 15:

Ergo quomodo in hoc sole tria quaedam licet animadvertere: quod est, quod fulget, quod illuminat, ita in illo secretissimo Deo quem vis intelligere, tria quaedam sunt: quod est, quod intelligitur, et quod caetera facit intelligi. Ergo et illa quae in disciplinis traduntur, quae quisque intelligit, verissima esse nulla dubitatione concedit, credendum est ea non posse intelligi, nisi ab alio quasi suo sole illustrentur.

La lecture de ces deux colonnes doit se faire en deux temps. En premier lieu, il apparaît de ces deux couples de textes, tels qu'on peut les lire ici, que l'auteur du *Liber* avait en les composant les *Soliloques* d'Augustin à portée de main. Toutefois leur disposition en un exact parallélisme est artificielle et destinée à rendre ce fait plus facilement perceptible; leur ordre dans leurs contextes respectifs est conservé en ce qui concerne le *Liber,* inverse pour l'ouvrage d'Augustin, de sorte qu'une présentation fidèle à ce dernier les eût présentés en chiasme. Cela n'est pas indifférent, les économies des deux développements sont en effet fort dissemblables. D'un côté, celui d'Augustin, la raison veut enseigner comment Dieu est en quelque façon intelligible et c'est ici le mouvement d'une pédagogie spirituelle; de l'autre c'est un exposé synthétique des dispensations venues des réalités supérieures, et ce mouvement théorique peut se dispenser de remonter à Dieu. Le seul nom qui figure dans ce texte est celui de l'Intelligence – en rupture évidente avec celui d'Augustin: divergence de fond qui substitue à Dieu une entité de la métaphysique avicennienne dans la fonction de Soleil des esprits. Qu'a donc fait en cette page l'auteur du *Liber,* sinon détourner l'intention d'un texte d'Augustin tout exprès bouleversé, « expurgé » même, pour le mettre au service d'Avicenne?

Gilson passe ensuite à Gundissalinus pour montrer qu'il participe bien, lui aussi, de l'augustinisme avicennisant; il cite quatre passages du *De anima* inégalement probants, nous les reprenons dans l'ordre où il les donne et qui n'est pas tout à fait celui du texte d'origine.

– Le premier se lit à la page 153 de l'édition de Vaux; on y trouve effectivement un emprunt certain aux *Soliloques,* I vi 12. Augustin fait dire à la Raison: *Deus autem est ipse qui illustrat. Ego autem ratio ita sum in mentibus ut in oculis aspectus;* et plus bas (*ibid.,* 13): *Aspectus animae, ratio est.* En écho, Gundissalinus: *Hoc est menti ratio quod est aspectus oculo. Ratio enim est mentis aspectus.* Soit. Mais ces mots sont précédés par un passage assez long dont on peut extraire plusieurs expressions assez caractéristiques. L'auteur y parle de « l'intellect en puissance » et de « l'intellect en acte » ; d'« intelligence en acte » ; il cite à la lettre une formule tirée du *Liber de anima* d'Avicenne : l'intellect (Muckle), ou l'intelligence (de Vaux) « donne la forme intelligible qui est à nos âmes ce que le soleil est à nos visions » (*cujus comparatio ad nostras animas est sicut comparatio solis ad visus nostros ;* éd. Van Riet, 126). Aucune mention dans cette page du Dieu illuminateur d'Augustin, il est remplacé par des entités avicenniennes.

– Le deuxième passage en revanche paraît bien aller en sens inverse de celui que l'on vient de citer : il y est question des « deux faces de l'âme, l'une qui regarde vers le bas, l'autre vers le haut ; c'est une conception avicennienne connue. Gundissalinus termine une phrase en ces termes : *et alia* (scil. *facies anime rationalis*) *que respicit sursum ad contemplandum suum superius quod est Deus.* Les trois mots sont ajoutés par Gundissalinus à une phrase du *Liber de anima* d'Avicenne, I 5 (Van Riet, 94). Cet ajout à une citation littérale spécifie que l'âme n'a pas entre elle et Dieu la hiérarchie des Intelligences, ni même le seul Intellect agent ; il s'interprète donc tout naturellement comme un rappel à la foi chrétienne – à l'augustinisme donc, on peut le dire dans la mesure où cette doctrine était à cette époque la référence théologique principale.

– Le troisième texte évoqué par Gilson est formellement semblable au précédent : il consiste en trois mots ajoutés à une phrase d'Avicenne ; mais sa valeur probante est tout autre. Voici le passage : *Hoc autem quod forma est nuda vel ideo est nuda quia intellectus eam denudat, ut est humanitas, vel quia ipsa forma in se nuda est a materia, ut angelica essentia* (Van Riet, 154-155 ; mots en gras ajoutés). Les trois mots à retenir sont évidemment les derniers. Gilson y voit « une glose chrétienne qui met un ange à la place du *Dator formarum* ». On voit mal ce que le « Donateur des formes », l'Intellect agent avicennien, vient faire dans un contexte où il est question seulement des deux façons dont l'âme peut percevoir ce qui n'est pas matériel, sans que le processus de la connaissance soit évoqué ; peut-être que ce thème s'est présenté spontanément à Gilson comme un rappel implicite de son grand article de 1927. Mais ce qui importe est de savoir si l'évocation de « l'essence angélique » constitue bien « une glose chrétienne ». Cela n'est nullement certain, la preuve en est que le mot *angelus* apparaît dans la *Métaphysique* latine d'Avicenne comme équivalent à *intelligentia.* Ainsi en X 1, à propos de l'émanation progressive des Intelligences à partir du Premier :... *primus gradus est* angelorum *spiritalium qui vocantur* intelligentiae. *Post haec est ordo* angelorum *spiritalium qui vocantur animae, et hi sunt angeli administratores* (Van Riet, 522). Et des anges apparaissent à des humains, prophètes ou autres, chez Avicenne comme dans le Coran, la Tora, l'Évangile (voir *ibid.*, 533, 538, 540).

– Le dernier texte cité par Gilson (de Vaux, 172) comporte lui aussi un ajout à un passage, remanié, du *Liber de anima* d'Avicenne (Van Riet, 150) ; le voici : *Ideo sola intelligencia deus gustari dicitur quia ex omnibus viribus anime ea sola in presenti et in futuro nullo mediante tangitur.* Dans ce texte qui figure à la dernière page de son propre *Liber de anima* Gundissalinus est dans la droite ligne de la mystique chrétienne. D'ailleurs le contexte offre plusieurs citations de textes sacrés, de Vaux et Gilson y ont relevé des affinités avec des passages d'Isaac de l'Étoile, d'Alcher de Clairvaux, de saint Bernard. Ajoutons que toute la fin de l'ouvrage (de Vaux, 171-178) traite de la *vita beata*, qui consiste à « acquérir la connaissance de la divinité, aussi bien ici que dans le futur », à grand renfort de citations du Nouveau Testament et de spirituels chrétiens.

Les quatre passages allégués par Gilson vont donc dans deux sens différents. Dans les uns, Gundissalinus est fidèle à l'« augustinisme », Augustin étant le grand initiateur de la mystique chrétienne d'Occident ; dans tel autre il ampute une page de ce père de son côté philosophique, et lui fait illustrer ainsi un point de philosophie arabe, ou encore il lui emprunte quelques mots à teneur philosophique pour les ajouter à un passage purement inspiré d'Avicenne : il procède alors en *avicennien augustinisant*. Les déplacements s'équilibrent : supprimant le nom de Dieu dans une phrase d'Augustin il l'ajoute ailleurs à une phrase d'Avicenne ; il mentionne l'ange là où Avicenne ne le fait pas, mais ce philosophe en parle largement ailleurs. Tout se passe, semble-t-il, comme si Gundissalinus voulait remplacer partout où il le peut la théologie des saints par une théologie de philosophe préférée pour des raisons techniques – restant libre d'ailleurs de s'en démarquer à l'occasion. Elle lui fournirait dans son ensemble les grands cadres conceptuels où viendraient se placer les documents apportés par les Écritures, les Pères, les mystiques. Mais quand il s'agit de contemplation et de béatitude il reprend leur langage. Ce serait certes beaucoup pour un « compilateur médiocre », comme l'appelle Gilson ; personnellement je pense que Gundissalinus est plus que cela. Quoi qu'il en soit, il a deux visages et cela explique les divergences entre Gilson et de Vaux. Par ses traductions [1] il a transmis aux latins de grands morceaux d'un corpus philosophique qui, dans ses grandes lignes, est compatible avec le côté platonisant de la tradition chrétienne ; dans les œuvres personnelles il s'en fait le libre adaptateur et continuateur. Le *Liber de anima*, nous l'avons vu, suit largement Avicenne en intégrant à son texte des matériaux de choix empruntés notamment à Augustin, quitte à en modifier les détails, voire à en retrancher plusieurs lignes trop spécifiquement chrétiennes – mais en citant aussi quand le sujet y porte des auteurs sacrés et des mystiques et spirituels contemporains. Le *De divisione philosophiae* (éd. M. Baur) reprend la répartition classique entre philosophie théorique et philosophie pratique : la première comprend la physique, la mathématique et la théologie ; la seconde, « la science de gouverner la cité », celle de « mettre en ordre sa propre maison et sa famille », celle « par laquelle l'homme sait régler sa propre conduite ». Et il ajoute (éd. citée, p. 17) : « En ces

1. S'il est vrai que, comme on l'a pensé généralement jusqu'à présent, l'auteur et le traducteur sont un seul et même personnage ; cela est maintenant contesté. Sans pouvoir prendre position sur le fond on s'en tient ici à l'opinion traditionnelle, cela est sans conséquence pour la recherche présente.

six sciences est contenu tout ce qui peut être su et doit être fait ; c'est pourquoi l'on a dit que le but de la philosophie (*intencio philosophiae*) est d'embrasser tout ce qui existe, autant que c'est possible ». Aucune allusion religieuse là-dedans ; mais le prologue du *De divisione mundi* (éd. G. Bülow), dès son début cite successivement Paul (*Rom.* 1, 20) et à deux reprises le *Livre de la Sagesse* (13, 5 et 6, 17) ; mais cet ouvrage ne contient qu'une seule référence à Augustin. Il est difficile de doser cet alliage ; rappelons simplement les premières lignes de la préface du *Liber de anima;* Gundissalinus y oppose le grand nombre, ceux qui savent par la foi ce qu'est l'âme, et le peu de gens qui le savent rationnellement : *plerique fide tenent, sed paucissimi ratione convincunt* (Muckle, 31). Quoi qu'il en soit, la position de Gundissalinus est trop incertaine pour que l'on puisse en inférer, ou non, l'existence au XIIe siècle d'un augustinisme avicennisant.

Nous avons déjà rencontré plusieurs fois l'anonyme *Liber de causis primis et secundis,* soit par des allusions peu développées, soit par l'analyse d'un texte assez maladroitement allégué par Gilson comme preuve de son christianisme foncier. Il importe d'en prendre une vue directe car ce texte, fort peu banal, a de quoi faire avancer grandement notre analyse. Le titre complet en est *Liber de causis primis et secundis et de fluxu qui consequitur eas.* Il comprend dix chapitres ; les chapitres I à III traitent du sommet de la hiérarchie des êtres : l'Être premier comme cause (chap. 1), de la Sagesse première et des causes primordiales (chap. 2 et 3) ; les chapitres IV à VI traitent de l'émanation : le premier causé est une Intelligence (chap. 4), le chap. 5 s'interroge sur le mode selon lequel la matière sort (*exitus*) de l'Intelligence, le chap. 6 dit selon quel mode la Cause première connaît les formes. Le statut de l'Intelligence est étudié au chap. 7 : son unité, et au chap. 8 : son éternité. Les chapitres IX et X concluent sur les rapports qui structurent l'ensemble de la hiérarchie : la Cause première et la Vie première donnent l'être et la vie à chacune des choses, l'Intelligence leur donne la science (chap. 9) ; le chapitre X est consacré à la transcendance de la Cause première. Ce *Liber* est fait de longues citations et de leurs commentaires ; ce n'est pas un centon, ce n'est pas non plus un ouvrage original, c'est une compilation très intelligente. Les auteurs les plus sollicités sont, outre Avicenne, Jean Scot dans les chapitres I à V, le *De causis* au chapitre I mais surtout aux chapitres VI à IX. L'ensemble réunit donc deux platonismes assez différents, celui d'Avicenne et celui de Proclus, qui ont en commun le schème hiérarchique – communauté assez abstraite d'ailleurs. Quant à celui de Jean Scot, il est déséquilibré car l'auteur anonyme laisse de côté le mouvement de retour à l'origine. Ajoutons que Denys est cité trois fois ; mais, remarque de Vaux, deux de ces citations sont en fait des textes de Jean Scot ; dire avec Gilson (« Les sources gréco-arabes... », p. 96) que les Intelligences du *Liber* sont « les anges de Denys » est donc sans fondement.

Et Augustin dans tout cela ? L'auteur du *Liber* cite deux passages du *De Trinitate* relatifs au fait psychologique de la vision (de Vaux, 136-138). Nous avons examiné plus haut la citation des *Soliloques* évoquée par Gilson dans son introduction au *De anima* de Gundissalinus, comme il l'avait fait déjà en 1930 dans « Les sources gréco-arabes… » (p. 101). Or ce même article produit (p. 100) une autre citation de l'ouvrage d'Augustin, qui témoignerait de son influence sur l'anonyme et donc de l'appartenance de celui-ci au courant de l'« augustinisme avicennisant » ; il convient donc de considérer ce passage. Dans ses notes à son édition le Père de Vaux signale une lacune à l'intérieur du texte augustinien, précisément à l'endroit qui donne à la citation d'Augustin sa teneur spécifiquement chrétienne. Nous mettons ci-dessous les deux passages en parallèle ; dans celui d'Augustin le fragment qui manque dans le *Liber* apparaît en caractères romains.

Liber, 132, 10-20 :

Aspectus anime ratio est, sed quia non sequitur ut omnis qui aspicit videat, aspectus rectus atque perfectus, id est quem visio sequitur, virtus vocatur. Est virtus recta vel perfecta visio. Hec autem est vere perfecta virtus ratio perveniens ad finem suum, quem beata vita consequitur. *Ipsa autem visio est intellectus ille qui in anima est, qui cum fit ex intelligente et eo quod intelligitur, ut in oculis videre quod dicitur ex ipso sensu constat atque sensibili, quorum detracto quolibet nichil videri potest. Hec sunt verba Augustini.*

Soliloquia, I vi 13 :

Aspectus animae ratio est, sed quia non sequitur ut omnis qui aspicit videat, aspectus rectus atque perfectus, id est quem visio sequitur, virtus vocatur. Est enim virtus vel recta vel perfecta ratio. Sed et ipse aspectus quamvis jam sanos oculos convertere in lucem non potest, nisi tria illa permaneant : fides, qua credat ita se rem habere, ad quam convertendus aspectus est, ut visa faciat beatum ; spes, qua cum bene aspexerit, se visurum esse praesumat ; caritas, qua videre perfruique desideret. Jam aspectum sequitur ipsa visio Dei, qui est finis aspectus ; non quod jam non sit, sed quod nihil amplius habeat quo se intendat*; et haec est vere perfecta virtus ratio perveniens ad finem suum, quem beata vita consequitur. Ipsa autem visio intellectus est ille qui in anima est, qui conficitur ex intelligente et eo quod intelligitur, ut in oculis videre quod dicitur ex ipso sensu constat atque sensibili, quorum detracto quolibet nichil videri potest.*

La mention que l'auteur du *Liber* fait d'Augustin, à la fin de l'extrait ci-dessus : *hec sunt verba Augustini,* « c'est ce que dit Augustin, à la lettre » (et non seulement quant au sens), pourrait passer pour un trait d'humour. Il a éliminé du texte de l'ouvrage qu'il recopie ici tout ce qui lui donne un sens religieux en faisant dépendre la vision de Dieu de la présence en l'âme des vertus théologales (comment cela a-t-il pu échapper à Gilson, si bon connaisseur de l'œuvre du Père ?). Il n'en a conservé – littéralement, cela est vrai – que la partie profane, celle où est décrit un mouvement de l'âme vers le haut, vers l'Intellect agent peut-être ; en tout cas Dieu n'y est pas évoqué. Et, puisque ce mouvement doit faire accéder à la « vie bienheureuse », cela ne peut passer pour une adhésion à la spiritualité augustinienne ; cela évoque bien plutôt, par avance, la *fiducia philosophorum* des averroïstes [1]. Il est donc impossible d'admettre que le *Liber de causis primis et secundis* soit un témoin de quelque « augustinisme avicennisant ». Le présenter, comme dit aussi Gilson (« Les sources... », p. 92), comme « la synthèse d'Avicenne et du néoplatonisme chrétien » est moins éloigné de la vérité, à condition de remplacer « néoplatonisme chrétien » par « érigénisme ». Encore cela n'est-il pas entièrement exact car, on l'a dit, l'*exitus* décrit par Jean Scot y est certes largement évoqué, mais non le *reditus* qui l'équilibre. En définitive le mieux sans doute serait de parler d'un essai de synthèse entre Avicenne et la tradition proclusienne christianisée.

Nous touchons ici un point secondaire de cette enquête, mais qu'il faut cependant noter. Nous venons de voir le Père de Vaux ranger sous l'avicennisme un auteur qui puise largement dans l'œuvre de Jean Scot. Gilson, qui parlait d'augustinisme (avicennisant en l'espèce) y range des auteurs qui ajoutent à la référence augustinienne celles de Boèce, de St. Bernard. En fait « augustinisme » est pris sous sa plume par métonymie pour signifier le côté spirituel et théologique du christianisme, tel qu'il était perceptible au XIIe siècle : Gilson a donc en vue ce qui serait un premier état de la scolastique (ce que, dans une perspective historique orientée, on a appelé la « préscolastique »). De Vaux, disant « avicennisme », voulait signifier une doctrine issue d'Avicenne qui se subordonne Augustin, un philosophe théologien : il avait en vue une philosophie telle qu'elle peut s'élaborer dans une culture où des documents religieux, ou d'inspiration religieuse, peuvent être utilisés comme matière philosophique. Jean Scot en est précisément un exemple à l'extrême fin de la philosophie antique ; et, comme le note de Vaux, « le courant avicenniste disparut très vite, ou mieux, il perdit très tôt son indépendance : dès le milieu du XIIIe siècle, il fut absorbé par le courant averroïste » (p. 15). Mais ici il flotte : le « courant » dont il parle est en réalité le fait que les théologiens ont préféré lire Aristote à travers Averroès qu'à travers Avicenne ; l'averroïsme est autre chose. En fait pour retrouver un pendant à Jean

1. Détacher de son contexte augustinien la notion d'une telle béatitude c'est, de fait, avancer d'un pas vers la doctrine aristotélicienne de la vie théorique (*Éthique à Nicomaque*, X, 7), telle qu'elle sera reprise par Averroès ; voir notamment son *Grand Commentaire sur la Métaphysique*, XII, c. 38 *in fine* : « Aristote estimait que le bonheur, pour les hommes en tant qu'ils sont hommes, réside dans leur union avec l'intellect » (trad. A. Martin, *Averroès. Grand Commentaire de la Métaphysique d'Aristote*, Paris, Les Belles Lettres, 1984, p. 233-234).

Scot il faut sauter par-dessus l'âge scolastique et se retrouver dans celui de la Renaissance, avec par exemple Marsile Ficin; voire, aller jusqu'à Malebranche.

Averroès n'est pas traduit en latin avant le début du XIIIe siècle et il faut encore quelque temps pour que son influence s'installe décisivement chez les latins. Il serait instructif d'analyser précisément les doctrines des auteurs qui ont vécu pendant cette période, tels John Blund (mort en 1248, mais qui a enseigné les arts à Oxford dans la première décennie du siècle), Guillaume d'Auvergne. La tâche serait malaisée dans la mesure où l'on observe quelque confusion dans ce qu'on peut en lire; en tout cas, pour nous en tenir au point qui nous a retenus jusqu'ici, quant à la question noétique et aux « autorités » mises en œuvre à son propos. Les trois références principales du *De anima* de John Blund sont Aristote, Avicenne, Augustin. Dans son analyse de la connaissance intellectuelle il cherche à concilier les influences d'Aristote lu à travers Avicenne, et d'Avicenne lui-même: l'« intellect formel » et « la similitude de la chose extérieure », une *impressio* apparue dans l'âme quand elle s'est « tournée vers les images »; elle y est « imprimée par la médiation du premier donateur des formes » – ou bien, selon « bon nombre d'auteurs » (*plures auctores*), « par une Intelligence dont c'est la fonction, et par le premier donateur des formes, de sa propre autorité; et beaucoup disent que cette Intelligence est un ange chargé de l'âme de l'homme » (Callus-Hunt, p. 93-94). Il y a là-dedans de l'Augustin et de l'Avicenne se confondant l'un avec l'autre dans une figure aux traits mal distincts; d'autant que John Blund discerne aussi un état eschatologique où l'âme séparée et purifiée « participe de l'illumination qui procède de la vérité pure ». Pour Guillaume d'Auvergne, Dieu est « le miroir des premiers intelligibles » (ce qui n'est pas sans rappeler Avicenne et son Intellect agent) et où les intellects humains peuvent lire « les principes et les règles » (ce qui est spécifiquement augustinien). D'autre part Guillaume reprend la notion avicennienne des deux faces de l'âme, et il insiste comme Avicenne sur tout le travail de l'âme préliminaire à la connaissance: usages des sens, abstraction; il désigne un *habitus* de saisie des moyens termes. Il pourrait donc être considéré à juste titre comme un cas authentique d'augustinisme avicennisant comme le dit son traducteur J.-B. Brenet [1], un précurseur de Roger Bacon. Mais nous sommes maintenant au XIIIe siècle; en quelques décennies l'accroissement du nombre des sources philosophiques, l'évolution des pratiques magistrales, ont modifié les méthodes des théologiens par une manière de mouvement kaléidoscopique. Les doctrines exposées, ou plutôt esquissées, au XIIe siècle, et où Gilson pensait voir un premier état de ce nouveau complexe, ne sont pas superposables, ni même homogènes, à celles que l'on vient d'évoquer très sommairement; ne serait-ce pas par simple

1. Voir Guillaume d'Auvergne, *De l'âme* (VII, 1-9), introduction, traduction et notes par J.B. Brenet, Paris, Vrin, 1998, p. 125, n. 2.

rétrospection que le grand médiéviste leur a imposé une même dénomination ?

Car il reste à se demander comment, avec son immense science et son habituelle pénétration, il a pu lire des textes du XIIe siècle – le *Liber de causis primis et secundis* surtout, mais aussi le *De anima* de Gundissalinus – d'un œil si prévenu. Comment, à la différence du Père de Vaux, il a reçu comme témoignages d'orthodoxie chrétienne, de soumission de la philosophie à la spiritualité, la présence en ces textes de citations d'Augustin dont les auteurs avaient fait disparaître ce qui en constituait le fond (car en somme, ce qu'ils retiennent d'Augustin traité comme ils le font, c'est l'appui *philosophique* qu'il apporte à Avicenne). Peut-être s'était-il placé dans une situation herméneutique telle que tout texte médiéval qui n'était pas ouvertement distancié de la sphère chrétienne devait lui apparaître plus ou moins participant de cet « esprit de la philosophie médiévale » qui a donné son titre à son livre de 1932 (on se rappelle que l'article intitulé « Pourquoi saint Thomas a critiqué saint Augustin » a paru en 1926-1927). Dans ce livre saint Thomas est nommé plus de deux cents fois, saint Anselme une trentaine, Guillaume d'Ockham quatre. Autant dire que pour Étienne Gilson la vérité de la « philosophie médiévale » ne se manifeste pleinement que dans la scolastique classique, cette structure théorique où la révélation chrétienne prend à son service des instruments conceptuels choisis dans les corpus des philosophies antique et arabo-islamique, comme il arrive chez les théologiens du XIIIe siècle qu'il énumère dans ses grands articles. Cette vision des choses suppose un certain regard historique, historien, qui se donne un paysage organisé en deux plans superposés selon les valeurs respectives des figures qui le peuplent : la religion au faîte, la philosophie à une place plus humble. Il n'est pas surprenant qu'à un regard ainsi habitué d'autres perspectives ou réalisations intellectuelles apparaissent inversées – qu'un « augustinisme avicennisant » se substitue illusoirement à ce qui est au vrai un *avicennisme augustinisant* : moins (peut-être) qu'un mouvement, mais du moins une tendance proprement philosophique.

CHAPITRE XXVI

LE TOURNANT AVICENNIEN *

Dans une partie précoce du douzième siècle, la cote « philosophie » des bibliothèques monacales et scolaires n'était guère chargée, car des monuments philosophiques antiques en cette matière l'on n'avait que quelques restes. À savoir, pour le principal, une partie, traduite en latin, du *Timée* de Platon et ce qui lui correspond dans le commentaire qu'en avait fait Calcidius ; d'autre part, traduite également, une portion fort réduite de *l'Organon* aristotélicien : les *Catégories* et *l'Interprétation*, précédées de l'*Isagogè* de Porphyre qui introduit à *l'Organon* du maître ; s'y ajoutaient des commentaires et traités de Boèce sur diverses questions de logique. Joignons à cela des données éparses dans des ouvrages latins composés au cours des premiers siècles du christianisme, apportant des compléments à la connaissance du platonisme, et bien entendu on pense ici à Augustin notamment. De la qualité certes, mais peu de quantité. De ce peu avaient pu sortir, d'une part une culture globale des clercs, difficile à évaluer, on pensera ici à Hugues, maître à Saint-Victor en 1125, mort en 1141, auteur du *Didascalicon* qui « tire sa substance pour une bonne part d'emprunts à des auteurs plus anciens. Boèce, Cassiodore, Isidore en particulier, sont largement mis à contribution, parfois sous forme de pages entières littéralement reproduites. » [1] Et l'on pensera d'autre part à l'éclatante profusion philosophique que l'historiographie désigne par le syntagme « école de Chartres ». Bernard, bien connu comme maître en cette école, est très probablement l'auteur d'un commentaire du *Timée* édité récemment [2] ; on en doit un autre à Guillaume de Conches.

* « Le tournant avicennien », dans *Une conquête des savoirs. Les traductions dans l'Europe latine (fin du* XI*e siècle-milieu du* XIII*e siècle)*, Actes du colloque organisé à la Fondation Singer-Polignac le jeudi 27 novembre 2008, édités par Max Lejbowicz, Turnhout, Brepols, p. 83-99.

1. M. Lemoine, *Hugues de Saint-Victor, L'art de lire, Didascalicon*, Paris, 1991, Introduction, p. 20.
2. Dutton, *Glosae super Platonem, op. cit.*

Le profond Gilbert de la Porrée meurt vers le milieu du siècle. Enfin, pour abréger, parmi plusieurs autres auteurs d'ouvrages qui sont des rejetons du *Timée,* on citera l'étonnant Bernard Silvestre dont la *Cosmographia* est, pour son étincelante écriture et la hardiesse de son contenu, l'un des plus beaux ouvrages qu'ait produits le Moyen Âge latin. Tout cela, donc, est à ranger dans la postérité de Platon.

Du côté d'Aristote la lignée est plus modeste, ou plutôt plus sévère. On conviendra qu'il était peu probable qu'une véritable postérité philosophique résultât de quelques traités de logique. On peut cependant apercevoir, dès les alentours de l'an 1100, des écoles et des controverses déjà constatées par des historiens du dix-neuvième siècle dont Victor Cousin est la figure la plus connue ; des travaux contemporains en donnent et en promettent une connaissance plus précise. Les thèmes en discussion en sont plus austères que ceux du platonisme. En parlant à leur propos de débats sur les « universaux » entre des réalistes et des nominalistes, on fait dériver vers une problématique quelque peu anachronique des questions qui relèvent en fait de la sémantique du nom commun. Considérée de la première manière, la situation, par exemple, d'un Pierre Abélard dans ce débat n'est pas intelligible, car elle relève à la fois du nominalisme (« seuls existent des individus ») et du réalisme (« les rapports entre les genres et les espèces sont vrais éternellement »). C'est en fait cette sémantique du nom commun qui est ici en cause : pour Abélard il signifie les sujets des propositions, alors que pour son maître puis ennemi Roscelin il y *réfère* – à ce qu'il semble. Telle est du moins l'analyse que l'on peut faire, rétrospectivement, de ces débats ; car dans les faits il s'agissait pour les maîtres de commenter les premiers traités de l'*Organon* – ce que l'on appellera, quelques décennies plus tard, la *logica vetus.* Abélard aura pu à peine entrevoir quelques éléments de la *logica nova* qui complétait l'ensemble des traités de logique d'Aristote. Mais il aura su aussi tirer parti de ces minces références aristotéliciennes dont il disposait, pour en concevoir à l'occasion une correspondance philosophique à un donné scripturaire – ce que l'on peut appeler : anticiper la méthode scolastique. Dans son commentaire à l'*Hexameron* (le récit de la création dans le livre de la *Genèse*), œuvre de sa maturité destinée aux moniales d'Héloïse, il marque la distinction radicale qui sépare les âmes des animaux, dont chacune est transmise à chacun dans le processus des générations, de celles des hommes qui résultent chacune d'une création singulière. Or ses deux commentaires de l'*Isagogè* apportaient déjà une correspondance philosophique à cette conception qui relève de la théologie. L'humanité de chaque être humain, disait-il – sa « différence spécifique » donc, lui est particulière : il en donnait pour exemple la *socratitas,* réservée au seul Socrate ; or Dieu peut créer une infinité, à chaque fois différente, de cette caractéristique où se rencontrent en chaque être humain l'appartenance à l'espèce et la singularité individuelle. Par une démarche inverse, dans la *Dialectica,* quand il traite des « mouvements de la substance » (*Tractatus III, Topica*), il distingue

« ceux par lesquels une substance est créée », qui se répartissent en deux sortes : les « créations premières », qui « font commencer d'être les matières des choses sans matière préalable », et les « créations secondes », par lesquelles « Dieu ajoute une forme substantielle à une matière déjà créée ». Cette distinction correspond à deux moments du récit biblique de la création : celui où « Dieu créa le ciel et la terre » (*Genèse,* I, 1) et celui où « Dieu créa l'homme à partir du limon de la terre » (*ibid.,* II, 7). – Je me suis quelque peu attardé sur ce point parce qu'il illustre le genre de sujet de controverse philosophique qui put résulter de la mince connaissance que l'on avait d'Aristote à cette époque : la première moitié de l'*Organon* et les gloses et traités de Boèce sur les sujets qui y sont traités, face au désir complexe et mal satisfait d'exégèse et de spéculation ; une sorte de bricolage qui peut être génial – ou du moins ingénieux.

C'est un peu avant 1120 qu'Abélard quitte l'école pour le monastère ; la présence d'Aristote s'affirme en Occident chrétien et se développe au fur et à mesure que le siècle s'écoule : ce progrès a lieu entre 1120 et 1160 à peu près ; Jacques de Venise en aurait été l'initiateur [1]. L'*Organon,* notamment, se complète : Thierry de Chartres, maître à Paris depuis 1134, exploite dans son *Heptateuchon* les *Premiers Analytiques,* les *Topiques,* les *Réfutations sophistiques ;* de même Jean de Salisbury dans son *Metalogicon,* qui évoque en outre les *Seconds Analytiques* et juge difficile cet ouvrage, dont la traduction lui paraît douteuse. Vers le milieu du siècle, 1140 peut-être, Jacques de Venise traduit du grec la *Physique ;* on traduit de même à Paris, à Oxford ; l'Aristote savant s'ajoute à l'Aristote logicien. Au début du treizième siècle Aristote au complet aura été suffisamment installé pour que les autorités religieuses s'en inquiètent et le condamnent – ou du moins condamnent l'usage que veulent en faire les théologiens : ainsi à Paris en 1215 ; et en 1228, et en 1231, du fait du pape Grégoire IX. C'est notamment parce que d'autres traducteurs ont fait passer en latin, outre les œuvres du philosophe grec, des pans entiers des bibliothèques arabes : non pas de la théologie ni du droit, mais de la philosophie. Cela s'est passé dans les régions de l'Occident qui étaient, avec des établissements territoriaux arabes, dans un contact ambigu de contradictions religieuse et politique – mais, dans le domaine intellectuel, d'un intérêt qui pouvait aller jusqu'à la fascination. Citons à ce propos un passage tiré d'une lettre (fictive ou non) adressée par Adélard de Bath à un sien neveu qui se consacrait à l'étude : « Ce que les écoles de la Gaule ignorent, l'éloquente Grèce te l'enseignera » (par *Grèce* entendons la Grande Grèce, l'Italie du sud, au contact des Arabes qui s'y étaient installés). Adélard poursuit : « initié par les maîtres arabes, j'ai été guidé par la raison ». À cette région où il aurait séjourné, à l'en croire, il faudrait ajouter l'Espagne ;

1. Voir l'article de C. Viola, « Aristote au Mont Saint-Michel », dans *Millénaire monastique du Mont Saint-Michel,* Paris, R. Foreville (éd.), 1967, t. II, p. 289-312 ; plus récemment : S. Ebbesen, « Jacques de Venise », dans *L'Islam médiéval en terre chrétienne : science et idéologie,* Lille, M. Lejbowicz (éd.), 2009, p. 111-128.

tout cela est bien connu (et bien peu clair). Mais il convient de caractériser quelque peu ce savoir qui pouvait se répandre en Occident – précisons: quel savoir *en philosophie;* sinon il faudrait ajouter ici aux traductions en cette matière celles de nombreux ouvrages scientifiques – en mathématiques, médecine, astronomie, physique – qui ne relèvent pas de notre propos. Notons seulement que ce savoir résultait d'une large connaissance d'écrits en langue grecque qui avaient été traduits en arabe, et des recherches et découvertes propres aux savants de l'aire arabo-musulmane. La formule est la même pour les productions philosophiques en langue arabe – la philosophie arabe étant elle-même construite sur le socle de la philosophie grecque, dont une grande partie avait été également traduite en arabe dès le deuxième siècle de l'Islam, puis diffusée ainsi dans l'aire où la langue arabe était connue et pratiquée.

Avec des traductions sur le grec, et des traductions sur l'arabe, cette partie du monde méditerranéen reçoit de façon progressive un apport philosophique majeur; à savoir, l'encyclopédie aristotélicienne sous trois éclairages, pourrait-on dire: les ouvrages eux-mêmes du Philosophe transposés en latin, d'une part; de l'autre, deux ensembles correspondants: les commentaires ou adaptations qu'en avaient faits deux grands auteurs écrivant en arabe, l'oriental Avicenne et Averroès l'occidental; celui-ci va être appelé assez usuellement, par antonomase, « le Commentateur » – bien qu'Avicenne l'ait été aussi à sa manière, fort différente. Ils arrivent sur la scène occidentale avec un assez mince décalage, Avicenne vers la fin du douzième siècle, Averroès devant être traduit principalement à la cour de Frédéric II de Hohenstaufen, empereur de 1220 à 1250. Ses commentaires sont retenus par des théologiens de toute obédience; il inspirera aussi un courant longtemps vivace de maîtres ès-arts qui tenteront avec un relatif succès d'affranchir la philosophie de la tutelle théologique. Il est lui-même un esprit de grande envergure, auteur, outre ses commentaires, de traités philosophiques et juridiques qui n'ont pas passé en latin. Mais ce rôle de grand commentateur justement imparti à Averroès dans l'histoire de la philosophie et de la scolastique, au-delà même du Moyen Âge, est moindre cependant que celui qu'Avicenne y a tenu. Averroès accompagne et conforte Aristote – c'est, pour hasarder une métaphore d'allure médiévale, son écuyer; Avicenne, traduit plus tôt en latin, lui avait ouvert la voie; il l'a aussi réinterprété et transformé dans la mesure où il incarne lui-même un moment de l'aristotélisme, le dépassant en repensant sa doctrine. Averroès inscrit ses profonds commentaires dans la trame des textes aristotéliciens; Avicenne, dans son *Kitāb al-Šifā',* réécrit le texte dans une forme originale, l'installant en quelque façon dans une lignée alexandrine proche du platonisme avec lequel le Philosophe avait rompu (dans une mesure dont on peut, au reste, discuter). La traduction latine médiévale de cette somme, initiée par la regrettée Simone Van Riet, est en cours de publication depuis 1968 sous les auspices de l'Académie Royale de Belgique. – En résumé, il y eut le règne sans partage d'Augustin sur le haut Moyen Âge, il y eut le platonisme brillant mais peu documenté des Chartrains. Sur toute cette durée avait persisté Aristote le logicien, traduit pour une part, transposé pour une autre, par Boèce, et complété vers le milieu du douzième siècle (la *logica nova*). En outre un autre aspect d'Aristote, le savant et le philosophe, commença peu après de réapparaître.

Les choses en seraient peut-être restées là pour un temps que l'on ne peut raisonnablement imaginer; supposons donc, une fois ces moments passés et intégrés, une doctrine commune qui aurait consisté pour ses grandes lignes dans la confirmation de la philosophie antique en une relative diversité. Mais il y eut Avicenne, qui s'inséra plus étroitement dans la spéculation médiévale à cause du côté platonisant de sa pensée qui le fait proche, en quelque façon, d'Augustin.

L'arrivée d'Avicenne sur la scène philosophique fut saluée, comme il se doit, par une condamnation associée à celle d'Aristote. Dans le premiers tiers du treizième siècle un certain nombre d'ouvrages du philosophe grec sont accessibles aux lecteurs latins, soit par des traductions directes, soit dans des versions arabo-latines. Ils le sont si bien que des responsables ecclésiastiques s'en inquiètent – d'où les premières interdictions des livres d'Aristote à Paris en 1210 et 1215, auxquels furent associés ceux d'Avicenne. Je suis ici l'analyse qu'en a donnée Fernand van Steenberghen [1]. Évoquant notamment un concile de la province ecclésiastique de Sens, sous la présidence de l'archevêque Pierre de Corbeil, il cite cette phrase: « *Nec libri Aristotelis de naturali philosophia nec commenta legantur Parisius publice vel secreto, et hoc sub pena excommunicationis inhibemus.* » Dans son analyse attentive, appuyée sur un passage des statuts parus en 1215, il estime que: « Les *commenta* mentionnés en 1210 et les *summae* interdites en 1215 sont les paraphrases d'Avicenne et, peut-être aussi, les œuvres d'al-Fārābī: le concile a pu fort bien désigner l'encyclopédie philosophique d'Avicenne sous le nom de *commenta*, puisqu'elle est réellement une paraphrase d'Aristote. » [2] Je fais évidemment des réserves sur cette réduction d'Avicenne à un paraphraste, mais je retiens la présence de ses ouvrages dans des bibliothèques parisiennes à ce moment précoce du grand élan du XIIIe siècle. Accessoirement, je retiens que c'est une assemblée de dignitaires ecclésiastiques de Sens qui a pris ce décret. Soixante-dix ans plus tôt Pierre Abélard était condamné à Sens, précisément. C'était là peut-être une tradition qui se transmettait d'oncles à neveux.

Les responsables de la doctrine religieuse sont embarrassés quand dans le champ intellectuel apparaissent des philosophes arabes de croyance étrangère, donc, mais qui énoncent des thèses proches de celles des chrétiens. Faut-il les accueillir pour leur proximité, ou les poursuivre à raison de leur différence? Prenons-en comme exemple un point d'où sortiront de longues discussions et élaborations philosophiques et surtout théologiques. On lit chez saint Augustin: « *Ille autem qui consulitur, docet, qui in interiori homine habitare dictus est*

1. F. van Steenberghen, *La philosophie au XIIIe siècle*, Louvain – Paris, 1966, p. 88 et *sq*.
2. *Ibid.*, p. 91.

Christus, id est incommutabilis Dei virtus atque sempiterna sapientia. » Soit : « Celui que nous consultons, voilà le Maître, celui dont il est dit qu'il habite dans l'homme intérieur, le Christ, c'est-à-dire la force immuable de Dieu et la Sagesse éternelle. »[1] On lit aussi dans le *De anima* latin d'Avicenne, V, 5 : « *Causa dandi formam intelligibilem non est nisi intelligentia in effectu penes quam sunt principia formarum intelligibilium abstractarum.* » Soit : « La cause de la donation de la forme intelligible n'est autre que l'intellect en acte, chez qui sont les principes des formes intelligibles séparées. » Tel est le genre de situation dans lequel sera fait chez les chrétiens latins un choix historique inévitable : la mise au point de la formule scolastique, appelée à durer longtemps. Dans le cas particulier que l'on a évoqué, c'en sera un aspect qu'Étienne Gilson a nommé l'« augustinisme avicennisant », dans lequel des théologiens font de Dieu le véritable intellect agent. Ce courant est représenté au treizième siècle par, entre autres, Guillaume d'Auvergne († 1249), dont Jean-Baptiste Brenet a étudié particulièrement la noétique[2]. On cite encore, entre autres, Robert Grosseteste, Jean Peckham, Roger Bacon surtout, morts tous trois à la fin du siècle[3]. Le maître a pratiqué la même analyse et proposé la même formule pour quelques auteurs du douzième siècle, de façon moins convaincante ; dans les cas qu'il cite alors on aurait plutôt affaire à un « avicennisme augustinisant »[4]. La différence de la scène jouée avec les mêmes acteurs : Augustin, Avicenne – illustre la différence entre les deux périodes : le XIIe siècle étant plus libre dans son allure, moins inclus dans l'empire scolastique, que le sera le XIIIe. On terminera cette chevauchée hâtive en citant seulement le nom de l'un des plus grands théologiens médiévaux, Jean Duns Scot, à qui Avicenne est très présent.

Donc Avicenne, d'abord condamné, aura joué un rôle important dans l'histoire de la théologie médiévale latine. Mais à mon sens son importance dans l'histoire de la philosophie tient à ce qu'il a introduit dans la spéculation médiévale une doctrine de l'essence, *essentia*, qui ouvre à l'ontologie une perspective autre que celle d'Aristote, et qui amorce un véritable tournant, de portée séculaire. Il l'expose dans le traité cinquième de son *Liber de philosophia prima sive scientia divina*, tel que pouvaient le lire les philosophes et théologiens du douzième siècle dans une traduction très juste et très adroite. Que le traducteur ait été Gérard de Crémone ou Dominique Gundisalvi (sur ce point les manuscrits ne concordent pas), il convient de lui rendre un hommage particulier pour

1. Augustin, *De magistro*, XI, 38, dans *Dialogues philosophiques* III, éd. et trad. de F.J. Thonnard, Bruges, 1941.

2. Guillaume d'Auvergne, *De l'âme*, *op. cit.*

3. Ét. Gilson, « Pourquoi saint Thomas a critiqué saint Augustin », *Archives d'histoire doctrinale et littéraire du Moyen Âge*, 1 (1927) p. 89-149 ; en 1929, il publie dans la même revue un article intitulé « Les sources gréco-arabes de l'augustinisme avicennisant », *op. cit.*, où apparaissent al-Kindī, al-Fārābī.

4. Voir J. Jolivet, « L'"augustinisme avicennisant" au XIIe siècle : un effet de mirage », Chôra, 2/2004, p. 5-20.

l'usage qu'il fait du mot *essentia* dans ces pages. Le mot arabe ainsi rendu est *huwiyya,* dérivé du mot *huwa* – comme *farasiyya,* « chevalinité », présent dans le contexte, dérive de *faras,* « cheval », et y est traduit par *equinitas.* Mais *huwa* signifie « lui », et au premier abord on comprend mal ce que peuvent signifier un dérivé de « lui », et sa traduction latine *essentia.* Or il ne s'agit pas ici de lexique, mais de grammaire. *Huwa,* intercalé entre deux noms, a la fonction d'attribuer un prédicat à un sujet : *Allah huwa al-ḥaqq,* « Dieu est la Vérité ». Il y a donc la même fonction qu'a en latin *est,* forme du verbe *esse,* « être », selon une syntaxe différente par ailleurs. Le génie du traducteur a été de rendre par un dérivé de *esse* ce dérivé de *huwa,* puisque l'un et l'autre mot exprime une attribution : d'où son emploi du mot *essentia,* qui existait en latin mais avait un sens indécis entre « essence », « existence », « substance », comme on le montrera plus bas. En fixant ainsi ce point du vocabulaire philosophique latin, il a amorcé un élan nouveau de la philosophie médiévale latine, et, au-delà, occidentale[1].

Dans ce traité, Avicenne se sépare d'Aristote en faisant passer le scalpel ontologique non pas entre la matière et la forme de l'objet naturel – ce qui d'une certaine façon mettait la philosophie dans le sillage de la physique – mais bien entre « ce qu'est » la chose quelconque considérée, et le fait qu'elle est. Voyons plutôt le texte – quelques lignes extraites du *Liber de philosophia prima sive scientia divina*[2].

Vient d'abord la distinction entre les divers sens selon lesquels on peut dire qu'un nom est universel. Un tel nom « se dit de trois façons : (1) on le dit universel selon qu'il est attribué en acte à plusieurs sujets (*secundum hoc quod praedicatur in actu de multis*) – "homme", par exemple » ; (2) « on dit universel un concept (*intentio,* en arabe *ma'nā*) qui pourrait être prédiqué de plusieurs (sujets) bien qu'aucun n'ait en fait d'existence – par exemple le concept d'une maison à sept côtés » (un géomètre nous expliquerait que la construction d'une telle figure est épineuse) ; (3) un « concept dont rien n'empêche de penser qu'il se prédique de plusieurs (sujets) », par exemple le Soleil, la Terre : en effet, rien dans le concept que l'on en a n'interdit de penser qu'il s'en trouve plusieurs, à moins que l'on n'en démontre l'impossibilité à partir d'une cause extérieure et non de la simple représentation que l'on s'en fait (je résume ici un texte compliqué). Est donc universel ce que, du moins dans la pensée (*in intellectu*), il n'est pas impossible de prédiquer de plusieurs sujets. Inversement est individuel ce que l'on ne peut imaginer attribuable à plusieurs sujets : par exemple, la substance de ce Platon que voici (*substantia Platonis hujus designati*). En résumé :

1. Quant aux sens et contexte avicenniens arabes, voir les indications bibliographiques principales dans Avicenna, *Metafisica,* trad., introd. et notes par O. Lizzini, Milan, 2002, p. 1301-1303.

2. Avicenna latinus, *Liber De Philosophia Prima sive Scientia Divina,* Louvain-Leiden, ed. S. van Riet, t. II, 1980, pages 227 et *sq.* ; ces pages correspondent aux pages 195 et *sq.* de l'édition du Caire du *Kitāb al-Šifā', Al-Ilāhiyyāt,* I.

> L'universel en tant qu'universel est quelque chose (*quiddam ;* en arabe, *šay'*) ; en tant qu'il est quelque chose à quoi advient (*accidit ;* en arabe *talḥaquhu,* « à quoi s'attache ») l'universalité, il est autre chose [...]. Soit par exemple la chevalinité (*equinitas,* en arabe *farasiyya*). Sa définition n'a rien à voir avec (*est praeter*) la définition de l'universalité, et l'universalité n'est pas contenue dans la définition de la chevalinité. En effet la chevalinité est indépendante de (*non eget*) l'universalité : elle est ce à quoi advient l'universalité. Donc, la chevalinité en elle-même n'est rien d'autre que la chevalinité tout court (*equinitas tantum*) : elle-même, en effet, n'est en soi ni plurale ni une (*nec multa nec unum*), elle n'existe ni dans les choses sensibles ni dans l'âme, elle n'est rien de cela, ni en puissance ni en acte, en tant que ce serait contenu dans l'essence de la chevalinité, mais parce qu'elle est la chevalinité tout court... La chevalinité, du fait que des (sujets) multiples (*multa*) se rencontrent dans sa définition, est commune (*communis ;* arabe : *'amma*) ; mais en tant que considérée (*accipitur*) avec des propriétés et des accidents particuliers (*signatis ;* arabe : *mušar ilayhā*), elle est singulière. Donc la chevalinité, en soi, est chevalinité tout court.

Après avoir tourné autour de cette assertion, l'avoir éprouvée et garantie par des distinctions sémantiques et des argumentations logiques, Avicenne reprend l'exposé de sa thèse :

> Reprenons cela du début et rassemblons-le pour l'exposer d'une autre façon, comme pour rappeler ce que l'on a dit plus haut. Disons donc : voici quelque chose de sensible qui est animal, ou homme, avec une matière et des accidents, c'est l'homme naturel ; et voici quelque chose qui est animal, ou homme, et que l'on considère en soi selon ce qu'il est lui-même sans prendre avec lui ce qui lui est joint, sans acception de commun ou de propre, ou d'un ou de plusieurs, ni en fait ni en considération, en outre, de puissance selon qu'il est quelque chose en puissance : car l'animal en tant qu'il est animal, l'homme en tant qu'il est homme, sans considérer toutes les autres choses qui lui sont concomitantes, ce n'est que *animal* ou *homme.* Mais l'animal commun et l'animal individuel, l'animal selon le point de vue dans lequel il est parmi les choses sensibles, ou pensé dans l'âme, c'est l'animal et quelque chose d'autre, non l'animal considéré en soi seulement. Il est clair que, quand il y aura *animal* et autre chose qui n'est pas *animal,* alors *animal* sera, en cela, comme une partie ; et de même avec *homme.* Mais l'animal pourra être considéré pour soi, bien qu'il soit avec autre que soi, puisque « son essence est » avec autre que soi ; donc son essence est à lui, par soi ; or, être avec autre chose que soi est quelque chose qui lui advient, ou quelque chose qui accompagne sa nature : par exemple, cette animalité ou humanité. Donc ce point de vue (*haec consideratio*) précède, dans l'être, et l'animal qui est individuel à cause de ses accidents, et l'universel qui est dans les sensibles et (qui est) intelligible, comme le simple précède le composé et la partie précède le tout...

Arrêtons ici la citation, le principal est dit. Je me tiendrai à ce qui touche à mon propos dans ce texte, dont Alain de Libera a donné une analyse magistrale, quant à sa structure logique et sémantique [1]. L'analyse qu'Avicenne a menée met à part de l'être existant, son essence dans sa neutralité existentielle, sans les conditions empiriques d'un ou de multiple, de ceci ou de cela. L'essence qui a, comme il sera dit quelques lignes plus bas, « un véritable être par soi », *veritatem essendi per se,* bien qu'il advienne à « la vérité de son être » d'être jointe à autre chose dans l'être, *adjungi alii in esse* (234, 56-57). Avec cette notion d'un *être de l'essence,* reçue d'un philosophe écrivant en arabe et qui avait lui-même mis ses pas dans ceux de Platon et d'Aristote (celui-ci dûment authentifié), la spéculation occidentale amorce un tournant d'une ampleur imprévisible. Avant d'en esquisser le tracé notons un point de vocabulaire. Jusqu'alors le mot *essentia* avait un sens indécis, il pouvait orienter l'esprit aussi bien vers l'existence, l'*esse* substantif, que vers l'*esse* prédicatif, l'essence, ou la qualité. Cela est le cas chez Abélard; ce l'était pour le premier sens chez Augustin. Voyons son *De Trinitate,* V, chap. VIII-IX: *essentiam dico, quae* ousia *graece dicitur, quam usitatius substantiam vocamus;* c'est-à-dire: « Je dis *essence,* qui se dit en grec *ousia,* que nous appelons plus couramment *substance* »; et tout le contexte jongle, si l'on ose dire, avec *ousia, hypostasis,* et *substantia/essentia.* La traduction latine d'Avicenne éclaircit cette pénombre sémantique en la mettant dans une perspective nouvelle, et fonde ainsi en Occident latin une ontologie nouvelle.

Dans sa situation historique et son état originel cette doctrine de l'essence est l'aboutissement génial d'un ensemble de thèmes évoqués et traités de façons diverses dans les spéculations philosophiques antérieures, grecques et arabes, qu'il n'est pas question de détailler ici. Bornons-nous à saluer cette initiative d'Avicenne, qui, d'une part, a donné un sens nouveau à cette première partie de l'histoire de la philosophie, et ouvert, d'autre part, sur une autre période qui commence en un point nodal du Moyen Âge – celui où se sont déterminées d'abord les traditions théologiques qui ont traversé les siècles. Soit, en une évocation nécessairement trop rapide, celles de Jean Duns Scot et de Thomas d'Aquin: une théologie de l'essence, une théologie de l'être [2]. Mais encore – et pour nous ici, mais surtout – le second nommé de ces deux maîtres en a recueilli et exploité la doctrine pour composer – dans les années 1252-1256, dit-on – un traité court intitulé *De ente et essentia,* « De l'étant et de l'essence » – ouvrage philosophique où, sous le patronage d'Avicenne cité dès la troisième ligne, il explore « ce que signifie essence », *significationem essentiae,* et à cette lumière nouvelle reprend systématiquement les catégories ontologiques, depuis la substance jusqu'aux accidents. Dans cette œuvre de jeunesse (à peine la trentaine) le futur théologien de l'être inaugure dans le monde latin une philosophie de l'essence qui, sous des formes diverses, durera longtemps. C'est là, me semble-t-il, le segment principal du « tournant avicennien ».

1. A. de Libera, *Art des généralités. op. cit.*, chap. IV, p. 499-609.
2. Voir Ét. Gilson, *L'être et l'essence, op. cit.*, Paris, 2002[2] revue et aug. (Ire éd.: 1948).

À travers les leçons et les œuvres des théologiens et des maîtres ès-arts, d'écoles en universités et en *studia* de prêcheurs et de mineurs, la théorie avicennienne de l'essence – qu'elle soit admise ou contestée – va continuer son chemin dans l'univers philosophique médiéval. Les constantes reprises et discussions qu'elle suscite forment un ensemble considérable dont témoigne notamment Francisco Suárez (1548-1617). Dans la trente-et-unième de ses *Disputationes metaphysicae* (1597) [1], il considère « L'essence de l'étant fini en tant que tel, son être, et leur distinction réciproque », discutant les différentes *sententiae* qui ont été émises à ce dernier sujet : celles de Thomas d'Aquin (distinction réelle), de Duns Scot (distinction modale), et du peu connu Alexandre d'Alexandrie (distinction de raison). La section II de ladite dispute s'intitule : « Qu'en est-il de l'essence des créatures avant qu'elles soient produites par Dieu ? » Il ne serait pas utile d'examiner en détail tout ce texte ; les quelques allusions qu'on y a faites suffisent pour montrer que, si nous ne sommes pas ici en territoire avicennien, du moins sommes-nous dans une problématique dont l'origine est chez Avicenne, explicitement cité, d'ailleurs, dans plusieurs endroits de la *Dispute*.

La doctrine du philosophe iranien était donc bien connue – fût-ce pour être débattue et refusée – dans la seconde moitié du seizième siècle. Descartes est né en 1596, quasi-contemporain des *Disputes* de Suárez ; il est probable qu'il en a eu connaissance au collège jésuite de La Flèche [2]. On voit passer quelque chose de l'essence avicennienne dans ses *Méditations métaphysiques*. La troisième est intitulée « De Dieu : qu'Il existe ». La « méditation » s'applique à « l'idée d'un Dieu souverain, éternel, infini, immuable, tout-connaissant, tout-puissant, et créateur universel de toutes les choses qui sont hors de lui » ; idée qui « a certainement en soi plus de réalité objective que celles par qui les substances finies nous sont représentées. » Descartes s'attache à montrer qu'elle ne peut lui venir de lui seul, qu'elle n'est pas « reçue par les sens », et qu'« il n'est pas en son pouvoir d'y diminuer ni d'y ajouter aucune chose » ; elle est donc « la marque de l'ouvrier empreinte sur son ouvrage ». Dans la *Méditation cinquième*, intitulée « De l'essence des choses matérielles, et, derechef, de Dieu : qu'Il existe », Descartes dit notamment que « l'existence ne peut non plus être séparée de l'essence de Dieu que de l'essence d'un triangle rectiligne la grandeur de ses trois angles égaux à deux droits, ou bien de l'idée d'une montagne l'idée d'une vallée » ; et encore : « je ne saurais concevoir autre chose que Dieu seul à l'essence de laquelle l'existence appartienne avec nécessité. » On voit, dans ces formules cartésiennes, la preuve ontologique de l'existence de Dieu naître d'une conception avicennisante de l'essence. Cela éclate dans les « réponses aux objections faites

1. F. Suárez, *La distinction de l'étant fini et de son être. Dispute Métaphysique XXXI*, texte intégral présenté, traduit et annoté par J.-P. Coujou, Paris, Vrin, 1999.

2. Ét. Gilson, *Index scolastico-cartésien*, Paris, Vrin, 1979² rev. et aug. (Ire éd. : 1913), Postface et p. 103-106.

à cette *Méditation cinquième* ». Descartes y écrit que « L'existence nécessaire est vraiment en Dieu une propriété prise dans le sens le moins étendu, parce qu'elle convient à lui seul, et qu'il n'y a qu'en lui qu'elle fasse partie de l'essence. »

Spinoza va développer entièrement le critère cartésien de l'idée vraie, nouvelle façon de signifier la conception de l'essence sur une scène occupée par la mathématique. Au paragraphe 49 de sa *Réforme de l'entendement* il énonce que : « Les idées qui sont claires et distinctes ne peuvent jamais être fausses ; car les idées des choses qui sont conçues clairement et distinctement sont ou bien simples, ou bien composées des idées les plus simples, c'est-à-dire déduites des idées les plus simples. Et une idée parfaitement simple ne peut pas être fausse » ; et peu après : « Il est requis pour notre fin qu'une chose soit conçue ou bien par sa seule essence ou par sa cause prochaine »[1]. C'est ici, en suite de la norme cartésienne de l'idée claire et distincte, le modèle mathématique qui fournit l'exemple et la norme de l'idée vraie. On ne s'étonnera donc pas que chaque partie de l'*Éthique* commence, de façons diverses, par des définitions, des axiomes, des postulats, et se poursuive par des démonstrations *more geometrico ;* que la première définition de la Première Partie de l'*Éthique,* qui traite *De Dieu,* soit : « Par cause de soi, j'entends ce dont l'essence enveloppe l'existence, autrement dit, ce dont la nature ne peut se concevoir qu'existante » ; et cette première partie est en fait un développement de la preuve de Dieu « par son idée » – on dirait aussi bien « par son essence » ; ce que nous appelons la preuve ontologique de l'existence de Dieu, dans la droite ligne de Descartes.

Les mathématiques fournissent à Leibniz aussi l'exemple pur de l'essence, de l'idée claire et distincte, et mieux encore qu'à Spinoza d'autant qu'il est mathématicien de métier, entre bien d'autres qualifications. Dans son traité *De l'origine radicale des choses* (1698), il évoque une « prétention à l'existence » présente, à des degrés divers, dans chacune des essences : ainsi « parmi les infinies combinaisons des possibles et séries de possibles, il en existe une par laquelle la plus grande quantité d'essence ou de possibilité est amenée à l'existence » (*essence, possibilité,* sont au singulier, on l'aura noté) ; et encore : « dans l'origine même des choses s'exerce une certaine mathématique divine ou mécanique métaphysique, où prend place la détermination du maximum d'existence. »[2]

Avec ces deux grands mais lointains héritiers d'Avicenne, et qui s'ignoraient comme tels, s'achève ce que l'on pourrait appeler l'histoire de la métaphysique latine. Trois, quatre générations après eux, le cours des choses et l'esprit du temps s'étant modifiés, et l'épistémologie ayant changé de normes avec les progrès de la physique, un philosophe qui écrivit peu en latin mais beaucoup en allemand brisa la preuve ontologique de l'existence de Dieu. Il énonça que

1. B. Spinoza, *Traité de la réforme de l'entendement,* trad. Ch. Appuhn, Paris, 1964.
2. G.-W. Leibniz, *Œuvres choisies,* trad. L. Prenant, Paris, 1940, p. 266-267.

être n'était pas un prédicat réel – c'est-à-dire un concept qui puisse s'ajouter au concept d'une chose, mais qu'il signifiait simplement « la position d'une chose ou de certaines déterminations en soi » ; que cent thalers possibles avaient même concept que cent thalers réels, mais que l'on était plus riche avec les seconds qu'avec les premiers, bien que leurs concepts respectifs fussent exactement les mêmes [1]. Ainsi la question de l'existence fut radicalement dissociée de celle de l'essence et la philosophie prit un nouveau tournant.

1. E. Kant, *Critique de la raison pure,* trad. A. Tremesaygues et B. Pacaud, Paris, 1944, p. 425-431 ; et R. Eisler, *Kant-Lexikon,* trad. A.-D. Balmès et P. Osmo, Paris, 1994, p. 839-842.

Discussion

Question. – Vous avez utilisé l'expression d'« augustinisme avicennisant ». Vous n'avez pas assouvi ma curiosité. Vous avez déclaré que, pour le XIIe siècle, ce n'est pas une description adéquate de ce qui se passe. Mais vous n'avez pas donné les raisons. Je voudrais en savoir davantage. C'est un thème dont on a discuté beaucoup. Quelle est votre opinion sur l'augustinisme avicennisant au XIIe siècle ?

Jean Jolivet. – Gilson a écrit un article sur l'augustinisme avicennisant au XIIe siècle. Il y donne une série de textes. En deux colonnes parallèles, il met des textes d'Avicenne et de saint Augustin. Quelquefois, les textes de saint Augustin étant très longs, des coupes, indiquées par des points de suspension, sont effectuées. Si on regarde de près toutes ces citations, on s'aperçoit que des textes d'Augustin cités par Gilson est ôté ce qui est chrétien. Cela donne l'impression d'un augustinisme avicennisant. Il s'y prend de telle sorte que la quasi-identité entre la pensée d'Avicenne et la pensée d'Augustin se fait par ablation de ce qui, dans la pensée d'Augustin, est chrétien. C'est pourquoi je propose d'appeler cela plutôt un avicennisme augustinisant. Il y a un article de moi sur ce sujet dans le numéro 2 de la revue *Chôra* (« *L' 'augustinisme avicennisant' au XIIe siècle : un effet de mirage* »). Dans le mirage, en effet, on prend le haut pour le bas, ou inversement. Vous y trouverez tous les détails de mon argumentation.

Question. – Nous tournons aujourd'hui autour d'un non-dit : le problème du rapport de tous ces textes qui sont écrits par des païens et des polythéistes et leurs lectures dans un milieu chrétien. Gilson le savait très bien. On assiste à une lecture en milieu chrétien de textes qui viennent d'une autre culture. Leurs traducteurs sont eux-mêmes monothéistes, qu'ils soient grecs, latins ou arabes. La lecture en est forcément biaisée.

Jean Jolivet. – Il y a une identité dans la mesure où les monothéismes méditerranéens se ressemblent. Et il y a une différence selon que leur révélation et leur texte sont faits en latin, en grec, en hébreu ou en arabe, spécialement pour le cas qui nous intéresse, Avicenne.

Même interlocutrice. – Évidemment, ce sous-jacent concerne la philosophie mais pas du tout les textes scientifiques dont on a parlé ce matin.

Françoise Gasparri. – J'ai une question à vous poser sur les hommes plus que sur les pensées. Sauf si je fais erreur, vous me corrigerez dans ce cas, Avicenne avait comme maître Abū Sahl al-Masihi qui était un chrétien jacobite. Nous sommes là dans un milieu syriaque, jacobite, nestorien. À partir de la conquête musulmane, la plupart des médecins des califes étaient des nestoriens. Les relations étaient donc certainement très étroites. Il n'est donc pas étonnant que l'on ait pris une forme de pensée chrétienne.

Jean Jolivet. – Oui, bien sûr. Une philosophie méditerranéenne est représentée notamment par la philosophie latine du XIIe siècle, avec ses suites au XIIIe siècle. De deux côtés, il y a des monothéistes et des gens qui descendent plus ou moins de Platon et d'Aristote. Des jonctions, des interprétations se font forcément avec, évidemment, des différences particulières.

Chapitre XXVII

LES *PHILOSOPHI SARACENORUM* ENTRE DEUX RÉVÉLATIONS *

Avant de commencer cet exposé il convient de s'expliquer sur son titre ; il peut paraître étrange mais il correspond à la singularité de la situation historique que je me propose d'évoquer. D'abord donc, les *philosophi saracenorum* sont autres que ces philosophes que l'on peut appeler, à la suite de l'historiographie arabe, « les philosophes de l'Islām » : ce sont ceux de ces philosophes qui au douzième siècle ont fait leur entrée chez les chrétiens d'Occident à la faveur des traductions en latin de leurs œuvres. Ou plutôt et plus précisément ce sont bien eux, mais réduits à celles de leurs œuvres devenues ainsi accessibles aux clercs, dans cette portion de l'Europe médiévale. Donc, ce que désigne le syntagme latin de mon titre, c'est un corpus philosophique singulièrement réduit par rapport à la quantité énorme d'ouvrages produits dans le monde arabo-islamique depuis les débuts de la *falsafa* – soit, dans les quatre siècles environ qui avaient précédé l'époque de ces traductions. On sait que leur influence sur la philosophie et la théologie médiévales, et par suite sur l'histoire de la philosophie classique, n'en a pas moins été considérable. – Autre formule du titre qu'il faut expliquer, celle qui évoque « deux révélations ». Ces ouvrages composés dans une aire religieuse spécifique ont été reçus dans une autre, comme elle universaliste, et à un moment marqué par des relations conflictuelles extrêmes entre les états qui en étaient, respectivement, les auxiliaires armés. Les effets que cette opposition religieuse, politique et militaire ont induits dans cette circulation et réception d'ordre culturel sont un des points que je me propose d'évoquer.

La seconde précision que je veux apporter concerne les limites auxquelles se tiendra ma communication. Cette entreprise de traductions de l'arabe au latin a donné lieu à un grand nombre de travaux, à proportion de son importance factuelle et théorique. Je ne me propose pas d'y ajouter des éléments nouveaux,

* « Les *Philosophi saracenorum* entre deux révélations », Actes du 6e colloque de la SIHSPAI, Namur-Bruxelles, 15-18 janvier 2003, Faculté N-D de la Paix, Académie royale de Belgique, à paraître.

je n'ai pas de découverte à annoncer. Au contraire en quelque sorte, je voudrais prendre quelque recul, considérer à quelque distance ce massif intellectuel sans essayer d'y suivre une voie nouvelle ni non plus d'en faire le tour. Je vais simplement proposer quelques vues, quelques remarques, peut-être quelques naïvetés. En bref, ceci n'a pas de prétention à la scientificité car ce n'est qu'un parcours dans un quartier de l'histoire.

Dans un travail inédit[1] Max Lejbowicz utilise le mot d'« acculturation » pour qualifier le mouvement par lequel des médiévaux se sont, au XIIe siècle, jetés pour ainsi dire sur des nouveautés culturelles venues du monde arabe ; ce sont, dit-il, « ceux d'entre les Latins qui avaient été éveillés au savoir au sein de leur culture native, au point de ne pas pouvoir se contenter des limites qu'elle leur imposait ». Tels, dirons-nous, que bien avant cette époque qui nous retient en ce moment, Gerbert se rendait en Catalogne pour étendre son savoir en astronomie, les clercs latins sont animés d'un désir intellectuel : désir de science, et les traductions d'ouvrages de *quadrivium* se multiplient ; mais aussi, désir de philosophie.

Revoyons cela de plus près, notamment à propos de ce « désir de philosophie » que je viens d'évoquer mais qu'il peut paraître difficile de cerner ; c'est en fait, dit autrement, un désir de raison. En remontant vers le début du siècle nous y rencontrons le *De eodem et diverso* d'Adélard de Bath. Dans un rêve de l'auteur de ce petit traité deux personnages féminins s'affrontent : Philocosmie et Philosophie, autrement dit « Amour du monde » et « Amour de la Sagesse ». Chacune a ses suivantes ; celles de Philosophie sont simplement les sept arts libéraux ; Adélard ne revient pas sur cette conception archaïque dans un ouvrage plus tardif au titre explicite de *Questions naturelles,* mais il y traite de bien d'autres choses que dans le *De eodem.* Ce ne sont pas cependant les contenus de ces deux ouvrages qui doivent nous retenir mais, à la fin du premier et au début du second, des références factuelles ; plus précisément, géographiques. Dans le *De eodem* Adélard parle d'un vieillard qu'il aurait rencontré au cours d'un voyage en Grande Grèce, et qui l'aurait instruit de choses qu'il ignorait ; et l'opuscule se termine sur un point d'anatomie et un point de mécanique, évidemment inclassables tous deux dans le cadre des sept arts. Les *Questions naturelles* s'ouvrent par des pages assez connues dans lesquelles Adélard oppose la routine où s'attardent les écoles de la Gaule et la *raison,* qu'il a appris à suivre auprès de « ses maîtres arabes », dit-il, au cours d'un voyage en Orient. Que ces deux voyages aient vraiment eu lieu, ou non, n'est pas une chose importante ; mais bien plutôt la mention de deux zones de contacts culturels entre le monde

1. Mais dans un autre, qui vient de paraître, il s'exprime de même à propos des mathématiques : « Je voudrais essayer d'illustrer, à partir des *Éléments* d'Euclide, cette poussée intellectuelle qui mêle développement autochtone et acculturation arabo-latine » ; Max Lejbowicz, « Le premier témoin scolaire des *Éléments* arabo-latins d'Euclide : Thierry de Chartres et l'*Heptateuchon* », *Revue d'Histoire des Sciences,* 2003, 56/2, 347-368 (348).

chrétien et le monde islamique, et la mention des « maîtres arabes » qui suivent la raison et non pas la routine. Ces deux écrits d'Adélard sont à ranger auprès des traductions de l'arabe au latin en matières scientifiques – médecine, mathématiques, astronomie – qui en sont globalement contemporaines et auxquelles Adélard lui-même a pris part. On n'omettra pas une entreprise d'une intention et d'un genre tout différents puisqu'elle relève de la polémique religieuse contre l'islām, quelques années avant la deuxième croisade : c'est le programme de traductions de l'arabe en matière religieuse, amorcé par Pierre le Vénérable au cours d'un voyage pastoral dans le nord de l'Espagne, au début des années quarante de ce même douzième siècle. Nous en retiendrons la pratique elle-même de la traduction de l'arabe au latin ; et aussi, deux points du prologue d'un ouvrage personnel de Pierre, le *Liber contra sectam sive heresim Saracenorum.* Dans ce texte adressé, rhétoriquement, aux « Arabes, fils d'Ismaël, qui observent la loi de celui que l'on appelle Mahomet », Pierre fait allusion aux traductions de l'arabe au latin « en matière d'arts libéraux ou de physique » (*quantum ad liberalia vel physica studia spectat*) ; et aussi il affirme vouloir aborder « les Arabes » non par la violence mais par la raison (*non vi sed ratione*). Adélard et Pierre, chacun de son point de vue, associent donc les Sarrasins et l'usage de la raison et, pour le second, dans la controverse religieuse. Avec à l'arrière-plan le vaste travail des traducteurs.

J'ai parlé tout à l'heure de désir de philosophie. On peut d'une autre façon en désigner un exemple qui serait d'ailleurs plutôt celui d'une frustration à demi avouée (voire à soi-même). C'est celui de Pierre Abélard qui dans ses *Collationes* dresse un personnage de philosophe qui, par plusieurs détails convergents, a bien la figure d'un sarrasin et a pour règle de vie de suivre la conduite de la raison (*rationis sequi ducatum ;* c'est presque à la lettre la formule même d'Adélard de Bath : *a magistris arabicis ratione duce didici*). Mais quand il expose sa doctrine des vertus on constate qu'elle reprend la tradition classique qui était familière aux clercs instruits dans le *trivium.* Ce cas est cependant particulier ; pas tellement parce que la date des *Collationes* est disputée, mais parce que, même dans l'hypothèse où Abélard les aurait composées dans ses dernières années, il n'aurait pu connaître d'ouvrage d'éthique traduit de l'arabe : l'activité des traducteurs a ignoré ce genre philosophique. Est-ce que les bibliothèques arabes n'en contenaient pas ? Plus vraisemblablement pour une autre raison que nous considérerons plus tard.

Quoi qu'il en soit du contenu des bibliothèques arabes dans l'Andalus au XIIe siècle, ce qu'on a supposé être un désir de philosophie ne va pas sans poser la difficulté énoncée dans le *Ménon :* « Comment chercher à connaître une chose dont on ne sait pas ce que c'est ? ». La difficulté n'est pas la même en philosophie que dans les sciences cultivées à cette époque, les mathématiques, la médecine. Dans de tels cas l'inconnu est désigné par la place qu'il laisse vacante et il est identifié comme ce que l'on cherchait du fait qu'il vient à la remplir : diagonale du carré, formule d'un remède. Pour philosophie les Latins avaient Augustin, ils avaient Boèce ; plus fondamentalement ils avaient les Écritures et les Pères, qui leur enseignaient quel était Dieu, quelles étaient les vertus. Sans doute savaient-ils plus ou moins clairement que d'autres enseignements sur ces points étaient contenus dans la philosophie grecque réaménagée par des philosophes arabes, mais il est malaisé de deviner ce qui pouvait les porter à désirer acquérir ces savoirs étrangers à plus d'un titre. On peut supposer tel ou tel élément subjectif, une curiosité personnelle ou partagée dans un groupe. Un élément objectif pourrait être l'insuffisance d'un contenu scolaire, par exemple de la très sommaire définition de l'abstraction que proposait Boèce. Encore faudrait-il savoir pourquoi on la jugerait insuffisante, sans avoir pour cela des raisons convaincantes comme il arrive en sciences ; on en revient donc à la subjectivité. Contentons-nous donc du fait qu'un désir de philosophie fut assez partagé au XIIe siècle pour avoir motivé tant de traductions philosophiques – dans l'entraînement sans doute des traductions scientifiques, et d'un appétit pour la globalité du savoir dont elles révélaient un aspect spécial sans doute, mais irrésistible pour l'intellect. L'acquis ainsi assimilé aura incité à fouiller plus avant dans les bibliothèques arabes, à compléter les sommaires indications que dans son *Didascalicon* Hugues de Saint-Victor donnait sur la philosophie : quelques définitions d'esprit augustinien (Livre I, chap. 2) ou venues des alexandrins par l'intermédiaire d'Isidore (Livre II, chap. 1) ; étant par ailleurs entendu que les vrais philosophes sont les moines (Livre III, chap. 14 ; Livre V, chap. 7). Mais l'effort même de Hugues pour résumer l'ensemble du savoir disponible peut certes s'interpréter comme un bilan que l'on tire, mais aussi bien comme l'aménagement d'une position de départ – dans un livre écrit par un religieux régulier tout près de Paris, dans la première moitié du XIIe siècle.

Revenons au schème sur lequel s'ordonne notre réflexion sur le mouvement de traductions de l'arabe au latin, vers le milieu de ce siècle. Nous avons, en situation de réceptrice, la tradition chrétienne savante articulée d'une part sur le corpus biblique – Ancien et Nouveau Testaments, Torah et Évangile si l'on veut ; d'autre part sur un corpus patristique abondant, que l'école de Laon redistribuait en marge des Écritures, différemment exploité d'ailleurs selon les auteurs médiévaux mais dont l'élément principal constant est l'œuvre de saint Augustin, médiatrice entre la Bible et la tradition philosophique platonicienne – on connaît le récit autobiographique d'Augustin, sa lecture des « livres platoniciens » (c'est-à-dire néoplatoniciens) qui l'oriente décisivement vers la conversion ; enfin, dernier élément, les premiers traités de l'*Organon*. Comme témoin de cette synthèse au XIIe siècle on pourrait prendre l'œuvre théologique d'Abélard, dont la dialectique est l'instrument majeur ; ou celle, boécienne et platonisante, de Gilbert de la Porrée. Face à la tradition chrétienne nous avons cette autre tradition, qui en sera reçue : un ensemble *prélevé* (nous y reviendrons) sur le corpus philosophique arabo-islamique – disons, sur la *falsafa*. Cette tradition-ci est fondée d'une part sur la révélation coranique, dont dépendent de façons diverses la totalité ou presque de ces philosophes ; d'autre part sur une portion de la philosophie grecque beaucoup plus importante que celle qui était parvenue aux chrétiens d'Occident, puisque ceux-ci ignoraient presque entièrement Aristote et que leur rapport au platonisme était médiatisé (mis à part le *Timée*) par les Pères de l'Église et aussi par Boèce. La tradition chrétienne savante et la tradition islamique avaient donc en commun la gémellité de leurs révélations fondatrices, et une tradition philosophique beaucoup plus complète d'un côté que de l'autre. Il y avait là de quoi favoriser un accord et interdire un amalgame (telle sera au siècle suivant la situation de la scolastique). Voyons donc ce qui concerne la tradition philosophique.

Rappelons quels sont, principalement, les textes philosophiques arabes authentiques qui ont été traduits au XIIe siècle. D'al-Kindī, *De quinque essentiis, De somno et visione, De intellectu ;* d'al-Fārābī, *De scientiis* (*De divisione scientiarum*), *De intellectu* (ou *De ratione*) ; d'Ibn Sīnā (Avicenne) on a commencé une traduction du *Kitāb al-Šifā'* qui se poursuivra jusqu'à la fin du XIIIe siècle, et dont pour le XIIe, le *De anima* et la *Philosophia Prima ;* d'al-Ġazālī, le *Liber philosophiae* (des *Intentions des philosophes*) ; l'apocryphe aristotélicien *De causis.* Sauf le dernier presque tous ces divers ouvrages procèdent d'Aristote, le plus souvent à travers des commentateurs ou sous le mode d'une réécriture complète et originale, où la pensée du Maître n'apparaît sous le texte que pour un lecteur qui la connaît déjà. Tout différent sera l'apport des commentaires d'Averroès ; ce contemporain sera traduit plus tard ; d'autres andalous, Ibn Ṭufayl, Ibn Bāǧǧa, n'apparaîtront jamais que par des bribes incorporées aux commentaires d'Averroès.

Dans la liste que l'on a dressée on peut ranger à part le *De scientiis* d'al-Fārābī, qui accompagne en quelque sorte le corpus scientifique arabe dont les traductions avaient été plus précoces ; c'est en quelque façon la première apparition en Occident de la philosophie des sciences. D'autre part les *Cinq essences* d'al-Kindī, d'une sobriété ascétique ; la surabondante *Philosophie première* d'Avicenne, avec les *Intentions* d'al-Ġazālī, sont à mettre au rayon de la « philosophie générale » comme disent, ou disaient, les rédacteurs de nos programmes universitaires. Le *De somno et visione* d'al-Kindī, son traité *De intellectu* et celui, homonyme, d'al-Fārābī, le *De anima* d'Avicenne, forment un ensemble cohérent de psychologie et de noétique. Dans un article mémorable Ét. Gilson a signalé que trois opuscules arabes sur l'intellect : les deux premiers cités et la partie correspondante de l'ouvrage d'Avicenne, accompagnés du *De intellectu* d'Alexandre d'Aphrodise (traduit d'une traduction arabe), constituaient un dossier souvent présent dans les manuscrits du XIIe siècle : trois auteurs arabes, donc, sur quatre. Cela témoigne d'une recherche de nouveauté dans l'étude du fonctionnement de l'esprit, qui relaie la classification des « puissances de l'âme » par Boèce, largement représentée ou développée au XIIe siècle (*sensus, imaginatio, ratio, intellegentia* et assez souvent l'*intellectus* placé soit avant soit après elle, mais de toute façon pour laisser ouverte la voie mystique). La noétique aristotélicienne ainsi introduite dans le champ théorique permet de dégager de la spiritualité l'intellection, ou inversement; et aussi de repousser du côté des vieilleries l'usage de la notion de similitude pour définir les espèces et les genres, et de les lier au fonctionnement de l'intellect. Cette innovation permise par les traductions de l'arabe satisfait le désir de philosophie dont l'on supposait la présence à l'origine de cette entreprise. Un témoignage plus fort en apparaît dans la dédicace à l'archevêque Jean de Tolède de la traduction du *De anima* d'Avicenne : « Grâce à cet ouvrage », dit le traducteur, « les latins sauront avec certitude ce que jusqu'ici l'on ne connaissait pas : à savoir, si l'âme existe, quelles sont sa nature et sa qualité, selon son essence et son activité; et ce sera prouvé par des raisons dont toutes sont vraies. Voici donc un livre traduit de l'arabe; son auteur, sachez-le, y a rassemblé tout ce qu'Aristote a dit dans son livre à propos de l'âme, du sens et du sensible, de l'intellect et de l'intelligible ». Il est loisible de voir dans ces lignes l'acte de naissance d'une tradition nouvelle du savoir, une promotion de la philosophie qui, grâce à un grec et un arabe, ira jusqu'à apporter à l'archevêque cette nouvelle majeure et réconfortante : que l'âme existe…

Un autre témoignage de ce désir de philosophie est l'existence, au XIIe siècle, d'un mouvement certainement minoritaire et tout au moins sans postérité apparente, que Gilson a rangé trop hâtivement sous la rubrique d'« augustinisme avicennisant ». Elle est valable pour ceux des scolastiques du XIIIe siècle qui, pour appuyer par la philosophie le thème augustinien de l'illumination intellectuelle, ont assimilé l'intellect agent d'Avicenne au Dieu chrétien. Il est vrai aussi que des auteurs du XIIe les avaient précédés en cela. Mais il en a existé d'autres qui ont procédé à l'inverse, appelé Augustin à l'appui d'Avicenne en produisant des citations du premier dont ils omettaient les éléments spécifiquement chrétiens – agissant donc en « avicenniens augustinisants » (je l'ai montré dans un exposé en instance de publication). On ne peut aller jusqu'à les comparer aux futurs « averroïstes », car dans ces deux cas les environnements institutionnels et les équipements documentaires et théoriques respectifs sont trop éloignés. Mais il s'agit bien dans l'un et l'autre d'une position purement philosophique prise sous la garantie d'un philosophe « arabe », que ce soit Avicenne ou Averroès.

Après ce détour nous pouvons nous tourner vers ce qui était plus ou moins ouvertement l'horizon de notre parcours : la religion ou plutôt les religions, sujet de dissension entre les sarrasins et les chrétiens. L'humeur homicide des croisades et les images déformées, voire dénaturantes que l'on trouve dans les chansons de geste ne suffisent pas à rendre compte des relations entre les deux. Nous voyons des religieux chrétiens, des théologiens, associer l'islām et la raison. Pierre le Vénérable écrit que les sarrasins sont non seulement des hommes raisonnables, *rationales,* mais que par le talent et l'art ils sont *rationabiles,* ils savent user de la raison ; Abélard n'attribue pas explicitement d'origine à son philosophe mais de fait il le range parmi eux. On peut citer encore saint Anselme : selon une hypothèse plausible de René Roques les *pagani* vers lesquels est tournée l'apologétique du *Cur Deus homo* seraient des fidèles de l'islām. Mais plus explicitement les lecteurs du *Liber de philosophia prima sive scientia divina* d'Avicenne pouvaient y découvrir aisément la teneur religieuse de la philosophie arabe. La simple lecture des titres des Traités huitième et neuvième leur présentait des thèmes que leur propre religion leur avait rendus familiers. Ainsi, au chapitre VI du Traité 8 : « Chapitre qui montre que l'Être nécessaire est parfait, plus que parfait, la bonté qui dispense tout ce qui est ;... comment il est cela et comment il se connaît soi-même, comment il connaît tous les universels et tous les particuliers » ; au chapitre VI du Traité 9 : « sur la providence » (*cura ; 'ināya* en arabe) ; au chapitre VII du même Traité 9 : « sur la promesse divine » (le latin a *promissio,* mais l'arabe a *ma'ād,* « retour », c'est-à-dire la résurrection, dont traite ce chapitre). Dès le titre Avicenne y distingue deux « promesses » : celle « qui est reçue par la foi parce qu'il n'y a de moyen de la prouver qu'en croyant au témoignage du prophète, telle celle qui concerne le fait que l'on aura un corps à la résurrection » ; et « celle qui est saisie par l'intellect et par une argumentation démonstrative, et la prophétie l'approuve ». Plusieurs versets du Coran sont cités dans ce chapitre, mais le lecteur chrétien ne pouvait les reconnaître comme tels – sauf au chapitre 3 du Traité 10 : *Dixit propheta veritatis quod « eleemosynae tollunt peccata »* (voir Coran, XI, 114). De même on y trouve plusieurs textes tirés du *ḥadīṯ* dont la provenance est tout au moins suggérée : *dictum est enim in lege.* Celui qui devait frapper le plus un lecteur chrétien est au chapitre 2 du Traité 10, consacré à « la confirmation de la prophétie, ce qu'est la prière du prophète à Dieu le Très-Haut, et la promesse ». À ceux qui auront obéi à Dieu il est promis, dit Avicenne citant sans le dire le *ḥadīṯ,* « ce que l'œil n'a pas vu et que l'oreille n'a pas entendu » : *quod nec oculus vidit nec auris audivit.* Ainsi le latin du traducteur reprend à la lettre le verset 9 du chapitre 2 de la *Première épître aux Corinthiens,* et sa traduction est entièrement fidèle au texte arabe. Ce n'est pas le seul passage où le philosophe sarrasin est proche des Écritures chrétiennes mais ici il dit littéralement la même chose.

En résumé, les ouvrages philosophiques arabes traduits en latin au XIIe siècle se rangent en deux catégories : d'une part des traités spéciaux qui concernent en particulier la noétique ; d'autre part, essentiellement, la *Scientia divina* d'Avicenne ; elle avait le double intérêt d'ouvrir des perspectives sur la philosophie d'Aristote et de proposer des vues qui étaient proches de celles des chrétiens – du moins à propos de l'unicité divine et de l'eschatologie. C'est là un ensemble de textes important si on le compare aux vues sur la philosophie qui avaient cours au début du siècle, mais c'est peu, pour la quantité, au regard de la production totale des philosophes arabes. Peut-on expliquer cette disproportion par le fait que les bibliothèques arabes accessibles ne contenaient pas toute cette production ? On citera ici celle d'al-Kindī ; son influence dans l'histoire de la philosophie arabe s'est assez vite dissipée ; dès la fin du xe siècle de l'ère commune des auteurs comme al-Tawḥīdī, al-Siğistānī, le considéraient de haut ; et, bien plus tard, Ibn Ḫaldūn ne cite même pas son nom parmi ceux des philosophes de l'islām. Pourtant au xie siècle Ibn Ḥazm en écrit une réfutation, donc certaines de ses œuvres au moins étaient disponibles en Espagne. On peut citer d'autres ouvrages de philosophie qui n'ont pas été traduits, ainsi ceux d'Ibn Bāğğa et d'Ibn Ṭufayl, auteurs andalous du xiie siècle. On rencontre chez Averroès des références à des œuvres d'al-Fārābī, non seulement à son *De intellectu* qui a été traduit, mais à des commentaires aristotéliciens (sur l'*Éthique à Nicomaque,* les *Réfutations sophistiques, De la génération et de la corruption*), à un livre *Sur les deux philosophies.* Ces titres étaient donc disponibles mais ils n'ont pas été traduits, sans que l'on en connaisse la raison. On peut supposer que plusieurs eussent été moins compatibles avec le fonds scripturaire et théologique chrétien que la *Philosophie première* d'Avicenne ; mais cette explication suppose une volonté de les laisser ignorer, une censure *a priori.*

On peut raisonner de même façon à propos d'un genre d'écrits qui n'est pas du tout représenté dans l'ensemble des traductions du xiie siècle, à la différence des écrits scientifiques et philosophiques : ce sont les ouvrages de *kalām.* Ici il serait extravagant de se demander s'il en était de disponibles, même en sachant que les oppositions théologiques et politiques en Andalus ont suscité des autodafés. Pour ne pas sortir du domaine de la philosophie consultons encore une fois Averroès ; dans ses *Manāhiğ* il discute les vues du théologien aš῾arite al-Ğuwaynī (qu'il appelle, de sa *kunya,* Abū l-Ma῾ālī) ; mais dans le même ouvrage il dit qu'il ne discutera pas celles des mu῾tazilites parce qu'il n'a pas pu les consulter : « quant aux mu῾tazilites », dit-il, « aucun de leurs livres ne nous est parvenu, dans cette *ğazīra,* par lequel nous puissions savoir quelle méthode ils suivent en cette matière » (il s'agit des preuves de l'existence de Dieu). Soit ; mais son contemporain Maïmonide savait quelque chose de ces théologiens : dans le *Guide des égarés* (III, 23) il rapproche l'opinion de Bildad, l'un des amis de Job, de la doctrine mu῾tazilite de la « compensation » ; il la cite ailleurs encore au même sujet : « toutes les actions de Dieu proviennent d'une sagesse, on ne saurait lui attribuer l'injustice » (III, 17 ; traduction S. Munk). Il y avait matière à traduire en fait de livres de *kalām,* en Espagne au xiie siècle ; on ne l'a pas fait. La méthode de ce genre théorique eût certes déconcerté les clercs, mais je vois surtout dans cette lacune la réticence à introduire dans le circuit intellectuel les écrits d'une religion rivale, voire, du fait notamment de la croisade, ennemie. Quel évêque eût commandité la traduction d'un ouvrage de *kalām ?* ou, faite sans lui, en eût accepté la dédicace ? Il eût pourtant, ce faisant, suivi la voie ouverte par Pierre le Vénérable, cet adversaire déclaré de l'islām.

Ainsi les écrits arabes traduits en latin au XIIe siècle – mis à part évidemment les écrits scientifiques – relèvent d'un seul genre spéculatif : la philosophie ; la théologie, la mystique aussi, restent ignorées. Le contenu philosophique a lui-même subi un double filtrage : en amont, du fait de l'histoire de la philosophie arabo-islamique elle-même ; en aval, par le choix des traducteurs et, ou, de leurs commanditaires. Sur ce fond historique réel on peut imaginer des suites différentes en supposant traduit tel ouvrage qui ne l'a pas été. Par exemple, ceux d'al-Fārābī qui font du prophète un philosophe et de la religion une transposition imagée de concepts ; ou, parmi des œuvres contemporaines, le *Ḥayy ibn Yaqẓān* d'Ibn Ṭufayl, ou le *Faṣl al-maqāl* d'Averroès. Qu'en eût-il résulté pour les chrétiens ? peut-être au XIIe siècle un développement important de l'avicennisme, augustinisant ou non, c'est-à-dire l'émergence précoce d'une philosophie autonome ? au XIIIe, une instauration plus polémique de la scolastique ? ou son gauchissement en un type franchement avicennien ? ou un tour apologétique anti-philosophique comme dans le néo-thomisme scolaire ? En fait, ceux parmi les ouvrages des *philosophi saracenorum* que le XIIe siècle a accueillis, compatibles par leur filiation grecque avec Augustin et Boèce et participants de l'orageuse consanguinité du Coran et de l'Évangile, auront été à l'origine même de la scolastique médiévale.

RÉFÉRENCES DES ARTICLES D'ORIGINE

Chapitre Premier

« La scolastique et ses entours vus par quelques auteurs français du XIXe siècle », initialement publié dans *Chemins de la pensée médiévale*. Études offertes à Zénon Kaluza, éditées par Paul J.J.M. Bakker, avec la collaboration de Emmanuel Faye et Christophe Grellard, Turnhout, Brepols, 2002, p. 727-754.

Chapitre II

« Les études de philosophie médiévale en France de Victor Cousin à Étienne Gilson », dans *Gli Studi di filosofia medievale fra otto e novecento*, Roma, 1991, p. 1-20.

Chapitre III

« Situation de l'histoire de la philosophie médiévale en France », initialement publié dans *La recherche sur le Moyen Âge à l'aube du vingt et unième siècle*, CESCM, 39e année/Janvier-Juin 1996, p. 85-95.

Chapitre IV

« M.-D. Chenu, médiéviste et théologien », initialement publié dans la *Revue des Sciences Philosophiques et Théologiques*, n° 3-1997, p. 381-394.

Chapitre V

« La personnalité et l'enseignement de Paul Vignaux », à paraître dans J.-R. Armogathe et O. Boulnois (dir.), Paul Vignaux, citoyen et philosophe (1904-1987), Bibliothèque de l'École Pratique des Hautes Études, Brepols, 2013, p. 45-50.

Chapitre VI

« Quand Boèce aborde Porphyre », publié dans l'ouvrage *Boèce ou la chaîne des savoirs*, Actes du colloque international de la Fondation Singer-Polignac, édités par A. Galonnier, Leuven, Peeters, 2003, p. 229-240.

Chapitre VII
« Agobard de Lyon et les faiseurs de pluie », publié dans *La méthode critique au Moyen Âge*, études réunies par Mireille Chazan et Gilbert Dahan, Turnhout, Brepols, 2006, p. 15-25.

Chapitre VIII
« Tournures, provenances et défaillances du dire. Trois textes du XIIe siècle », publié dans *Travaux du Laboratoire Européen pour l'Étude de la Filiation*, 2. *Du pouvoir de diviser les mots et les choses*, édités par Pierre Legendre, Bruxelles, Émile Van Balberghe Librairie et Yves Gevaert Éditeur, 1998, p. 57-69.

Chapitre IX
« Platonisme et sémantique, de Bernard de Chartres aux Porrétains », publié dans *Vestigia, Imagines, Verba. Semiotics and Logic in Medieval Theological Texts (XIIth-XIVth Century)*, edited by Costantino Marmo, Turnhout, Brepolos, 1997, p. 9-18.

Chapitre X
« L'image selon les Chartrains », Chôra, 3-4/2005-2006, p. 71-90

Chapitre XI
« Gauthier devant les quatre labyrinthes », publié dans *Un fil d'Ariane pour le labyinthe de Chartres*, Actes du colloque Européen des 3 et 4 juillet 1999, Association des Amis du Centre Médiéval Européen de Chartres, p. 97-104.

Chapitre XII
« La figure de Natura dans le *De planctu Naturae* d'Alain de Lille : une mythologie chrétienne », publié dans *Alain de Lille, le Docteur Universel*, Turnhout, Brepols, 2005, p. 127-144.

Chapitre XIII
« Y a-t-il un sujet de la pensée au XIIe siècle ? », publié dans *Sciences, mathématiques et philosophie de l'Antiquité à l'Âge classique*, Oriens-Occidens, n° 4-2002, p. 113-126.

Chapitre XIV
« La matière et l'idée : Bernard de Chartres, Bernard Silvestre », publié dans *Vie spéculative, vie méditative et travail manuel à Chartres*, colloque international 4/5 juillet 1998, Association des Amis du Centre médiéval européen de Chartres, 142 p.

Chapitre XV

« À propos d'une critique abélardienne du réalisme », publié dans *Pierre Abélard*, Actes du colloque international de Nantes, *Rhétorique et Poétique au Moyen Âge*, Actes du colloque organisé à l'Institut de France les 3 mai et 11 décembre 2001, sous la direction de Jean Jolivet et Henri Habrias, Rennes, PUR, 2001, p. 109-118.

Chapitre XVI

« Sémantique et poésie chez Abélard », dans *Réthorique et Poétique au Moyen Âge*, Actes du colloque organisé à l'Institut de France les 3 mai et 11 décembre 2001, édités par Alain Michel, Turnhout, Brepols, 2002, p. 81-90.

Chapitre XVII

« Note sur le non-réalisme d'Abélard », initialement publié dans l'ouvrage *Signs and Signification*, Volume I, edited by Harjeet Singh Gill and Giovanni Manetti, New Dehli, Bahri Publications, 1999, p. 7-15.

Chapitre XVIII

« Sens des propositions et ontologie chez Pierre Abélard et Grégoire de Rimini » initialement publié dans *Théories de la phrase et de la proposition de Platon à Averroès*, textes édités par Philippe Bütgen, Stéphane Diebler et Marwan Rashed, Paris, Éditions Rue d'Ulm, 1999, p. 307-321.

Chapitre XIX

« Abélard et la proposition infinitive », Texte inédit.

Chapitre XX

« Le commentaire philosophique arabe », initialement publié dans l'ouvrage *Le Commentaire entre tradition et innovation*, Actes du colloque international de l'Institut des traditions textuelles, Paris-Villejuif, 22-25 septembre 1999, Paris, Vrin, 2000.

Chapitre XXI

« Variations sur le thème du temps chez al-Kindī », initialement publié dans la *Revue Philosophique de Louvain*, Tome 101, mai 2003, p. 306-318.

Chapitre XXII

« Diogène le cynique dans la doxographie arabe », initialement publié dans l'ouvrage *Exempla docent. Les exemples des philosophes de l'Antiquité à la Renaissance*, Actes du colloque international 23-25 octobre 2003, Université de Neuchâtel, Paris, Vrin, 2006.

Chapitre XXIII
« Les yeux des chauves-souris », initialement publié dans l'ouvrage *Autour du regard. Mélanges Gimaret*, édité par E. Chaumont, Leuven, Peeters, 2003, p. 53-62.

Chapitre XXIV
« Les traductions de l'arabe au latin au XIIe siècle et les prémices d'une nouvelle philosophie de l'esprit », dans *Les relations culturelles entre chrétiens et musulmans au Moyen Âge. Quelles leçons en tirer de nos jours ?*, Actes du colloque organisé à la Fondation Singer-Polignac le mercredi 20 octobre 2004, Édités par Max Lejbowicz, p. 45-55.

Chapitre XXV
« L'"augustinisme avicennisant" au XIIe siècle : un effet de mirage », Chôra, 2/2004, p. 5-20.

Chapitre XXVI
« Le tournant avicennien », dans *Une conquête des savoirs. Les traductions dans l'Europe latine (fin du XIe siècle-milieu du XIIIe siècle)*, Actes du colloque organisé à la Fondation Singer-Polignac le jeudi 27 novembre 2008, édités par Max Lejbowicz, Turnhout, Brepols, p. 83-99.

Chapitre XXVII
« Les *Philosophi saracenorum* entre deux révélations », Actes du 6e colloque de la SIHSPAI, Namur-Bruxelles, 15-18 janvier 2003, Faculté N-D de la Paix, Académie royale de Belgique, à paraître.

Que soient ici remerciés les éditeurs des revues, qui ont bien voulu nous accorder leur autorisation à reproduire.

TABLE DES MATIÈRES

Troisième partie
Encore Abélard

Quatrième partie
Arabica

Cinquième partie
De l'arabe au latin

DANS LA MÊME COLLECTION
DERNIÈRES PARUTIONS

KÖNIG-PRALONG C., *Le bon usage des savoirs. Scolastique, philosophie et politique culturelle*, 358 pages, 2011.

FEDERICI VESCOVINI G., *Le Moyen Âge magique. La magie entre religion et science aux XIIIe-XIVe siècles*, 400 pages, 2011.

STANCATO G., *Le concept de désir dans l'œuvre de Thomas d'Aquin. Analyse lexicographique et conceptuelle du " desiderium "*, 176 pages, 2011.

TREGO K., *L'essence de la liberté. La refondation de l'éthique dans l'œuvre de saint Anselme de Cantorbéry*, 304 pages, 2010.

DI MARTINO C., Ratio particularis. *Doctrines des sens internes d'Avicenne à Thomas d'Aquin*, 192 pages, 2008.

BERMON P., *L'assentiment et son objet chez Grégoire de Rimini*, 432 pages, 2007.

RICKLIN Th. (éd.), Exempla docent. *Les exemples des philosophes de l'Antiquité à la Renaissance*, 432 pages, 2007.

CASTEIGT J., *Connaissance et vérité chez Maître Eckhart. Seul le juste connaît la justice*, 480 pages, 2006.

JOLIVET J., *Perspectives médiévales et arabes*, 320 pages, 2006.

VIAL M., *Jean Gerson, théoricien de la théologie mystique*, 256 pages, 2006.

GRELLARD C., *Croire et savoir. Les principes de la connaissance selon Nicolas d'Autrécourt*, 340 pages, 2005.

KÖNIG-PRALONG C., *Avènement de l'aristotélisme en terre chrétienne*, 288 pages, 2005.

CAIAZZO I., *Lectures médiévales de Macrobe. Les* Glosae colonienses super Macrobium, 352 pages, 2003.

SIRAT C., KLEIN-BRASLAVY S., WEIJERS O. (éds.), *Les méthodes de travail de Gersonide et le maniement du savoir chez les scolastiques*, 392 pages, 2003.

SUAREZ-NANI T., *Connaissance et langage des anges selon Thomas d'Aquin et Gilles de Rome*, 272 pages, 2003.

CÔTÉ A., *L'infinité divine dans la théologie médiévale (1220-1255)*, 272 pages, 2002.

SUAREZ-NANI T., *Les anges et la philosophie. Subjectivité et fonction cosmologique des substances séparées à la fin du XIIIe siècle*, 208 pages, 2002.

FALQUE E., *Saint Bonaventure et l'entrée de Dieu en théologie*, 224 pages, 2001.

COUNET J.-M., *Mathématique et dialectique chez Nicolas de Cues*, 456 pages, 2000.

ACHEVÉ D'IMPRIMER
EN JUIN 2013
PAR L'IMPRIMERIE
DE LA MANUTENTION
A MAYENNE
FRANCE
N° 2100973E

Dépôt légal : 2e trimestre 2013